普通高等院校人力资源管理专业系列

人力资源管理
理论·实务·工具

（第 2 版）

| 赵中利 | 马彩凤 | 主　编 |
| 张雪军 | 张艳霞 | 副主编 |

赵　军　田家军　曹嘉晖　参　编
鲜　艳　侯典牧

微信扫描
获取课件等资源

南京大学出版社

内 容 简 介

本书作为人力资源管理省级精品课程建设的成果之一，全面阐述了人力资源管理的基本原理、实务操作方法及常用工具。全书共分3篇15章，第一篇理论篇主要讲述人力资源管理概论、人力资源管理的理论基础、跨文化人力资源管理，第二篇实务篇主要讲述工作分析、人力资源规划、员工招聘、职业生涯管理、员工培训与潜能开发、绩效管理、薪酬管理、员工沟通与关系管理，第三篇工具篇主要介绍人力资源管理工作流程、人力资源管理常用表格和人力资源管理信息系统。

本书遵循理论联系实际的原则，兼顾理论性与实用性，案例选择国内外相结合、突出本土化，增加实际案例、工作流程图和常用工作表格，突出了实践性与可操作性。

本书不仅可作为高等院校人力资源管理课程的教材，也可作为人事部门和人力资源管理者的参考书以及企业培训用书。

图书在版编目（CIP）数据

人力资源管理：理论·实务·工具 / 赵中利, 马彩
凤主编. -- 2版. -- 南京：南京大学出版社, 2019.1（2021.8 重印）
　ISBN 978-7-305-21486-8

　Ⅰ. ①人… Ⅱ. ①赵… ②马… Ⅲ. ①人力资源管理
Ⅳ. ①F243

中国版本图书馆 CIP 数据核字(2019)第 011157 号

出版发行　南京大学出版社
社　　　址　南京市汉口路 22 号　　　　　邮编　210093
出 版 人　金鑫荣

书　　　名　人力资源管理：理论·实务·工具（第 2 版）
主　　　编　赵中利　马彩凤
策划编辑　胡伟卷
责任编辑　胡伟卷　蔡文彬　　　　编辑热线　010-88252319

印　　　刷　南京百花彩色印刷广告制作有限责任公司
开　　　本　787×1092　1/16　印张 18.75　字数 517 千
版　　　次　2019 年 1 月第 2 版　2021 年 8 月第 2 次印刷
ISBN　978-7-305-21486-8
定　　　价　48.00 元

网　　　址：http://www.njupco.com
官方微博：http://weibo.com/ njupco.
微信服务号：njuyuexue
销售咨询热线：(025) 83594756

前　言

中国是人口大国，如何把人口负担转化为丰富的人力资源，如何把人口大国建成人力资源强国，一直是党和政府高度关注的问题。自改革开放以来，我国经济和社会发展取得了前所未有的巨大进步和伟大成就，而这些都与党中央高度重视人才资源开发工作，并采取一系列政策措施发挥人才在现代化建设中的主力军作用密不可分。实施人才强国战略，是我国改革开放历史经验的科学总结。特别是在进入21世纪以来，党中央高度重视人才工作，多次召开有关会议研究部署人才队伍建设工作。2000年，党的十五届五中全会提出，要把培养、吸引和用好人才作为一项重大的战略任务切实抓好，努力建设一支宏大的、高素质的人才队伍。2001年，国家"十五"计划纲要专门列出"实施人才战略，壮大人才队伍"一章，提出要加快培养和选拔适应改革开放和现代化建设需要的各类人才，加快建立有利于优秀人才脱颖而出、人尽其才的有效机制。这是我国首次将人才规划作为国民经济和社会发展规划的一个重要组成部分，将人才战略确立为国家战略。2002年7月中央制定下发了《2002—2005年全国人才队伍建设规划纲要》，明确提出要实施人才强国战略，对新时期我国人才队伍的建设进行了全面部署。为适应全面建设小康社会的要求，党的十六大对我国人才资源开发工作提出了更高要求，提出只有大力实施人才强国战略，建设一支宏大的高素质的人才队伍，才能为全面建设小康社会提供坚强有力的人才支持。2003年底，新中国历史上第一次全国人才工作会议在北京召开，会议讨论通过了《中共中央、国务院关于进一步加强人才工作的决定》（以下简称《决定》）。《决定》坚持以人为本和科学的人才观，提出了一系列新观点、新论断和新措施，成为我们做好新世纪、新阶段人才工作的纲领性文献和行动指南。中央专门召开全国人才工作会议，在我们党和新中国历史上是第一次，具有里程碑式的重要意义，是党和国家实施人才强国战略的宣言书，也是全面推进人才工作的总动员。同年，中央成立人才工作协调小组，中央组织部成立人才工作局，各级党委组织部门成立人才工作领导（协调）机构和工作机构。国家制定了"百千万人才工程"。2006年3月，人才强国战略作为专章列入"十一五"规划纲要。2007年，人才强国战略写入党的十七大报告和党章，这进一步提升了人才强国战略在党和国家战略布局中的地位。2010年6月6日，国家发布《国家中长期人才发展规划纲要（2010—2020年）》。2010年5月，中共中央、国务院召开第二次全国人才工作会议，进一步提出"人才是强国的根本，人才资源是第一资源"。

治国之要，首在用人。从"尊重知识、尊重人才"，到"人才资源是第一资源"；从大力实施人才强国战略，到党管人才原则的提出，人才的重要性在国家战略层面日益凸显。党的十八大以来，以习近平同志为核心的党中央站在党和国家事业全局的高度，围绕我国人才事业和人才工作，作出一系列重要指示、提出一系列关键命题。2014年9月，在与北京师范大学师生代表座谈时，习近平总书记再次强调："当今世界的综合国力竞争，说到底是人才竞争，人才越来越成为推动经济社会发展的战略性资源，教育的基础性、先导性、全局性地位和作用更加突显。"两个一百年"奋斗目标的实现、中华民族伟大复兴中国梦的实现，归根到底靠人才、靠教育。源源不断的人才资源是我国在激烈的国际竞争中的重要潜在力量和后发优势。"2016年3月中共中央印发了《关于深化人才发展体制机制改革的意见》，从中央到地方全面发力，加快推进人才培养、评价、流动、激励、引进等重点领域和关键环节的改革，为人才发展注入了强大动能。党的十九大报告再次明确提出："要坚持党管人才原则，聚天下英才而用之，加快建设人才强国。实行更加积极、更加开放、更加有效的人才政策，以识才的慧眼、爱才的诚意、用才的胆识、容才的雅量、聚才的良方，把党内和党外、国内和国外各方面优秀人才集聚到党和人民的伟大奋斗中来，鼓励引导人才向边远贫困地区、边疆民族地区、革命老区和基层一线流动，努力形成人人渴望成才、人人努力成才、人人皆可成才、人人尽展其才的良好局面，让各类人才的创造活力竞相迸发、聪明才智充分涌流。"这标志着我国人才工作进入了一个全面发展、整体推进的新时代。

人力资源管理作为一门新兴的交叉学科，从诞生的那天起就受到了各国学术界、企业界和政府管理部门的高度重视，并很快成为国际性的热门学科，引起了世界各国的极大关注。人力资源管理是研究组织中人与人关系的调整、人与事的配合，以充分开发人力资源，挖掘人的潜力，调动人的积极性，提高工作效率，实现组织目标的理论、方法、工具和技术。学习并掌握人力资源管理的理论、方法、工具和技术，有助于提高我国的人力资源开发能力和管理水平。正因为如此，人力资源管理已成为管理学科的核心课程，成为管理人员的必修课。

我们人力资源管理省级教学团队在积累了多年的教学实践经验，参与一系列有关人力资源开发战略研究课题和省级人力资源管理精品课程建设的基础上编写了本教材。为了突出精品课程教材建设的特色，我们从兼顾理论性与实用性的角度出发，在教材体系结构框架研究、论证和设计过程中，突出了体系创新性和实用性。我们突破一般人力资源管理教材编写章节划分的传统模式，把教材划分为理论篇、实务篇、工具篇3篇14章。各章按照学习目标—引导案例—理论知识介绍—本章小结—重点概念—复习思考题—案例分析的逻辑安排，增加了相关链接及补充阅读资料等内容，使得本教材既具有理论性，又具有操作性和趣味性。本教材遵从"理论内容叙述简洁生动，够新够用"的基本原则，突出了理论与实践的结合；在实务篇中突出应用性；在工具篇中增加了对工作流程、实用图表、人力资源管理信息系统等实用工具的介绍。

本书由赵中利、马彩凤任主编，张雪军、张艳霞任副主编，赵军、田家军、曹嘉晖、鲜艳、侯典牧参加编写。张雪军负责本教材编写的联络工作；马彩凤承担本教材的统稿校对和修订工作；赵中利负责设计全书框架和编写原则，并组织分工写作，对全书进行审阅定稿。

在编写过程中，编写人员参阅了大量国内外专家学者和实践工作者的研究成果和案例，在此谨向他们表示感谢！

由于知识和经验的局限性，本书的缺点和疏漏之处在所难免，竭诚欢迎专家学者和各位读者提出宝贵意见并给予指正。

赵中利

目　录

第一篇 理论篇

第一章
人力资源管理概论

学习目标

知识目标

- 了解人力资源与人力资源管理的作用。
- 掌握人力资源的相关概念与特性。
- 掌握人力资源管理的概念及特性。
- 掌握战略人力资源管理的概念及特征。
- 熟悉战略人力资源管理与企业战略的关系。

能力目标

具备用人力资源管理基础知识分析和解决实际问题的能力。

引导案例 **阿里巴巴:造就万名千万富翁的人力资源管理**

阿里巴巴作为一家中国公司登陆纽交所,并创下美股史上最大规模 IPO(Initial Public Offerings,首次公开募股)的记录,被国人视为"走向世界"的骄傲。14 年,数万名忠诚员工,万名千万富翁,阿里巴巴创造了中国奇迹。在阿里巴巴成功的背后,人力资源管理在其中起了很大的作用。

一、做与业务结合紧密的员工个性化管理

阿里巴巴进行的人力资源组织变革将更多的管理重心转移到与业务结合紧密的员工个性化管理上来。通过建立薪酬服务中心,以及更全面覆盖招聘、入离职、报销等标准化公共服务的人力资源运营中心,原本分散在各业务人力资源业务合作伙伴的事务性工作将会被集中起来统一管理。而从中被解放出来的人力资源,则能将更多的精力投入到与业务紧密相关的人才盘点、绩效评估、组织文化建设等事务上。随着阿里巴巴的人员规模扩大,人力资源配比预期将会降低到 1∶250 至 1∶300 之间。

在阿里巴巴,人才对最终业务成效的影响很大,尤其是在创业型的业务中,需要给人才更多的自主权和更大的想象空间。伴随互联网时代而来的大数据将能够帮助人力资源调整工作方式,适应这样的改变。建立大数据可以帮助企业更多地注重员工的个性化差异,将员工真正当成资源,给他们更好的平台,并能在公司有项目时快速地找到他们,高效地组建团队,为企业带来更高的回报。

二、招聘:以诚信为最优先考虑因素

在阿里巴巴,价值观是决定一切的准绳。招聘形式有很多,但无论那种形式,诚信都是第一考虑的因素。

① 选人,诚信为先。对于阿里巴巴来说,其招聘人才的首要要求就是诚信。马云认为这是最基本的品质,有就有,没有是很难培养的。阿里巴巴强调对客户的诚信,永远不给客户回扣,给回扣者一经查出立即开除。

② 重视职业道德。阿里巴巴很看重员工的职业操守,这是阿里巴巴不愿意高薪挖人的一个重要原因,因为它不希望挖过来的员工变成不忠、不孝、不义的人。

③ 跳槽多,不可靠。马云曾这样说过:"我不喜欢跳槽的人,年轻人一个简历5年换8个工作,这个人我一定不要他,他不知道自己想干什么,尤其跨N多的领域,不太会有出息。"

三、让员工自主学习的培训才有效

在阿里巴巴,会根据员工不同的偏好,分为三个职业阶梯,使性格不同、对自己未来规划不同的员工都能够满意。例如,希望平衡生活,按部就班,照顾家庭,不要有太多挑战、太多压力,可以选择去做S序列。S序列都是标准工作的序列,只需要按照现有的方式做事就行了。如果很擅长跟别人打交道,不喜欢对着机器做事情,则可以选择M序列。

阿里巴巴每年会选择公司在管理上最需要解决的问题,请高管配合人力资源同事,共同完成对员工的训练。在学习的过程中,他们会互相发表自己的看法。在阿里巴巴中国网站,员工还可以根据自己学习的期数,建立自己的群博客。所以培训不只是"培训",还有能力提升,文化氛围建立,员工快乐工作等内涵。年轻的员工可以营造玩的氛围,把好的东西贴出来跟大家交流、分享,这些都是阿里巴巴特有的学习环境。阿里巴巴有一个口号:"知识点亮人生,学习成就未来。"知识要自己去学,而不是等着别人来教。

四、以"六脉神剑"考核员工,价值观与业绩各占50%

阿里巴巴的价值观,被归纳成为"六脉神剑":客户第一、团队合作、拥抱变化、诚信、激情、敬业。与一般企业把口号挂在墙上不同,阿里巴巴的价值观是真真切切地落在实处的,因为在阿里巴巴的考核体系中,个人业绩的打分与价值观的打分各占50%。也就是说,即使一个业务员拥有很好的业绩,但是价值观打分不达标,在阿里巴巴依然会面临淘汰。阿里巴巴把比较虚的价值观用一些具体的方法做出衡量,如把价值观分解成30小条,每小条都对应相应的分值,采取递进制,纳入到考核之中。

五、留住员工秘诀:双重层面激励员工

如何让员工愿意在阿里巴巴工作?物质层面和精神层面的因素都很重要。物质层面,不能让员工每个月拿500元还很高兴。阿里巴巴每年都请专业公司调查行业薪资,根据这个来确定公司的薪酬是有竞争力的。做到这些,还只能是留住他,而不是激励他。激励员工的主要方式是,他的工作能不能得到认可,他的工作能否推动公司的发展。另外,阿里巴巴要求管理者不断地赞美员工认可他的每个进步。当然合适的批评也同样可以起到这个作用。

在阿里巴巴,任何资历、背景都不重要,只要你具有相应职位的能力就会得到提拔。

第一节　人力资源概述

一、人力资源的含义

1. 资源

马克思在《资本论》中说:"劳动和土地,是财富两个原始的形成要素。"恩格斯的定义是:"其实,劳动和自然界在一起它才是一切财富的源泉,自然界为劳动提供材料,劳动把材料转变为财富。"(人民出版社,《马克思恩格斯选集》第四卷,第 373 页,1995 年 6 月第 2 版)马克思、恩格斯的定义,既指出了自然资源的客观存在,又把人(包括劳动力和技术)的因素视为财富的另一不可或缺的来源。可见,资源的来源及组成,不仅是自然资源,而且包括人类劳动的社会、经济、技术等因素,还包括人力、人才、智力(信息、知识)等资源。据此,资源指的是一切可被人类开发和利用的物质、能量和信息的总称,它广泛地存在于自然界和人类社会中,是一种自然存在物或能给人类带来财富的财富。或者说,资源就是指自然界和人类社会中一种可以用以创造物质财富和精神财富的具有一定量的积累的客观存在形态,如土地资源、矿产资源、森林资源、海洋资源、石油资源、人力资源和信息资源等。

资源是一切可被人类开发和利用的客观存在。资源一般可分为经济资源与非经济资源两大类。经济学研究的资源是不同于地理资源(非经济资源)的经济资源,它具有使用价值,可以为人类开发和利用。《经济学解说》(经济科学出版社,2000 年)将"资源"定义为"生产过程中所使用的投入"。这一定义很好地反映了"资源"一词的经济学内涵,资源从本质上讲就是生产要素的代名词。"按照常见的划分方法,资源被划分为自然资源、人力资源和加工资源。"(经济科学出版社,《经济学解说》,2000 年)

总之,劳动及具备劳动能力的人力资源,都是创造各种物质财富不可或缺的重要资源。

2. 人力资源

1919 年,约翰·康芒斯(John Rogers Commons)在《产业信誉》中首次使用了"人力资源"一词。1921 年他在《产业政府》一书中再次使用了"人力资源"这一概念。一般认为,康芒斯是第一个使用"人力资源"术语的人。但当时他指的人力资源同我们现在所理解的人力资源在含义上相去甚远。

我们目前理解的人力资源概念,是由管理大师彼得·德鲁克(Peter Drucker)于 1954 年在其名著《管理实践》中首先正式提出并加以明确界定的。他认为,人力资源是指企业员工天然拥有并自主支配使用的协调力、融合力、判断力和想象力。他提出这一概念,是想表达传统人事所不能表达的含义。人力资源是一种特殊的资源,必须通过有效的激励机制才能开发利用,并为组织带来可观的经济价值。

人力资源又称劳动力资源或劳动力,是指能够推动整个经济和社会发展,具有劳动能力的人口总和。

人力资源的最基本方面包括体力和智力。如果从现实的应用形态来看,则包括体质、智力、知识和技能 4 个方面。

具有劳动能力的人,不是泛指一切具有一定脑力和体力的人,而是指能独立参加社会劳动,推动整个经济和社会发展的人。因此,人力资源既包括劳动年龄内具有劳动能力的人口,也包括劳动年龄外参加社会劳动的人口。

关于劳动年龄,由于各国的社会经济条件不同,劳动年龄的规定也不尽相同。一般国家把劳动年龄的下限规定为 15 岁,上限规定为 64 岁。我国招收员工规定一般要年满 16 周岁,员工退休年龄规定男性为60周岁(到60岁退休,不包括60岁),女性为55周岁(不包括55岁),所以我国劳动年龄区间应该为男性16～59岁,女性16～54岁。

对于人力资源的定义,合易人力资源咨询专家团比较认可的是以下观点:人力资源是指一定时期内组织中的人所拥有的能被企业所用,且对价值创造起贡献作用的教育、能力、技能、经验、体力等的总称。这个解释包括几个要点:①人力资源的本质是人具有的脑力和体力的总和,可以统称为劳动能力;②这一能力要能够对财富的创造起贡献作用,成为社会财富的源泉;③这一能力还要能够被组织所利用——这里的"组织"可以大到一个国家或地区,也可以小到一个企业或作坊。

二、人力资源的数量和质量

人力资源是能够推动整个经济和社会发展的具有智力劳动能力和体力劳动能力的人们的总和。它体现为数量和质量两个指标。

1. 人力资源的数量

(1) 人力资源数量的计量

从宏观意义上来看,人力资源是以国家或地区为单位进行划分和计量的;从微观意义上来看,人力资源是以部门或企事业单位进行划分和计量的。

具体说来,人力资源的数量构成包括以下8个方面。

① 处于劳动年龄之内,正在从事社会劳动的人口。它占据人力资源的大部分,可称为"适龄就业人口"。

② 尚未达到劳动年龄,已经从事社会劳动的人口,即"未成年劳动者"或"未成年就业人口"。

③ 已经超过劳动年龄,继续从事社会劳动的人口,即"老年劳动者"或"老年就业人口"。

以上三部分人口,构成就业人口的总体。

④ 处于劳动年龄之内,具有劳动能力并要求参加社会劳动的人口。这部分可以称作"求业人口"或"待业人口",它与前三部分一起构成经济活动人口,即现实的人力资源。

⑤ 处于劳动年龄之内,正在从事学习的人口,即"就学人口"。

⑥ 处于劳动年龄之内,正在从事家务劳动的人口。

⑦ 处于劳动年龄之内,正在军队服役的人口。

⑧ 处于劳动年龄之内的其他人口。

对于国家而言,人力资源的数量可以从现实人力资源数量和潜在人力资源数量两方面来计量,如图1.1所示。

① 现实的人力资源是指一个国家或地区在一定时间内拥有的实际从事社会经济活动的全部人口,包括正在从事劳动和投入经济运行的人口及由于非个人原因暂时未能从事劳动的人口,主要有适龄就业人口、未成年就业人口、老年就业人口、求业人口4类人员——他们有时被称为"劳动力资源"。

② 潜在的人力资源是指处于储备状态,正在培养成长,逐步具备劳动能力的,或者虽具有劳动能力,但由于各种原因不能或不愿从事社会劳动的,并在一定条件下可以动员投入社会经济生活的人口总和,如在校的青年学生、现役军人、从事家务劳动的家庭妇女等。

(2) 影响人力资源数量的因素

从数量上看,影响人力资源数量的因素主要有以下3个方面。

① 人口总量及其再生产状况。由于劳动力人口是人口中的一部分,而人力资源的数量体现为劳动人口的数量。因此,人力资源的数量首先取决于人口总量及通过人口的再生产形成的人口变化。从这个意义上说,人口的状况决定了人力资源的数量。我国目前仍处于生育的高峰,人口仍将

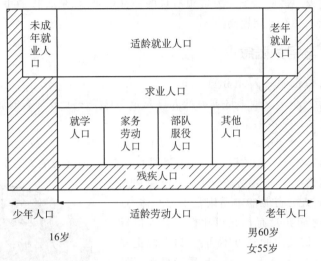

图 1.1　人力资源数量的构成

继续增长,这将为我国提供更丰富的人力资源。

②人口的年龄构成。人口的年龄构成是影响人力资源的一个重要因素。在人口总量一定的情况下,人口的年龄构成直接决定了人力资源的数量。

③人口迁移。人口迁移可以使一个地区的人口数量发生变化,继而使人力资源的数量发生变化。例如,我国三峡工程建设使沿江地带的人口分布发生了重大变化,从而使人力资源也发生了重大变化。

2. 人力资源的质量

人力资源的质量是指人力资源所具有的体质、智力、知识和技能水平,以及劳动者的劳动态度。它一般体现在劳动者的体质水平、文化水平、专业技术水平、劳动的积极性上。它们往往可以用健康卫生指标(如平均寿命、婴儿死亡率、每万人口拥有的医务人员数量、人均日摄入热量等)、教育状况(如劳动者的人均教育年限、每万人中大学生拥有量、大中小学入学比例等)、劳动者的技术等级状况(如劳动者技术职称等级的现实比例、每万人中高级职称人员所占的比例等)和劳动态度指标(如对工作的满意程度、工作的努力程度、工作的负责态度、与他人的合作性等)来衡量。

与人力资源数量相比较,其质量方面更为重要。随着社会生产的发展,现代的科学技术对人力资源的质量提出了更高要求。人力资源质量的重要性还体现在其内部的替代性方面。一般来说,人力资源的质量对数量的替代性较强,而数量对质量的替代作用较弱,有时甚至不能替代。因此,人力资源开发的目的在于提高人力资源的质量,为社会经济的发展发挥更大的作用。

人力资源的质量主要受以下几个因素的影响。

①遗传和其他先天因素。人类的体质和智能具有一定的继承性,这种继承性来源于人口代系间遗传基因的保持,并通过遗传和变异,使人类不断进化、发展。人口的遗传从根本上决定了人力资源的质量及最大可能达到的限度。因此,我们必须提倡优生优育,提高人口质量。

②营养因素。营养因素是人体发育的重要条件,一个人儿童时期的营养状况,必然会影响未来的体质与智力水平。营养也是人体正常活动的重要条件,充足而全面地吸收营养才能保证人力资源原有的质量水平。随着中国国民经济的不断发展,人民生活水平的不断提高,我国人民的营养水平也在不断提高。

③教育方面的因素。教育是人为传授知识、经验的一种社会活动,是一部分人对另一部分人

进行多方面影响的过程。这是赋予人力资源质量的一种最重要、最直接的手段,能使人力资源的智力水平和专业技能水平都得到提高。

三、人力资源与相关概念

1. 人力资源、人口资源与人才资源

① 人口资源是指一个国家或地区拥有的人口总量。这是一个最基本的底数,一切人力资源、人才资源都产生于这个最基本的资源中。

② 人才资源是指一个国家或地区中具有较多科学知识、较强劳动技能,在价值创造过程中起关键或重要作用的那部分人。人才资源是人力资源的一部分,即优质的人力资源。

应当说这 3 个概念的本质有所不同,人口资源和人才资源的本质是人,而人力资源的本质则是脑力和体力。从本质上来讲,它们之间并没有什么可比性。就人口资源和人才资源来说,它们关注的重点不同:人口资源更多是一种数量概念,而人才资源更多是一种质量概念。但是,这三者在数量上却存在一种包含关系,如图 1.2 所示。

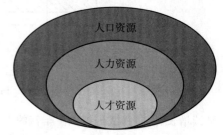

图 1.2 人口资源、人力资源与人才资源的关系

① 在数量上,人口资源最多,是人力资源形成的数量基础,人口资源中具备一定脑力和体力的那部分才是人力资源;而人才资源又是人力资源的一部分,是人力资源中质量较高的那部分,其数量最少。

② 在比例上,人才资源最小,是从人力资源中产生的,而人力资源又是从人口资源中产生的。

2. 人力资源和人力资本

(1)人力资本的含义

人力资本概念和相关理论最早由美国芝加哥大学教授、诺贝尔经济学奖获得者西奥多·舒尔茨(Theodore William Schultz)提出。当时,有些经济学家提出多种理论来揭示第二次世界大战后世界经济迅猛发展之谜,但都认为应归功于自然资源和资本资源。直到 20 世纪 50 年代末 60 年代初,舒尔茨提出了人力资本理论,才成功地解决了古典经济学家长期未能解决的"经济增长的源泉是什么"这样一个难题,解开了当代富裕之谜。他认为,人力资本才是国家和地区富裕的源泉。这种理论突破了只有厂房、机器等物质性资源才是资本的局限,把国家、地区和企业在教育保健、人口、迁移等方面投资所形成的人的能力的提高和生命的延长也看做是资本的一种形态。

舒尔茨认为,人力资本是通过对人力资源投资而体现在劳动者身上的体力、智力和技能。他指出,人力资本是另一种形态的资本,与物质资本共同构成了国民财富,而这种人力资本的有形形态就是人力资源,这种资源是企业、地区和国家生产与发展的要素之一,而且是非常重要的要素。令人欢欣鼓舞的是,舒尔茨的人力资本投资理论对人类的未来持乐观态度——他认为决定人类前途的并不是空间、土地和自然资源,而是人口的素质、技能和知识水平。

(2)人力资源和人力资本的关系

人力资源和人力资本是既有联系又有区别的两个概念。

人力资源和人力资本都是以人为基础产生的概念,研究对象都是人具有的脑力和体力,从这一点看两者是一致的。而且,现代人力资源管理理论大多都是以人力资本理论为根据的;人力资本理论是人力资源管理理论的重点内容和基础部分;人力资源经济活动及收益的核算是基于人力资本理论进行的;两者都是在研究人力作为生产要素在经济增长和经济发展中的重要作用时产生的。

两者的区别有以下 3 点。

① 在与社会财富和社会价值的关系上,两者是不同的。人力资本由投资而形成,强调以某种代价获得的能力或技能的价值,投资的代价可在提高生产力过程中以更大的收益收回。因此,劳动者将自己拥有的脑力和体力投入到生产过程中参与价值创造,就要据此来获取相应的劳动报酬和经济利益。人力资本与社会价值的关系应当说是一种由因索果的关系。人力资源则不同,作为一种资源,劳动者拥有的脑力和体力对价值的创造有重要贡献。人力资源强调人力作为生产要素在生产过程中的生产、创造能力,它在生产过程中可以创造产品、财富,促进经济发展。人力资源与社会价值的关系应当说是一种由果溯因的关系。

② 两者研究问题的角度和关注的重点也不同。人力资本是通过投资形成的存在于人体中的资本形式,是形成人的脑力和体力的物质资本在人身上的价值凝结,是从成本收益的角度来研究人在经济增长中的作用。它强调投资付出的代价及收回,考虑投资成本带来多少价值,研究的是价值增值的速度和幅度,关注的重点是收益问题,即投资能否带来收益及带来多少收益的问题。人力资源则不同,它将人作为财富的来源看待,是从投入产出的角度来研究人对经济发展的作用,关注的重点是产出问题,即人力资源对经济发展的贡献有多大,对经济发展的推动力有多强。

③ 人力资源和人力资本的计量形式不同。众所周知,资源是存量的概念,而资本则兼有存量和流量的概念。人力资源和人力资本也同样如此。人力资源是指一定时间、一定空间内人具有的对价值创造所做的贡献并且能被组织利用的体力和脑力的总和。而人力资本,如果从生产活动的角度看,往往与流量核算相联系,表现为经验的不断积累、技能的不断增进、产出量的不断变化和体能的不断损耗;如果从投资活动的角度看,往往是与存量核算相联系,表现为投入到教育培训、迁移和健康等方面的资本在人身上的凝结。

四、人力资源的基本特性

人力既然可作为一种资源,其价值就存在于有效的利用之中。无论是对于整个国家,还是小到一个地区甚至一个企业,人力资源都是最重要的一种资源。毛泽东曾经对人力资源有过一番评价:“世间一切事物中,人是第一最可宝贵的。一切物的因素只有通过人的因素才能加以开发利用。”这个评价深刻地阐述了人力资源管理的重要性。因此,首先应该全面、正确地认识人力资源的特性,以便进行合理的配置、管理和开发,使其价值得到最大的发挥。

1. 生产性和消费性

生产性和消费性是人力资源的重要特征之一,也是区别于其他非人力资源的重要特征之一。人力资源的生产性强调其首先是物质财富的创造者,而且是在其他条件配合之下的创造。例如,人力资源必须与自然资源等其他非人力资源结合,有充分的活动空间与时间,有相应的活动条件的配合,才可以继续下去。人力资源的消费性则强调人力资源的保持与维持需要消费一定量的物质财富,并且是无条件的消费。因此,人力资源的双重性是相辅相成的,生产性能创造出物质财富,是人类生存和发展得以继续的必要条件之一;消费性不同于生产性,后者只是提供条件,而前者却为人类的生存与发展创造条件,同时也是人力资源本身的生产和再生产的条件。例如,能够维持人的基本生存大计,满足需要,提供教育与培训,包括专门的技术训练等。但是,就生产性与消费性相比,生产性总是大于消费性的,否则社会就无法发展了。

当然,当人力资源的数量过剩,质量结构与现行经济结构及社会需求相互脱节或不匹配时,就会造成人力资源和物质资源的双重浪费,并有碍社会的发展。

2. 能动性和自主性

人力资源的能动性是区别于物质资源的一个重要特征。所谓能动性,就是指人的体力与智力结合在一起,具有主观能动性,而且还有不断开发的潜能。因此,可以从以下几方面对人力资源的能动性进行理解和把握:一是说明人具有意识性,知道活动的目的性,便于对自己的行为、行动方向做出有效的判断和选择,调节自身与外部的关系;二是说明人在生产活动中处于主体地位,是支配其他一切资源的主导因素,其中也包括对生产工具的创造、使用和改造;三是说明人力资源具有自我开发性,在生产过程中,人一方面是对自身的损耗,但更重要的一方面是在劳动中通过合理的自身活动,使自己的劳动能力得到补偿、更新和发展,其他资源则不具备这种特性;四是说明人力资源在活动过程中的可激励性,即通过采取提高人的工作能力和实施对工作动机的激励来提高工作效率。另外,由于人具有社会意识,作为劳动者的人在社会生产中居于主体地位,所以人在构成劳动供给与否、劳动供给的投入方向与投入数量方面具有自主决定权和选择偏好。这种自主性其实就是人力资源能动性的一种延伸,这种特性也是用人单位选择人力资源、政府从宏观上配置人力资源必须考虑的因素。

3. 智能性

人力资源中渗透了智力因素,即具有智能性,这使它具有强大的功能。因为人类创造了工具和机器,具有通过改造使物质资料成为自己的手段,即通过自己的智力使自身人体器官得到延长和放大,使自身的能力无限扩大,开发出数量巨大的物质资源,从而取得巨大的效益。在当今的知识经济时代,人力资源的智能性不仅体现在效益方面,而且直接关系着个人、用人单位和国家的发展。人类的智力具有继承性,这使人力资源所具有的劳动能力随着时间的推移得以积累、延续和进一步增强。

4. 个体差异性

个体差异性,即不同的人力资源个体在个人的知识技能条件、劳动参与倾向、劳动供给方向、工作动力、工作行为特征等方面均有一定的差异。人的个体差异性也成为社会人力资源需求岗位对其选择产生一定差异的决定性因素之一。市场配置人力资源可以在微观层次上通过个人与用人单位的双向选择,承认和完成有差异的配置,从而有效地达到人力资源的优化配置,达到人力资源与物质资源及资本之间的合理配置,并取得较好的经济效益和社会效益。

5. 持续性

人力资源的持续性是指人力资源是可以不断开发的资源。它不同于物质资源,经过数次开发一旦成为最终产品便无法继续开发下去。这种持续性说明,人力资源是一个可以"多次开发"的资源,使用、培训、提高、创造都包含在开发的过程中。也就是对一个具体的人来讲,直到他的生命终结之前,或者更准确地说到他的职业生涯结束之前,都可以被视为可以持续开发的资源。根据这一特征,完全可以认为人力资源管理就是不断开发这一资源的管理行为。

6. 时效性

人力资源的时效性是指人力资源不同于其他的物力资源,物力资源可以长期储存,其品位、质量一般不会随着时间推移而下降,如矿产资源。然而,人力资源不同,储而不用,就会荒废和退化。这是因为人从事工作的自然时间有限,人在各个年龄阶段所表现出来的工作能力、工作状态不同,如果长时间地处在不使用、不开发的状态,那么原有的作用和能力会慢慢丧失。之所以这样,就是由于人生有限,劳动能力是可以衰减的,智力、知识和技能也会发生变化。

人力资源作为生命有机体,能从事劳动的自然时间早已被限定在生命周期的中间一段,人的劳动能力随时间而变化。培养一个成熟的工人,通常需要20年的时间,失去一个成熟的业务骨干,花费在重新聘用、安置、培训上的成本也不是一笔小数目。对于在职员工,如果不及时合理使用,劳动者的智力和体力就会丧失。这些都非常清楚地说明了人力资源的使用过程具有非常明显的时效性。

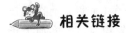 **相关链接**

五颗稻粒

一天,一个年迈的富商为挑选合适的继承人,特地把3个儿子叫到身旁。老人对3个儿子吩咐道:"我给你们每人5颗稻粒,你们要好好保存,一旦我向你们要时,你们要还给我。"3个儿子异口同声地答应了,然后每人拿了5颗稻粒走了。

3年后的一天,老人自知将不久于人世,于是把3个儿子叫到跟前,问问他们如何保存那5颗稻粒。

首先问大儿子。大儿子早就不屑一顾地把那5颗稻粒丢掉了。这时,他赶紧到自家仓库拿了5颗稻粒放在父亲面前。老人一看便知不是自己所给的5颗稻粒,问明情况后,十分生气地把大儿子责骂一通。

接着问二儿子。二儿子当时料想父亲肯定是有所用意,所以回去后用布层层把稻粒包好,放到一个盒子里藏了起来。因此,二儿子不慌不忙地回家取来盒子,把那5颗稻粒交给了父亲。父亲见后表示满意。

最后轮到小儿子。小儿子说:"父亲,我无法送来你给我的那5颗稻粒。我回去后找了块田,等到下大雨时把稻粒种到田里,然后再移植到其他地方,同时把四周围起来,精心管理。当年稻子长势很好,翠绿喜人。当稻子成熟时,我便及时收回,藏到罐子里。第2年、第3年也如此。所以您现在要我把它全部弄来,恐怕得要辆马车去拉。"老人听后十分高兴,决定选小儿子为继承人。

点评:起点相同、机会均等,只有用心去想,用心去做,才能脱颖而出,获得成功。

五、人力资源的作用

无论对社会还是对企业而言,人力资源都发挥着极其重要的作用,必须对人力资源加以足够的重视,创造各种有利的条件,以保证其作用的充分发挥,从而实现财富的不断增加、经济的不断发展和企业的不断壮大。人力资源的重要作用和地位主要体现在以下几点。

1. 人力资源是财富形成的关键要素

人力资源是构成社会经济运动的基本前提。人力资源是能推动和促进各种资源实现配置的特殊资源,同自然资源一起构成了财富的源泉,在财富的形成过程中发挥着关键性的作用。人力资源在自然资源向财富转化过程中起了重要的作用,使自然资源转变成社会财富,同时人力资源的价值也得以转移和体现。人力资源的使用量决定了财富的形成量,在其他要素可以同比例获得并投入的情况下,人力资源的使用量越大,创造的财富就越多,反之就越少。

2. 人力资源是经济发展的主要力量

人力资源不仅决定着财富的形成,而且随着科学技术的不断发展,知识技能的不断提高,人力资源对价值创造的贡献力度越来越大,社会经济发展对人力资源的依赖程度也越来越高。经济学家认为知识、技术等人力资源的不断发展和积累直接推动物质资本的不断更新和发展。统计数据表明,知识和技术在发达国家的国民收入中占的比重越来越大。目前,世界各国都非常重视本国的人力资源开发和建设,力图通过不断提高人力资源的质量来实现经济和社会的快速发展。

3. 人力资源是企业的首要资源

企业是组成社会经济系统的细胞单元,是社会经济活动中最基本的经济单位,是价值创造最主要的组织形式。企业要想正常运转,就必须投入各种资源,而在企业投入的各种资源中,人力资源是第一位的,是首要的资源。人力资源的存在和有效利用能充分激活其他物化资源,从而实现企业的目标。

从当今世界各国社会经济发展的趋势看,其竞争从表面上看是科技的竞争,而实质上在科技竞争的背后,是人力资源和人才资源的竞争。目前,世界和我国都高度关注"知识经济",实质上正是认识到人力资源创造和运用知识所带来的世界性的巨大进步。从现代社会经济的角度看,科学技术是第一生产力,管理也构成生产力,但其实现的根本动力在于"人",如科学家、工程技术人员、经营管理人员、企业家、投资家、"知本家"等早已成为重要的、不可或缺的人力资源。

第二节 人力资源管理概述

一、人力资源管理的含义

人力资源管理这一概念,是德鲁克在1954年提出人力资源的概念后出现的。1958年,怀特·巴克(Wight Bakke)出版了《人力资源职能》一书,首次将人力资源管理作为管理的普通职能来加以论述。此后,随着人力资源管理理论和实践的不断发展,国内外产生了人力资源管理的各种流派,从不同侧面对人力资源管理的概念进行了阐述。综合起来,可以将这些概念归纳为5类。第1类,主要是从人力资源管理的目的出发来解释,认为它是借助对人力资源的管理来实现组织的目标。例如,人力资源管理就是通过各种技术与方法,有效地运用人力资源来达成组织目标的活动(Mondy and Noe,1996)。第2类,从人力资源管理的过程或承担的职能出发来解释,把人力资源管理看成是一个活动过程。例如,人力资源管理是负责组织人员的招聘、甄选、训练及报酬等功能的活动,以达成个人与组织的目标(Sherman,1992)。第3类,主要揭示人力资源管理的实体,认为它就是与人有关的制度、政策等。例如,人力资源管理包括要影响到公司和员工之间关系的性质的所有管理决策和行为(Beer Specktor,1984)。第4类,主要是从人力资源管理的主体出发来解释,认为它是人力资源部门或人力资源管理者的工作,但持这种观点的人所占的比例不大。例如,人力资源管理是指那些专门的人力资源管理部门中的专门人员所做的工作(余成凯,1997)。第5类,从目的、过程等方面综合进行解释。例如,人力资源开发与管理是指运用现代化的科学方法,对与一定物力相结合的人力进行合理的培训、组织与调配,使人力、物力经常保持最佳比例,同时对人的思想、心理和行为进行恰当的诱导、控制和协调,充分发挥人的主观能动性,使人尽其才、事得其人、人事相宜,以实现组织目标。

综合以上观点,我们给出人力资源管理的定义:人力资源管理(Human Resource Management,HRM)是指对人力资源的生产、开发、配置、使用等诸环节所进行的计划、组织、指挥和控制的管理活动;是研究组织中人与人关系的调整,人与事的配合,以充分开发人力资源潜能,调动人的积极性,提高工作效率,改进工作质量,实现组织目标的理论、方法、工具和技术。作为一个人力资源管理部门,要对所获得的人力资源进行整合、调控及开发,并给予他们报酬,进而有效地开发和利用。

人力资源管理是实现组织目标的一种手段。在管理领域中,人力资源是以人的价值观为中心,为处理人与工作、人与人、人与组织的互动关系而采取的一系列开发和管理活动。人力资源管理的结果,就组织而言是组织生产率的提高和组织竞争力的增加;就员工而言,是工作生活质量的提高和工作满足感的增加。生产率的提高反映了产出的商品或提供的服务与投入的人力、财力、物力的关系,工作生活质量则反映员工在工作中所产生的生理和心理的感觉。

二、人力资源管理的功能

人力资源管理功能是指人力资源管理者或部门在实际工作中发挥的作用,主要包括获取、整合、奖酬、调控、开发五方面,如图1.3所示。

1. 获取

它主要包括人力资源规划、招聘与录用。为了实现组织的战略目标,人力资源管理部门要根据组织结构确定职务说明书与员工素质要求,制订与组织目标相适应的人力资源需求与供给计划,并根据人力资源的供需计划开展招募、考核、选拔、录用与配置工作。显然,只有首先获取了需要的人力资源,才能对之进行管理。

2. 整合

这是使员工之间和睦相处、协调共事、取得群体认同的过程,是员工与组织之间、个人认知与组织理念、个人行为与组织规范的同化过程,是人际协调职能与组织同化职能。

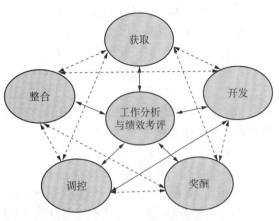

图1.3 人力资源管理主要功能关系示意

3. 奖酬

它是指为员工对组织所做出的贡献而给予奖酬的过程,是人力资源管理的激励与凝聚职能,也是人力资源管理的核心。其主要内容为:根据对员工工作绩效进行考评的结果,公平地向员工提供合理的,与他们各自贡献相称的工资、奖励和福利。设置这种基本功能的根本目的在于增强员工的满足感,提高其劳动积极性和劳动生产率,以增加组织的绩效。

4. 调控

这是对员工实施合理、公平动态管理的过程,是人力资源管理中的控制与调整职能。它包括:科学合理的员工绩效考评与素质评估;以考绩与评估结果为依据,对员工进行动态的管理,如晋升、调动、奖惩、离职、解雇等。

5. 开发

这是人力资源管理的重要职能。广义上的人力资源开发包括人力资源数量与质量的开发。人力资源数量的开发,从宏观上看主要有人口政策的调整、人口的迁移等;对于组织而言,人力资源数量的开发方法有招聘、保持等。人力资源质量的开发是指对组织内员工素质与技能的培养和提高,以使他们的潜能得以充分发挥,最大限度地实现个人价值。它主要包括组织与个人开发计划的制订、组织与个人对培训和继续教育的投入、培训和继续教育的实施、员工职业生涯开发及员工的有效使用。以往我们在开展人力资源开发工作时,往往只注重员工的培训和继续教育,而忽略了员工的有效使用。事实上,对员工的有效使用是一种投资少、见效快的人力资源开发方法,因为它只需要将员工的工作积极性和潜能充分发挥出来即可转化为劳动生产率。当员工得到有效使用时,对员工而言,其满足感增强,劳动积极性提高;对组织而言,表现为员工得到了合理配置、组织高效运作、劳动生产率提高。

以上5项基本职能是相辅相成、彼此互动的。它们包含功能性管理作业与支援性管理作业;功能性管理作业直接用于人力资源管理任务,而支援性管理作业则用以支持和保证功能性管理作业的顺利进行,如职务分析和员工评估。

三、人力资源管理的任务

著名管理大师德鲁克认为,组织的目的是使平凡的人做出不平凡的事。考察一个组织是否优秀,要看其能否使每一个普通员工取得他(她)所能取得的更好的绩效,能否使每一个成员的长处都发挥出来,并利用每个人的长处来帮助其他人取得绩效。组织的任务在于使个体行为融合成为整个组织的统一的、规范的行为,进而最大限度地提高组织效率,而不仅仅是个人的效率,这是人力资源管理的根本目的。因此,成功的人力资源管理是把员工的个人需要与组织需要统一起来,把员工的个体行为与组织行为统一起来。

1. 培养、建立和完善组织文化

组织文化的建立应当从培养组织习惯着手。什么是组织习惯?以联想集团为例,员工平常用的打印纸、复印纸都是使用过一面的纸,从经济效益上讲,仅此一项联想集团每年就可以节约几十万甚至几百万纸张费用。从管理学角度讲,这是培养一种非常好的组织习惯——节约的习惯。节约的意识植根于每一个员工的头脑,并通过日常工作的强化、积累,形成统一的企业行为规范。行为规范的不断积淀、升华,最终会形成组织文化。

存在决定意识,组织文化的核心价值观是在组织生存、发展的环境中逐步形成的。为了适应客观环境并求得发展,必然产生相应的价值观和行为模式,也就是组织习惯。只有反映组织生存、发展需要的文化,才能形成良好的工作环境和人际关系,引导、规范员工树立优秀的行为准则,激发员工充沛的工作热情和创造性。

一般情况下,组织文化都要经历一个培育、完善、深化和定型的过程。在这个过程中,组织习惯必须经过广泛宣传、反复培训才能逐步被员工所接受。例如,日本经过几十年的宣传灌输,终于形成了企业员工乃至全民族的敬业意识和拼命工作的精神。但是,一种价值观的确立,一方面需要对员工进行全面、深入的培训和教育,并通过实践中的不断强化,使员工的思想观念及行为模式纳入组织文化的范畴;另一方面,由于文化的自然演进是相当缓慢的,因此组织文化的建立也离不开规范的管理。组织领导者在宣传灌输的同时,必须制定相应的行为规范和管理制度,通过一定的强制手段,建立由管理作风、管理制度和管理观念构成的管理氛围,增强团队意识,强化员工的组织行为习惯,使组织文化成为全体员工认同和共有的价值观念,成为组织发展和成功的活力之源。

2. 重视提高组织绩效

组织的经营、发展,重点必须放在绩效上。组织精神的第一要求就是绩效的高标准。在一个市场竞争激烈的环境下,获得成功的刺激需要创造和维持绩效精神,这种绩效精神不仅指个人取得的绩效,更重要的是指组织绩效。组织内全体员工取得的平均工作绩效导致组织效率的提高,推动组织事业不断发展。也就是说,员工绩效应当有助于提高组织绩效,有助于组织的经营、发展。

按照美国管理学家罗伯特·豪斯(Robert J. House)的路径-目标理论,要提高组织绩效,必须满足员工的各种需要和愿望,充分激发他们的工作动机,这里激励的作用至关重要。一个人的能力和天赋并不能直接决定他对组织的价值,能力和天赋的充分发挥取决于其所具备的动机水平的高低,激励动机就是通过满足员工的需要和愿望,促使其努力工作,从而实现组织目标的过程。换句话说,激励员工的工作动机,就是要设法使他们看到自己的需要与组织目标之间的联系,使他们处于一种被驱动状态,在这种驱动状态下,他们所付出的努力不仅满足其个人需要,同时也通过达成一定的工作绩效来实现组织目标,提高组织绩效。由此可见,通过各种激励手段调动员工潜在的积极性,是出色地完成工作目标,提高组织绩效的重要保障。

3. 树立"以人为本"的管理理念

在一个组织中,对人的管理是最复杂的。有关"人"的各项决定——职位、薪酬、晋升、降职、解雇等,体现出组织行为的风格和特点,体现出领导层的管理理念。因为有关人的各项决定将向组织中的每一个成员表明,管理层真正需要的、重视的、奖励的是什么。一个具有战略眼光、掌握领导艺术的管理层能通过人力资源管理,树立"人道主义"的领导品格,建立"以人为本"的管理理念。

任何组织中晋升的机会都是有限的,一个人得到晋升,就会有人丧失晋升的机会;一个人被解雇,就可能影响到相同处境的一批人。人事管理的任何决策,都有可能影响到员工的工作积极性和职业发展。因此,为了组织的发展,组织的人事决策要有"良心",要深思熟虑,具备真正的关爱、同情心并勇于承担责任。

亨利·福特(Henry Ford)在第二次世界大战以后使濒临倒闭的福特汽车公司复兴,在很大程度上就是由于他了解企业"良心"问题的重要性。那时,在一个关键部门中有9个管理人员,却没有一个人能胜任改组后的新职务。结果他们被另行安排到其他部门担任他们能胜任的技术工作或专业工作。要解雇他们很容易,因为他们缺乏做管理人员的能力。但是,他们在公司困难时期一直忠诚地工作,决不能轻易解雇他们。福特坚持这样一条原则:一个人如果不能取得优异成绩就不能留在职位上。但他又确定了另一条原则:不应该由于过去制度的错误而惩罚任何人。福特公司之所以能很快复兴,很大程度上是因为人事管理严格遵守了这两条原则,充分调动和发挥了每一位员工的工作潜能和积极性。

组织的良好信誉来自员工,尤其是高层管理人员的人格魅力,而人格魅力是由正直坦诚的人品折射出来的。要树立组织的公信力,管理层必须坚决清除那种缺乏正直品格的人,这种人常常会给组织带来无法挽救的灾难。因为他破坏了组织中最宝贵的资源——人的正直和公正的品格,使人们轻视管理层的领导能力和道德信誉,进而破坏组织精神和工作绩效。

人力资源管理是以人为中心的管理,人力资源是组织最宝贵的财富,如何尊重人、珍爱人,充分发挥人的主观能动作用,是每个组织管理者必须认真对待的问题。

四、人力资源管理的作用

1. 有利于企业适应激烈竞争

随着知识经济时代的到来,特别是我国加入世界贸易组织以后,以人力资源为核心的竞争也达到了白热化程度,而且这种竞争呈现出国内、国际竞争相互交织的特点。特别是发达国家凭借其强大的经济实力和优越的工作、生活条件,在全球范围内"掠夺"各类高素质人力资源。为此,必须切实加强和改善对人力资源的管理,致力于增加人力资本的占有量,促进生产力的发展和管理效率的提高,以此应对全方位的激烈竞争。这是我国在21世纪的竞争中赢得主动权的关键。

2. 有利于促进企业的生产经营

劳动力是企业劳动生产力的重要组成部分,只有通过合理组织劳动力,不断协调劳动力之间、劳动力与劳动资料和劳动对象之间的关系,才能充分利用现有的生产资料和劳动力资源,使它们在生产经营过程中最大限度地发挥作用,并在空间和时间上使劳动力、劳动资料、劳动对象形成最优的配置,从而保证生产经营活动有条不紊地进行。

3. 有利于调动企业员工的积极性和提高劳动生产率

企业管理中的人是社会中的人,他们不但需要衣食住行等物质生存条件,而且有思想、有情感、有尊严,这就决定了企业人力资源管理必须设法为劳动者创造一个适合他们多方面需要的劳动环境,让他们在一个好的环境中安心工作、积极进取,从而为企业带来更大的经济效益。因此,企业必须善于处理好物质奖励、行为激励及思想教育工作三者的关系,使企业员工始终处于旺盛的工作状态中,能充分发挥自己的特长,努力学习技术和钻研业务,不断改进工作,从而达到提高劳动生产率的目的。

4. 有利于减少劳动成本耗费,提高经济效益

经济效益是指经济活动中成本与收益的比较。产品成本中员工工资所占比重不断增长,而合理组织劳动力、科学配置人力资源可以有效地减少劳动耗费,从而显著地提高企业经济效益。

5. 有利于促进经济社会发展

今后5年到10年,是我国经济社会发展进入新的历史阶段的重要时期,是进行经济结构战略

性调整的重要时期,也是完善社会主义市场经济体制和扩大对外开放的重要时期。而要做好各方面的工作,加速实现经济社会发展的第三步战略目标,都离不开各企事业部门的管理、服务,权限而要搞好管理、服务取决于高素质的人力资源。因此,必须把加强和改善管理,培育和开发大量高素质人力资源作为经济社会高速发展的加速器。

第三节　人力资源管理流程

随着企业的发展,人力资源管理在企业中变得越来越重要,出现了专门的人力资源管理部门。人力资源管理部门的日常工作内容主要包括对员工的招募、甄选、录用、培训、岗位调配、绩效考核、奖惩、晋升、工资、福利、社会保险及劳动关系的处理等,分为六大主要模块——人力资源规划、招聘与配置、培训与开发、绩效管理、薪酬管理、员工关系管理。其流程如图1.4所示。

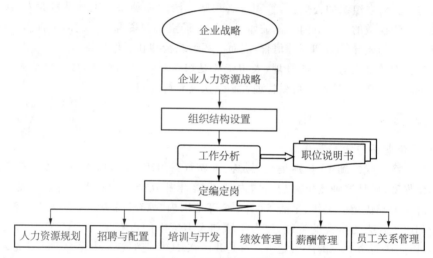

图1.4　人力资源管理主要流程

一、人力资源规划

人力资源规划是指为使企业稳定地拥有一定质量和必要数量的人力,实现包括个人利益在内的组织目标而拟定一套措施,以求得在企业未来发展过程中人员需求量和人员拥有量之间的相互匹配。

通过制定人力资源规划,一方面可以保证人力资源管理活动与组织的战略方向和目标相一致;另一方面,可以保证人力资源管理活动中各个具体环节协调一致,消除冲突。同时,在实施此规划时还必须在法律和道德观念方面创造一种公平的就业机会。

二、招聘与配置

招聘是根据企业发展的需要,针对企业将要空缺的职位,找到企业需要的人员。招聘对象可以分为两部分:一是新职工的招聘,二是企业的一些管理人员的选拔。具体如下。

① 招聘的岗位要求和人数。确定空缺岗位的要求,以及该岗位需要员工到位的具体时间。

② 招聘岗位的人员要求。根据企业任职者说明书的要求,确定空缺岗位对人的要求有哪些,哪些要求是这个岗位的关键。

③ 招聘渠道。确定企业公布招聘信息的方式及预算。

④ 招聘方法。确定招聘将采用哪种方法,分几个阶段进行,每个招聘阶段的主要考核点在哪里,是否需要借助外界力量,费用预算是多少。

⑤ 劳动合同。针对招聘岗位的特点,确定在劳动合同中是否需要进行特殊的要求和说明。

⑥ 总的资金预算。确定前几项招聘费用之和再加上招聘过程中所需要的人员差旅费和补助。

招聘与配置具有如下功能。

① 为组织不断输入新鲜血液,实现组织内部人力资源的合理配置,从人力资源上为组织扩大经营规模和调整结构提供可靠保证。

② 减少人员流动,提高组织队伍的稳定性,因为合理的招聘录用能使人尽其才并从工作中获得高度的满足感。

③ 减少人员培训与开发的开支,或者提高培训的效率。

④ 使管理活动更多地投入到如何使好员工变得更好,而不是花在对不称职员工的改造上,从而提高管理的效率。

三、培训与开发

培训是指通过传授知识、更新观念及提高技能等方法,使员工具备完成本岗位目前或未来工作所必需的基本技能,以及提高工作绩效的一系列活动。通过培训,使员工的工作能力和知识水平得以提升,工作业绩得到提升,从而实现企业的经营业绩。

开发是依据员工需求与组织发展目标,用各种直接或间接的方法对员工的潜能进行开发,促进员工的全面发展,完成员工职业生涯规划,以实现员工职业生涯发展目标。

人力资源管理过程就是人力资源开发过程,而人力资源开发过程是从广义上调动员工的积极性,利用各种手段促进员工发展的各种活动,包括一些间接手段和自我提升方法。

培训与开发贯穿着人力资源管理的各个环节。培训与开发在人力资源管理的各项工作中都起到或多或少的作用。

① 培训开发与人员招聘的关系。培训的需求分析可以作为人员招聘的基本标准。如果所招聘的工作人员可以满足培训的需求,特别是在内部人力资源储备不够和不能满足组织的发展需求时,培训人员提出的新标准就成为人员录用的尺度。同时,任何已经招聘的各类工作人员都必须接受不同层次、不同类别的岗前培训,以建立相应的职业观念、职业规范和职业能力。

② 培训与人员选拔任用的关系。组织对人员的选拔和任用是指使一些优秀的工作人员进入更高层的工作岗位。为了使这些人更好地适应和满足新的工作要求,充分发挥其工作能力,必须培训之后才能上岗。同样,以其他标准选拔和任用的人员如果能很快、很好地满足新的工作要求,就可以减少对培训的需求,也减少组织实施培训的开支。

③ 培训与绩效考核的关系。工作绩效评价是对工作绩效特征的考核,与培训相关的因素是如何确定工作绩效考核的标准。培训与评价的关系是相辅相成的。培训所制定的合格标准就是工作绩效考核的标准。培训可以帮助获得工作绩效的考核标准,而工作绩效考核的结果又决定了对培训的需求和对培训效果的考核与评定。

④ 培训开发与激励的关系。培训开发可以使员工认识到自身的能力价值和组织对他们的认可和重视。一旦员工对组织产生了认同与归属感,员工的能力和潜能就能得到真正发挥,进而表现出工作绩效的提高。

四、绩效管理

绩效考核的目的在于借助一个有效的体系,通过对业绩的考核,肯定过去的业绩并期待未来绩效的不断提高。传统的绩效工作只是停留在绩效考核的层面,而现代绩效管理则更多地关注未来业绩的提高。关注点的转移使得现代绩效工作重点也开始转移。体系的有效性成为人力资源工作者关注的焦点。一个有效的绩效管理体系包括科学的考核指标、合理的考核标准,以及与考核结果相对应的薪资福利和奖惩措施。纯粹的业绩考核使绩效管理只能局限在对过去工作的关注,更多地关注绩效的后续作用才能把绩效管理工作的视角转移到未来绩效的不断提高上。

绩效管理的目的在于:帮助员工对自己的潜力有一个真正的认识,并在实际工作中发挥这些能力;为人力资源策略的制定提供依据,改进招聘、培训、激励等诸多人力资源管理方面的策略。

无论企业处于何种发展阶段,绩效管理对于提升企业的竞争力都具有巨大的推动作用,所以进行绩效管理是非常必要的。绩效管理对于处于成熟期企业而言尤其重要,没有有效的绩效管理,组织和个人的绩效就得不到持续提升,组织和个人就不能适应残酷的市场竞争的需要,最终将被市场淘汰。绩效管理的作用主要表现在以下几个方面。

① 绩效管理为最佳决策提供了重要的参考依据。绩效管理的首要目标是为组织目标的实现提供支持,特别是在制定重要的决策时,绩效管理可以使管理者及其下属在制订初始计划过程中及时纠偏,减少工作失误,为最佳决策提供重要的行动支持。

② 绩效管理为组织发展提供了重要支持。绩效管理的一个重要目标是提高员工业绩,引导员工努力的方向,使其能够跟上组织的变化和发展。绩效管理可以提供相关的信息资料作为激励或处分员工、提升或降级、职务调动及进一步培训的依据,这是绩效管理最主要的作用。

③ 绩效管理为确定员工的工作报酬提供依据。绩效管理的结果为确定员工的实际工作报酬提供了决策依据。实际工作报酬必须与员工的实际能力和贡献相结合,这是组织分配制度的一条基本原则。为了鼓励员工出成绩,组织必须设计和执行一个公正合理的绩效评估系统,对那些最富有成效的员工和小组给予明确的加薪奖励。

④ 绩效管理为员工潜能的评价及相关人事调整提供依据。绩效管理中对能力的考评是通过考察员工在一定时间内的工作业绩,评估他们的现实能力和发展潜力,看其是否符合现任职务所具备的素质和能力要求,是否具有担负更重要工作的潜能。组织必须依据管理人员在工作中的实际表现,对组织的人事安排进行必要的调整。对能力不足的员工应安排到力所能及的岗位上,而对潜能较强的员工应提供更多的晋升机会,对另一些能力较为平衡的员工则可保持其现在的职位。当然反映员工过去业绩的评价要与描述将来潜力的评价区分开来。为此,组织需要创设更为科学的绩效考核体系,为组织制订包括降职、提升或维持现状等内容的人事调整计划提供科学的依据。

五、薪酬管理

薪酬管理是人力资源管理的关键环节之一。一个运行良好的、公平的薪酬系统不仅能对外产生强大的吸引力,而且可以极大地激励内部员工达成组织目标,创造高质量的绩效。薪酬可以划分为基本薪酬、可变薪酬以及间接薪酬(福利和服务)三大部分。基本薪酬是指一个组织根据员工所承担或完成的工作本身或者是员工所具备的完成工作的技能或能力而向员工支付的稳定性报酬。可变薪酬是薪酬系统中与绩效直接挂钩的部分,有时也被称为浮动薪酬或奖金。可变薪酬的目的是在绩效和薪酬之间建立起一种直接的联系,因此,可变薪酬对于员工具有很强的激励性,对于企业绩效目标的达成起着非常积极的作用。它有助于企业强化员工个人、员工群体乃至公司全体员工的优秀绩效,从而达到节约成本、提高产量、改善质量以及增加收益等多种目的。福利在组织的薪酬管理中,也具有重要的作用。福利是一个内容广泛、性质多元和具有一定强制性的范畴。首先,它是对员工生活方面的一种平均的、满足需要性的照顾;其次,它有着一定的社会保险和职业安全保护的强制性内容;再次,它在一些项目上实行差别性的发放,成为激励性薪酬的一个部分,并因为一些高福利的项目而成为吸引人才和留住人才的重要手段。

六、员工关系管理

员工关系的处理在于以国家相关法规政策及公司规章制度为依据,在发生劳动关系之初,明确劳动者和用人单位的权利和义务;在合同期限之内,按照合同约定处理劳动者与用人单位之间的权利和义务关系。对于劳动者来说,需要借助劳动合同来确保自己的利益得到实现,同时对企业尽到应尽的义务;对于用人单位来说,劳动合同法规更多地在于规范其用工行为,维护劳动者的基本利益,但同时也保障了用人单位的利益,包括对劳动者供职期限的约定,依据适用条款解雇不能胜任岗位工作的劳动者,以及合法规避劳动法规政策,为企业节约人力资本支出等。

对于任何一个企业员工来讲,工作的开展必然涉及相互的沟通。部门与部门之间工作交接、相互协调也需要选择正确、有效的沟通渠道和方式。作为企业管理者,必须将企业的沟通渠道建立成高效、顺畅的神经网络,使得工作信息迅速、准确地传达到位,工作进展、员工状态、意见建议也可以及时反映到管理者层面。对于各级管理者来说,选择正确的沟通方式是开展工作的基础技能之一,必须学会在不同工作环境下使用相应的沟通技巧。

员工忠诚度和 EAP(员工帮助计划)是近年来新兴的课题。如何能够保持员工对企业的忠诚需要企业管理者进行科学、认真的规划,其中,EAP 和离职管理是比较重要的方法和环节。

第四节　战略人力资源管理

一、战略人力资源管理的内涵和特征

1. 战略人力资源管理的内涵

虽然战略人力资源管理(Strategic Human Resources Management,SHRM)的理念首先由美国人提出,但在 20 世纪 80 年代以前,日本的企业实际上扮演着战略人力资源管理先驱实践者的角色。日本人力资源管理实践的精髓在于人本主义理念。在这一理念指导下,日本企业将管理重心集中在对"人的管理"之上,实行了一系列充分体现人本主义思想的人力资源管理制度,如终身雇用制、年功序列制、教育培训制及保障制等。这些制度的战略基础是能力、品质、技能、教育程度、完成任务的适应性和岗位工作绩效等。但在 20 世纪 80 年代以后,日本人力资源管理的弊端也日益暴露出来。约翰·沃洛诺夫在《日本管理的危机》、帕茨·史密斯在《日本:一种新的解释》、菲利普·安德森在《黑纱的里面:除去日本人商业行为的迷雾》等著作中,深刻分析了日本模式的弊端。他们指出,在日本企业中,人力资源管理在更大程度上陷入一般事务性职能,而对人力资源的战略性,战略人力资源的工作绩效激励、核心雇员的配置等方面缺乏充分的界定、使用和激励,这使日本企业"核心人力资源"(core human resources)的"战略性"受到了极大削弱和限制。

战略人力资源管理在二十多年来的发展令人瞩目,对这一思想的研究与讨论也日趋深入,并被欧、美、日企业的管理实践证明是获得长期可持续竞争优势的战略途径。相对于传统人力资源管理,战略人力资源管理定位于在支持企业的战略中人力资源管理的作用和职能。

目前,学术理论界一般采用公共管理学者怀特和麦克马汉(Wight & Mcmanhan,1992)的定义,即战略人力资源管理是指企业为实现目标所进行并所采取的一系列有计划、具有战略性意义的人力资源部署和管理行为。

2. 战略人力资源管理的特征

① 人力资源的战略性。企业拥有这些人力资源是企业获得竞争优势的源泉。战略人力资源(Strategic Human Resources,SHR)是指在企业的人力资源系统中,具有某些或某种特别知识(能力和技能),或者拥有某些核心知识或关键知识,处于企业经营管理系统的重要或关键岗位上的那些人力资源。相对于一般性人力资源而言,这些被称为战略性的人力资源具有某种程度的专用性和不可替代性。

② 人力资源管理的系统性。这是指企业为了获得可持续竞争优势而部署的人力资源管理政策、实践及方法、手段等构成的一种战略系统。

③ 人力资源管理的战略性又称契合性。它包括纵向契合,即人力资源管理必须与企业的发展战略契合;横向契合,即整个人力资源管理系统各组成部分或要素相互之间的契合。

④ 人力资源管理的目标导向性。这是指战略人力资源管理通过组织架构,将人力资源管理置于组织经营系统,以促进组织绩效最大化。

3. 战略人力资源管理模型

根据对战略人力资源管理的界定,提出一个战略人力资源管理模型(见图 1.5),以更清晰地显示战略人力资源管理内容与公司目标、战略、外部环境的关系。

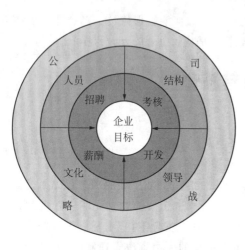

模型是按 4 个层次来划分的,整体是一个自行车车轮的形状,轴心是企业目标,最外层是开放的企业外部环境,外部环境既影响企业战略的制定,也决定了企业人力资源环境。第二层是公司战略层面,它决定了企业的目标,是决定企业直接参与市场竞争方式的层次。第三层是影响公司战略能否成功的关键部分,对战略实施起支持作用,如人员、文化、结构和领导等。第四层是具体的人力资源战略,也可以说是传统人力资源管理工作的重点区域,这是体现企业内部人力资源管理系统的层次。这 4 个层次既要为公司战略提供支撑,也要彼此间互相配合,无论哪根辐条发生断裂都会影响车轮前进,导致企业目标无法实现或受到损害。

图 1.5 战略人力资源管理模型

战略人力资源管理就是在以上 4 个层次间发挥作用,目的是为实现企业目标。

二、战略人力资源管理理论的主要观点

自从进入战略人力资源管理阶段之后,学者们对战略人力资源管理理论的研究也与日俱增。在众多的理论中,战略人力资源管理理论主要分为以下 3 个观点。

1. 战略人力资源管理的普遍观(universalistic perspective)

普遍观的基本假设是不管企业的战略如何,都存在一种最好的 HRM(人力资源管理)系统,这种 HRM 系统总是优于其他的,采用这种 HRM 系统的企业会提高绩效。尽管这种方法得到了很多研究者的认同,也得到了实证支持,但是关于何种人力资源管理实践应该包括在这个最好的 HRM 系统之中,还没有一致的结论。许多著名学者,如德莱利(Delaney)、莱文(Lewin)、澳斯特曼(Osterman)、普费(Pfeffer)等人都对此问题进行了研究,并提出了不同的人力资源管理实践的内容和范围。例如,德莱利(1989 年)等人认为人力资源管理实践包括 8 个方面,即甄选、绩效评估、激励性薪酬、职务设计、投诉处理程序、信息共享、态度评估和劳资关系。海塞里德(1995 年)在此基

础上增加了招聘的激烈程度、每年的培训实践和晋升标准3个方面的内容。1996年,德莱瑞(Deleiy)和道梯(Doty)在其论文中指出有7个方面的人力资源管理实践活动被认为是具有"战略"特性的,它们是:内部职业生涯的机会、正式的培训系统、绩效测评、利益共享、员工安全、倾听机制和岗位界定。普遍观主要研究HRM系统对企业绩效的影响,侧重HRM系统对绩效的影响有多大,通过什么样的中间机制发生作用,这方面在近几年涌现了大量的理论模型和实证研究。

2. 战略人力资源管理的权变观(contingency perspective)

权变观是研究在企业不同战略前提下,HRM所做出的相应反应,如在企业成长的不同阶段采用不同的战略,所对应的人力资源管理战略也是不同的。企业采取何种HRM系统应该根据企业的战略而定,如果很少与战略相契合,不但不会对绩效做出贡献,反而会对企业的绩效造成损害。但这种HRM系统之间及与企业战略的配合是否有效果和有必要,还没有得到证实。

3. 战略人力资源管理的匹配观(configurational perspective)

匹配观是研究人力资源管理系统内部及人力资源管理系统与企业战略的匹配,这种匹配的协同作用是否存在,以及对企业的绩效是否有影响。匹配观是调查确定企业战略与人力资源管理实践和政策之间的匹配程度。这种匹配性包括外部匹配性(如与战略的适应性)和内部匹配性(如实践中的一致性和相似性),主要考虑这些匹配性对组织输出的影响。战略人力资源管理要求人力资源管理必须与组织战略一致,而且人力资源各项职能之间实现有效匹配。战略匹配或整合是战略人力资源管理的中心概念,我们需要战略整合来保持企业战略和人力资源管理战略的完全一致,人力资源管理战略可以支持企业战略的实现,并且可以帮助我们制定企业战略。

上述就是战略人力资源管理理论的3种主要观点,它们的共同之处就是均与企业绩效有关。但是,它们又有其各自的侧重点,当然也有一定的局限性。可是不管怎么说,它们都在一定程度上反映了战略人力资源管理的目的,即通过战略管理,使人力资源更好地得到发挥,让企业获得核心竞争力,组织取得竞争优势,从而进一步提高企业的绩效。

三、战略人力资源管理与公司战略的关系

比尔·盖茨曾经说过:"如果把我们最优秀的20名员工拿走,微软将变成一个无足轻重的公司。"在现代社会,人力资源是组织中最有能动性的资源。如何吸引优秀人才,如何使组织现有的人力资源发挥更大的效用,支持组织战略目标的实现,是每一个领导者都必须认真考虑的问题,这也是企业的最高领导越来越多地来源于人力资源领域的一个原因。战略人力资源管理认为人力资源是组织战略不可或缺的有机组成部分,包括了公司通过人来达到组织目标的各个方面。公司战略与人力资源战略的关系如图1.6所示。

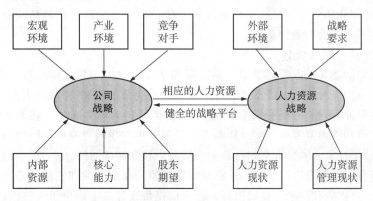

图1.6 公司战略与人力资源战略的关系

一方面,企业战略的关键在于确定自己的客户,经营好自己的客户,实现客户满意和忠诚,从而实现企业的可持续发展。但是如何让客户满意?这需要企业有优良的产品与服务给客户创造价值,并带来利益;而高质量的产品和服务需要企业员工的努力。因此,人力资源是企业获取竞争优势的首要资源,而竞争优势正是企业战略得以实现的保证。

另一方面,企业要获取战略上成功的各种要素,如研发能力、营销能力、生产能力、财务管理能力等,最终都要落实到人力资源上。因此,在整个战略的实现过程中人力资源的位置是最重要的。

战略人力资源管理强调通过人力资源的规划、政策及管理实践达到获得竞争优势的人力资源配置的目的,强调人力资源与组织战略的匹配,强调通过人力资源管理活动实现组织战略的灵活性,强调人力资源管理活动的目的是实现组织目标。战略人力资源管理把人力资源管理提升到战略的地位,系统地将人与组织联系起来,建立统一性与适应性相结合的人力资源管理。

四、战略人力资源管理体系

1. 战略人力资源管理体系

战略人力资源管理不是一个概念,而是一个有机的体系,由战略人力资源管理理念、战略人力资源规划、战略人力资源管理核心职能和战略人力资源管理平台4个部分组成,如图1.7所示。

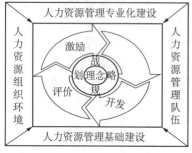

图1.7 战略人力资源管理体系

战略人力资源管理理念是灵魂,指导整个人力资源管理体系的建设;战略人力资源规划是航标,指明人力资源管理体系构建的方向;战略人力资源核心职能是手段,确保理念和规划在人力资源管理工作中得以实现;战略人力资源管理平台是基础,在此基础之上才能构建和完善战略人力资源管理职能。

2. 战略人力资源管理核心理念

战略人力资源管理理念视人力为资源,认为人力资源是最宝贵的资源,认为企业的发展与员工职业能力的发展是相互依赖的。企业鼓励员工不断提高职业能力以增强企业的核心竞争力,而重视人的职业能力必须先重视人本身,把人力提升到了资本的高度,一方面通过投资人力资本形成企业的核心竞争力,另一方面人力作为资本要素参与企业价值的分配。

战略人力资源管理认为开发人力资源可以为企业创造价值,企业应该为员工提供一个有利于价值发挥的公平环境,给员工提供必要的资源,赋予员工责任的同时进行相应的授权,保证员工在充分授权的情况下开展自己的工作,并通过制定科学、有效的激励机制来调动员工的积极性,在对员工能力、行为特征和绩效进行公平评价的基础上给予相应的物质激励和精神激励,激发员工在实现自我价值的基础上为企业创造价值。

3. 战略人力资源管理规划

人力资源规划的意义随着管理学的不断发展和演变而发生变化。传统的人力资源规划认为人力资源规划的目的是对企业人员流动进行动态预测和决策的过程,而战略人力资源规划的目的是预测企业人力资源需求和可能的供给,确保企业在需要的时间和岗位上获得所需的合格人员,实现企业发展战略和人力资源相匹配。战略人力资源管理在规划过程中,重点放在人力资源规划的度量上,也会适当注重人力资源规划与其他规划的一致性和协同性。

战略人力资源管理规划吸取了现代企业战略管理研究和战略管理实践的重要成果,遵循战略管理的理论框架,高度关注战略层面的内容。它不仅把传统意义上聚焦于人员供给和需求的人力资源规划融入其中,而且更加强调人力资源规划和企业的发展战略相一致。它在对内外部环境理性分析的基础上,明确企业人力资源管理所面临的挑战及现有人力资源管理体系的不足,清晰地勾勒出未来人力资源的愿景目标及与企业未来发展相匹配的人力资源管理机制,并制定出能把目标转化为行动的可行措施,以及对措施执行情况的评价和监控体系,从而形成一个完整的人力资源战略系统。

4. 战略人力资源管理核心职能

战略人力资源管理核心职能包括人力资源配置、人力资源开发、人力资源评价和人力资源激励4个方面,如图1.8所示。

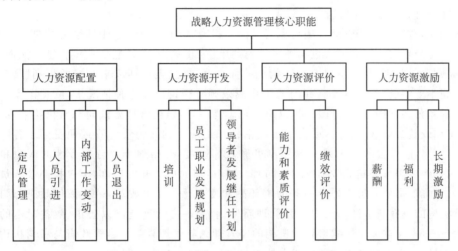

图 1.8　战略人力资源管理的核心职能

战略人力资源配置的核心任务就是要基于公司的战略目标来配置所需的人力资源,根据定员标准对人力资源进行动态调整,引进满足战略要求的人力资源,对现有人员进行职位调整和职位优化,建立有效的人员退出机制以输出不满足公司需要的人员,通过人力资源配置实现人力资源的合理流动。

战略人力资源开发的核心任务是对公司现有人力资源进行系统的开发和培养,从素质和质量上满足公司战略的需要;根据公司的战略需要组织相应培训,并通过制订领导者继任计划和员工职业发展规划来保证员工与公司同步成长。

战略人力资源评价的核心任务是对公司员工的素质能力和绩效表现进行客观的评价,一方面保证公司的战略目标与员工个人绩效得到有效结合,另一方面为公司对员工激励和职业发展提供可靠的决策依据。

战略人力资源激励的核心任务是依据公司战略需要和员工的绩效表现对员工进行激励,通过制定科学的薪酬福利和长期激励措施来激发员工充分发挥潜能,为公司创造价值的同时实现自己的价值。

第五节　人力资源管理发展趋势

一、未来人力资源管理的特点

1. 人力资源职能的细化与分化

人力资源管理所有的职能可以用六大模块来概括:人力资源规划、招聘与录用、培训开发、薪酬管理、绩效管理和劳动关系管理。随着企业外部经营环境的变化,以及社会专项咨询服务业的发展,这些职能将再次分化,一部分向社会化的企业管理服务网络转移。企业的管理职能是企业实现其经营目标的手段,企业可以根据其业务需要对这些手段进行重新分化组合,以达到其在特定环境下的最佳管理。人力资源管理的所有职能活动是相互联系,也是相互独立的,对其进行不同方式的分化组合在理论上也是可行的。现代企业将越来越多地依赖于社会化的管理咨询服务,把诸如培训开发、高层职员的招聘选拔、员工管理能力沟通考核等人力资源管理职能活动委托给专门的管理咨询机构处理。

2. 政府部门与私营机构的人力资源管理的方式将渐渐趋于一致

一般来说,政府部门的管理方法与私营机构大相径庭,因为政府属于社会公共事务管理部门,其主要目标是公正、公平;而私营机构则多是盈利单位,效率、效益是它的典型特征。然而,很多国家,特别是欧美一些国家,由于国内经济状况差强人意,再加上长期以来实施的福利国家制度,公共开支居高不下,社会各界对政府部门的工作成效颇有微词。在这种情况下,欧美国家开始率先推行所谓的新公共管理,即政府服务也以市场观念为主导,强调管理方式向私营机构靠拢,并引入竞争、效率和效益等概念。于是,更为讲求灵活性和适应性的人力资源管理便受到了各国政府的广泛重视。首先改变公务员的终身雇用制度和长俸制度,开始逐步实行有弹性的入职和离职制度,建立以工作表现为基础的激励机制。同时,通过适当的培训开发制度,不仅提高公务员的知识技能水平,而且加强公务员为公众服务的责任感和使命感。这些改革,一方面使政府部门形成了类似私营机构的具有竞争性的人力资源管理新体制,另一方面创造出以公正、效益为本的政府管理新文化,反过来又进一步影响着私营机构的经营理念与管理哲学。尽管政府与私营机构的最终目的仍然差异巨大,但两者在管理方式上的逐步接近趋势却越来越明显。

3. 企业的薪酬模式将会更加注重公平性

日本是亚洲国家中基尼系数唯一低于0.3的国家,可以说是亚洲收入最平均的国家,而且从日立、松下、索尼、欧姆龙等企业来看,其管理层和一般劳动者的工资差距非常小,仅有3倍左右。可见日本薪酬模式中,初次分配差距较小,进而能保证最终的社会分配公平性问题。我国政府也越来越重视初次分配的公平性问题,企业的薪酬分配模式可以有一个大转弯,不仅注重初次分配过程中的公平性,还会尽力弥补过去拉开的收入差距,特别是对国有或国有控股企业。

4. 企业的人力资源管理将引入 EAP 管理

EAP,即员工帮助计划,是企业组织为员工提供的系统的、长期的援助与福利项目,它通过专业人员对组织以及员工进行诊断和建议,提供专业指导、培训和咨询,帮助员工及其家庭成员解决心理和行为问题,提高绩效及改善组织气氛和管理。简而言之,EAP是企业用于管理和解决员工个人问题,从而提高员工与企业绩效的有效机制。在金融危机和全球经济衰退的背景下,员工的心理问题可能会更加突出。例如,一项针对员工心理问题的调查显示,面对全球金融危机,只有6.54%的人自信地表示对自己没有影响,有9.98%的人表示非常焦虑,而近70%的人表示金融危机给他们带来了较大的心理影响,这些人不仅仅是金融行业从业者,更多的则是来自实体经济。可见,及时引入 EAP 管理对企业来说将会变得比任何时候都重要。相信在不久的将来,企业人力资源管理引入 EAP 管理将成为未来的大的趋势。

5. 企业劳动关系的管理将逐渐从人治走向法治

2008 年政府颁布的《劳动合同法》《劳动争议调解仲裁法》《劳动合同法实施条例》等一系列调整劳动关系的法律法规的实施,对企业人力资源管理产生了重大的影响。例如,《劳动合同法》的实施将直接导致企业人工成本及人力资源管理成本的上升。伴随着一系列劳动法规的出台,中国企业的人力资源管理也走上了从人治到法治的轨道,这意味着组织内部人力资源管理的运作空间被

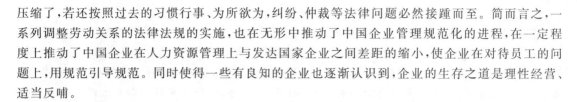

压缩了,若还按照过去的习惯行事、为所欲为、纠纷、仲裁等法律问题必然接踵而至。简而言之,一系列调整劳动关系的法律法规的实施,也在无形中推动了中国企业管理规范化的进程,在一定程度上推动了中国企业在人力资源管理上与发达国家企业之间差距的缩小,使企业在对待员工的问题上,用规范引导规范。同时使得一些有良知的企业也逐渐认识到,企业的生存之道是理性经营、适当反哺。

二、人力资源管理的新趋势

1. 人力资源管理全球化

经济全球化与贸易自由化带动下的全球经济一体化,使多国企业成为国际市场竞争中的重要力量。为在全球化背景下获取竞争优势,企业各部门的管理者和人力资源专家,必须以一种新的全球思维(global mindset)方式重新思考企业人力资源的角色与价值增值问题,建立新的模式和流程来培养全球性的灵敏嗅觉、核心能力。大量的跨国公司导致企业内员工的差异性较大,表现在种族、信仰、文化、知识和技能等方面,对人力资源管理提出更高的要求。因此,全球化进程将从观念上、文化上、组织上和方法上促使人力资源管理发生全方位的变化。换句话说,人力资源管理必然在经济全球化的背景下,有一个全面的发展和创新。

2. 人力资源管理人性化

随着"经济人"逐渐向"社会人""观念人"转变,企业的员工不再是只会工作的工具,这就要求人力资源管理转变到以人为中心,突显人力资源管理的人性化,而这正是现代人力资源管理的重要特征。以人为中心,要从尊重员工的权利入手,包括尊重他们的人格、自尊,尊重他们的劳动权、休息权、自主择业权、民主参与权、投诉权、接受培训的权利等。在此基础上再增加人力资源开发的投入,促进员工在岗位上成才,与企业共同成长;以及个性化薪酬、宽带薪酬、知识薪酬、360度考核等措施,就会极大增加员工的主人翁责任感,这是实现以人为中心的首要工作。人力资源管理也是一种多元互动的营销工作,即企业在表现自己需求、特点的同时,也要站在员工需求的角度,通过提供人性化的产品与服务来吸纳、留住、激励、开发企业所需要的人才。

3. 职业教育终身化

在世界经济快速发展的今天,市场竞争日趋激烈,员工的整体素质、水平直接影响和制约着企业的发展。人才是企业的重要资源,企业要获得高素质的人力资源,提升员工能力,增强企业竞争力,教育培训是最有效的手段。教育培训也是一种投资,是一条联系个人进步与企业发展的纽带,是决定员工个人职业生涯、企业生存和发展的重要因素之一。"对员工要进行终身教育,企业要成为学习型组织",这一概念已经成为企业的共识。企业对教育培训日益制度化和专业化,这些都表明教育培训的战略性地位已在各企业中得以确立。企业只有不断地加强员工培训,才能适应社会的发展要求,否则就要被淘汰。因此,职业培训将成为员工终身的需要,也是员工的工作职责和工作组成部分。

4. 管理手段科学化

科学技术的飞速发展,给管理工作带来了一场前所未有的革命。人力资源管理将由过去的被动式、经验式的人事管理,步入科学化、专业化、技术化的人力资源管理时代。电子化的人力资源管理系统(EHR)的出现,为人力资源管理手段的科学化带来了全新的体验。知识经济的来临,让我们全面步入了以人力资源为导向的时代,思维的更新(人力资源资本化、人力资源管理人性化、职业教育终身化、管理手段科学化)和科技的进步(Internet 技术、EHR 系统)将为我们的人力资源管理带来翻天覆地的变化。迅速适应变化、更新管理思维、导入和运用新的技术将是这个时代人力资源管理的大势所趋,也是人力资源管理手段科学化的要求。

5. 管理系统信息化

信息技术正不断渗透到人力资源管理的每一个领域,对人力资源管理的影响表现在3个方面:①信息技术使人力资源管理从烦琐的日常事务中解脱出来,大大提高了事务性、程序性人力资源管理工作的效率,使人力资源的精力聚集在更重要的工作方面,在公司管理中发挥战略性的作用;②信息化可以使企业实现人力资源与资金流、物流、供应链、客户关系管理等系统的关联和一体化,整合了企业内外人力资源的信息和资源,使人力资源管理真正成为企业的战略性工作;③员工将更加方便有效地获取信息,做出新的决策或提出新的要求,更加自主把握自己的前途。管理系统信息化的发展改变了传统的时空观念,创造了一个不受地理边界限制与束缚的全球工作环境和视野。新技术的飞速发展,不仅提高了企业的经营生产效率,大大降低了交易费用,而且对企业管理方式产生了巨大冲击。信息技术的飞速发展,使得企业越发认识到创造技术的"人"的重要作用,越来越多的企业把人力资源管理工作提高到相当重要的程度。

6. 管理体制扁平化

面对网络化的知识经济社会,知识化要求知识与信息共享,网络化使组织结构扁平成为可能。网络状分布的组织团队代替了固定的工作部门或职位,出现了跨职能、跨部门的团队。在企业内部,团队与团队之间是独立的,又是互补的,从而产生整体大于部分之和的综合效果。在这种情况下,团队是由成员依其专长(而非职务)和任务的需要而自主构成,团队的绩效可以由其任务的完成状况获得评价后得到相应的报酬。网络使主要承担信息沟通的中间管理层失去了应有的作用遭到精简。结果,企业中的较高职位减少了,使得传统的升迁途径减少了,导致职业发展中沿着组织层级向上攀升的机会也大大减少了。根据《哈佛商业评论》的介绍,高层管理者管理幅度以4~8为宜,基层管理者管理幅度以8~15为宜。当然,这也不能一概而论,而要根据企业的实际情况进行确定。可见,企业通过管理扁平化操作,不但减少了管理的中间层级,还大大减少了管理人员数量。从而,为企业节约了大量宝贵资源和管理费用,也提升了企业自身的战斗力。

7. 人力资源管理虚拟化

所谓人力资源管理虚拟化,是指运用信息技术在战略伙伴之间架设网络关系,借此帮助组织获取、开发和配备人力资源。常见的策略是人力资源管理合作化、信息化。首先,面对战略、效益、服务的目标,企业注意力聚焦在核心能力上,将外围工作、行政性事务委托于其他公司,把"虚组织"拟作"自组织"。可使组织腾出更多时间与精力应对变化,干必须"亲自出马"的事。其次,通过委托降低成本开支,改变以往"铺大摊、做小事"的情形,更经济地履行服务职责。除此之外,学者戴斯(Dess)提醒人们,虚拟化还能让组织办妥自己办不成的事,如人事重组、末位淘汰等。随着人力资源专业服务市场的日益成熟,提供个性化服务已成为可能,如定制一套符合业务发展要求的E‐learning程序。就思路而言,人力资源管理虚拟化是组织理论的一次创新。从实践角度看,这条虚拟之路并不平坦,焦点在于——外向型与整合化"度"的权衡。

三、我国人力资源管理的发展趋势

1. 我国未来人力资源管理的特点

(1) 人力资源管理职能的细化与分化

人力资源管理所有的职能可以用六大模块来概括:人力资源规划、招聘与录用、培训开发、薪酬管理、绩效管理和劳动关系管理。随着企业外部经营环境的变化,以及社会专项咨询服务业的发展,这些职能将再次分化,一部分向社会化的企业管理服务网络转移。企业的管理职能是企业实现其经营目标的手段,企业可能根据其业务需要对这些手段进行重新分化组合,以达到其在特定环境下的最佳管理。人力资源管理的所有职能活动是相互联系也是相互独立的,对其进行不同方式的分化组合在理论上是可行的,在企业管理实践中也经常可以看到。例如,人事代理管理咨询服务业的迅速发展为企业外包其某些相对独立的职能提供了更多的选择。人事代理把档案管理、社会保险、职称评定等庞杂的事务性工作从人力资源管理部门转移出去,组织设计、工作分析等具有开创性的职能则交给管理咨询公司承担。这些管理咨询公司一般由一大批在人力资源管理方面具有很深造诣的专家和实际工作者组成,它们通常都拥有企业本身不具备的知识和技能,既能帮助降低长期管理成本,又可以使企业获得新的管理技术与管理思想,对企业的发展能起到巨大的促进作用。因而,现代企业将越来越多地依赖于社会化的管理咨询服务,把诸如培训开发、高层职员的招聘选拔、员工管理能力沟通、考核等人力资源管理职能活动委托给专门的管理咨询机构处理。

(2)政府部门与私营机构的人力资源管理方式将渐渐趋于一致

一般来说,政府部门的管理方法与私营机构大相径庭,因为政府属于社会公共事务管理部门,其主要目标是公正、公平;而私营机构则多是营利单位,效率、效益是它的典型特征。然而很多国家,特别是欧美一些国家,由于国内经济状况差强人意,再加上长期以来实施福利国家制度,公共开支居高不下,社会各界对政府部门的工作成效颇有微词。在这种情况下,欧美国家开始率先推行新公共管理,政府服务也以市场观念为主导,强调管理方式向私营机构靠拢,并引入竞争、效率和效益等概念。于是更为讲求灵活性和适应性的人力资源管理便受到了各国政府的广泛重视。在这些变革中,最引人瞩目的是改变公务员的终身雇用制度和长俸制度,开始逐步实行有弹性的入职和离职制度,建立以工作表现为基础的激励机制。同时通过适当的培训开发制度,不仅提高公务员的知识技能水平,而且加强公务员为公众服务的责任感和使命感。这些改革,一方面使政府部门形成了类似私营机构的具有竞争性的人力资源管理新体制,另一方面创造出以公正、效益为本的政府管理新文化,反过来又进一步影响着私营机构的经营理念与管理哲学。尽管政府与私营机构的最终目的仍然差异巨大,但两者在管理方式上的逐步接近趋势却越来越明显。

(3)企业的薪酬模式将会更加注重公平性

我国企业内部薪酬的改革和调整趋近美国模式,管理者和一般劳动者也都走的是美国发展路线,而跟我们一海之隔的日本的做法对我们更具有借鉴意义。尽管日本基尼系数在过去15年间保持在0.25到0.35之间,仍然存在分配不公的问题,但日本是亚洲国家中该系数唯一低于0.3的国家,可以说是亚洲收入最平均的国家;而且从日立、松下、索尼、欧姆龙等企业来看,它们管理层和一般劳动者的工资差距非常小,仅是3倍左右。可见日本薪酬模式中,初次分配差距较小,进而能保证最终的社会分配公平,所以我国政府也越来越重视初次分配的公平性问题。效率与公平并重,既然这一点在儒家文化长期熏陶下的日、韩、中国台湾等国家和地区可以做到,我们也可以做到。因此,我国企业的薪酬分配模式可以有一个大转变,不仅注重初次分配过程中的公平性,还应尽力弥补过去拉开的收入差距,特别是对国有或国有控股企业。

(4)企业的人力资源管理将引入EAP管理

EAP是企业组织为员工提供系统的、长期的援助与福利项目。EAP通过专业人员对组织及员工进行诊断和建议,提供专业指导、培训和咨询,帮助员工及其家庭成员解决心理和行为问题,提高绩效及改善组织气氛和管理。简而言之,EAP是企业用于管理和解决员工个人问题,从而提高员工与企业绩效的有效机制。在金融危机和全球经济衰退的背景下,员工的心理问题可能会更加突出。例如,一项针对员工心理问题的调查显示,面对全球金融危机只有6.54%的人自信地表示对自己没有影响,有9.98%的员工表示非常焦虑,而近70%的人表示金融危机给他们带来了较大的心理影响,这些人不仅仅是金融行业从业者,更多的人则是来自实体经济。可见及时引入EAP

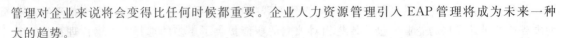

管理对企业来说将会变得比任何时候都重要。企业人力资源管理引入 EAP 管理将成为未来一种大的趋势。

（5）企业劳动关系的管理将逐渐从人治走向法治

2008 年我国政府颁布的《劳动合同法》、《劳动争议调解仲裁法》、《劳动合同法实施条例》等一系列调整劳动关系的法律法规的实施,对企业人力资源管理将会产生重大的影响。例如,《劳动合同法》的实施将直接导致企业人工成本及人力资源管理成本的上升。伴随着一系列劳动法规的出台,中国企业的人力资源管理也走上了从人治到法治的轨道,这意味着组织内部人力资源管理的运作空间被压缩了。若还按照过去的习惯行事、为所欲为,纠纷、仲裁等法律问题必然接踵而至。简而言之,一系列调整劳动关系的法律法规的实施,也在无形中减少了中国企业管理规范化的进程,在一定程度上减少了中国企业在人力资源管理上与发达国家企业之间的差距,同时使一些企业逐渐认识到企业的生存之道是理性经营、适当反哺。

2. 我国企业人力资源管理的发展趋势

借鉴成功企业的人力资源管理经验,历来就是一条有效的学习途径。我国改革开放 30 多年来的实践证明:瞬息万变的新经济时代竞争的本质和核心就是人才经济的竞争。目前,我国尚未完成第二次改革浪潮——工业化革命,同时又面临着全球第三次改革浪潮——信息化冲击。转型期的中国企业要想把握机会、持续稳定发展,就必须重视新型人才的培养和开发,认真分析知名成功企业人力资源管理成功经验和制度发生良好作用的环境、背景条件,学习先进人力资源管理制度体系构建的思路,并结合我国企业的人力资源管理环境及现状来构建适合我国企业特点的人力资源管理制度,以应对世界经济大环境复杂多变的形势。

（1）打造高素质人力资源管理团队,使其成为企业文化代言人

多数跨国企业都拥有一支专业的人力资源管理团队,随着企业竞争从产品竞争到人力资源竞争的转变,人力资源管理已经上升到与企业战略规划同等重要的地位,人力资源从业者不能仅局限于办理人事手续,更要成为企业战略的整体把握和有效执行者。这就要求人力资源从业者必须重新审视自己的定位和角色,并提高从业技能;既要懂业务,还要认同、重塑与再造公司文化,具备职业道德,更好地为企业做好人力资源战略规划、分解和监督执行。知名企业人力资源管理经验让我们认识到人力资源管理团队需要具备高素质。

① 人力资源管理团队要重品牌。人力资源管理者诚信度高、个人品牌强,其管理工作成效就大。有人说未来人力资源管理经理要扮演 5 种角色:生意人、优秀人际关系专家、战略计划设计者、卓越心理专家、见多识广博学专家。

② 时间分配重战略。将工作时间主要集中在关键性战略问题上的人力资源管理者工作效果好,执行能力强,引导变革有力度,工作有方向感,不会被具体工作细节耗费精力。人力资源管理者应将时间更多地用于关注战略问题趋势研究,如关注融资、外部竞争态势和客户需求等。

③ 企业管理重文化。企业文化气氛浓厚的公司,往往取得较好的工作绩效。其员工对公司价值理念、知识共享认同度很高,这是人力资源管理团队在公司文化宣传、推动上起到了关键性的作用。

④ 经营知识是能力。经营知识是指理解公司经营和运作等业务功能的能力。只有懂得公司财务、战略、技术以及具备组织能力,人力资源管理者才能在各种战略讨论中起着有价值的作用,才会逐渐成为企业文化代言人,并进而将企业文化推广宣传,形成企业品牌特色。

（2）树立"以人为本"理念,实施柔性管理模式

随着社会生产力进步,知识经济到来,传统人力资源管理模式已经不能适应新形势发展要求,新的管理模式——"柔性管理"也就应运而生。"柔性管理"理念来自于丰田公司,是指在企业员工

素质日益提高,管理者与被管理者差距日渐缩小的情况下,企业与员工的关系从雇佣关系转为合作关系,管理方式向网络型扁平化、柔性化方向发展。通过柔性管理,可以极大地激发员工的积极性、创造性、主动性和自觉性。例如,谷歌公司的"弹性时间"使员工自觉、自愿地将自己的知识、思想奉献给企业,为企业创造更大价值,Gmail、谷歌 NEWS 等产品就是这样诞生的。柔性管理可以让每个员工或每个团队获得独立处理问题的能力、独立履行职责的权利,而不必层层请示。它能更好地提供"人尽其才"的机制和环境,使企业能迅速、准确地做出决策,在激烈竞争中立于不败之地。柔性管理也将人情、人性作为管理者应考虑的范畴。丰田公司的"团队活动"、"故乡通信",促进了员工相互之间沟通亲睦、自我启发;谷歌公司的员工福利制度,解决了员工的后顾之忧,使员工能全身心地投入到工作中;本田公司的"既往不咎"、"平等待人"、"混血主义"等人事制度的柔性管理,不仅为本田创造了可观的经济效益,并且使员工有了归属感、认同感和自豪感,使得在本田员工流动率仅为 2%。因此,以人为本的柔性管理将是适应信息经济时代企业管理的发展趋势。

(3) 实现人力资源转型,将人力资源发展为人力资本

既然人力资源管理已经上升到与企业战略规划同等重要的地位,那么企业更加关注怎样才能将人力资源价值最大化这个关键问题。全球范围内人力资源职能的重心已由增强内部运营转向推动企业绩效。半数企业正在进行人力资源职能转型,把人力资本和人力资源区分开来,人力资本将成为企业最宝贵的核心竞争要素,是提高企业竞争力和收益的关键载体。要实现人力资本转化,第一,要重视人力资本的价值与作用。当今世界经济全球化加速发展,科学技术突飞猛进,产业结构调整步伐加快,国际竞争日趋激烈,人才竞争最后集中表现为对人力资本的竞争。"人"是一种可开发也必须开发的"资源"。从消极"管理"人,到必须培训教育和开发"人",提高人的潜能发挥。第二,加大人才培训等人力资本投资力度。企业花费在教育培训等提高人才综合素质方面的开支所形成的资本,会比一般人力投入带来更长期的收益,对知识和智能资本的投资视作"一本万利"。西方现代经济学家普遍认为,通过人力资本投资而形成的人力资本,同物质资本一样,都是经济增长的主要因素,而且它对经济增长的贡献比物质资本更大。第三,抓紧人力资源规划。如何把人力资源转化为人力资本,让人力资源发挥创造利润的作用,关键还在于人才合理配置。实现人才合理配置则在于健全的岗位分析和流程设计,使用人单位能选择到适合自己生产经营所需要的人才,而各种人才也能被选拔到适合自己特点并能充分发挥作用的工作岗位。因此,企业就必须有统一、开放、竞争、有序的人力资源规划。第四,建立起良好的人力资本激励机制。不断适时调整人力资源激励与调配,建立健全薪资福利制度,不断完善人才激励约束机制,如制订人才薪酬方案与晋升方案,改变人才考核方法与评估制度,以有效培养人才、吸引人才和留住人才,预防人才流失,全面促进人力资本增值。

(4) 坚持科学人才观,培养高素质复合型人才

党的十七大报告中明确提出:"提高自主创新能力,建设创新型国家","加快转变经济增长方式,推动产业结构升级","优先发展教育,建立人力资源强国"。这实际上提出了我国未来两大战略目标和人力资源管理的新方向。虽然我国是一个人口大国,人力资源是我国一大优势,但不可否认,整体人力资源素质偏低。我国过去一直走的是劳动密集型的发展道路,在当前全球环境复杂多变的情况下势必会影响到企业可持续发展。日本松下电器公司有这样一句名言:"出产品之前先出人才。"由此可见:高素质人才是企业发展的原动力。而人才并不是天生的,他可以通过学校素质教育和企业职业培训来培养。以丰田公司来说,丰田的人事部门每年都会招聘一批优秀人才,安排在各地销售部门进行锻炼,之后选拔部分有潜力的人才进入人事部门,从基础开始,逐步培养成为人事管理、人才培养、职业规划等领域的专家,再通过轮岗派到世界各地丰田事业体的管理、

营销等部门担任要职,成为既懂销售又懂人事的管理者。同时还要坚持科学人才观,打破人才使用中的论资排辈现象,大力起用、重用年轻人才。例如,日本佳能公司,其高级职员的产生,都是根据员工的工作实力选拔出来的,什么学校毕业等因素根本不在考核标准之内。佳能公司派到日内瓦总代理店的负责人福田,当年才25岁。佳能公司的员工不论资排辈,优秀人才可以获得破格提拔的机会和意想不到的报酬。

(5) 搭建发展平台,创新激励机制,构造企业和员工的双赢关系

知识经济时代,我们的经济、社会与文化生活都发生了翻天覆地的变化,个人价值观也发生了根本转变,企业和员工的关系呈现出新的发展趋势——战略合作伙伴。原来企业与员工的关系是一种领导与被领导的关系,管理模式是一种刚性模式,员工只是单纯地执行和被动地工作,企业不能有效地发挥员工最大潜能。而在新关系下,企业和员工的利益是通过一个共同的平台、一种活动谋求各自合理条件下的价值回报,使得企业利益最大化,员工满意度最大化,双方彼此促进、共同发展,以实现企业与员工双赢目标。国内外一些知名企业也正是深刻认识到这一点,均已形成其特有的人才策略。例如,全球第三大独立软件供应商,欧洲最大的软件公司——SAP公司,为了激发员工的积极性,采用一系列充满活力、富于创新的管理举措。首先,公司内部结构简单,坚决摒弃等级森严的制度,其弹性的组织和平坦的阶层,以及传递快速的信息通道是SAP公司成功的保证;其次,SAP公司倡导授权给员工,让员工参与企业的管理,员工不再是"打工者",而是企业的"投资者",企业在追求利益最大化的同时也在追求员工利益最大化,同样SAP公司的员工对企业非常忠诚,员工每年的流动率在2%以下,远低于同行业10%~20%的流动率;另外,SAP公司还提供丰厚的福利待遇吸引人才,为员工提供免费餐饭、购房长期无息贷款等,在人力资源上的花费占总营业额的36%。

总之,人力资源管理工作随着国民经济和企业的发展而不断进步,随着全球经济一体化而呈现出很多新变化。我们应注重新型人才的培养与开发,努力学习和借鉴国内外成功企业人力资源管理方面的先进经验,将先进的人力资源管理模式本土化;创新人力资源管理模式,提高人力资源从业者技能,开发和利用人力资源潜能,使人力资源价值实现最大化,提升应对复杂多变经济环境的能力和水平,以确保我国企业在世界竞技场中立于不败之地。

 补充阅读资料

国外人力资源管理现状

抽屉式管理

在现代管理中,抽屉式管理也叫职务分析。当今一些经济发达国家的大中型企业,都非常重视抽屉式管理和职位分类,并且都在抽屉式管理的基础上,不同程度地建立了职位分类制度。据调查统计:泰国在1981年采用抽屉式管理的企业为50%,在1985年为75%,而在1999年为95%以上。最近几年,中国香港的大中型企业也普遍实行抽屉式管理。抽屉式管理是一种通俗形象的管理术语,它形容在每个管理人员办公桌的抽屉里,都有一个明确的职务工作规范。在管理工作中,既不能有职无权,也不能有责无权,更不能有权无责,必须职、责、权相互结合。

"一分钟"管理

西方许多企业纷纷采用"一分钟"管理法则,并取得了显著的成效。具体内容为:一分钟目标、一分钟赞美及一分钟惩罚。

一分钟目标就是企业中的每个人都将自己的主要目标和职责明确地记在一张纸上,每个目标及其检验标准应该在250个字内表达清楚,一个人在一分钟内能读完。这样,便于每个人明确认识

自己为何而干,如何去干,并且据此定期检查自己的工作。一分钟赞美就是人力资源激励。具体做法是企业的经理经常花费不长的时间,在员工所做的事情中,挑出正确的部分加以赞美。这样可以促使每位员工更加努力地工作,使自己的行为不断向完美的方向发展。一分钟惩罚是指某件事应该做好,但却没有做好,对有关的人员首先及时批评,指出错误,然后提醒他,你是如何器重他,不满的是他此时此地的工作。这样可使做错事的人乐于接受批评,感到愧疚,并注意避免同样错误的发生。

"一分钟"管理法则妙在它大大缩短了管理过程,有立竿见影的效果。一分钟目标便于每个员工明确自己的工作职责,努力实现自己的工作目标;一分钟赞美可使每个员工更加努力地工作,使自己的行为趋向完美;一分钟惩罚可使做错事的员工乐意接受批评,促使他今后工作更加认真。

"破格式"管理

在企业诸多管理中,最终都通过对人事的管理达到变革创新的目的。因此,世界发达企业都根据企业内部竞争形势的变化,积极实行人事管理制度变革,以激发员工的创造性。在日本和韩国企业里,过去一直采用以工作年限作为晋升员工级别和提高工资标准的"年功制度",这种制度适应了企业快速膨胀时期对用工用人的要求,提供了劳动力就业与发展的机会。然而进入20世纪80年代以来,这些发达企业进入低增长和相对稳定阶段,"年功制度"已不能满足员工的晋升欲望,使企业组织人事的活力下降。20世纪90年代初,日本、韩国发达企业着手改革人事制度,大力推行根据工作能力和成果决定升降员工职务的"破格式"新人事制度,并收到了明显成效。世界大企业人事制度的变革,集中反映出对人的潜力的充分挖掘,以搞活人事制度来搞活企业组织结构,注意培养和形成企业内部的"强人"机制,形成竞争、奋发、进取、开拓的新气象。

"和拢式"管理

"和拢"表示管理必须强调个人和整体的配合,创造整体和个体的高度和谐。在管理中,欧美企业主要强调个人奋斗,促使不同的管理相互融洽借鉴。"和拢式"管理的具体特点有以下几个方面。

① 既有整体性又有个体性。企业每个成员对公司产生使命感,"我就是公司"是"和拢式"管理中的一句响亮口号。

② 自我组织性。放手让下属做决策,自己管理自己。

③ 波动性。现代管理必须实行灵活经营战略,在波动中产生进步和革新。

④ 相辅相成。要促使不同的看法、做法相互补充交流,使一种情况下的缺点变成另一种情况下的优点。

⑤ 个体分散与整体协调性。一个组织中单位、小组、个人都是整体中的个体,个体都有分散性、独创性,通过协调形成整体的形象。

⑥ 韵律性。企业与个人之间达成一种融洽和谐、充满活力的气氛,激发人们的内驱力和自豪感。

"走动式"管理

"走动式"管理是世界上流行的一种创新管理方式,主要是指企业主管体察民意,了解实情,与部属打成一片,共创业绩。这种管理风格已显示出其优越性,具体如下。

① 主管动,部属也跟着动。日本经济团体联合会名誉会长土光敏夫采用"身先士卒"的做法,一举成为日本享有盛名的企业家。在他接管日本东芝电器公司前,东芝公司已不再享有"电器业摇篮"的美称,生产每况愈下。土光敏夫上任后,每天巡视工厂,遍访了东芝公司设在日本的工厂和企业,与员工一起吃饭、闲话家常。清晨,他总比别人早到半个小时,站在厂门口,向员工问好。员工受此气氛的感染,促进了相互间的沟通,士气大振。不久东芝公司的生产恢复正常,并有很大发展。

人力资源管理(第2版)

② 投资小,收益大。走动管理并不需要太多的资金和技术,就可能提高企业的生产力。

③ 看得见的管理。最高主管能到达生产第一线,与员工见面、交谈,希望员工能对他提意见,能够认识他,甚至与他争辩是非。

④ 现场管理。日本为何拥有世界上第一流的生产力呢?有人认为是建立在追根究底的现场管理上。主管每天马不停蹄地到现场走动,部属也只好舍命陪君子了!

⑤ "得人心者昌"。优秀的企业领导要常到职位比他低几层的员工中去体察民意,了解实情,多听一些"不对",而不是只听"好"的。不仅要关心员工的工作,叫得出他们的名字,而且要关心他们的衣食住行。这样,员工觉得主管重视他们,工作自然十分卖力。一个企业有了员工的支持和努力,自然就会昌盛。

美国麦当劳快餐店创始人雷·克罗克是美国有影响的大企业家之一,他不喜欢整天坐在办公室里,大部分时间都用在"走动式"管理上,即到所属各公司、各部门走走、看看、听听、问问。公司曾有一段时间面临严重亏损的危机,克罗克发现其中一个重要原因是公司各职能部门的经理官僚主义突出,习惯躺在舒适的椅背上指手画脚,把许多宝贵的时间耗费在抽烟和闲聊上。于是克罗克想出一个"奇招",要求将所有经理的椅子靠背都锯掉,经理们只得照办。开始很多人骂克罗克是个疯子,不久大家悟出了他的一番"苦心",纷纷走出办公室,开展"走动式"管理,及时了解情况,现场解决问题,终于使公司扭亏转盈,有力地促进了公司的发展。

本章小结

人力资源是在一定社会组织范围内,能作为生产性要素投入到社会经济活动的全部劳动人口的总和。它具有生产性和消费性、能动性和自主性、智能性、个体差异性、持续性、时效性的基本特性,是能够推动和促进各种资源实现配置的特殊资源。人力资源管理是对人力资源的生产、开发、配置、使用等诸环节所进行的计划、组织、指挥和控制的管理活动。它是研究组织中人与人关系的调整、人与事的配合,以充分开发人力资源潜能,调动人的积极性,提高工作效率,改进工作质量,实现组织目标的理论、方法、工具和技术。人力资源管理的内容主要包括对员工的招募、甄选、录用、培训、岗位调配、绩效考核、奖惩、晋升、工资、福利、社会保险及劳动关系的处理等。战略人力资源管理强调通过人力资源的规划、政策及管理实践达到获得竞争优势的人力资源配置的目的,强调人力资源与组织战略的匹配,强调通过人力资源管理活动实现组织战略的灵活性,强调人力资源管理活动的目的是实现组织目标。战略人力资源管理把人力资源管理提升到战略的地位,就是系统地将人与组织联系起来,建立统一性和适应性相结合的人力资源管理。

重点概念

人力资源;人力资本;人力资源管理;战略人力资源管理

复习思考题

1. 简述人力资源的含义及特性。

2. 简述人力资源、人口资源、人才资源三者的关系。

3. 简述人力资源与人力资本的关系。

4. 简述人力资源管理的含义及特性。

5. 简述人力资源管理的功能与任务。

6. 简述人力资源与人力资源管理的作用。

7. 简述人力资源管理的流程。

8. 简述战略人力资源管理的内涵和特征。

9. 简述战略人力资源管理与公司战略的关系。

10. 战略人力资源管理与传统人事管理有何区别？

11. 我国企业人力资源管理发展的基本趋势是什么？

 **案例分析**

联想集团的人力资源管理经验

联想集团从 1984 年创业时的 11 个人、20 万元资金发展到今天，已拥有近 7 000 名员工、16 亿元资产、累计上交利税 10.5 亿元，成为具有一定规模的贸、工、技一体化的中国民营高科技企业。当外界纷纷探索"联想为什么？"的时候，当一大批优秀的年轻人被联想集团的外部光环吸引来到联想集团的时候，我们不妨走入联想集团内部，去看看联想集团的人力资源管理。

观念的转变：从"蜡烛"到"蓄电池"

与每一个企业的成长历史相类似，联想集团也经历了初创、成长到成熟 3 个阶段。在企业成长过程中，随着企业规模扩大，企业领导层越来越认识到人的作用。1995 年，联想集团"人事部"改名为"人力资源部"，这种改变不仅是名称上的变化，更是一种观念的更新。

蒋北麒先生说："过去的人才管理把人视作蜡烛，不停地燃烧直至告别社会舞台。而现在，把人才看做是资源，人好比蓄电池，可以不断地充电、放电。现在的管理强调人和岗位适配，强调人才的二次开发。对人才的管理不仅是让他为企业创造财富，同时也要让他寻找到最适合的岗位，最大地发挥自身潜能，从而体现个人价值，有利于自我成长。"

中关村是人才争夺"重地"，贝尔实验室、微软研究院、IBM 研究中心等外资研发机构纷纷在此安营扎寨。在这场人才抢夺战中，联想集团并不是被动挨打，而是主动迎战。他们认为这些跨国公司的进入，搞活了中国的人才市场，同时也给国内企业提供了一个更新人才观念、改变管理机制的学习机会。为此，联想集团提出了自己的崭新理论——项链理论。也就是说，人才竞争不在于把最大、最好的珠子买回，而是要先理好自己的一条线，形成完善的管理机制，把一颗颗珍珠串起来，串成一条精美的项链，而没有这条线，珠子再大再多还是一盘散沙。企业没有好的管理所形成的强有力的凝聚力，仅仅依赖高薪也难留住人才。

在赛马中识别好马

联想集团为那些肯努力、肯上进并肯为之奋斗的年轻人提供了很多机会。今天，联想集团管理层的平均年龄只有 31.5 岁。联想电脑公司的总经理杨元庆、联想科技发展公司总经理郭为、联想科技园区的总经理陈国栋等都是没有超过 35 岁的年轻人，他们各自掌握着几个亿，甚至几十亿营业额的决策权。从 1990 年起，联想集团就开始大量提拔和使用年轻人，几乎每年都有数十名年轻人得到提拔和重用。联想集团对管理者提出的口号是：你不会授权，你将不会被授权；你不会提拔人，你将不被提拔——从制度上保证年轻人的脱颖而出。

联想集团启用年轻人采取的策略是"在赛马中识别好马"。这包括以下 3 个方面的含义。

① 要有"赛场"，即为人才提供合适的岗位。

② 要有"跑道"划分，不能乱哄哄挤作一团，必须引导他们有秩序地竞争。

③ 要制定比赛规则，即建立一套较为科学的绩效考核和奖励评估系统。

媒体评论说联想"爱折腾"。从 1994 年开始，每到新年度的 3、4 月间都会进行组织机构、业务结构的调整。在这些调整中，管理模式、人员变动都极大。通过"折腾"，联想集团给员工提供尽可能多的竞争机会,在工作中崭露头角的年轻人会脱颖而出,而那些故步自封、跟不上时代变化的人就会被淘汰——这就是"在赛马中识别好马"。

善于学习者善于进步

联想集团创始人之一、公司副总裁李勤总结自己时说过一句话:"办公司是小学毕业教中学。"其含义是:办企业对他是一项全新的挑战,需要学习的知识太多。不仅是李勤一个人,不仅是联想集团一家企业,可以说中国整个企业界尚处于少年期,需要学习的地方太多。

善于学习者善于进步。联想集团注重向世界知名的大公司请教。在人力资源管理上,IBM、HP 等公司都是它的老师,它与这些公司的人力资源部保持着亲密的关系。同时,它与国际上一些知名的顾问咨询公司合作,引入先进的管理方法与观念。它与 CRG 咨询公司合作,参照该公司的国际职位评估体系在联想集团开展了岗位评估,统一工薪项目,推行"适才适岗、适岗适酬"的管理方针。

蒋北麒经理介绍说:"适才适岗,要求首先对岗位进行分析评估,岗位职责明确并有量化考核指标;其次对员工的技能素质、心理素质和潜质等进行分析。同时,还必须有一套机制来保证适才适岗。通过建立企业内部劳动力市场和轮岗制度,来实现人和岗位的最佳配置。

"所谓轮岗,是指同一人在同一岗位不能待太久,应有意识地在集团内进行岗位轮换。实行轮岗,既有利于个人发掘潜能,找到自己最适合的岗位,又有利于工作的创造性发挥。通过后来者对前任工作的'扬弃'保证该岗位得到创新、进步。

"小公司需要关、张、赵,大公司需要刘备。"

当问到什么人在联想集团成长最快时,蒋经理的回答是首先要明白联想需要什么样的人。联想集团决策层一直关注领军人物的培养,柳传志总裁曾说过:"领军人物好比是 1,后面跟 1 个 0 是10,跟 2 个 0 是 100……"

用一个不大确切的比喻:一个刚兴起的小公司需要关羽、张飞的勇猛善斗,而一个已具规模的企业更需要刘备的知人善用。好的领袖人物需要有识人的眼光和培养人的胆略。

那么,什么人更能获得成功?

首先,他要具有极强的上进心。联想集团要培养的是那些更在乎舞台和自我表现机会的年轻人,为国家、为民族富强而把职业变成事业的人,对于纯粹求职的人在联想集团没有大的发展。

其次,他要乐于接受新知识并勤于学习。科技飞速发展的今天,知识更新越来越快,不会学习者就是文盲。

第三,他要有对事物的敏感性,能预见结果,具备一眼看到底的透彻力(这种能力更是要求智慧加经验)。

第四,他最重要的是有自知之明,不要自视过高,要时时清醒地意识到公司及个人所处的位置,知不足而后改之。年轻人总有点自视过高,不能清醒评价自己,也不能充分领略别人的精彩之处,这种人往往不易进步。

最后,年轻人悟性要强,要善于总结。犯错误并不可怕,可怕的是在同一个地方因同一原因摔两次。

思考题

1. 你认为联想集团在人力资源管理方面有哪些成功的经验?

2. 在确定适用于整个公司全球性范围内的人力资源管理实践方面,联想集团应当如何进行决策?

第二章
人力资源管理的理论基础

学习目标

知识目标

- 了解我国古代的人性假设思想。
- 理解我国古代人力资源管理理论。
- 熟悉现代西方人性假设理论。
- 掌握马斯洛需要层次理论和赫兹伯格双因素理论的内容。

能力目标

- 能应用马斯洛的需要层次理论、赫兹伯格的双因素理论等分析案例。
- 掌握现代激励理论在实践中的应用。
- 具备用人力资源管理的理论去分析和解决实际问题的能力。

引导案例　　**格兰仕的激励体系**

　　格兰仕是微波炉界的"大白鲨",它凭借持续不断的价格战,大幅吃掉了竞争对手的利润空间,提前结束了微波炉行业的战国时代。它在拼搏了3年夺下中国第一的宝座之后,仅用两年的时间又拿下了全球第一的桂冠。如今的格兰仕用实力和业绩成为了世界家电行业500强中国入选企业的第一名和中国家电出口的两强企业之一。是什么驱动着格兰仕这个"大白鲨"斗志不已、不停游弋呢?答案是格兰仕的激励体系激发了广大员工的热情和积极性,从而为自身的发展提供了澎湃的动力和竞争的活力。

　　格兰仕首先看重员工对企业的感情投入,认为只有员工发自内心地认同企业的理念,对企业有感情,才能自觉地迸发出热情,为企业着想。在1万多人的企业里,要想让员工都具备主人翁的心态,站在企业利益的角度做好各环节的工作,在保证质量的同时严格控制成本,这无疑是很难的。因而他们加强对全体员工的文化培训,用群众的语言和通俗的故事,将公司的理念和观点传达给每位员工。为自己长远、共同的利益而工作,成了格兰仕人的共识。

　　在注重感情投入、文化趋同的基础上,格兰仕对待不同的员工,采取不同的激励方法和策略。对待基层工作人员,他们更多地采用刚性的物质激励;对待中高层管理人员,则更注重采用物质和精神相结合的长期激励。

　　基层工人的收入和自己的劳动成果与所在班组的考核结果挂钩,既激励个人努力又激励他们形成团队力量。基层人员考核的规则、过程和结果都是公开的,在每个车间都有大型的公告牌,清楚地记录着各生产班组和每位工人的工作完成情况和考核结果。对生产班组要考核整个团队的产品质量、产量、成本降低、纪律遵守、安全生产等多项指标的完成情况,同时记录着每个工人的完成工件数、加班时间、奖罚项目等。根据这些考核结果,每个人都能清楚地计算出自己该拿多少,别人强在什么地方,以后需要在什么地方改进。也许这些考核设计并不高深,但要持之以恒地坚持,保持公正透明的运行,却不是每个企业都能做到的。依靠这个严格、公平的考核管理体系,格兰仕将数十个车间和数以万计的工人业绩有效地管理起来。

中高层管理者是企业的核心队伍,关系到企业战略执行的效率和效果,他们往往也是企业在激励中予以重视的对象。格兰仕同样对这支骨干队伍高度重视,但并没有一味地采用高薪的方式,因为他们认为金钱的激励作用是递减的。管理者需要对企业有感情投入和职业道德,不能有短期套利和从个人私利出发的心态。他们在干部中常常用"职业军人"做比喻来说明这个道理,抗美援朝战争中,美军的失败是因为"职业军人"的心态,他们打仗时依然拿着工资、奖金,所以从心理上不敢打、不愿打,能打赢就打,打不赢就跑,遇到危险,举手投降。而中国的志愿军心中有着爱国热情、民族尊严,不因危险、困难而退缩,士气如虹、坚忍不拔,所以才最终赢得了"小米步枪对抗飞机大炮"的战争。

所以格兰仕对中高层管理者更强调用工作本身的意义和挑战、未来发展空间、良好信任的工作氛围来激励他们。格兰仕的岗位设置相当精简,每个工作岗位的职责范围很宽,这既给员工提供了一个大舞台,可以尽情发挥自己的才干,同时又给了他们压力与责任。在格兰仕没有人要求你加班,但是加班是很经常的、自觉的,因为公司要的不是工作时间和形式,而是工作的实效。同时这也是公平的赛马机制,众多的管理者在各自的岗位上,谁能更出色地完成工作,谁就能脱颖而出。格兰仕为员工描绘了美好的发展远景,这也意味着给有才能的人提供了足够的发展空间,这大大激励着富有事业心和长远抱负的管理者们。

在平时,格兰仕对管理者们的工作业绩和表现进行考核,只发几千元的月度工资,而把激励的重点放在财务年度上。他们将格兰仕的整体业绩表现、盈利状况和管理者的薪酬结合起来,共同参与剩余价值分配,从而形成了长期的利益共同体。他们采取年终奖、配送干股、参与资本股的方式,递进式地激励优秀的管理者。例如,所有考核合格的管理者,都会有数量不等的年终奖;公开评选优秀的管理者,参与公司预留的奖励基金分配,这个奖励基金是按公司的盈利状况提取的;其中最优秀的几名管理者则配送次年的干股,不需要支付现金购买公司股份,能够参与公司次年一定比例的分红;通过几个年度考核,能提升到公司核心层的高层管理者,则可以购买公司股权,成为公司正式的股东。目前已有50多名中高层管理者拥有格兰仕的股份(资本股),有70多名管理者拥有干股,这构成了格兰仕在各条战线上有与公司利益高度一致的中坚力量。这样通过层层的激励方式,不断培养、同化、遴选了格兰仕忠诚度高、战斗力强的核心队伍,构成了格兰仕长远发展的原动力。

"适合就是最好的",每个企业都有自身的特点,都有千差万别的历史背景、人际关系和经营理念,但最关键的是要设计和运行适合自身特点的激励体系,才能更好地解决发展的动力问题,格兰仕的激励体系无疑能给我们一些有益的启示。

第一节　人性假设理论

在知识经济时代,人力资本已经超过物质资本和自然资本,成为创造经济和财富增长的源泉。我们看到,西方的人力资源管理理论和方法是在西方文化背景下发展起来的,美国著名管理学家

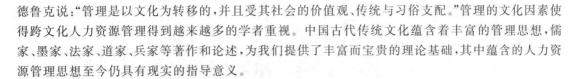

德鲁克说:"管理是以文化为转移的,并且受其社会的价值观、传统与习俗支配。"管理的文化因素使得跨文化人力资源管理得到越来越多的学者重视。中国古代传统文化蕴含着丰富的管理思想,儒家、墨家、法家、道家、兵家等著作和论述,为我们提供了丰富而宝贵的理论基础,其中蕴含的人力资源管理思想至今仍具有现实的指导意义。

一、我国古代的人性假设思想

以人性理论为基础,对人的全面认识也是中国古代思想家的一个显著特点。孔子、孟子、荀子、老子、庄子和韩非等思想家都对人的本质有不同的认识,这对现今的人力资源管理实践有一定的借鉴意义。

1. "性相近,习相远"的人性说

孔子没有直接提到人之性善或性恶,只是指出"性相近也,习相远也。"(《论语·阳货》)美国汉学家黄仁宇先生认为,孔子倾向于性恶论。但是孔子在经过宋国时,曾说过"天生德于予,桓魋其如予何!",意思是神圣的上天给予他的德,当然不可能是不良之德。这种"天生之德"是不是近于善?还有孔子一贯主张"忠恕"之道:"忠"为尽己尽人之谓;"恕"为推己及人,将心比心之谓。实行"忠恕"之道的前提,必须是主张本身的心情要端正,否则只能导致邪恶而不可能导致善。孔子提倡"恕"道,说明对人心的善良是有信心的。另外,孔子强调德治的基本前提是以人性近善为出发点的,这也是中国儒家思想的基本出发点。孔子没有直接说出人性本善或本恶,但他非常强调后天的"习"。探讨孔子人性假说,其重点在于"习",它对人力资源管理来说有重要的借鉴作用。

孔子所说的"习"是指后天的成长环境和道德实践。不同的"习"会塑造不同的人。关于怎样"成人"的问题,孔子认为"若藏武仲之知,公绰之不欲,卞庄子之勇,冉求之艺,文之以礼乐,亦可以成人矣。"孔子是针对不同人的成长环境和道德实践来说的。

对于人力资源管理来说,不同"习"即企业管理环境会造就不同素质的员工。一般来说,管理原则都是建立在对人性的基本假设上。例如,每个公司制定规章、程序、工作进度、安全标准和职务说明书,都隐含着假定人的本质或善或恶。人力资源模式对人性假设是近善的,即对工作不是天生就厌恶的,人们要求自己对参加拟定的目标做出贡献。绝大多数人能运用更多的创造力、责任、自我指导和自我控制,超过他们现在所任工作的要求。因此,管理者的基本任务是设法利用未开发的人力资源,创造出一种环境,使在其中工作的每一位成员都能竭力做出最大的贡献。

2. "性善论"的人性说

"无恻隐之心,非人也;无羞恶之心,非人也;无辞让之心,非人也;无是非之心,非人也。恻隐之心,仁之端也;羞恶之心,义之端也;辞让之心,礼之端也;是非之心,智之端也。人之有是四端也,犹其有四体也。"(《孟子·公孙丑上》)

人的善性是先天的,不是外铄的。孟子认为,人的四个善端即道德心理并不是后天所具有的,而是与生俱来的。他在《告子上》又强调说:"恻隐之心,人皆有之;善恶之心,人皆有之;恭敬之心,人皆有之;是非之心,人皆有之;恻隐之心,仁也;善恶之心,义也;恭敬之心,礼也;是非之心,智也;非由外铄我也,我固有之也,弗思矣。故曰:'求则得之,舍则失之。'或相倍而不算者,不能尽其才者也。"

孟子认为人性为善这是共同本性,人性是平等的,道德也是平等的,这种人性的假设应该是有积极意义的。激励、发展潜力、承担责任的能力、为组织目标而奉献的意愿,都现存于人们的身上,而不是管理部门赋予的。管理部门的责任在于使人们有可能认识到并自己去发展这些特征。在现代人力资源管理中,对自我能力或潜力的开发,是一个连续的过程,在这个开发过程中,关键在于开发一个自强不息的为善素质。

3. "性伪之分"的人性说

荀子主张"性恶",其基本出发点是"性伪之分"。"性"——荀子认为"生之所以然者谓之性,性之和所生,精和感应,不事而自然谓之性。"(《正名》)"伪"——荀子说:"可学而成,可事而成之在人者,谓之伪。"(《性恶》)这是说,经过学习、思想、积极发挥人的能动作用而形成的叫做人为,即"伪"。

荀子在"性伪之分"的基础上指出人性"好利恶害",其性恶论及其"隆礼"思想而来的见解,对于现代人力资源管理有一定的借鉴价值。人是社会人,不同层次的员工有不同的欲望,如何满足这些欲望,调动其主动性,这里有个"度"的问题,也就是有一个等级的满足程度问题;人都有对权力的欲望和渴求,这是人之天性;上级对下级合理授权,是成功用人的内容之一;授权应该有个限度,可以把权力与责任联系起来,再授权于下属,既能满足其对权力的欲望,又能调动其对工作的热情和责任心。

4. "见素抱朴"的人性说

在人性问题上,老子主张复归于璞,这与他崇尚的"自然""无为"的逻辑相吻合。老子的"见素抱朴"(《十九章》)的人性论由"明自然之道"和"守自然之德"两个相互联系的观点构成。老子认为人的自然本性"朴"有3个特点:①内心无利害则外物不伤害;②柔弱道之用;③心气平和则精气充足。

老子的人性论的主要特点是人性自然、人性无善恶之规定、人性没有先天的道德属性。人性随着社会化过程中的或善或恶,都是叛逆了人的自然本性,是人自然本性的异化。正是在这自然人性论的基础上,他提出"绝圣弃智"、"绝仁弃义"、"绝巧弃利",从而返璞归真的成长之道。在人力资源管理中,"见素抱朴"具有方法论意义。在实际的人力资源管理活动中,不少企业家也正是从这里汲取养料的。人的本性是纯净的,作为企业如同人一样,企业存在于世上的价值追求是什么?一方面企业作为经济实体,必须树立市场意识、竞争意识和效益意识;另一方面企业作为社会的一部分,又有一个社会效益问题。这里就涉及"见素抱朴"的价值追求。

5. 朴素自然的人性说

庄子思想渊源于老子的自然主义。庄子推崇人类的自然本性,是对儒墨提出的仁义道德的否定。庄子以彻底否定的眼光来审视社会人生,他所能观察到的主要是人性的自然状态被破坏,而没有看到这种破坏中也有人性提高和发展的内涵。庄子崇尚朴素的人性,并不是主张返回到愚昧蛮荒未开化的远古时代,而是在理性的基础上返璞归真。庄子的自然朴素之人,基本上是形体、精神健全的人。庄子反对礼乐仁义对朴素人性的浸染和戕害,这表明他尊重人性,希望每个人都能得到自由全面的发展。尊重员工,充分发挥每个员工的积极性和创造性,是现代人力资源管理中的一条规律。尤其是在非规范化和标准化、崇尚个体创作的企业(或公司),管理者更要有意识地培养自由宽松的文化氛围,尊重每个人的个性和特长,从而形成个个有绝活、整体有实力的组织。

6. "安利恶害"的自然人性说

面对战国末年动荡残酷的社会现实,韩非吸收法家前辈的思想,以法家冷峻的眼光,审视人性问题,他把法、术、势三者融为一体,揭示出人性自私自利的天性。韩非明确提出"非舆人仁而匠人贼"(《备内》),证明其主张的好利恶害的人性根本无善恶之分。

韩非主张人性自然论。对于人性,他认为因人之情,不仅是对人性的正确态度,而且是治国治天下的出发点。人人都有趋利好利之心,韩非主张用名利来诱导民众,满足其欲望;人人都有恶害避害之心,他就主张严刑峻法、威慑民众、惩罚犯禁者,以实现社会的长治久安,进而实现其"隆主明法"的社会政治目标。

韩非的自然人性观是其"法术势"思想体系的理论基础,是实现其治国方略的理论前提。管理一个企业特别是大企业,就好比治理一个国家,必须正视人性问题,韩非的人性学说为现代人力资源管理带来诸多启示。

二、西方近代人性假设理论

1. "经济人"假设

（1）"经济人"的概念

"经济人"意思为理性经济人，也可称"实利人"。这是古典管理理论对人的看法，即把人当作"经济动物"来看待，认为人的一切行为都是为了最大限度地满足自己的私利，工作目的只是为了获得经济报酬。

（2）"经济人"假设的依据

"经济人"的假设起源于享受主义哲学和英国经济学家亚当•斯密（Adam Smith）的关于劳动交换的经济理论。斯密认为：人的本性是懒惰的，必须加以鞭策；人的行为动机源于以经济和权力维持员工的效力和服从。

美国工业心理学家麦格雷戈在《企业中的人性方面》（1960 年）中，提出了两种对立的管理理论：X 理论和 Y 理论。麦氏主张 Y 理论，反对 X 理论，而 X 理论就是对"经济人"假设的概括。

（3）"经济人"假设内含的管理策略

根据"经济人"的假设而采取相应的管理策略，可以归纳为以下 3 点。

① 管理工作的重点在于提高生产率、完成生产任务，而对于人的感情和道义上应负的责任，则是无关紧要的。简单地说，就是重视完成任务，而不考虑人的情感、需要、动机、人际交往等社会心理因素。从这种观点来看，管理就是计划、组织、经营、指导、监督，这种管理方式叫做任务管理。

② 管理工作只是少数人的事，与广大工人群众无关。工人的主要任务是听从管理者的指挥，拼命干活。

③ 在奖励制度方面，主要是用金钱来刺激工人生产的积极性，同时对消极怠工者采用严厉的惩罚措施，即"胡萝卜加大棒"的政策。

泰勒是"经济人"观点的典型代表。他主张把管理者与生产工人严格分开，反对工人参加企业管理。他写道："一切计划工作，在旧制度下都是由劳动者来做的，它是凭个人经验办事的结果；在新制度下则必须由管理部门按照科学规律来做，这是因为，即使劳动者熟悉工作进展情况并善于利用科学资料，要一个人在机器旁劳动，同时又在办公桌上工作，事实上是不可能的。显然，在多数情况下，需要有一类人先去制订计划，另一类完全不同的人去实施计划。"

泰勒所提倡的"时间-动作"分析，虽然有其科学性的一面，但基本出发点是考虑如何提高生产率，而不考虑工人的思想感情。他认为如果工人能按照他所设计的标准动作进行工作，工作效率就会提高。

（4）对"经济人"假设的评价

"经济人"假设及其相应的 X 理论曾风行于 20 世纪初到 30 年代的欧美企业管理界。这种理论改变了当时放任自流的管理状态，加强了社会上对消除浪费和提高效率的关心，促进了科学管理体制的建立。这对我国目前的管理实践具有一定的借鉴作用。但"经济人"假设及 X 理论，也有很大局限性。

① "经济人"假设是以享乐主义哲学为基础的，它把人看成是非理性的，天生懒惰而不喜欢工作的"自然人"。这是 20 世纪初个人主义价值观统治思想的反映，泰勒从企业家和工人都有的营利心来寻求提高效率的根源，把人看成机器。这与马克思主义中人是社会的人，人的本质就是社会关系总和的观点相对立。

② "经济人"假设的管理模式是以金钱为主的机械管理模式，否认了人的主人翁精神，否认了

人的自觉性、主动性、创造性与责任心。他们认为由于人是天性懒惰的,因此必须用强迫、控制、奖励与惩罚等措施,以便促使他们达到组织目标。

③ "经济人"假设认为大多数人缺少雄心壮志,只有少数人起统治作用,因而把管理者与被管理者绝对对立起来,反对工人参与管理,否认工人在生产中的地位与作用。其人性观是完全错误的。

2. "社会人"假设

(1) "社会人"假设的依据

"社会人"假设的理论基础是人际关系学说,这一学说由霍桑实验的主持者梅奥提出来,之后又经英国塔维斯托克学院煤矿研究所再度验证。后者发现,在煤矿采用长壁开采法的先进技术后,生产力理应提高,但由于破坏了原来的工人之间的社会组合,产量反而下降了;然后又吸收了社会科学知识,重新调整了生产组织,产量就开始上升。这两项研究的共同结论是:人除了物质需要外还有社会需要,人们要从社会关系中寻找乐趣。

1933年梅奥总结了霍桑实验及其他实验的结果,得出以下结论。

① 传统管理认为,生产效率主要决定于工作方法和工作条件;霍桑实验认为,生产效率的提高和降低主要取决于职工的"士气",而"士气"取决于家庭和社会生活,以及企业中人与人之间的关系。

② 传统管理只重视正式组织,如组织结构、职权划分,规章制度等;霍桑实验还注意到存在着某种非正式组织,这种无形的组织有其特殊的规范,影响着群体成员的行为。

③ 霍桑实验还提出新型领导的必要性。领导者在了解人们合乎逻辑的行为的同时,还需了解不合乎逻辑的行为,要善于倾听和沟通职工的意见,使正式组织的经济需要与非正式组织的社会需要取得平衡。

(2) "社会人"假设内含的管理策略

从"社会人"假设出发,采取不同于"经济人"假设的管理措施,主要有以下几点。

① 管理人员不应只注意完成生产任务,而应把注意的重点放在关心人和满足人的需要上。

② 管理人员不能只注意指挥、监督、计划、控制和组织等,而更应重视职工之间的关系,培养和形成职工的归属感和整体感。

③ 在实际奖励时,管理人员应提倡集体的奖励制度,而不主张个人奖励制度。

④ 管理人员的职能也应有所改变,他们不应只限于制订计划、组织工序、检验产品,而应在职工与上级之间起联络人的作用。一方面,要倾听职工的意见和了解职工的思想感情;另一方面,要向上级呼吁、反映。

⑤ 提出"参与管理"的新型管理方式,即让职工和下级不同程度地参加企业决策的研究和讨论。

(3) 对"社会人"假设的评价

① 随着社会生产力的发展,企业之间竞争的加剧和企业劳资关系的紧张,使得管理者开始重新认识"人性"问题。从"经济人"假设到"社会人"假设,从以工作任务为中心的管理到以职工为中心的管理无疑是管理思想与管理方法上的进步。资本家实际参与管理,满足工人一些需要,在企业中确实起到了缓和劳资矛盾的效果。在这方面,西方尤其是许多企业都收到了显著的效果。尽管如此,"社会人"假设也存在不可摆脱的局限性。

② 假设中的人际关系并未改变资本主义社会的雇佣关系、剥削关系,也没涉及社会生产关系的改变,因此它不能解决资本主义社会的阶级矛盾与冲突。例如,我国企业实行民主管理的目的是发展生产力,不断提高人民群众的物质和文化生活水平,而资本主义企业让职工参与管理的目

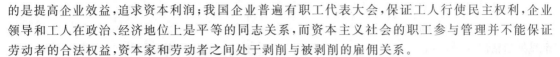

的是提高企业效益,追求资本利润;我国企业普遍有职工代表大会,保证工人行使民主权利,企业领导和工人在政治、经济地位上是平等的同志关系,而资本主义社会的职工参与管理并不能保证劳动者的合法权益,资本家和劳动者之间处于剥削与被剥削的雇佣关系。

③"社会人"假设认为重视人与人之间的关系对于激发动机、调动职工积极性比物质奖励更为重要,这一点对于我们企业制定奖励制度有一定的参考意义。但它过于偏重非正式组织的作用,对正式组织有放松研究的趋向。这是一种依赖性的人性假设,对人的积极主动性及动机研究还缺乏深度。

3. "自我实现人"假设

(1)"自我实现人"的概念

"自我实现人"(self-actualizing man),也叫"自动人",这一概念是马斯洛提出来的。马斯洛认为:人类需要的最高层次是自我实现,每个人都必须成为自己希望的那种人,"能力要求被运用,只有潜力发挥出来,才会停止吵闹"。这种自我实现的需要就是"人希望越变越为完美的欲望,人要实现他所能实现的一切欲望"。具有这种强烈自我实现需要的人就叫"自我实现人",或者说最理想的人就是"自我实现人"。

(2)"自我实现人"假设的依据

"自我实现人"的假设是 20 世纪 50 年代末,由马斯洛、阿基里斯、麦格雷戈等人提出的。这种假设认为:人有好逸恶劳的天性,人的潜力要充分挖掘才能得以发挥,才能感受到最大的满足。

马斯洛通过对社会知名人士和一些大学生的调查,指出"自我实现人"具有 15 种特征。主要有敏锐的观察力、思想高度集中、有创造性、不受环境偶然因素的影响、只跟少数志趣相投的人来往、喜欢独居等。但马斯洛也承认,在现实中这种人极少,多数人不能达到"自我实现人"的水平,原因是由于社会环境的束缚,没有为人们的自我实现创造适当的条件。

(3)"自我实现人"假设内含的管理策略

① 管理重点的改变。"经济人"假设只重视物质因素和工作任务,而轻视人的作用和人际关系。"社会人"假设正相反,重视人的作用和人与人的关系,把物质因素放在次要地位。"自我实现人"假设又把注意的重点从人的身上转移到工作环境上,但重视环境因素与"经济人"假设的重视工作任务不同,重点不是放在计划、组织、指导、监督、控制上,而是要创造一种适宜的工作环境、工作条件,使人们能在这种环境下充分挖掘自己的潜力,充分发挥自己的才能,也就是说能充分地自我实现。

② 管理人员职能的改变。从"自我实现人"假设出发,管理者的主要职能既不是生产的指导者,也不是人际关系的调节者,而只是一个采访者。他们的主要任务在于如何为发挥人的智力创造适宜的条件,减少和消除员工自我实现过程中所遇到的障碍。

③ 奖励方式的改变。"经济人"假设依靠物质刺激调动员工的积极性,"社会人"假设依靠搞好人际关系来调动员工的积极性,这都是从外部来满足人的需要,而且主要满足人的生理、安全和归属(交往)需要。麦格雷戈等人认为,对人的奖励可分为两大类:一是外在奖励,如工资、提升、良好的人际关系;二是内在奖励,是指人们在工作中能获得知识、增长才干、充分发挥自己的潜力等。只有内在奖励才能满足人们的自尊和自我实现的需要,从而极大地调动起员工的积极性。正如麦格雷戈所说:"管理的任务只是在于创造一个适当的工作环境——一个可以允许和鼓励每一位职工都能从工作中得到'内在奖励'的环境。"

④ 管理制度的改变。从"自我实现人"假设来看,管理制度也要做相应的改变。总的来说,管理制度应保证员工能充分表露自己的才能,达到自己所希望的成就。阿基里斯在一个厂里进行了这方面制度改革的实验。该厂的一个班组从事收音机装配工作,改革之前,组内的 12 名女工按照

工业工程师的设计,有明确的分工,如领班、包装、检验等。实验开始时让这些女工按照她们自己的想法组织生产,产量下降就扣工资;产量提高则增加工资。实验后开始第一个月,产量下降70%,6个星期后情况更糟,但8个星期后产量开始回升,十五个星期后超过实验前的产量,而且成本下降,质量提高,用户对质量的批评信件比实验前减少了96%。

应当指出,阿基里斯的实验结果是否具有普遍意义是值得怀疑的。但这里举出这个实验,只是为了说明从"自我实现人"假设出发实行制度改革的趋向。

(4)"自我实现人"假设的评价

① "自我实现人"假设是资本主义高度发展的产物。在机械化生产条件下,工人的工作日益专业化,特别是传送带工艺的普遍运用,把工人束缚在狭窄的工作范围内,他们只是重复简单、单调的动作,看不到自己的工作与整个组织任务的联系,工人的"士气"变得很低,影响了产量和质量的提高。正是在这种情况下,才提出了"自我实现人"假设和 Y 理论,并采取了相应的管理措施,如工作扩大化、工作丰富化等。

② 从理论上来看,"自我实现人"的理论基础是错误的。人既不是天生懒惰的,也不是天生勤奋的。此外,人的发展也不是自然成熟的过程。"自我实现人"假设认为人的自我实现是一个自然发展的过程,人之所以不能充分地自我实现(马斯洛也承认,现实社会中真正达到自我实现的人是极少数),是由于受到环境的束缚和限制。实际上,人的发展主要是社会影响,特别是社会关系影响的结果。

③ 我们在批判其错误观点的同时,也绝不能忽视借鉴其中有益的成分。例如,如何在不违反集体利益的原则下为员工和技术人员创造较适当的客观条件,以利于充分发挥个人的才能。又如,把奖励划分为外在奖励和内在奖励,与我们所说的物质奖励和精神奖励有一定的类似,可以吸取其中对我们有用的奖励形式。再如,这种假设中包含着企业领导人要相信员工的独立性、创造性,对我们也不无启发,等等。

4."复杂人"假设

(1)"复杂人"的概念

"复杂人"的含义有以下两个方面:其一,就个体的人而言,需要和潜力会随着年龄的增长、知识的增加、地位的改变、环境的改变及人与人之间关系的改变而各不相同;其二,就群体的人而言,人与人是有差异的。因此,无论是"经济人"、"社会人",还是"自我实现人"的假设,虽然各有其合理性的一面,但并不适用于一切人。

(2)"复杂人"假设的依据

"复杂人"假设是 20 世纪 60 年代末至 70 年代初由沙因提出的。根据这一假设,提出了一种新的管理理论,与之相应的是超 Y 理论。超 Y 理论具有权变理论的性质,是由莫尔斯、洛希分别对 X、Y 理论的真实性进行实验研究后提出来的。他们认为,X 理论并非一无用处,Y 理论也不是普遍适用,应该针对不同的情况,选择或交替使用 X、Y 理论,这就是超 Y 理论。

(3)"复杂人"假设对员工复杂性的认识

根据超 Y 理论分析企业中员工需要的复杂性,可分为以下 5 点。

① 人的需要是多种多样的,而且这些需要随着人的发展和生活条件的变化而发生变化。每个人的需要都各不相同,需要的层次也因人而异。

② 人在同一时间内有各种需要和动机,它们会发生相互作用并结合为统一的整体,形成错综复杂的动机模式。例如,两个人都想得到高额奖金,但他们的动机可能很不相同。一个可能是为了改善家庭的生活条件,另一个可能是把高额奖金看成是达到技术熟练的标志。

③ 人在组织中的工作和生活条件是变化的,因此会不断产生新的需要和动机。这就是说,在

人生活的某一特定时期,动机模式的形成是内部需要与外界环境相互作用的结果。

④ 一个人在不同单位或同一单位的不同部门工作,会产生不同的需要。例如,一个人在工作单位可能落落寡合,但在业余活动或非正式群体中却可使其交往的需要得以满足。

⑤ 由于人的需要不同、能力各异,对于不同的管理方式会有不同的反应。因此,没有一套适合于任何时代、任何组织和任何个人的普遍行之有效的管理方法。

三、基于人性假设基础的管理理论

1. X 理论

麦格雷戈把传统的管理观点叫做 X 理论。X 模式的特点是管理者对人性做了一个假定——人性丑恶。人们基本上厌恶工作,对工作没有热诚,如果必要就会加以逃避;人类只喜欢享乐,凡事得过且过,尽量逃避责任。所以要使之就范,雇主必须用严密的控制、强迫、惩罚和威逼利诱等手段来对付,如扣减工资、取消休假等,使工人能保证生产水平。其主要内容有以下几个方面。

① 大多数人天生好逸恶劳,工作对他们而言是一种负担,工作毫无享受可言。

② 大多数人的个人目标与组织目标都是相互矛盾的,为了达到组织目标必须靠外力严加管制。

③ 大多数人都是为了满足基本的生理需要和安全需要而工作的,所以他们将选择那些在经济上获利最大的事去做,而且他们只能看到眼前的利益,却看不到长远的利益。人群大致分为两类:多数人符合上述假设;少数人能克制自己,这部分人应当负起管理的责任。

2. Y 理论

实践证明,以 X 理论为前提的管理模式造成了人才创造性和奉献精神的不断下降,员工对工作绩效的毫不关心等不良后果,日益使人怀疑 X 理论是建立在错误的因果概念基础上。因此,麦格雷戈又提出了一个新的 Y 理论,与 X 理论消极的人性观点相对照。麦格雷戈认为,由于上述的及其他许多原因,需要有一个关于人员管理工作的新理论,把它建立在对人的特性和人的行为动机更为恰当的认识基础上,于是他提出了 Y 理论。Y 理论对于人性假设是正面的,假定人性本善,假设一般人在本质上并不厌恶工作,只要循循善诱,雇员便会热诚工作,在没有严密的监管下,也会努力完成生产任务。而且在适当的条件下,一般人不仅愿意承担责任而且会主动寻求责任感。其主要内容如下。

① 一般人都是勤奋的并不是天性就不喜欢工作的,工作中体力和脑力的消耗就像游戏和休息一样自然。对有的人来说,工作可能是一种满足,因而自愿去执行;而对另外一些人来说,也可能是一种处罚,因而只要可能就想逃避。到底怎样,要看环境而定。

② 没有人喜欢外来的控制和惩罚,外来的控制和惩罚并不是促使人们为实现组织目标而努力的唯一方法。它甚至对人是一种威胁和阻碍,并阻挡人前进的脚步。

③ 人的自我实现要求和组织要求的行为之间是没有矛盾的。如果给人提供适当的机会,就能将个人目标和组织目标统一起来,使得承担目标的程度与他们成绩联系的报酬大小成比例,这时个人的积极性就会大得多。

④ 人不仅是经济人,还是社会人,人在追求不断满足的同时,不但学会了接受职责,而且还学会了主动承担职责。一般而言,每个人不仅能承担责任,而且会主动寻求承担责任。逃避责任、缺乏抱负及强调安全感,通常是经验的结果,而不是人的本性。人总是希望自己在工作中取得成就和成功,以及希望取得更高的成就。

⑤ 大多数人都有一种实现自我、发挥自己潜能的欲望,这样在解决组织困难的问题时,就会发挥较高的想象力、聪明才智和创造性,从而充满着活力。在现代工业生活的条件下,一般人的智力

潜能只是部分得到了发挥。只要管理者给他们一定的条件和环境,对他们进行激励,他们都会发挥很大的作用。激励人们的最好办法是满足他们的成就感、自尊感和自我实现感等高层次的需求,而且激励在每一个阶梯上都起作用。

根据以上假设,就有了相应的管理措施。管理人员要负责为了经济目的而安排生产企业的各项要素,消极被动或抵制组织需要并不是人的天性。他们之所以会这样,是由于他们以往在组织中获得的经验。在 Y 理论假设下的管理职能方面,管理者的重要任务是创造一个使人得以发挥才能的工作环境,发挥出员工的潜力,并对员工进行合理的引导,使员工在为实现组织目标贡献力量时,也能达到自己的目标。此时的管理者已不是指挥者、调节者或监督者,而是辅助者和训练者,这主要是一个创造机会、发掘潜力、鼓励成长、提供指导的过程,他们对组织条件和作业方法进行安排,给员工以支持和帮助。管理人员的责任在于使得人们有可能自己认识到并发展人的这些特性。根据 Y 理论,在激励方式上主要是给予来自工作本身的内在激励,让他担当具有挑战性的工作,促使其工作做出成绩,满足自我实现的需要;在管理制度上给予员工更多的自主权,给员工更多的信任和实行自我控制,让员工参与管理和决策,并共同分享权力。而 Y 理论并不是一种单纯的理论。20 世纪 50 年代初,麦格雷戈帮助了在佐治亚宝洁公司的工厂,他依靠 Y 理论使得这个工厂的工作业绩迅速超过了宝洁的其他工厂。不仅如此,在运用 Y 理论的过程中也有一些创新思想和改革措施。

3. 超 Y 理论

超 Y 理论是 1970 年由美国管理心理学家约翰·莫尔斯(J. J. Morse)和杰伊·洛希(J. W. Lorscn)根据"复杂人"假设,提出的一种新的管理理论。它主要见于 1970 年《哈佛商业评论》杂志上发表的《超 Y 理论》一文和 1974 年出版的《组织及其他成员:权变法》一书中。该理论认为:没有什么是一成不变的、普遍适用的最佳管理方式,管理者必须根据组织内外环境的自变量、管理思想及管理技术等因变量之间的函数关系,灵活地采取相应的管理措施,而且其管理方式要适合于工作性质、成员素质等。超 Y 理论在对 X 理论和 Y 理论进行实验分析比较后,提出一种既结合 X 理论和 Y 理论,又不同于 X 理论和 Y 理论的理论,是一种主张权宜应变的经营管理理论。实质上是要求将工作、组织、个人、环境等因素做最佳的配合。其基本观点如下。

① 人们带着许多不同的需要和动机加入组织,但最主要的是实现其胜任感。

② 由于人们的胜任感有不同的满足方法,所以对管理要求也不同,有人适用 X 理论管理方式,有人适用 Y 理论管理方式。

③ 组织结构、管理层次、职工培训、工作分配、工资报酬和控制水平等都要随着工作性质、工作目标及人员素质等因素而定,才能提高绩效。

④ 一个目标达成时,就会产生新的更高的目标,然后进行新的组合,以提高工作效率。

4. Z 理论

Z 理论(theory z)是由日裔美国学者威廉·大内(Willam Ouchi)于 20 世纪 80 年代提出的一种新型管理理论。这一理论的提出是鉴于美国企业面临着日本企业的严重挑战。大内选择了日美两国的一些典型企业(这些企业在本国及对方国家中都设有子公司或工厂)进行研究,发现日本企业的生产率普遍高于美国企业,而美国在日本设置的企业,如果按照美国方式管理,其效率便差。根据这一现象,大内提出了美国的企业应结合本国的特点,向日本企业的管理方式学习,形成自己的一种管理方式。他把这种管理方式归结为 Z 型管理方式。Z 理论的独到见解有以下几个方面。

① 终身雇用制。长期雇用员工,即使经营不佳一般也不会解雇员工,而采取其他方法度过难关。因为职业保证会使员工更加积极地关心企业利益。

② 缓慢的评价和晋升。对员工要经过较长时间的考验再做全面评价。

③ 分散与集中决策。企业的重大决策,要先由生产或销售第一线的员工提出建议,经过中层管理人员把各种意见集中调整、统一后上报,最后再由上一级领导经过调查研究后做出比较正确的决策,在执行决策时要分工负责。

④ 含蓄的控制,但检测手段明确正规。基层管理者一方面要敏感地抓住问题实质并就地解决,另一方面要在上报情况前,协同有关部门共同制订出解决问题的方案。

⑤ 融洽管理人员与员工的关系。全面关心员工的生活,把对生产任务和工作设计的要求同员工劳动生活质量结合起来,让员工在工作中得到满足,使其心情舒畅。

⑥ 让员工得到多方面的锻炼。不把员工局限在狭窄的范围内,既注意培养员工的专业知识能力,又注意使员工获得多方面的工作经验,对其生产技术和社会活动能力进行长期、全面的考查。

第二节 人力资源管理原理

人力资源管理和其他管理一样,必须遵循相应的管理规律,才能使管理做到科学、有效。人力资源管理规律是由人力资源管理任务和人力资源情况的相互作用而形成的。人力资源管理的任务并不是人们主观预定的产物,而是由客观条件所决定的。人力资源管理的任务只能通过人力资源管理实践来实现,而人力资源管理实践必须建立在对人力资源情况充分了解的基础上才能进行。人力资源管理任务与管理对象之间的相互关系,决定了人力资源管理的若干基本理论。深入认识人力资源管理原理,是做好人力资源管理的前提。人力资源管理的基本原理包括:要素有用原理、系统优化原理、能级对应原理、投资增值原理、互补合力原理、激励强化原理、反馈控制原理、弹性冗余原理、个体差异原理、动态适应原理。

一、要素有用原理

要素有用原理是指人力资源个体之间尽管有差异,有时甚至是非常大的差异,但我们必须承认人人有其才,即每个人都有他的“闪光点”,都有他突出的地方。例如,有的人研究开发能力强;有的人组织协调能力强;还有的人表达能力和自我展示的能力强;当然也有的人对社会经济发展变化适应的能力强等。这就要求人力资源开发工作者对这种差异要有深刻的认识,对人不可求全责备,而是在人力资源配置过程中注意合理地组合人才,充分发挥每个人的长处和优势,而不是只采用淘汰的办法,使人人都有不安全感。

最佳的人员配置组合典范要属唐僧师徒四人。唐僧是团队中的决策者,目标就是要确保西天取经任务的实现;悟空是目标能得以实现的大功臣,是团队的中坚力量;沙僧为人老实、忠厚,是团队的监督者,有较好的说服众人的能力;八戒虽然经常犯错,是麻烦的制造者,但他又能使团队的气氛融洽,是团队的最佳公关者和协调者。师徒四人在最适当的位置上找到了各自的可用之处,发挥了强大的优势。

二、系统优化原理

系统优化原理是指人力资源系统经过组织、协调、运行和控制,使其整体动能获得最优绩效的过程。这方面表现最为简单的是有关企业组织架构的设计,这是人力资源部门为满足系统优化而进行的战略性人力资源调整,也是人力资源开发与人力资源管理中最重要的原理。

人力资源的系统优化原理包含以下内容。

① 系统的整体功能不是简单地等于部分功能的代数和。整体功能可能出现大于、等于或小于部分功能之和3种情况。

② 系统的整体功能必须达到最大,也就是在大于部分功能之和的各值中取其最优。

③ 系统的内部消耗必须达到最小,系统内耗的原因主要是系统人员因目的分歧、利益冲突而导致的相互摩擦与能量抵消。减少内耗主要应采取目标整合、利益协调等措施。

④ 系统内人员状态达到最佳。系统最佳状态表现在系统内人员身心健康、目标一致、奋发向上、关系和谐、充满快乐。

⑤ 系统对外的竞争能力必须最强。系统对外的竞争能力取决于系统对外部环境的适应力和系统内部的凝聚力。

三、能级对应原理

能级是指人的能力大小分级,不同行业或不同岗位对从业人员能级的标准是不一样的。能级对应是指在人力资源开发中,要根据人能力的大小安排工作、岗位和职位,使人尽其才、才尽其用。能级对应原理要求我们要承认人具有能力的差别,根据人的能级层次要求建立稳定的组织形态,同时承认能级本身的动态性、可变性与开放性,使人的能级与组织能级动态对应。

能级对应原理揭示了人力资源能级结构必须是一个稳定的结构。这种结构应是上小下大,呈正三角形,即能级越高,人越少;能级越低,人越多。

为了实现能级对应,必须做到以下几点。

① 组织中的所有职位,都要根据业务工作的复杂程度、难易程度、责任轻重及权力大小等因素,统一划分出职位的能级层次。一般来说,一个稳定的组织结构的能级应该是金字塔形的分布。

② 不同的能级应该有明确的责权利。责不交叉,各负其责;权要到位,责权相应;利与责权相适应,责是利的基本,利是权的体现。只有不同能级的责权利明确,才能做到在其位、谋其政、行其权、取其利。

③ 个人所对应的能级不是固定不变的。随着时间的推移、不断的学习和实践经验的积累,人的能力水平会不断提高,能力层次也会不断上升。当一个人的能力水平提高了,能力层次上升了,他所对应的职位能级必然会发生变化。为了坚持能级对应原理,就要及时地调整其职位,把他从原来的能级层次较低的职位调到能级层次较高的职位。

四、投资增值原理

投资增值原理是指人力资源的投资可以使人力资源增值,而人力资源增值是指人力资源品位提高,人力资源管理和人力资源存量增大。劳动者劳动能力的提高主要靠两方面的投资:营养保健投资和教育培训投资。人力资源存在于人的活体中,健康的身体是人力资源的物质承担者。健康的身体应该具有正常的感觉器官、神经系统和运动系统、充沛的体力和耐力。劳动者要拥有一个健康的身体,就必须在营养保健方面进行投资。正当的投资形成正常的生活消费,正常的生活消费造就健康的身体。有了健康的身体才有可能形成较高的劳动能力。因此,营养保健投资是提高劳动者劳动能力的重要投资。

随着科学技术的不断发展,生产中大量运用科学技术进行劳动,劳动能力高低的主要表现是劳动者掌握科学技术程度的高低。掌握较多科学技术知识的劳动者,在劳动中能运用较多的科学技术从事劳动,从而大大提高劳动生产率。科学技术知识不是与生俱来的,而是靠后天的不断学习而掌握的。要学习科学技术,就要进行教育投资。有了教育投资,才能学习掌握科学文化知识。学习掌握了科学文化知识,才能大大提高劳动者的劳动能力水平,从而使人力资源增值。

投资增值原理告诉我们:任何一个人,要想提高自己的劳动能力,就必须在营养保健及教育培训方面进行投资;任何一个国家,要想增加本国人力资源存量,就必须加强教育投资,完善社会医疗保健体系。

五、互补合力原理

在现代社会中，任何一个人都不可能独立地去做事，人们只有结成一定的关系或联系，形成一个群体后才能共事。现代人力资源管理要求，一个群体内部各个成员之间应该是密切配合的互补关系。互补产生的合力比单个人的能力简单相加而形成的合力要大得多。当个体与个体之间，个体与群体之间具有相辅相成作用的时候，群体的整体功能就会正向放大；反之，整体功能反向缩小，个体优势的发挥也受到人为的限制。

个体与个体之间的互补主要是指以下几方面。

① 特殊能力互补。一个单位需要完成的任务是多种多样的，每一项具体的任务都需要具有特殊能力的人去完成。为了使一个单位的人员都能顺利完成本单位的各项任务，就要使单位内的每一个人的特殊能力产生互补关系，形成合理的能力结构。要做到这一点，人力资源管理者就要严格按照每一个工作岗位（职位）的特殊要求，选拔聘用具有相应特殊能力的人。

② 能级互补，即能力等级的互补。实际工作对人的能力水平的要求是有层次的，能力层次也就是能级——能力等级。一个单位或组织的工作，一般可分为 4 个能级层次，即决策层、管理层、执行层、操作层。决策层工作属于全局性工作，决策的正确与否，关系到事业的成败。决策层的能级最高。不同层级的人员完成各自层级相应的工作。

③ 年龄互补。一个单位或组织的工作，有的需要具有丰富阅历、稳健的中老年人去完成比较有利；有的则需要朝气蓬勃、干劲十足的年轻人去做更合适。中老年人的经验和稳健可弥补年轻人思考不周、易于冲动的不足；而年轻人的热情和干劲又可弥补中老年人的某些惰性所带来的不足。年龄之间的互补，可以使一个单位或组织的工作既稳健又朝气蓬勃。

④ 气质互补。人的气质并不影响他的能力，但会影响其行为特征及与别人的相互关系。心理学家们把人的气质分为胆汁质型、多血质型、黏液质型和抑郁质型 4 种基本类型。不同气质的人具有不同的性格特征，而不同的工作任务需要相应性格的人去完成。一个单位或组织的成员，如果在气质上也是互补的，就会形成一种"合力"，从而大大提高工作效率，更好地完成单位或组织的任务。

六、激励强化原理

心理学家认为，人的行为来自于他的心理动机，而心理动机的形成又受到他的需求欲望的驱使。因此，通过针对不同需求欲望给予满足或限制，就可以影响其心理动机，从而达到改变其行为的目的。人们把这一过程称为激励。激励过程实质上就是激发、调动人的积极性的过程。激励强化指的是通过对员工物质或精神的需求欲望给予满足的允诺，来强化其为获得满足必须努力工作的心理动机，从而达到充分发挥积极性，努力工作的结果。人在工作过程中是否有积极性，或者积极性有多高，对于其能力的发挥程度至关重要。我们知道，人的能力只有在工作中才能发挥出来。人所拥有的能力和他在工作中发挥的能力往往是不等量的，这除了受到如工作环境的好坏，工作条件的良好程度，以及单位或组织内人际关系（包括上下级关系、同事关系）的协调、配合情况等客观因素影响之外，还要受到人积极性的发挥程度这一主观因素的制约。在客观因素相同的条件下，主观因素是个人能力发挥的决定性因素。科学家们认为，当一个人在工作中发挥了积极性、主动性时，他发挥出来的能力可达 80%～90%；而在工作中缺乏积极性、主动性的人，他只能发挥出10%～30% 的能力。人力资源管理者的任务不只是以获得人力资源为目标，而是在为单位或组织获得人力资源之后，还要通过各种开发管理手段，合理使用人力资源，提高人力资源的利用率，为此就必须坚持激励强化原理。

七、反馈控制原理

反馈控制原理是指在人力资源开发过程中,各个环节、各个要素或各个变量形成前后相连、首尾相顾、因果相关的反馈环。其中任何一个环节或要素的变化,都会引起其他环节或要素发生变化,并最终使该环节或要素进一步变化,从而形成反馈回路和反馈控制运动,这就是人力资源开发的反馈控制原理。因此,我们在人力资源开发中要注意把握各个环节或各个要素之间的关系,通过抓住关键环节或主要要素来提高工作效率。

反馈控制原理的具体内容包括:①人力资源开发与管理是一个综合运动过程;②人力资源开发与管理活动应有预定的目标;③建立灵敏、准确、有效的信息反馈机构;④建立自我调控、高效运作的管理机制。

八、弹性冗余原理

弹性冗余原理是指人力资源开发过程必须留有余地、保持弹性,不能超负荷或带病运行。弹性通常都有一个"弹性度",超过了某个度,弹性就会丧失。人力资源也一样,人们的劳动强度、劳动时间、劳动定额等都有一定的"度",超过这个"度"进行开发,只会使人身心疲惫,精神萎靡不振,从而造成人力资源的巨大损失。因此,人力资源开发要在充分发挥和调动人力资源的能力、动力和潜力的基础上,主张松紧合理、张弛有度、劳逸结合,使人们更有效、更健康、更有利地开展工作。

弹性冗余原理包括:①必须考虑劳动者体质的强弱,使劳动强度具有弹性;②必须考虑劳动者智力的差异,使劳动分工具有弹性;③必须考虑劳动者年龄、性别的差异,使劳动时间有适度的弹性;④必须考虑劳动者性格、气质的差异,使工作定额有适度弹性;⑤必须考虑行业的差异,使工作负荷有弹性;⑥必须重视对积极弹性的研究,努力创造一个有利于促进劳动者身心健康,提高劳动效能的工作环境,要注意防止和克服管理中的消极弹性。

九、个体差异原理

人力资源管理的根本任务是合理配置使用人力资源,提高人力资源产出投入比率。要合理使用人力资源,就要对人力资源的构成和特点有详细的了解,做到"知己知彼,百战不殆"。人力资源是由于受到身体、教育程度、实践经验等因素的影响而不同,形成个体差异。就个体能力来说,这种差异包括两方面,一是能力的特殊性不同,如计算能力、操作能力、规划能力、交际能力、表达能力、研究能力等。个人能力的特殊性,形成他的专长、特长,即他能干什么,适合干什么。人也有其短处一面,即不能干什么,不知道干什么。有所长就有所短,这才是真实的人。"金无足赤,人无完人",说的正是这个道理,世界上并不存在什么都能干的人。二是能力水平的差异。不同的人,能力才干是不同的,有的高些,有的低些。世界上不存在两个能力水平完全相等的人。承认人与人之间能力、性质、特点差异的目的是为了用人之长,避人之短,"长"者表示其所能,是可利用的人力资源;"短"者表示其不能,不构成人力资源,也就无所谓利用。"用人之长,避人之短"是人力资源管理的基本原则。美国著名管理学家彼德·杜拉克说道:"有效的管理者能使人发挥其长处,他知道人不能以弱点为基础,为达成成果必需用人之长——用其同僚之所长、用其上级之所长和用其本身之所长,人之长处,才是真正的资源。发挥人的长处,才是组织的唯一目的。"

十、动态适应原理

动态适应原理是指人力资源的供给,需要通过不断调整才能相互适应。随着事业的发展,适应会变为不适应,就要不断调整以达到重新适应,这种不适应—适应—再不适应—再适应的循环往复的过程,正是动态适应原理的体现。

人力资源供给与需求关系包括两方面内容。一是数量方面的关系,即供应量与需求量相均衡,供求关系才能适应;二是质量方面的关系,即供给的人力资源的质量和需求的人力资源的质量是否相适应。这里的质量是指人力资源特质,既包括由各种专业能力构成的人力资源特质结构,又包括劳动者的平均能力水平和各种层次能力水平的构成。数量上适应并不意味着质量上也适应,只有在数量和质量两方面都达到了适应,人力资源的供求关系才能达到均衡。显然,这种供求均衡只能通过不断干预、调整才能逐步达到。达到的均衡也是相对的,随着影响人力资源供求关系的各种因素的不断发展变化,均衡又会发展为不均衡,又需要新的干预和调整,如此循环往复。人力资源管理者只有深刻理解动态适应原理,才能在实际管理工作中,及时分析和研究人力资源的供给与需求关系,及时采取各种措施,为本单位吸收到数量足够的、质量合格的人力资源,并通过不断的调整来合理使用人力资源,从而提高人力资源的使用效率。

第三节　激励理论

一、激励的基本过程

激励(motivation)是通过影响人们的内在需求或动机,从而加强、引导和维持行为的活动或过程,其本质就是激发人的动机。

心理学研究表明,人的动机是由他所体验到的某种未满足的需要和未达到的目标所引起的。这种需要或目标可以是生理或物质上的,也可以是心理和精神上的。在现实情境中,人的需要往往不止一种,而是同时存在多种需要,这些需要的强弱也会随时发生变化。在任何时候,一个人的行为动机总是由全部需要中最重要、最强烈的需要所支配、决定。这种最重要、最强烈的需要就叫优势需要或主导需要。人的一切行为都是由当时的优势需要引发,并朝着满足这种优势需要的目标努力,这种努力的结果又作为新的刺激反馈回来调整人的需要结构,指导人下一个新的行为,这就是所谓的激励过程也称动机-行为过程。

激励的过程主要有4个部分,即需要、动机、行为、需求得到满足。首先是产生需要,在个人内心引起不平衡状态时,这才产生了行为的动机,通过激励使个人按照组织目标去寻求和选择满足这些需要的行为,最后达到提高绩效的目的。其基本过程如图2.1所示。

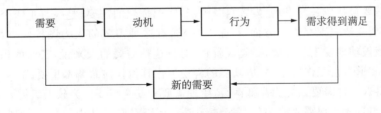

图2.1　激励的基本过程

二、内容型激励理论

内容型激励理论是针对激励的原因与起激励作用因素的具体内容进行研究的理论。主要包括马斯洛的需要层次理论、赫茨伯格的双因素理论和麦克利兰的成就需要激励理论等。

1. 马斯洛的需要层次理论

这一理论是由美国心理学家亚伯拉罕·马斯洛(Abraham Maslow)提出来的,因而也称为马斯洛需要层次理论。

马斯洛的需要层次理论有两个基本论点。一是人是有需要的动物,其需要取决于它已经得到了什么、还缺少什么,只有尚未满足的需要才能影响行为。换言之,已经得到满足的需要不再起激励作用。二是人的需要都是有层次的,某一层次需要得到满足后,更高一层次需要才出现。在这两个论点的基础上,马斯洛认为在特定的时刻,如果人的一切需要都未能得到满足,那么满足最主要的需要就比满足其他需要更迫切。只有前面的需要得到充分满足后,更高层次的需要才显示出其激励作用。

为此,马斯洛认为每个人都有 5 个层次的需要,即生理需要、安全需要、社交或情感需要、尊重需要和自我实现需要,如图 2.2 所示。

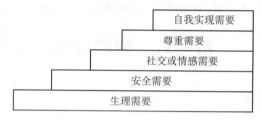

图 2.2　马斯洛的需要层次

生理需要是任何动物都有的,只是不同动物的表现形式不同而已。对人类来说,这是最基本的需要,如衣、食、住、行等。

安全需要是指保护自己免受身体和情感伤害的需要。它又可以分为两类:一类是现在的安全需要,另一类是对未来的安全需要。即一方面要求自己现在的生活能有保证,另一方面希望未来生活能有保障。

社交或情感需要包括友谊、爱情、归属及接纳方面的需要,主要产生于人的社会性。马斯洛认为,人是一种社会动物,人们的生活和工作都不是孤立进行的。这已由 20 世纪 30 年代的行为科学研究所证明。

尊重需要分为内部尊重和外部尊重。内部尊重包括自尊、自主和成就感;外部尊重包括地位、认可和关注,也就是受人尊重。自尊是指在自己取得成功时有一种自豪感,是驱使人们奋发向上的推动力。受人尊重是指当自己做出贡献时能得到他人的认可。

自我实现需要包括成长与发展、发挥自身潜能、实现理想的需要,是一种追求个人能力极限的内趋力,这种需要一般表现在两个方面:一是胜任感,有这种需要的人力图控制事物或环境,而不是等事物或环境被动地发生与发展;二是成就感,对有这种需要的人来说,工作的乐趣在于成果和成功,他们需要知道自己工作的结果,成功后的喜悦远比其他任何薪酬都重要。

马斯洛还将这 5 种需要划分为高低两级,生理需要和安全需要称为较低级需要,而社交或情感需要、尊重需要与自我实现需要称为较高级的需要。高级需要是从内部使人得到满足,低级需要则主要是从外部使人得到满足。马斯洛的需要层次理论得到这样的结论:在物质丰富的条件下,几乎所有人的低级需要都得到了满足。

马斯洛的理论得到了管理者的普遍认可,这主要归功于该理论简单明了、易于理解、具有内在的逻辑性。但是,正是由于这种简洁性,也出现了一些问题,其中一个突出的问题就是需要层次是绝对的高低还是相对的高低,马斯洛理论在逻辑上没有回答。

2. 赫兹伯格的双因素理论

这种激励理论也叫"保健-激励"理论，是美国心理学家弗雷德里克·赫兹伯格（Frederick Herzberg）于20世纪50年代后期提出的。他在匹兹堡地区的11个工商业机构中，对近2 000名白领工作者进行了调查。通过对调查结果的综合分析，赫兹伯格发现，引起人们不满意的因素往往是一些工作的外在因素，大多同他们的工作条件和环境有关；能给人们带来满意的因素，通常都是工作内在的，是由工作本身所决定的。

由此，赫兹伯格提出影响人们行为的因素主要有两类，即保健因素和激励因素。保健因素是指那些与人们不满情绪有关的因素，如公司的政策、管理和监督、人际关系、工作条件等。这类因素并不能对员工起激励作用，只能起到保持人的积极性、维持工作现状的作用，所以保健因素又称为"维持因素"。激励因素是指那些与人们的满意情绪有关的因素。处理好与激励因素有关的工作，能够使人们产生满意情绪；如果处理不当，顶多只是没有满意情绪，而不会导致不满。他认为激励因素主要包括工作表现机会、工作带来的愉快、工作上的成就感、由于良好的工作成绩而得到的奖励、对未来发展的期望及职务上的责任感。

赫兹伯格双因素激励理论的重要意义在于它把传统的满意-不满意（认为满意的对立面是不满意）的观点进行了拆解，认为传统的观点中存在双重的连续体：满意的对立面是没有满意，而不是不满意；同样，不满意的对立面是没有不满意，而不是满意。这种理论对企业管理的基本启示是：要调动和维持员工的积极性，首先要注意保健因素，以防止不满情绪的产生。但更重要的是，要利用激励因素去激发员工的工作热情、努力工作、创造奋发向上的局面，因为只有激励因素才会增加员工的工作满足感。

不过，正如马斯洛的需要层次理论在讨论激励的内容时有固有的缺陷一样，赫兹伯格的双因素理论也有欠完善之处。例如，在研究方法、方法的可靠性及满意度的评价标准等方面，赫兹伯格理论都存在不足。另外，赫兹伯格讨论的是员工满意度与劳动生产率之间存在的关系，但他所用的研究方法只考察了满意度，并没有涉及劳动生产率的问题。

3. 戴维·麦克利兰的成就需要激励理论

成就需要理论也称激励需要理论，是美国哈佛大学心理学家戴维·麦克利兰（David C. McClelland）在集中研究了人在生理和安全需要得到满足后的需要状况，特别是对人的成就需要进行了大量的研究后，在20世纪50年代初期提出的一种新的内容型激励理论——成就需要激励理论。成就需要激励理论的主要特点是：更侧重于对高层次管理中被管理者的研究，如它所研究的对象主要是生存、物质需要都得到相对满足的各级经理、政府职能部门的官员及科学家、工程师等高级人才。由于成就需要激励理论的这一特点，它对于企业管理以外的科研管理、干部管理等具有较大的实际意义。

麦克利兰认为在人的生存需要基本得到满足的前提下，成就需要、权力需要和合群需要是人最主要的3种需要。成就需要的高低对一个人和一个企业的发展起着特别重要的作用。该理论将成就需要定义为：根据适当的目标追求卓越、争取成功的一种内驱力。

该理论认为，有成就需要的人对胜任和成功有强烈的要求，同样他们也担心失败，但是他们愿意甚至热衷于接受挑战，往往为自己树立有一定难度而又不是高不可攀的目标；他们敢于冒风险，又能以现实的态度对付冒险，绝不以迷信和侥幸心理对付未来，而是善于对问题进行分析和估计；他们愿意承担所做工作的个人责任，但对所从事的工作情况希望得到明确而又迅速的反馈。这类人一般不常休息，喜欢长时间的工作，即使真出现失败也不会过分沮丧。一般来说，他们喜欢表现自己。成就需要强烈的人事业心强，喜欢那些能发挥其独立解决问题能力的环境。在管理中，只要对他们提供合适的环境，就会充分发挥自己的能力。权力需要较强的人有责任感，愿意承担需要的竞争,并且能够取得较高社会地位的工作,喜欢追求和影响别人。

该理论还认为,具有归属和社交需要的人,通常从友爱、情谊、人际之间的社会交往中得到欢乐和满足,并总是设法避免因被某个组织或社会团体拒之门外而带来的痛苦。他们喜欢保持一种融洽的社会关系,享受亲密无间和相互谅解的乐趣,随时准备安慰和帮助危难中的伙伴。交往需要是人们追求他人的接纳和友谊的欲望,交往需要欲望强烈的人渴望获得他人的赞同,高度服从群体规范,忠实可靠。

4. 奥德弗的 ERG 理论

ERG 理论是生存-相互关系-成长需要理论的简称。奥德弗认为,员工的需要有 3 类:生存需要(E)、相互关系需要(R)和成长发展需要(G)。

① 生存需要,是指全部的生理需要和物质需要,如吃、住、睡等。组织中的报酬对工作环境和条件的基本要求等,也可以包括在生存需要中。这一类需要大体上和马斯洛的需要层次中生理和部分安全的需要相对应。

② 相互关系需要,是指人与人之间的相互关系、联系(或称之为社会关系)的需要。这一类需要类似马斯洛需要层次中部分安全需要、全部归属或社会需要及部分尊重需要。

③ 成长发展需要,是指一种要求得到提高和发展的内在欲望,即人不仅要求充分发挥个人潜能、有所作为和成就,而且还有开发新能力的需要。这一类需要可与马斯洛需要层次中部分尊重需要及整个自我实现需要相对应。

该理论认为,各个层次的需要受到的满足越少,越被人们所渴望;较低层次的需要者越是能得到较多的满足,则较高层次的需要就越渴望得到满足;如果较高层次的需要一再受挫得不到满足,人们就会重新追求较低层次需要的满足。这一理论不仅提出了需要层次上的满足到上升趋势,而且也指出了挫折到倒退的趋势,这在管理工作中很有启发意义。同时,ERG 理论还认为,一个人可以同时有两种或是三种需要。

 **相关链接**

南风法则

南风法则源于法国作家拉封丹写过的一则寓言,北风和南风比威力,看谁能把行人身上的大衣脱掉。北风首先来了一个冷风凛冽寒冷刺骨,结果行人把大衣裹得紧紧的;南风则徐徐吹动,顿时风和日丽,行人因为觉得春意上身,始而解开纽扣,继而脱掉大衣,最终南风获得了胜利。

温暖胜于严寒。运用到管理实践中,南风法则要求管理者要尊重和关心下属,时刻以下属为本,多点"人情味",多注意解决下属日常生活中的实际困难,使下属真正感受到管理者给予的温暖。这样,下属出于感激就会更加努力积极地为企业工作和维护企业利益。

雷尼尔效应

美国西雅图华盛顿大学准备修建一座体育馆,消息传出,立刻引起了教授们的反对。校方于是顺从了教授们的意愿,取消了这项计划。教授反对的原因是体育馆一旦建成,恰好挡住了从教职工餐厅窗户可以欣赏到的美丽湖光。但为什么校方会如此尊重教授们的意见呢?原来,与美国教授平均工资水平相比,华盛顿大学教授的工资一般要低20%左右,教授们之所以愿意接受较低的工资,而不到其他大学去寻找更高报酬的教职,完全是出于留恋西雅图的湖光山色。

就如华盛顿可以利用其美丽风光而用较低工资来留住教授一样。企业可以通过非物质的东西来留住员工,如企业的工作环境和良好的文化氛围,而不只是拿工资来留人,尤其是现在的知识员工,较钱而言,他们可能更加偏好上层领导者的信任和委以重任。

三、过程型激励理论

过程型激励理论的重点是研究从动机的产生到采取行动的心理过程,主要包括弗洛姆的期望理论、海德的归因理论和亚当斯的公平理论等。

1. 弗洛姆的期望理论

行为科学家弗洛姆提出了期望几率模式理论,他认为一个人从事某项活动的动力大小,取决于该项活动所产生的成果吸引力大小和该项成果实现几率大小两个因素,即激励力量＝∑效价×期望值。效价是指个人对他所从事的工作或所要达到的目标的估价,这也可理解为被激励对象对目标的价值看得多大;期望值是指个人对某项目标能实现的概率的估计,也可理解为被激励对象对目标能实现的可能性大小的估计。对某个目标,如果个体估计完全可能实现,这时概率为最大($P=1$);反之,如果估计完全不可能实现时,那么概率为最小($P=0$)。期望理论揭示了个人努力、绩效、奖励、个人冒险之间的关系,认为当一个人通过努力获得良好的绩效评价,并且获得所期望的组织奖励时,他会受到激励而付出更大的努力。该理论给人们的启发是:根据绩效来确定奖励比根据资历、能力等确定奖励更合理。

激励过程的期望理论对管理者的启示是,管理人员的责任是帮助员工满足需要,同时实现组织目标。管理者必须尽力发现员工的技能和能力与工作需求的对称性。为了提高激励,管理者可以明确员工个体的需要,界定组织提供的结果,并确保每个员工有能力和条件(时间和设备)得到这些结果。根据期望理论,应使工作的能力要求略高于执行者的实际能力,即执行者的实际能力略低于(既不太低又不太高)工作的能力要求。

2. 海德的归因理论

1958 年,海德(Fritz Heider)在《人际关系心理学》中从通俗心理学(naivepsychology)的角度提出了归因理论,该理论主要解决的是日常生活中人们如何找出事件的原因。海德认为人有两种强烈的动机:一是形成对周围环境一贯性理解的需要;二是控制环境的需要。而要满足这两个需要,人们必须有能力预测他人将如何行动。因此,海德指出,每个人(不只是心理学家)都试图解释别人的行为,并都具有针对他人行为的理论。

海德认为事件的原因无外乎两种:一是内因,如情绪、态度、人格、能力等;二是外因,如外界压力、天气、情境等。一般人在解释别人的行为时,倾向于性格归因;在解释自己的行为时,倾向于情境归因。在归因的时候,人们经常使用以下两个原则。一是共变原则,是指某个特定的原因在许多不同的情境下和某个特定结果相联系,该原因不存在时,结果也不出现,就可以把结果归于该原因,这就是共变原则。例如,一个人老是在考试前闹别扭、抱怨世界,在其他时候却很愉快,我们就会把闹别扭和考试连在一起,把别扭归于考试而非人格因素。二是排除原则,是指如果内外因某一方面的原因足以解释事件,就可以排除另一方面的归因。例如,一个凶残的罪犯杀了一个人,我们在对他的行为进行归因的时候就会排除外部归因,而归于他的本性等内在因素。

3. 亚当斯的公平理论

公平理论是美国心理学家亚当斯(J. S. Adams)在 1965 年首先提出来的,也称为社会比较理论。这种理论的基础在于员工不是在真空中工作,他们总是在进行比较,比较的结果影响他们工作的努力程度。大量事实表明:员工经常将自己的付出和所得与他人进行比较,而由此产生的不公平感将影响他们以后付出的努力程度。这种理论主要讨论了薪酬的公平性对人们工作积极性的影响,人们将通过横向和纵向两个方面的比较来判断所获薪酬的公平性。

员工选择与自己进行比较的参照类型有 3 种,分别是"其他人""制度"和"自我"。

其他人是指在本组织中从事相似工作的其他人及其他组织中与自己能力相当的同类人,包括朋友、同事、学生甚至自己的配偶等;制度是指组织中的工资政策及这种制度的运作;自我是指自己在工作中的付出与所得的比较。

公平理论认为组织中的员工不仅关心从自己的工作努力中所得到的绝对薪酬,而且关心自己的薪酬与他人薪酬之间的关系。他们对自己的付出和所得与别人的付出和所得之间的关系进行比较,并做出判断。如果发现这种比率和其他人相比不平衡,就会感到紧张,这样的心理是员工进一步追求公平和平等的动力源泉。

公平理论对企业管理的启示是非常重要的。它告诉管理人员,工作任务及公司的管理制度都有可能产生某种关于公平性的影响,而这种作用对仅仅维持组织稳定性的管理人员来说,是不容易觉察到的。员工提出增加工资的要求,说明组织对他至少还有一定的吸引力,但当员工的离职率普遍上升时,说明企业组织已经让员工产生了强烈的不公平感。这就需要引起管理人员的高度重视,因为它意味着除了组织的激励措施不当以外,企业现行的管理制度还存在严重缺陷。

公平理论的不足之处在于,员工本身对公平的判断是极其主观的。这种行为给管理者施加了比较大的压力,因为人们总是倾向于过高估计自我付出,过低估计所得薪酬,而对他人的估计则刚好相反。因此,管理者在应用该理论时,应当注意实际工作绩效与薪酬之间的合理性,并特别注意那些对组织的知识吸收和积累有特别贡献的员工的心理平衡。

四、修正型激励理论

修正型激励理论重点研究激励的目的(改造、修正行为),主要包括斯金纳的强化理论和亚当斯的挫折理论等。

1. 斯金纳的强化理论

强化理论是美国心理学家斯金纳(B. F. Skinner)首先提出的。强化理论主张对激励进行针对性的刺激,只研究员工的行为与结果之间的关系,而不突出激励的内容和过程。该理论认为人的行为是其所受刺激的函数,如果这种刺激对他有利,则这种行为就会重复出现;如果对他不利,则这种行为就会减弱直至消失。因此,管理者要采取各种强化方式,使人们的行为符合组织的目标。根据性质和目的,强化可以分为正强化、负强化和自然消减。

① 正强化。正强化就是奖励那些符合组织目标的行为,以使这些行为得到进一步加强,从而有利于组织目标的实现。正强化的刺激物不仅包括奖金等物质奖励,还包括表扬、提升、改善工作关系等精神奖励。为了使强化达到预期的效果,还必须注意根据不同背景和需要实施不同的强化方式。有的正强化是连续的、固定的,如对每一次符合组织目标的行为都给予强化,或者每隔固定时间给予一定数量的强化。尽管这种强化有及时刺激、立竿见影的效果,但久而久之,人们就会对这种正强化有越来越高的期望,或者认为这种正强化是理所应当的。管理者必须不断加强这种正强化,否则作用就会减弱甚至不再起到刺激作用。有的正强化是间断的,其时间和数量都不固定。管理者根据组织需要和个人行为在工作中的反映,不定期、不定量地实施强化,使每次强化都能起到较好的效果。实践证明,后一种正强化更有利于组织目标的实现。

② 负强化。负强化就是惩罚那些不符合组织目标的行为,以使这些行为削弱,甚至消失,从而保证组织目标的实现不受干扰。实际上,不进行正强化就是一种负强化。例如,过去对某种行为进行正强化,现在组织不再需要这种行为,但基于这种行为并不妨碍组织目标的实现,这时就可以取消正强化,使行为减少或不再重复出现。负强化还包括减少奖酬、罚款、批评、降级等。实施负强化时,应以连续负强化为主,即对每一次不符合组织目标的行为都应及时进行负强化,以消除人们的侥幸心理,减少直至消除这种行为重复出现的可能性。

③ 自然消减。对于不希望发生的行为,除了直接惩罚外,还可以从"冷处理"或"无为而治"角

度使这种行为自然消减。例如,开会时管理者不希望下属提出无关或干扰性的问题,就可以当他们举手要发言时,无视他们的表现,这样举手行为必然会因为得不到强化而自行消失。从某种意义上说,撤销原来的正强化也是一种冷处理。

总之,强化理论强调行为是结果的函数,可通过适当运用及时的奖惩手段,集中改变或修正员工的工作行为。强化理论的不足之处在于,它忽视了如目标、期望、需要等个体要素,而仅仅注重当人们采取行动时所带来的后果,但强化并不是员工工作积极性存在差异的唯一解释。

2. 亚当斯的挫折理论

挫折理论是由美国的亚当斯提出的,挫折是指人类个体在从事有目的的活动过程中,指向目标的行为受到障碍或干扰,致使其动机不能实现,在需要无法满足时所产生的情绪状态。挫折理论主要揭示人的动机行为在受阻而未能满足需要时的心理状态,并由此而导致的行为表现,力求采取措施将消极性行为转化为积极性、建设性行为。

(1) 动机受到阻碍或干扰的情况

个体受到挫折与其动机实现密切相关。人的动机导向目标时,受到阻碍或干扰可有以下4种情况。

① 虽然受到干扰,但主观和客观条件仍可使其达到目标。

② 受到干扰后只能部分达到目标或使达到目标的效益变差。

③ 由于两种并存的动机发生冲突,暂时放弃一种动机而优先满足另一种动机,即修正目标。

④ 由于主观因素和客观条件影响很大,动机的结局完全受阻,个体无法达到目标。这种情况下人的挫折感最大,第2种和第3种情况次之。挫折是一种普遍存在的心理现象,在人类现实生活中,不但个体动机及其动机结构复杂,而且影响动机行为满足的因素也极其复杂,因此挫折的产生是不以人们的主观意志为转移的。

(2) 挫折心理的必备条件

几乎人的行为都有受挫折的可能,但挫折心理的实际发生有以下3个必备条件。

① 个人所期望的目标是重要的、强烈的。

② 个人认为这种目标有可能达成。

③ 在目标与现实中存在难以克服的障碍。事实上,如果无此条件目标就会实现,挫折就不存在了。

(3) 挫折产生的原因

引起挫折的原因既有主观的,也有客观的。主观原因主要是个人因素,如身体素质不佳、个人能力有限、认识事物有偏差、性格缺陷、个人动机冲突等;客观原因主要是社会因素,如企业组织管理方式引起的冲突、人际关系不协调、工作条件不良、工作安排不当等。人是否受到挫折与许多随机因素有关,也因人而异。归根结底,挫折的形成是由于人的认知与外界刺激因素相互作用失调所致。

(4) 挫折心理的态度

根据不同人的心理特点,受到挫折后的行为表现主要有以下两类。

① 采取积极进取态度,即采取减轻挫折和满足需要的积极适应态度。

② 采取消极态度,甚至是对抗态度,如攻击、冷漠、幻想、退化、忧虑、固执和妥协等。

因此,在管理工作中,第一,要培养员工掌握正确战胜挫折的方法,教育员工树立远大的目标,不要因为眼前的某种困难和挫折而失去前进的动力;第二,要正确对待受挫折的员工,为他们排忧解难,维护他们的自尊,使他们尽快从挫折情境中解脱出来;第三,要积极改变情境,避免受挫折员工"触景生情",防止造成心理疾病和越轨行为。

五、股权激励

股权激励制度是以员工获得公司股权的形式给予其一定的经济权利,使其能以股东的身份参与企业决策、利润分享,并承担经营风险,使员工自身利益与企业利益更大程度地保持一致,从而勤勉尽责地为公司的长期发展而服务的一种激励制度。股权激励对改善公司治理结构、降低代理成本、提升管理效率、增强公司凝聚力和市场竞争力起到非常积极的作用。

通常情况下股权激励包括员工持股计划、股票期权和管理层收购。

1. 员工持股计划

员工持股计划(Employee Stock Ownership Plan,ESOP)又称为员工持股制度,是指通过让员工持有本公司股票和期权而使其获得激励的一种长期绩效奖励计划。它是员工所有权的一种实现形式,是企业所有者与员工分享企业所有权和未来收益权的一种制度安排。员工通过购买企业部分股票(或股权)而拥有企业的部分产权,并获得相应的管理权,其目的是使员工成为公司的股东。在实践中,员工持股计划往往是由企业内部员工出资认购本公司的部分股权,并委托员工持股会管理运作,员工持股会代表持股员工进入董事会参与表决和分红。

总体来说,员工持股计划可分为两类:非杠杆型的员工持股计划和杠杆型的员工持股计划。

非杠杆型的员工持股计划是指由公司每年向该计划贡献一定数额的公司股票或用于购买股票的现金,这个数额一般为参与者工资总额的25%。当这种类型的计划与现金购买退休金计划相结合时,贡献的数额比例可达到工资总额的25%。这种类型计划的要点是:①由公司每年向该计划提供股票或用于购买股票的现金,员工不需做任何支出;②由员工持股信托基金会持有员工的股票,并定期向员工通报股票数额及其价值;③当员工退休或因故离开公司时,将根据一定年限的要求相应地取得股票或现金。

杠杆型的员工持股计划主要是利用信贷杠杆来实现的。这种做法涉及员工持股计划基金会、公司、公司股东和贷款银行4个方面:①成立一个员工持股计划信托基金会;②由公司担保、由该基金会出面,以实行员工持股计划为名向银行贷款购买公司股东手中的部分股票,购入的股票由信托基金会掌握,并利用以此分得的公司利润及由公司其他福利计划(如职工养老金计划等)中转来的资金归还银行贷款的利息和本金;③随着贷款的归还,按事先确定的比例将股票逐步转入员工账户,贷款全部还清后,股票即全部归员工所有。

2. 股票期权

股票期权一般是指经理股票期权(Employee Stock Owner,ESO),即企业在与经理人签订合同时,授予经理人未来以签订合同时约定的价格购买一定数量公司普通股的选择权,经理人有权在一定时期后出售这些股票,以获得股票市价和行权价之间的差价,但在合同期内,期权不可转让,也不能得到股息。在这种情况下,经理人的个人利益就同公司股价紧密地联系起来。股票期权计划是公司给予员工在一定期限内按照某个既定的价格购买一定公司股票的权利。公司给予员工的既不是现金报酬也不是股票本身,而是一种权利,员工可以以某种优惠条件购买公司股票。

股票期权是应用最广泛的前瞻性激励机制,只有当公司市场价值上升的时候,享有股票期权的人才能得益,股票期权使员工认识到自己的工作表现会直接影响到股票价值,从而与自己的利益直接挂钩。这也是一种风险与机会并存的激励机制,对于准备上市的公司来说,这种方式最具有激励作用,因为公司上市的那一天就是员工得到报偿的时候。例如,一家新公司创建的时候,某员工得到股票期权1 000股,当时只是一张空头支票,但如果公司搞得好,在一两年内成功上市,假定原始股每股10美元,这位员工就可以得到1万美元的报偿。

3. 管理层收购

管理层收购(Manager Buy-Outs,MBO)是指公司的经理层利用借贷所融资本或股权交易收购本公司的一种行为,从而引起公司所有权、控制权、剩余索取权、资产等变化,以改变公司的所有制结构。通过收购使企业的经营者变成了企业的所有者。由于管理层收购在激励内部人员积极性、降低代理成本、改善企业经营状况等方面起到积极的作用,因而它成为20世纪七八十年代流行于欧美国家的一种企业收购方式。对中国企业而言,管理层收购最大的魅力在于能理清企业产权,实现所有者回归,建立企业的长期激励机制,这也是中国管理层收购最为鲜明的特色。

 补充阅读资料

管理定律——变革

1. 青蛙法则

青蛙法则是指把一只青蛙放在一个盛满凉水的容器里,然后慢慢地给容器加热,控制在每两天升温一度的状态。那么,即使水温到了90℃——这时青蛙几乎已经被煮熟了,它也不会主动从容器中跳出来。其实,这并不是因为青蛙本身的迟钝,事实上如果将一只青蛙突然扔进热水中,青蛙会马上一跃而起,逃离危险。青蛙对眼前的危险看得一清二楚,但对还没到来的危机却置之不理。

未雨绸缪是人们常挂在嘴边的一句话,但真正能做到的却不多。人类天生有一种惰性,不到迫不得已就不会去改变现行的各种还过得去的做法,当这种做法还能让人得到很大的满足时尤其如此。但是,如果一个管理者、一个部门、一个单位失去了必要的刺激,处在一种安逸的工作氛围中而不自觉,那么就会失去工作活力。等危机真正来时,就来不及了。

2. 达维多定律

一家企业要想在市场中总是占据主导地位,那么它就要做到第一个开发出新一代产品,第一个淘汰自己现有的产品。

企业只有不断创造新产品和及时淘汰老产品,使成功的新产品尽快进入市场,才能形成新的市场和产品标准,从而掌握了制定游戏规则的权利。要做到这一点,其前提是要在技术上永远领先。企业只有依靠创新所带来的短期优势来获得高额的“创新”利润,而不是试图维持原有的技术或产品优势,才能获得更大发展。

3. 路径依赖

一旦人们做了某种选择,就好比走上了一条不归之路,惯性的力量会使这一选择不断自我强化,并让你不能轻易走出去。人们关于习惯的一切理论都可以用路径依赖来解释。

它告诉我们,要想路径依赖的负面效应不发生,那么在最开始的时候就要找准一个正确的方向。企业也是一样,在做一些企业发展方向的决策时应该慎重,如果做了错误的决策,那么企业即使意识到了这一点,他们也还是会做一些更加错误的事情来支持这个错误的决定。

4. 生态位法则

生态位法则原指在大自然中,各种生物都有自己的“生态位”,即亲缘关系接近的、具有同样生活习性的物种,不会在同一地方竞争同一生存空间。应用在企业经营上就是,同质产品或相似的服务在同一市场区间竞争时会难以同时生存。同时,生态位法则对我们今天研究企业的发展战略及竞争谋略也有着很大的作用。企业的产品在刚开始进入某个特定市场时,往往没有竞争对手,形成原始生态位、竞争前生态位或虚生态位,但是只要市场是开放的、均衡的,很快就会有其他竞争者大举进入该市场,形成生态位的部分重叠。如果市场容量极大,大家尚能暂时相安无事,但随着市场份额的相对缩小,竞争就会日趋激烈,企业无论大小强弱,都要像狮子与羚羊一样训练快速奔跑,否则就会被吃掉。

本章小结

本章首先对我国古代的人性假设思想和人力资源管理思想做了简单介绍,中国古代传统文化蕴含着丰富的管理思想,在如何识人、选人、育人、用人与管人的管理方面,都有着丰富的思想与实践经验;其次简要介绍了近代西方人力资源管理理论,包括 X 理论、Y 理论、Z 理论、激励理论、马斯洛的需求层次理论、行为管理理论、期望理论等,这些理论是人力资源管理的核心理论;然后论述了人力资本理论内涵、人力资本的内容及价值确认,对现代人力资本理论的形成起着重大贡献的美国经济学家舒尔茨认为,人力包括知识和技能的形成,是投资的结果。掌握了知识和技能的人力资源是一切生产资源中最重要的资源;最后综述人力资源管理的基本原理包括:要素有用原理、系统优化原理、能级对应原理、投资增值原理、互补合力原理、激励强化原理、反馈控制原理、弹性冗余原理、个体差异原理和动态适应原理。

重点概念

人性假设思想;人力资源理论;马斯洛需要层次理论;赫兹伯格双因素理论;霍桑实验;行为科学;人力资源管理原理

复习思考题

1. 我国古代的人性假设思想与西方人性假设有何联系?
2. 我国古代的人力资源管理思想对今天的人力资源管理有何借鉴意义?
3. 激励过程包括哪些要素?
4. 人力资源管理的基本原理包括哪些?
5. 内容型激励理论包括哪些内容?
6. 简要分析马斯洛的需要层次理论、赫兹伯格的双因素理论的关系。
7. 修正型激励理论包括哪些内容?
8. 过程型激励理论包括哪些内容?
9. 股权激励包括哪些方式?

 案例分析

"人本管理"的典范惠普公司

1939 年,在美国加州帕洛阿尔托市(Palo Alto)爱迪生大街 367 号的一间狭窄车库里,两位年轻的发明家比尔·休利特(Bill Hewlett)和戴维·帕卡德(David Packard)怀着对未来技术发展的美好憧憬和发明创造的激情创建了 HP 公司,开始了硅谷的创新之路。惠普公司 2018 财年第三财季净利润为 4.51 亿美元,同比增长 173.33%。惠普公司取得的成功,在惠普公司许多经理看来,靠的是重视人的宗旨。惠普公司的这种重视人的宗旨不但源远流长,而且还不断地进行自我更新。

惠普公司"以人为本"管理宗旨的具体体现是关心人。 重视人、尊重人,就要关心人,而关心人体现在领导者深入工作现场、进行现场管理、巡视管理、与员工进行面对面的非正式的思想交流。在惠普公司,领导者总是同自己的下属打成一片,他们关心员工、鼓励员工,使员工们感到自己的工作成绩得到了承认,自己受到了重视。与此同时,惠普公司也注重教育员工,鼓励他们把心思放在对生产、销售和产品服务扎扎实实地做贡献上面。公司还教育员工要有高度的信心和责任感。对于职位的升迁问题,公司总是教育员工要在做好本职工作上求发展。

惠普公司信任人。惠普公司相信员工们都想有所创造,都是有事业心的人。这一点在该公司的一项政策里,即"开放实验室备品库"表现得最为突出。实验室备品库是该公司存放电气和机械零件的地方。工程师们可以随意地取用实验室备品库里的物品。不但这样,公司还鼓励他们拿回自己家里供个人使用。这样做是因为惠普公司有一种信念,即不管工程师们拿这些设备所做的事是不是跟他们手头从事的工作有关,反正他们无论是在工作岗位上还是在自己的家里摆弄这些玩意,总是能学到一些有用的东西。惠普公司并不是像别的公司那样对这些设备器材严加控制,而是让它敞开大门随你拿用,充分表明公司对员工们的信任程度。

惠普公司还有不同于欧美企业的雇用政策,即员工一经聘任,决不轻易辞退。惠普公司的员工多是工程技术人员,因而也是由工程技术人员来管理,这是由于公司业务技术性强造成的。公司的各级领导干部基本上是从内部员工中选拔录用,一般不外聘。从外部招的员工,通常多是直接从应届优秀的毕业生中挑选。公司每年都要派出既是技术内行又具有领导经验的干部到各名牌大学物色"尖子"毕业生,与他们面谈,了解其经历、能力、愿望理想和要求,回到公司后再斟酌筛选,选中者还要由公司出资,再次请到公司里去面谈,然后再决定是否正式聘用,以此来保证被聘任者的质量。

惠普公司重视员工培训。该公司重视员工培训可谓是不惜工本。训练班有长有短,有业余有脱产,有工程性的也有管理性的;受训对象从工人到总经理,各种人员都有;训练方式有讲课、讨论、电影、录像、计算机模拟、案例分析、技巧实习、自学考核,直至师徒传授。公司要求各级领导亲自为下级讲课。除本身训练计划外,工程师还被派送到有关大学进行带薪脱产进修,公司给其报销路费,还发给住宿津贴;公司还鼓励优秀的年青人员到邻近有关大学进行脱产选修有关课程,公司允许他们利用部分工作时间,也给报销路费。受训人员虽然由公司资助受训,但却不对公司承担义务,学完后去留自便,公司并不干预。

惠普公司重视员工福利。公司的福利除基本生活福利、医疗保险、残废保险、退休金、两天一次的免费午间茶点、生日送礼及新员工搬迁补贴外,还有两项特殊福利:一是现金分红制度,即凡在公司任职达半年以上员工,每年夏初及圣诞节,可得到一份额外收入;另一项特殊福利是股票购买制,即员工任职满10年后,公司还另赠10股。据一次全美调查,惠普公司是全美的较佳福利企业之一。

惠普公司提倡员工创新。惠普公司相信人人都有要搞好自己本职工作的愿望,因而该公司总是力图给广大员工创造一个任人发展创新的工作环境。惠普公司在管理上也考虑到员工的自主创新。惠普公司很少用"指令性管理法",而是多用"目标管理法"。实行目标管理法虽然在目标确定上是由上下级共同讨论进行的,但下级在实现目标所采用的具体方法却有很大的灵活性。

综上所述,惠普公司以人为本的管理给人的感觉是:员工进了公司后,就像进了温暖的家。

思考题

1. 惠普公司管理的实质是处处以人为中心,其实质并非能用数字和统计资料来说明。归根到底,它是一种精神,一种理念——员工感到自己是集体中的一部分,而这个集体就是惠普公司,这一管理理念对于现代管理有什么指导意义?

2. 欧美企业受推崇个人自由文化的影响,企业员工的流动性比较大,雇用关系一般都采用短期雇用。而惠普公司的做法反其道而行之,在欧美企业中形成鲜明的对照,试说明这样做的实际意义。

3. 惠普公司的人本管理体现在哪些方面?请详细说明。

4. 惠普的许多做法与中国企业有相似之处,但是我国某些企业给人的感觉却是另外一番滋味,我们能从中得到哪些启示?

第三章
跨文化人力资源管理

学习目标

知识目标

- 了解文化差异和跨文化冲突的影响。
- 理解价值冲突的表现。
- 熟悉跨文化人力资源管理的一般模式。
- 掌握跨文化人力资源管理的含义和内容。
- 掌握跨文化人力资源管理的对策。

能力目标

- 能应用跨文化管理理论分析我国企业面临的文化冲突。
- 具备用人力资源管理的理论去分析和解决实际问题的能力。

引导案例　**宝洁在华的跨文化管理**

　　宝洁自 1837 年创立以来,已经发展为在全球 80 多个国家和地区建立分公司,全球雇员超过 13 万的著名跨国企业。1988 年,宝洁在中国开设第一家子公司,之后它在中国的经营取得了巨大成功。其成功与在中国实施跨文化人力资源管理是分不开的。

　　注重人与文化的结合,是跨文化人力资源管理的关键。宝洁从用人的源头开始,挑选优秀的大学生。由于应届大学毕业生未进过企业,没有受过其他企业文化的熏染,犹如一张白纸,可以灌输宝洁的文化,成为一名纯粹的宝洁人。

　　在招聘应届大学毕业生之后,宝洁并不是直接灌输母公司自身的文化,而是结合子公司所在国文化的特点,对员工进行有效的培训。员工从迈进宝洁大门的那一天开始,培训的项目将会贯穿其职业发展的整个过程。

　　这样的招聘和选拔机制,使得宝洁将自己母公司的文化和子公司所在国的文化有机结合起来,实现跨文化管理。重视员工发展,重视文化交流,宝洁在帮助公司员工实现其价值的同时,也取得了自身的成功,实现了经济效益,值得我们借鉴。

　　在国际化进程中我们应该怎样推进跨文化管理?

第一节　人力资源管理的文化认知

一、组织文化认知

1. 文化的定义

什么是文化？文化学的奠基人泰勒(E. D. Taylor)给文化下的定义是：文化就其广泛意义上来说，是知识、信仰、艺术、道德、法律、风俗及任何人作为社会成员而获得的所有能力和习惯的复合的总体。文化由外层和内层的行为模式构成；这种行为模式通过象征符号而获得和传递；文化的核心部分是传统的(即历史地获得和选择的)观念，尤其是它们所表现的价值。文化体系一方面可以看作是行为的产物，另一方面则是进一步行为的决定因素。

2. 组织文化的含义

企业文化或称组织文化(corporate culture 或 organizational culture)，是指组织全体成员共同接受的价值观念、行为准则、团队意识、思维方式、工作作风、心理预期和团体归属感等群体意识的总称。

20 世纪 80 年代初，美国哈佛大学教育研究院的教授泰伦斯·迪尔(Terrence Deal)和麦肯锡咨询公司顾问艾伦·肯尼迪(Allan Kennedy)在长期的企业管理研究中积累了丰富的资料。他们在 6 个月的时间里，集中对 80 家企业进行了详尽的调查，写成了《企业文化——企业生存的习俗和礼仪》一书。该书在 1981 年 7 月出版后，就成为最畅销的管理学著作，后又被评为 20 世纪 80 年代最有影响的 10 本管理学专著之一，成为论述企业文化的经典之作。它用丰富的例证指出，杰出而成功的企业都存在强有力的企业文化，即为全体员工共同遵守，但往往是自然约定俗成的而非书面的行为规范，并有各种各样用来宣传、强化这些价值观念的仪式和习俗。正是企业文化——这一非技术、非经济的因素，导致了决策的产生，在两个其他条件都相差无几的企业中，由于其文化的强弱对企业发展所产生的结果就完全不同。

3. 组织文化的要点

① 创新。当前面临的市场环境充满了挑战，我们不能再固守于按部就班的工作方式，要鼓励创新、鼓励竞争、鼓励开拓，开发新的市场、开拓新的业务领域。

② 协作。企业是一个全程全网的工作系统，任何一项工作都是由一个系统，而不是个人完成的，因此有一种协作的精神对企业来讲就显得更加重要。协作的文化就是要求企业与企业之间、员工与员工之间，创造一种合作、协调、沟通、互助的氛围，通过团队精神的开发和利用，充分发挥企业人、财、物的网络资源优势，从而达到 1+1>2 的目的。

③ 严谨。企业的工作看似简单，但任何一项细微的差错都会造成无法补救的过失。所以在企业文化中要提倡一种严谨的工作作风，这里涉及质量，而质量管理的一个重要方面就是员工严谨的工作方式。

④ 忠诚。企业的可持续发展需要有一支有能力、有实力、稳定可靠的员工队伍，尤其是一支对企业忠诚的队伍。

⑤ 诚信。诚信是忠诚的另一面，这里是针对客户的。信用经济时代对企业诚信提出了越来越高的要求，也使诚信成为了企业发展中一种不可或缺的资源。

⑥ 温情。它表现在员工之间的人际关系、企业的客户关系、企业的信誉和形象，以及企业对员工的关系上。

4. 组织文化的特征

（1）组织文化的意识性

大多数情况下,组织文化是一种抽象的意识范畴,它作为组织内部的一种资源,应属于组织的无形资产。组织文化是组织内一种群体的意识现象,是一种意念性的行为取向和精神观念,但这种文化的意识性特征可以被概括性地表述出来。

（2）组织文化的系统性

组织文化由共享价值观、团队精神、行为规范等一系列内容构成一个系统,各要素之间相互依存、相互联系。因此,组织文化具有系统性。同时组织文化总是以一定的社会环境为基础,是社会文化影响渗透的结果,并随社会文化的进步和发展而不断调整。

（3）组织文化的凝聚性

组织文化总可以向人们展示其某种信仰与态度,影响着组织成员的处世哲学和世界观,而且也影响着人们的思维方式。因此,在某一特定的组织内,人们总是被自己所信奉的哲学所驱使,它起到"黏合剂"的作用。良好的组织文化同时意味着良好的组织气氛,能激发组织成员的士气,增强群体凝聚力。

（4）组织文化的导向性

组织文化的深层含义是它规定了人们的行为准则与价值取向,对人们行为的产生有着最持久最深刻的影响力。因此,组织文化具有导向性。英雄人物往往是组织价值观的人格化和组织力量的集中表现,它可以昭示组织内提倡什么样的行为、反对什么样的行为,会使自己的行为与组织目标的要求相互匹配。

（5）组织文化的可塑性

组织文化并不是生来俱有的,而是在组织生存和发展过程中逐渐总结、培育和积累而形成的。组织文化是可以通过人为的后天努力加以培育和塑造的,而对于已形成的组织文化也并非一成不变,它会随组织内外环境的变化而加以调整。

（6）组织文化的长期性

长期性是指组织文化的塑造和重塑的过程需要相当长的时间,而且是一个极其复杂的过程。组织的共享价值观、共同精神取向和群体意识的形成不可能在短期内完成,在这一创造过程中,涉及调节组织与其外界环境相适应的问题,也需要在组织内部的各个成员之间达成共识。

5. 组织文化的结构

关于组织文化的结构,有物质文化与精神文化两分说,物质、制度、精神三层次说,物质、行为、制度、精神四层次说。下面以四层次说展开论述,如图 3.1 所示。

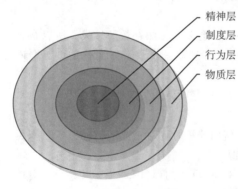

图 3.1　组织文化的结构

① 物质层。它是组织文化的表层部分,是组织创造的物质文化,是一种以物质形态为主要研究对象的表层组织文化,是形成组织文化精神层和制度层的条件。优秀的组织文化是通过重视产品开发、服务质量、产品信誉和组织生产环境、生活环境、文化设施等物质现象来体现的。

② 行为层,即组织行为文化。它是组织员工在生产经营、学习娱乐中产生的活动文化,包括组织经营活动、公共关系活动、人际关系活动、文娱体育活动中产生的文化现象。组织行为文化是组织经营作风、精神风貌、人际关系的动态体现,也是组织精神、核心价值观的

折射。

③ 制度层。它是组织文化的中间层次,能把组织物质文化和组织精神文化有机结合成一个整体。制度层主要是指对组织和成员的行为产生规范性、约束性影响的部分,是具有组织特色的各种规章制度、道德规范和员工行为准则的总和。它集中体现了组织文化的物质层和精神层对成员和组织行为的要求。制度层规定了组织成员在共同的生产经营活动中应当遵守的行为准则,主要包括组织领导体制、组织机构和组织管理制度等 3 个方面。

④ 精神层,即组织精神文化。它是组织在长期实践中所形成的员工群体心理定势和价值取向,是组织的道德观、价值观。即组织哲学的综合体现和高度概括,反映全体员工的共同追求和共同认识。组织精神文化是组织价值观的核心,是组织优良传统的结晶,是维系组织生存发展的精神支柱。它主要是指组织的领导和成员共同信守的基本信念、价值标准、职业道德和精神风貌。精神层是组织文化的核心和灵魂。

二、组织文化在人力资源管理中的作用

组织文化因其丰富的内涵和强大的生命力,对于解决组织目标与个人目标、领导与被领导者之间的矛盾冲突,新辟了一条切实可行的途径。优秀的组织文化既能使人力资源的开发深刻化,又能使人力资源管理自主化。其作用主要体现如下。

1. 导向作用

组织文化集中了组织的价值取向,对组织的每一位员工都有强大的感召力,能把组织成员的行为动机引导到组织目标上来。组织文化的导向作用体现在:①规定或使员工认同组织的整体价值;②确立组织的既定目标;③创建组织的行为规范。

2. 凝聚作用

通过建立共享或同化的组织文化,改变员工以自我为中心的理想追求和个人价值体系,使员工产生强烈的集体意识,凝聚成巨大的内部向心力,从而形成一种强力黏合剂。组织文化的凝聚作用体现如下。①价值凝聚。通过共同的基本价值观,使组织内部存在着共同利益,从而聚合员工为实现共同理想而奋斗。②目标凝聚。突出、集中、明确、具体的组织目标,能旗帜鲜明地向组织员工及组织外部宣布组织的群体行为及其重大意义,为组织员工指明前进的方向,从而形成强大的凝聚力、向心力。③排外作用。对组织以外文化的排斥,使员工个体对群体产生依赖,而对外竞争又使员工个体凝聚在群体之中形成命运共同体。

3. 激励作用

组织文化可以满足员工的个体需要,激发、调动组织员工,使其积极性处于最佳状态。组织文化的激励作用体现如下。①物质激励。组织关心员工生活上的困难,给予工作培训或深造的机会,使员工能感受到组织的温暖而产生依赖,愿意忠诚地为组织尽力尽责。②精神激励。在满足物质需要的同时,事业的成就感和被认同的基本价值观所带来的荣誉感使组织员工获得精神上的满足,从而产生持久的激励作用。③沟通激励。由于组织结构、员工个体的差异在组织中客观存在,冲突不可避免地存在于一切组织中,从而对管理冲突进行沟通的必要性就凸现出来。在优秀的组织文化中,冲突被视为保持组织活力的有效手段,管理者善于采取合适的沟通方式让员工宣泄气愤,消除冲突产生的负面效应,利用、扩大冲突产生的正面效应,维持冲突的最低正常水平,以保持组织的创新激发状态。优秀的组织文化及其有效的沟通能减少焦虑创造舒畅的氛围,激励员工心平气和地为组织工作。

4. 扩散辐射作用

优秀的组织文化,不但能形成以组织为核心的向心凝聚力,而且能形成独有的组织文化竞争

力,对组织以外的社会进行扩散辐射。其作用主要体现如下。①基本价值观与行为规范的辐射。组织鲜明的基本价值观与行为规范向组织以外的社会进行辐射,与社会契合形成共识,为其他组织所仿效、借鉴、吸收。②品牌辐射。组织的产品是组织文化的物质载体之一,公众可以通过组织的有形产品或无形服务深化对组织的认可。③员工形象辐射。优秀的组织员工是组织的象征,是组织价值观、行为规范的化身,通过他们的思想、行为,可以向社会传播、扩散、辐射组织文化。

总之,高度重视组织文化的人力资源开发管理作用,发挥组织文化的多重功能进行人力资源的开发与管理,是作为当代最高管理形态的所谓文化管理的基本内涵与要求。文化管理的最大特点是管理的软化或柔性化与深刻化或内在化。因此,管理者应当从更广泛和更深刻的意义上来审视和对待组织文化的人力资源开发管理功能,使组织管理水平超越以往的经验和科学管理阶段,达到文化管理的新高度。

三、文化导向的人力资源管理体系

组织文化的形成与应用要与企业内部具体人力资源管理活动相联系,只有达到上下理解一致,才能在员工心中真正形成认同感,从而形成核心能力,建立起在市场竞争中特有的竞争优势。

1. 以组织文化为导向优化企业人力资源管理职能

(1) 以组织文化为导向的人员招聘与甄选

对文化与价值标准的认同是人才与组织相互匹配的基础之一,是人员招聘与甄选的首要条件。以企业富有特色的、完整的组织文化体系来甄别和筛选人力资源,严把人员"入口关",这不仅是优化企业人力资源获取阶段的重要途径,也是企业组织文化建设的第一步。早在科学管理时代,泰罗就指出为了提高劳动效率,要依据工作职位精心挑选"第一流的工人"。那些有较强献身精神雇员的公司都很明白,培养雇员献身精神的工作,实际上在雇员被雇用之前就已经开始了。而不是等到雇员被雇用之后才着手进行。因此他们在雇用的时候就十分小心,从一开始就执行"以价值观为基础的雇用"策略。

企业人力资源管理部门在组织招募和甄选新员工时,就要执行以价值观(和企业组织文化相适应的价值观)为标准的招聘制度,精心组织招聘程序,利用心理测量、结构化面试等筛选工具识别并聘用那些个人价值观与组织价值观基本一致的人,及早审视双方在文化和价值观的适应问题,以减少新员工与组织之间的不适和摩擦,并建立共同愿景,促进个体效益的尽快发挥,从而为组织创造价值。在"双向选择"的就业市场中,企业和应聘者真实展现自身在组织文化上的倾向具有很重要的现实意义。如果企业与其成员在文化上难以适应或融合,将会造成工作效率低下、人际沟通障碍、离职率高等现象,最终造成人力资源的耗损。在组织员工招聘的过程中,优秀是相对的,适合是绝对的。在现实的企业人力资源管理实践中,不少企业迫于人员雇用压力而在人员选择与任用上丧失原则,出现过于看重应聘对象教育经历等硬件条件的现象,结果基于错误的因素做出聘用的决定,给组织引入了一些"文化异质者",造成内部紊乱,影响组织人力资源效能的发挥,耗散组织人力资源结构性功能,从而造成人力资源成本的浪费。

(2) 以组织文化为导向的人员培训与开发

不管企业人力资源管理部门在人员"入口关"的工作做得有多完善,要想新员工在短期内完全适应组织文化的要求是很难的。因此,这就需要建立以组织文化为导向的企业人力资源培训与开发体系,形成利用上岗引导实现同化、利用岗位培训实现强化、利用职业生涯开发实现深化的人力资源培训开发连续体模式。大致可以分为以下3个阶段操作。

①上岗引导,即同化阶段。培训课程的内容不仅要包括企业的各种硬约束、硬规范,而且要特别重视软约束、软规范的培训。在上岗引导中,除了对企业各项规章制度、工作流程的讲解与教育

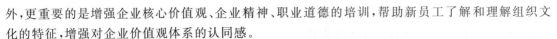

外,更重要的是增强企业核心价值观、企业精神、职业道德的培训,帮助新员工了解和理解组织文化的特征,增强对企业价值观体系的认同感。

② 岗位培训,即强化阶段。培训的一个重要目的是强化员工的献身精神,改善员工的心智模式,塑造员工的价值观。只有不断提供改进自我,从而实现自我超越的机会,才能使员工建立和组织相一致的信仰、价值观,从而实现文化的融合。所以在管理实践中,要认真进行培训需求分析,建立培训文化目标,并及时反馈与评价,避免使培训陷入功利性困境,也反对培训主体极端化、培训方式单一化、培训内容形式化的倾向。

③ 职业开发,即深化阶段。优秀的组织文化能给员工带来和谐、富有激情的工作生活环境,能使他们产生较强烈的内在需要,增加工作满意度,并产生较强的工作动机和较高的期望水平,从而不断提高工作效能。这就需要在管理实践中,通过组织文化的物质层、精神层和制度层不断对各类人员灌输和渗透,在认知、情感、意志、价值观、行为等方面对员工进行深层次的引导和开发,通过员工参与制订各种人力资源开发计划、精心设计员工的职业发展通道,把员工个人的发展愿景和组织发展的愿景有机融合起来。

（3）以组织文化为导向的绩效管理

绩效管理是人力资源管理的核心职能,是组织赢得竞争优势的中心环节。良好的组织文化将有助于企业绩效管理的实施与运行。

① 要考虑到企业发展战略带来的文化变革问题。企业的发展战略、目标和文化具有战略一致性,绩效管理系统自然也应随之发生变化。随着企业改革的不断深入,企业无论是发展规格还是发展规模都正经历着翻天覆地的变化,企业人力资源的质和量也发生了很大变化。企业战略重心的转移也带来了组织和员工价值观体系、行为方式的改变。因此,绩效管理在评价内容上要充分重视员工的文化要素,确保员工在文化价值取向和企业发展战略上保持一致。

② 要考虑到绩效管理的接受度和明确度。所谓接受度或认同度,也就是说绩效管理系统要做到程序公平、人际公平和结果公平。绩效管理不应成为打压方式,而应是一种激励手段。要让员工参与绩效管理系统的设计,确保评价标准的一致性,使得降低误差和偏见,并且要在一种友好的环境中进行各项绩效标准的评价与反馈。实际上,这些带着组织烙印的绩效管理措施就是组织"特定的行事方式"的真实反映。所谓明确度,也就是企业在人力资源绩效管理过程中,要明确告知员工如何达到或实现组织的发展战略与目标,以及员工现有绩效所存在的问题。作为现代管理者,帮助下属改进业绩是其管理修养和素质的体现,也是一种管理责任。

（4）以组织文化为导向的薪酬管理

通常认为,用薪资来认可员工对企业所做出的贡献,实际上是影响企业现有员工的行为和态度的一种方式。而薪资水平和福利也已经被看成是影响所谓的组织成员行为——关于是否加入或继续留在某个组织中的各种相关决策的一种方式。组织内部不同的薪资政策或制度对具有不同人格特点价值观的人来说,吸引程度和认同程度也是不一样的。那些将薪资与个人绩效联系起来的组织,特别能吸引奉行个人主义的员工;而那些更为注重团队报酬的组织,则更有可能吸引信仰团队主义的员工。在传统科层组织体制的影响下,企业富有较为浓烈的职能型文化的特征,员工的业绩与企业整体绩效联系不明显,员工很难看到自己的努力给组织的成功带来什么程度的贡献,而薪酬差异主要体现在学历、资历、职位、职务等非绩效因素,所以浮动薪酬难于推广。另外,不平等价值观也严重影响着薪酬制度的设计过程。这种价值观认为,权力等级差距是正当的,等级被视为员工之间固有的、差异的、合理的制度化表现,所以宽带薪酬难于实施。随着社会发展和企业改革的深入,新的价值观体系开始流行,薪酬制度将更多的关注工作本身、工作团队和项目,薪酬分配充分认可工作本身带来的个人业绩和组织绩效,鼓励团队合作,并使之和企业发展战略紧密联系起来。

（5）以组织文化为导向的劳动关系管理

员工与组织的劳动关系问题，表面上是组织与个人之间的矛盾，实质上是组织与个人之间的文化冲突。企业内部个体或群体与组织之间出现的各种冲突与纠纷，其原因有很多，如政策不公、待遇过低、人际关系僵化、领导作风专制、工作挑战性差等。作为人力资源管理者必须致力于发展管理层与员工之间相互支持和相互信任的关系，以柔性的文化管理营造一种友好、和谐的组织氛围，增强员工的整体意识和合作精神，规范和引导员工思想与行为，激发员工参与企业管理的积极性，避免发生组织冲突。

外部强加的改革之所以经常失败，就是由于改革与其执行者（员工）的价值观的不一致、不和谐。在管理实践中，管理职能部门按时与团体进行必要的沟通，以便使组织成员了解企业工作的目标、问题和需要。同时坚持公正、公平、公开的原则，创造条件让员工积极参与企业事务的讨论，执行重大决策的听证制度，开通员工信息反馈与申诉渠道。这些政策反过来又会导致一系列理想结果的出现，其中包括灵活性的提高、员工工作态度更为积极、员工更富有责任感和忠诚度等。

因此，要高度重视组织文化在人力资源管理过程中的作用，发挥组织文化的多重功能，通过深刻而强有力的组织文化动力来整合与优化人力资源管理职能，激励和发掘人力资源潜能，提升新建企业的核心竞争力。这不仅反映了全新管理模式——文化管理的基本内涵与要求，也是企业实现管理现代化的必由之路。

2. 构建文化导向的人力资源管理体系

（1）将企业的价值观念与用人标准结合起来

对于任何企业来说，招聘都是人力资源管理的一项关键内容。配备职员是一种双向选择和匹配过程，在这个过程中，个人找到了想去的单位，单位找到了想要的员工，两者建立起雇佣关系。企业要招到理想的员工，就必须通过各种有目的的公关活动和宣传，让潜在的员工了解本企业的文化，特别是企业的基本价值观念、道德规范、行为准则，并在测试过程中，用合理的测试手段分析和判定应聘者的价值倾向与企业的价值观体系是否相同，并选择对本企业文化认同较高的人作为企业的新员工。

（2）在人力资源使用中培养企业员工的企业价值观念

企业价值观念是企业文化的核心。它一方面要求企业员工具有分工协作、不断创新、追求卓越等内在素质；另一方面要求企业在管理中能公平对待每一个员工，尊重企业员工的法定权利和人格，鼓励员工参与企业的经营管理活动，行使民主管理权力，保障员工的劳动安全，维护员工的合法权益，加强上下之间的信息沟通，从而形成组织内和谐的人际关系。

（3）把企业文化融会于企业培训中

在《哈佛管理全集》中，谈到职工培训的概念时认为，"通过各种教导或经验的方式在知识、技能、态度等方面改进职工的行为方式，以达到期望的标准。"员工培训既包括职业培训，也包括非职业培训。不论何种形式的培训，都应采取一些较灵活的方式，如非正式活动、管理游戏等，将企业的共同意识、价值观念、道德规范、行为准则在这些培训活动中融入员工的思想，进而影响员工的行为。

（4）企业文化所要求的价值观念、道德规范和行为准则融入员工的考核与评价体系中

企业在考核员工时，应建立相应的考核体系，把企业的价值观念、道德规范、行为准则等融会于考核体系之中，作为多元考核指标体系的一部分。其中，对企业价值观的解释要通过各种行为准则来进行，通过鼓励或反对某种行为来达到诠释企业价值观的目的，不能只考核业绩指标，而忽略员工的价值观念、道德规范、行为准则等内容。

（5）建立一种能尊重人性、发挥员工创造性和积极性的制度

"狼羊理论"视人为"羊"，所有监督机构、行政管理机构为"狼"。在人力资源管理过程中，要变过去的"圈羊放狼"为现在的"关狼放羊"，即让组织的员工能在更自由的天地里驰骋，而作为能吃掉"羊"的各种监督机构、行政管理机构，应在受限制的、有规则的范围内行使各种权力，以免权力滥用而限制人潜能的发挥。因此，要制定出尊重人性、发挥员工创造性和积极性的企业制度，要有正确的人性假设和科学的制度文化观念。制定制度的目的是为促进人们在制度的约束下迅速成才，这个制度要能鼓励多数人的积极性和创造性。

（6）建立平等的上下级关系，创造公平的竞争环境

优秀的企业制度，不是维系企业组织的唯一手段。企业最根本的任务还在于培养共有的文化，同时建立为实践这一文化的上下级关系，使上下齐心协力，最终才能使企业不断发展。科学的上下级关系应是平等民主的。日本索尼公司总经理盛田昭夫认为，促使一个企业正常运转的劳资关系应该建立在相互信任的基础上，资方不能只将工人作为提高收益的工具来使用，而且要经营者关注工人的利益。也就是说，企业在实现自身目标的同时，还要实现员工的个人目标，从而建立企业与员工的利益共同体。

总之，组织文化导向下的人力资源管理会使人力资源管理更加有效率，二者是一个互相促进的管理活动。

第二节　文化差异及其冲突的处理模式

不同文化之间、价值观念、思维方式、行为准则、语言、习惯和信仰都存在着明显的差异。文化背景不同的人，其经营理念和管理方式往往大相径庭，从而导致了文化摩擦和冲突。如果不能顺利地解决这些冲突和矛盾，跨国公司的经营和发展必然会遇到极大的障碍，甚至导致失败。

一、文化差异

1. 文化差异的理解

不同国家、民族间文化的差别，我们称为文化差异。概括地说，所谓的文化差异主要体现在以下几个方面：价值观的差异、传统文化的差异、宗教信仰的差异、种族优越感、语言和沟通障碍。

① 价值观的差异。所谓价值观，就是判断好坏、是非的标准，它会将人的行为引到某个方向。因此，价值观就构成了文化与社会结构的基干。对于隶属于某个文化的人来说，什么行为好，什么行为不好，都是受价值观支配的。中西文化在价值观方面的差异表现在政治、经济、宗教、法律、教育、社会等各个方面。总体来讲，中国文化表现为整体向上，注重群体关系的和谐和群体利益的维护；而西方文化则强调个人潜力的发挥、个人目标的实现及个人利益的追求。

② 传统文化的差异。传统文化就是文明演化而汇集成的一种反映民族特质和风貌的民族文化，是民族历史上各种思想文化、观念形态的总体表征。世界各地、各民族都有自己的传统文化。中国的传统文化以儒家为内核，还有道教、佛教等文化形态。

③ 宗教信仰的差异。宗教信仰是指信奉某种特定宗教的人们对所信仰的神圣对象（包括特定的教理、教义等），由崇拜认同而产生坚定不移的信念及全身心的皈依。这种思想信念和全身心的皈依表现和贯穿于特定的宗教仪式和宗教活动中，并用来指导和规范自己在世俗社会中的行为。它属于一种特殊的社会意识形态和文化现象。各国的历史、文化和国情不同，决定了各国宗教信仰的差异。

④ 种族优越感。从科学的角度来看，种族观念是没有意义的。正如美国加州大学的乔纳森·

马克斯所说:"并不是说不存在种族,而是说在生物实体上不存在种族。"大多数专家认为,只有把种族作为一种社会文化或政治现象时,种族观念才有意义,而在科学上,它是毫无意义的。相对种族主义而言,种族优越感是一种更广泛的存在,有着不同程度和不同形式的表现,甚至可以说是一种人性弱点。但是它毕竟是种族主义的土壤,种族主义实质上是极端化的种族优越感。种族歧视、种族隔离、种族灭绝已被世界公认为最丑恶的行为之一。

⑤ 语言和沟通障碍。沟通是人与人之间、人与群体之间思想与感情的传递和反馈的过程,以求思想达成一致和感情的通畅。造成沟通障碍的原因如下。其一,人们对人对事的态度、观点和信念不同造成的沟通障碍。其二,个人的个性特征差异引起的沟通障碍。在沟通中,个人的性格、气质、态度、情绪、兴趣等差别,都可能引起信息沟通的障碍。其三,语言表达、交流和理解造成的沟通障碍。同样的词汇对不同的人来说含义是不一样的。在一个组织中,员工常常来自于不同的背景,有着不同的说话方式和风格,对同样的事物有着不一样的理解,这些都造成了沟通的障碍。其四,沟通双方的相互信任程度和相似程度。沟通的准确性与沟通双方间的相似性也有着直接的关系。沟通双方的特征,包括性别、年龄、智力、种族、社会地位、兴趣、价值观、能力等,双方相似性越大,沟通的效果也会越好。

2. 文化差异的3个层次

文化差异主要体现在3个层次上:宏观的文化背景层次、中观的企业文化层次和微观的个体背景层次,如图 3.2 所示。

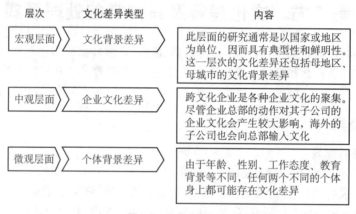

图 3.2　文化差异层次

二、跨文化冲突

当一种文化跨越了价值观、宗教、信仰、精神、原则、沟通模式、规章典范等不同文化时,我们就称为跨文化。假如跨国公司的经营者不能适当和成功地处理好存在于跨国企业内部的文化差异就必将导致跨文化冲突。

1. 跨文化带来的冲突

文化冲突是跨国企业进行跨国经营所必须面对的客观过程。所谓跨文化冲突是指不同形态的文化或文化要素之间相互对立、相互排斥的过程。它既指跨国企业在他国经营时与东道国的文化观念不同而产生的冲突,又包含了在一个企业内部由于员工分属不同文化背景的国家而产生的冲突。企业外部的文化冲突主要体现在:企业从事跨国或跨地区的经营活动,会受到来自东道国或所在地文化环境的影响,这种文化环境会在某些方面与企业原有的文化产生冲突。企业内部的文化冲突主要体现在:企业从事跨国或跨地区的经营活动时,为实现其本土化的目标,往往要招聘来自东道国或当地的人员进入企业,这就必然导致企业内部的文化冲突,包括企业成员之间的文化冲突和企业成员的文化与企业原有文化之间的冲突。

2. 跨文化冲突的根源

跨文化冲突产生的原因有以下几个方面。

(1) 信息理解的差异

不同国家由于语言不同、文化背景不同,对同一信息的翻译理解会产生差异,甚至会得出截然不同的结论。文化的不同带来了理解上的差异。如果用本民族语言的特点和文化背景去理解其他民族的语言文化,就会导致信息获取不准确或错误地对信息进行解读。例如,在英美报刊上经常出现的一个短语 handwriting on the wall,如果简单把它译成"写在墙上的字",那么就已经对其本意进行了错误的解读。其实,这个短语是有宗教渊源的,它出自《圣经·旧约·但以理书》,是说巴比伦王伯沙撒在宴请大臣时发现有一只手显现在墙上写字,但以理解释说这预示着巴比伦国的末日已到。后来人们就用"写在墙上的字"表示"灾祸的预兆"。

对同一事物的褒贬不同,也常造成文化信息的误导。例如,"自由主义"在汉文化中有很强烈的贬义色彩,而其对应词 liberalism 在英美文化中却是明显的褒义。

(2) 沟通形式不同

沟通是个人或群体之间交流信息的过程。不同的文化模式有不同的沟通方式,如果沟通双方来自不同的文化便会存在沟通障碍。例如,人们对于时间、空间事物、友谊、风俗习惯、价值观等不同的认识所造成的沟通的难度,会导致沟通误会,甚至演变为文化冲突。

(3) 管理风格不同

管理对世界上大多数人来说,是一种艺术,并非是一种教条。一个精明的跨国公司的管理者不仅要具备在本土经营和管理公司的能力,更应具备在不同文化环境中从事综合管理的能力。如果片面以自我为中心进行管理、死守教条、不知变通,势必会导致管理上的失败。在中国企业管理协会的一项研究中,曾将企业管理风格分为专断型、民主型、混合型 3 种。专断型表示管理者很少征求下属意见,采取个人专断的领导方式;民主型表示管理者通过民主协商征求下级意见并取得一致的管理风格;混合型是介于上述两种风格之间,是管理者在一定程度范围内进行咨询和说服,然后做出决策。实践证明,具有专制管理特征的专断型管理风格,在中国要受到具有民主倾向和要求的员工的抵制。反之,混合型的领导风格,缩小了双方的文化差异,相对容易被员工接受。

(4) 法律和政策意识

在跨国经营中,许多发达国家的法律政策比较完善,如合资企业的经理享有较多的权利。相比之下,中国的厂长、经理受到红头文件和上级管理机关的约束比较多,这种情况也容易导致双方的摩擦与冲突。

(5) 民族个性差异

不同的民族文化孕育了不同的民族心理和精神气质,处于不同民族之中的群体及成员有着特定的价值取向,并遵循着特定的风俗习惯和文化规范。人们往往习惯于"自我参照"(self-reference),根据自身文化的个性和价值观念去解释或判断其他一切群体的行为,因而产生了对异文化的偏见,导致文化冲突。

(6) 思维方式上的差异

在思维方式上,人们一般认为中国人与西方人也存在着明显的差异。在逻辑特征方面,一般认为西方人的特点是就事论事的象棋逻辑;中国人则是顾虑全局的围棋逻辑。围棋逻辑重在构筑包围圈,尽可能多地扩展地盘;象棋逻辑则重在挑战主帅,将军制胜。因此,当中方人士在商务往来中没有开门见山、直入主题、明确提出自己的要求时,决不意味着他没有正在想方设法迫使对方满足他的愿望。此外,人们一般认为西方人在思维方式上是团队取向,侧重事或物的方面,他们忠诚于原则和注重个人;中国人则注重等级,侧重人的方面,因时因地制宜和注重整体。

3. 跨文化冲突的形式

(1) 显型文化的冲突

显型文化的冲突即通常所说的由于表达方式(语言、神态、手势、面目表情、举止等)所含意义不同而引起的冲突。来自不同文化背景的行为者,由于相同的表达方式所含的意义不同往往也会引起冲突。

(2) 价值观方面的冲突

文化与价值观的不同会导致不同的管理实践,包括组织中的评价、选择、奖惩、上下级关系、群体的行为等。在风险观念方面,中国企业家一般缺乏风险意识和冒险精神,在不确定条件下不敢贸然决策,往往失去市场竞争机会;而西方企业家则勇于冒险、敢于探索,尤其是在研制新产品、开拓新市场、运用新技术等方面表现突出。在对待工作成就的态度方面,中国企业缺乏灵活的激励机制,员工缺乏工作主动性;而西方企业员工有较大的自主权,并对上级有一定的建议权和质疑权。在不同意见表达方式上,中国人表达方式委婉,并喜欢背后议论;而西方人则是直截了当地说明真相。从工作态度上看,西方员工普遍信奉拼命干活、拼命享受的价值观,在他们看来,干活就得像干活的样子。尽管中国人视劳动为美德,但中国员工目前对只有通过努力工作才会得到物质满足的观念认识还不够,表现出干活时缺乏主动性,能歇就歇、能停则停、花工作时间闲聊,这些往往是外方的管理人员无法接受的。从工作方法上看,大多数中国职员比较重人伦,习惯以领导的意图和上级的文件作为开展工作的依据和指南;西方人员在工作中很大程度上是遵循"法、理、情"的事理顺序来开展工作,下级在自己的职责范围内有较大的自主权。

(3) 劳动人事方面的冲突

在企业人员的工资待遇上,中国较偏重于考虑企业人员的资历、学历和职称;在工资政策上,把工资增长基数与企业经济效益直接挂钩。西方则根据员工工作的性质和能力确定工资,把工资调整与物价和生活费用指数结合起来。员工的待遇和他们所从事的工作性质有关,只有当工作内容发生变化时,才会考虑调整工资待遇。在人才的选拔使用方面,中国比较注重德才兼备,重视人的政治素质、个人历史和人际关系,以至于选拔的干部往往具有文凭和技术,却不一定具备组织和管理才能;西方管理者更多地把能力放在第一位,量才而用。在人才流动方面,中国不太习惯员工"跳槽",由此影响到对人才的培训观念,并且常以某些条件和理由限制人才的流出。而西方认为,人员流动可以保持企业活力,鼓励自己的员工不断流动,形成合理的年龄、知识、技能结构,企业对员工的培训及人员自由流动是吸引人才、留住人才的手段。

(4) 制度文化的冲突

西方企业习惯于在法律比较完善的条件下开展经营管理,用法律条文作为行动的依据;而中国企业,尤其是国营企业,习惯于按上级行政管理机构的指令行事,上级的条文、指令、文件便是企业的决策依据和办事章程。西方社会是法治社会,一切都用外在的非人际关系的硬件力量去约束,因此在企业管理上就表现为规范管理、制度管理和条例管理,追求管理的有序化和有效化;中国社会重伦理,偏重于人的作用和价值实现,却忽略制度效应和条例管理,以"情"治理使员工对制度的执行比较松懈,以致规章制度往往难以发挥有效的作用。

4. 跨文化冲突产生的影响

跨文化冲突对跨国经营的企业的影响是多方面的,往往会产生以下后果。

(1) 极度保守

文化冲突影响了跨国公司与当地员工之间的和谐关系,这使得经理们也许只能按照呆板的规章制度来控制企业的运行,而对员工更加疏远。与此同时,员工则会对工作变得更加不思进取,使经理的行动计划实施起来更加艰难,结果是双方都不可能有所作为,他们之间的社会距离也会进一步加大。

（2）沟通中断

经理与员工的社会距离加大,自然会影响彼此间的沟通。当这个距离大到一定程度时,自上而下的沟通就会中断。

（3）非理性反应

如果经理人员不能正确理解不同文化存在的差异,就有可能对来自不同文化背景的员工采取情绪化或非理性的态度,这种非理性的态度很容易招致员工的非理性报复,结果是误会越来越多,矛盾越来越深,对立与冲突也会更趋剧烈。

（4）怀恨心理

对于发生的冲突结果,冲突双方如果不耐心地从彼此的文化背景中寻求文化"共享",而一味地抱怨对方的鲁莽或保守,结果只会造成普遍的怀恨心理。

三、跨文化冲突的处理模式

冲突处理的研究最早是由美国人布莱克和莫顿在 1946 年提出的管理方格论,他们认为管理者的领导风格可以从对生产效率的关心和对人的关心两个方面来衡量。冲突问题的理论家们将管理方格的原理应用于分析和处理人际关系的冲突。应用这一理论的代表是托马斯,他划分出冲突处理的 5 种典型方式:竞争型策略、回避型策略、妥协型策略、合作型策略、体谅型策略。后来学者们对管理方格提出了批评,认为其未能充分考虑人际冲突过程中的相互沟通问题。到目前为止,国内外大多数学者同意并采用加拿大著名的跨文化组织管理者南希·爱德勒的观点来解决跨文化企业中的文化冲突。他的观点包括以下 3 种方案。

① 凌越（dominance）。它是指组织内一种文化凌驾于其他文化之上而扮演着统治者的角色,组织内的决策及行为均受这种文化的支配,而持另一种文化的员工的影响力则微乎其微。这种方式的好处是能在短期内形成一种统一的组织文化,但缺点是不利于博采众长,而且其他文化因遭到压抑而极易使员工反感,最终加剧冲突。

② 妥协（compromise）。它是指两种文化的折中与妥协,这种情况多半发生在相似的文化之间,采取妥协与退让的方式,有意忽略、回避文化差异,从而做到求同存异,以实现企业组织内的和谐与稳定,但这种和谐与稳定的背后往往潜伏着危机,只有当彼此之间文化差异不大时,才适合采用此法。

③ 融合（synergy）。它是指不同文化间在承认、重视彼此间差异的基础上,相互尊重、相互补充、相互协调,从而形成一种融合的、全新的组织文化。这种方案的实施会让人们认识到构成组织的两个或多个文化群体的异同点,而不是忽视和压制这些文化差异。它与妥协的不同之处在于对待这些差异的态度不同,并能够把不同点统一地纳入组织文化中。

第三节　跨文化人力资源管理实践

跨文化人力资源管理是指以提高劳动生产率、工作生活质量和取得经济效益为目的而对来自异文化背景下的人力资源进行获取、保持、评价、发展和调整等一系列管理的过程。

一、不同价值观对人力资源管理的影响

价值观是人们日常生活的知识和经验在头脑中积淀并形成的有关事物重要性、有用性的总评

价和总看法。在人们面向现实和未来的价值生活中,价值观承担着人的标准体系功能,价值观在组织中必然反映到人际关系和工作关系上,并影响和制约着这些关系,不同价值观对人力资源管理有很大影响。

1. 不同价值观及其影响的比较分析

(1) 中美价值观的比较

中国以悠久的历史著称,价值观源远流长、独成体系,并受到各国人们的尊重。中国的儒家思想以仁、义、礼、智、信见称于世,被日本推崇为"世界至高无上的精神财富"。而美国与中国相反,是一个十分年轻的国家,但却在短短一个世纪中,创下了为世界各国所瞩目的业绩,其价值观也已自成体系。表3.1对中美价值观进行比较,特别提出了对待个性、竞争等10个方面的显著差别。

表 3.1　中美价值观的比较

项　目	中　国	美　国
对待个性	强调服从,个体在集体中定位,提倡先有整体才有个体	个人主义,崇尚能力,提倡先有个体,然后有整体
对待竞争	追求安定和稳定,尊重秩序	竞争意识强,追求效率
人际关系	和谐,注重人与人之间的关系,"和为贵"思想占主导地位,顺序为情、理、法	对立,人情关系淡薄,强调法制,顺序为法、理、情
对待忠诚	以感情为基础,全身心地忠诚于某一群体	以自我为中心,没有稳定的忠诚团体
对待工作	提倡勤奋,"业精于勤",但分工不够明确	分工明确,对个人范围的工作极为认真,富有成就感
对待利益	义重于利,强调地位和等级,提倡"舍身而取义"	以金钱作为一切衡量的标准,追求社会地位
门第观念	门第观念强	不看重门第
实用性方面	强调声誉、面子	实用主义
对待教育	和功名相联系,"书中自有黄金屋,书中自有颜如玉"	追求实用性、可操作性,喜爱能立见功效的教育
管理方法	较多采用层级管理	较多采用个性管理

(2) 中日价值观的比较

中日两国的价值观大体同属一种价值观体系,均深受儒家文化的影响,但由于地缘文化、人种文化、制度文化、宗教文化的差异,也表现出不同的特点。表3.2对中日两国在忠诚、失败等7个方面的不同做了比较。

表 3.2　中日价值观的比较

项　目	中　国	日　本
关于忠诚	偏重于"仁""孝",家庭的特点更明显,家族和家庭是第一位的	对于所属的大大小小的团体,均强调"忠",但小团体服从大团体
人际关系	更强调"情"和各种私人关系	更强调"理",公应大于私
对待失败	"成者为王,败者为寇""阿Q精神"起主导作用	不容许失败,"不成功便成仁"的思想突出
关于决策	"不在其位,不谋其政"	集体决策、集体行动、集体负责
对待历史	更重历史,喜爱缅怀过去	更愿意讨论未来
关于服从	服从的是个人	服从的是集体
对待等级	等级代表着权力	等级代表着整体

2. 各国价值观在人力资源管理中的具体表现

(1) 美国

美国的价值体系的核心是"个人本位",具有强烈的功利主义色彩,金钱是衡量一切的标准,人与人之间强调理性,"唯我独尊"、"能力主义"和"现实主义"贯穿于人力资源管理的全过程。

① 较频繁的人员流动。在美国的公司里,人们工作是取得工资的手段,只要能得到与自己能

力和实际成绩相适应的工资,就继续留下来。否则,一旦自己没有得到重用,或者有其他更有利的机会,就立即"跳"到其他企业。因此,辞职和被雇是经常发生的。

② 职位分工明确,人事考核追求精确化和定量化,要求公平和效率。"美国式"的合作,不是全体成员整个人格、感情上统一的整体合作,而是把个人和整体严格区分,在"各自的范围"内有效地贡献自己的能力和知识。这就要求职位分析和人事考核能真正反映个人真实的工作量和工作成果,并以业绩考核作为考核的重点内容。

③ 采取快速的晋升制度。人们相信能力、推崇能力,强调竞争。美国式的逻辑是"大家在起跑线上排成一列,枪声一响,同时起跑。此后是因为能力上的差别,有人跑在前面,有人落在后面"。只要有实力,即使年轻也能得到晋升,绝大多数管理者是以其能力和才能推选出来的。因此,人们择业时希望从事自己能充分发挥才能的工作,从而得到认可,并进一步晋升到更高的职位。也正因为如此,等级似乎代表着能力,决策均由高决策层快速进行,并从上到下垂直传达。

④ 在企业组织中,经营者和工会之间互相采取"你失我得,你得我失"的态度。这是因为二元论观察事物的方式和个人主义导致的对立文化和利己主义。工资水平的确定、劳动时间的约束、招聘和解雇等问题都不能通过集体谈判达成协议,劳动争议往往会成为法律纠纷。人们习惯于以法律来解决所有的争端,而不是通过人际关系来处理。这样,人事工作的很多政策都非常小心地遵循法律条款,许多事务性工作也为法律纠纷所困扰。

(2) 日本

日本的价值观以"和谐、安定"为首,强调"忠",重视"人与人关系的微妙性",提倡"人生价值在于工作"。因此,在特定的历史条件下,形成了人力资源管理的三大"神器",即终身雇用制、年资序列制和日本式的福利型管理。

① 强烈的集团主义,习惯于团体进行工作,分工不明确。在对待企业的态度上,员工崇尚企业集团主义,并要求人们把自己从属的企业集团"神圣化",视其为唯一真实的存在,否定自我的独立存在,重视企业团体的统一与和谐,尊崇企业共同体的价值。当个人利益与企业集团利益发生矛盾时,要对自己的私欲进行高度的自我控制,按企业集团的意志行动,以求企业集体的昌盛、延续和发展。

② 采用温情式的福利型管理,讲求人际关系的微妙性。企业经营者非常尊重公司内部人际关系的"和",实行日本式的福利管理,对员工实行家属津贴、住房津贴、地区津贴、交通津贴等。有的对员工实行分红制,并在特殊的节假日送给员工一份礼物。此外,在日本公司中实行自上而下传达意见的"禀议制",重视反馈和横向的精神沟通。在会议取得一致意见之前可以长时间地激烈争论,付诸实施后则人人有责;在人事考核上,日本也表现出很强的平均主义,不得罪任何一方,并多以集体为单位进行考核。员工重视公司或集体的业绩,否定或低估个人成绩,并且以态度作为考核的重要内容。

③ 在工资报酬、职位晋升方面用年资序列制。工资与本人的生产效率没有太大的关系,而是根据年功序列,随工作年限的增加而提高。如果是年轻有为,可以被委以负责的职务,但工资依然主要由工龄决定,而人们对此没有怨言。

(3) 中国

我国是儒家思想的发源地,与日本一样,同样强调关系、和谐、秩序和纪律。在现代化进程中,由于价值观念相应得到更新和调整,在改革开放过程中起到了重要的作用。但是几千年的封建社会历史、相对于较短的资本主义历史,留下了许多陈腐观念的残迹,再加上建国以来的曲折历程,严重影响着我国社会主义建设。

① 在原来高度集中的计划体制下,人员的分配实行"统包统配"和子女"顶班"的就业制度来解

决全面就业问题,以促进社会安定。在报酬分配上采取的是平均主义和"大锅饭"。受"不患寡而患不均"的思想影响,在我国产品并不十分丰富的情况下,做到分配的大致平均,人事考核和工资并无密切的联系。因此,人们一般不强调个人的表现,而是习惯在特定的整体中确定个体的相对价值。人们在择业时,不是关心工作是否和自己的能力、兴趣、个性相匹配,更多地考虑所加入企业组织的运行状况和自己融于整体的情况。

② 容易形成各种非正式组织,冲突的解决通过协调和让步来进行。在我国,由于把家庭的伦理推广到社会的所有层面,往往把各种关系归结为私人关系加以处理,并由此引申出"面子"问题,在招聘人员和晋升时,容易造成较西方国家严重的"裙带关系";另外,由于这些关系的存在,在解决冲突时不会产生尖锐的矛盾冲突,而是通过协调和妥协,做出互惠的让步来调和。

③ 受传统"权本位"观念残余的影响,社会上许多人还存在较严重的"官本位"思想。人们的社会地位不是由其经济地位决定的。相反,经济地位由个人在行政机构中的地位决定,如此就造成了人们对权力的追求。有权就有了利,这种价值观念不同程度地存在于人们的头脑中。

二、跨文化人力资源整合

从企业经营内部来看,与当地企业相互结合的程度越小,文化传统差距越大,问题也就越多。在有关人力资源管理基本问题上,如人员选派与任用、管理方式、报酬设计与实施、培训、业绩考核、职业生涯规划等方面,不同文化底蕴下的企业常常会持有不同的态度,从而造成不同程度的困惑和混乱。所以在经营中,跨越文化界限,克服由于文化差异而引起的种种文化冲突现象以实现有效的跨文化整合,已经成为企业经营中应当首先考虑的一个极为重要的问题。

1. 识别和理解文化差异

由于文化冲突是文化差异造成的,必须对文化差异进行分析识别。根据美国人类学家爱德华·赫尔的观点,文化可以分为3个范畴:正式规范、非正式规范和技术规范。正式规范是人的基本价值观,是判别是非的标准,它能抵抗来自外部企图改变它的强制力量,因此正式规范引起的冲突往往不易改变;非正式规范是人们的生活习惯和习俗等,由此引起的文化冲突可以通过较长时间的文化交流来克服;技术规范是指人们的知识、技术、经验等,可以通过人们技术知识的学习而获得,很容易改变。由此看来,不同规范的文化冲突所造成的文化差异、文化冲突的程度和类型是不同的。

对于一个企业,要求不仅要摆脱本文化的约束,尽可能地消除本文化的优越感,从另一个不同的参照系反观原来的文化,而且要对他文化采取一种尊重独立、平等的立场,通过对他文化的理解、参与和尊重,在两种文化的结合点上,寻求和创立一种双方都能认同和接纳的结合点,从而发挥两种文化的优势,巩固和强化自己的竞争地位,确保企业战略目标的最终实现。公司管理者首先要识别和区分文化差异,才能采取针对性的措施。

2. 共同价值观管理

在企业内部逐步建立起共同的价值观作为文化重要组成部分的价值观,是一种比较持久的信念,它可以确定人的行为模式、交往准则,以及如何判别是非、好坏、爱憎等。这里所讲的"文化差异"主要是指以价值文化为核心的社会文化差异,它更容易引起文化冲突。不同文化具有不同的价值观,人们总是对自己国家的文化充满自豪,大多数人总是有意无意地把自己的文化视为正统,而认为外国人的言行举止总是稀奇古怪。而事实上,这些看似古怪的言行举止、价值观念对该国人民来说是再自然不过的了。因此,我们要尽可能地消除这种种族优越感,注意对对方文化的尊重和理解,以平等的态度交流,并在此基础上找到两种文化的结合点,发挥两种文化的优势,在企业内部逐步建立起统一的价值观。美国管理学家彼得斯和沃特曼指出"我们观察的所有优秀公

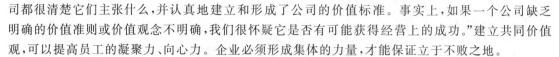

司都很清楚它们主张什么,并认真地建立和形成了公司的价值标准。事实上,如果一个公司缺乏明确的价值准则或价值观念不明确,我们很怀疑它是否有可能获得经营上的成功。"建立共同价值观,可以提高员工的凝聚力、向心力。企业必须形成集体的力量,才能保证立于不败之地。

3. 进行跨文化培训

对子公司的员工尤其是管理人员进行跨文化培训是解决文化差异,搞好跨文化管理最基本、最有效的手段。跨文化培训的主要方法就是对全体员工,尤其是非本地员工进行文化敏感性训练,将具有不同文化背景的员工集中在一起进行专门的培训,打破他们心中的文化障碍和角色束缚,增强他们对不同文化环境的反应和适应能力。通常来讲,跨文化培训的主要内容应包括以下几个方面。

① 对对方民族文化及原公司文化的认识和了解,包括研讨会、课程、语言培训、书籍、网站、讨论和模拟演练等方式。在这些方式下还可以聘用文化顾问,指导员工跨越不熟悉的文化领域。跨文化培训的主要内容有对文化的认识、语言学习、跨文化沟通及冲突处理、地区环境模拟等,这样可以缩小可能遇到的文化距离,使之迅速适应环境。

② 文化的敏感性培训。训练员工对当地文化特征的分析能力,弄清楚当地文化是如何决定当地人的行为的,并掌握当地文化的精髓。较为完善的文化敏感性培训能使员工更好地应付不同文化的冲击,减轻他们在不同文化环境中的苦恼、不适应或挫败感,促进具有不同文化背景的人之间的沟通和理解,避免他们对当地文化形成偏见。

③ 环境模拟,即通过各种手段从不同侧面模拟东道国的文化环境。将在不同文化环境中工作和生活可能遇到的情况和困难展现在员工面前,让员工学会处理这些情况和困难的方法,并有意识地按东道国文化的特点思考和行动,以提高自己的适应能力。

④ 跨文化研究,即通过学术研究和文化交流的形式,组织员工探讨东道国文化的精髓及其对管理人员的思维过程、管理风格和决策方式的影响。这种培训方式可以促使员工积极探讨东道国文化,提高他们诊断和处理不同文化交融中出现疑难问题的能力。

⑤ 语言培训。语言是文化的一个非常重要的组成部分,语言交流与沟通是提高对不同文化适应能力的一条最有效的途径。语言培训不仅可使员工掌握语言知识,还能使他们熟悉东道国文化中特有的表达和交流方式,如手势、符号、礼节和习俗等。同时组织各种社交活动,让员工与来自东道国的人员有更多接触和交流的机会。

⑥ 跨文化沟通及冲突处理能力的培训,建立各种正式非正式的、有形无形的跨文化沟通组织与渠道。

⑦ 关系建立。通过引导不同文化背景的员工建立工作和生活关系,促使不同文化的更快适应。例如,在跨文化培训方面,许多公司都采取了很多措施,如日本富士通公司为了开拓国际市场,早在1975年就在美国檀香山设立培训中心,开设跨文化沟通课程,为期四个月。韩国三星公司每年都会派出有潜力的年轻经理到其他国家学习,学习计划由学员自己安排,但公司会提出一些要求,如学员不能坐飞机,不能住高级宾馆,除了提高语言能力外,还要深入了解所在国家的文化和风土人情等。通过这样的方法,三星公司培养了大批谙熟其他国家市场和文化的国际人才。通用电气公司在内部设立企业学院——Croton Ville 管理学院,通用电气前行政总裁杰克·韦尔奇每月都要花两天时间亲自到 Croton Ville 给他的经理们讲课,十几年风雨无阻,Croton Ville 成为通用电气全球发展的引擎。

 **相关链接**

IBM 公司员工的国际化技能培训

为了让员工成长为具备全球化视野与思维、行为方式的高级人才,IBM 公司非常重视对员工实施国际化技能培训,这种培训一般经过两个阶段来实现。

第一阶段,让员工走出去,通过各种国外培训等机会来了解自己与全球其他专业人才的差距。IBM 公司大中华区创始人、CEO 周伟焜说,IBM 公司中有很多年轻的管理人员都认为自己是全世界最优秀的人,他们经过国外的工作与培训,回国后会改变以前对自己、公司及伙伴的看法。

第二阶段,将具备潜力的员工派遣到一个新的国家,在完全陌生的环境下工作,而且安排与其经历完全不同的工作,这项工作正是为了提高其欠缺的某种能力和素质。那些在完全陌生的环境与新工作中能生存下来、并做出业绩的人,才是真正有国际化领导才能的"国际蓝"。例如,周伟焜曾经在日本做亚太区总裁助理,帮总裁拿公文包及各种事情,后来在澳大利亚接受国际化培训,培训期间,曾经面临"痛苦"与"彷徨"。周伟焜介绍,本来是技术背景的他,被派去做销售工作。起初的 6 个月,他什么产品都卖不出去,这让他感到痛苦与彷徨。这时,发挥神效的是 IBM 公司引以为豪的"师傅徒弟制"和周伟焜坚定的信心,周伟焜的师傅帮他分析工作情况,鼓励他一定会成功,最终周伟焜在销售岗位取得了成功。

可想而知,作为全球最大的国际化跨国公司之一,IBM 公司以跨越国界的工作锻炼方法来培养高阶主管的全球化观念与跨国工作经验是多么重要,这是在培养与增强 IBM 公司的全球竞争力。

4. 管理本土化

本土化的实质是公司将生产、营销、管理等经营诸方面全方位地融入到当地经济中,也承担当地的公民责任,并将企业文化融入和植根于当地文化的模式。本土化人力资源战略有利于母公司降低人员派遣的高昂费用、与当地社会文化融合、减少当地社会对外来资本的危机情绪,有利于当地经济安全和就业机会增加。

企业在对当地分支机构实施管理时,既要保留从公司带来的先进的、优秀的管理模式,又要利用本地人才找出能适应本地环境的新管理模式,将本地的制约因素降到最低限度,从而获得经营上的成功。企业在经营管理时,所面对的是迥然不同的文化,以及由这种文化所决定的不同价值观念、思维模式和行为方式。在跨文化经营管理中,可以毫不夸张地说,凡是公司大的经营失败,几乎都是因为忽略了文化差异所导致的。文化因素对企业实行跨地域经营、管理的影响是全方位、全系统、全过程的。在这种情况下,管理者们所需要解决的不仅是一般的组织结构、资金投向、投资收益等问题,更为重要的是,要解决在跨文化条件下所产生的各种矛盾和冲突,实现文化整合,以促进人力资源的产出效益。

5. 立足长期,实行双惠

合资企业的投资双方要有长期办好企业的共同目标,不能"捞一把就走"和"打一枪换一个地方",这种目光短浅的短期行为势必会影响企业的发展。因此企业要立足长期,它包含两层含义。首先,合资企业生命周期内的"长期"。合资企业合营少则几年,多则几十年,作为自主经营、自负盈亏、自我发展的组织实体,在其合营期内制定的战略决策必然是长期的,否则会直接影响企业的发展。所以在管理中,双方需从企业的长期出发来考虑,尽管一开始企业可能处于亏损或稍有微利,但立足长期发展最终会有丰厚回报;其次,超越单个合资企业生命周期的"长期"。对于外方来说,中国是个开发潜力很大的市场,是个有利可图的市场,要想开发这个大市场,获得丰厚利润,不是一朝一夕能完成的。对于中国企业来说,成功兴办合资企业有利于进一步引进国外先进技术、管理知识,有利于吸引外资,也可以使我国获得长远利益。企业不仅要立足长期,还要实行双惠。合资企业间并不是一方的所得以另一方的损失为代价,相反企业兴旺,双方都会受益,而企业败落,对谁也没好处。因此,在经营活动中强调合作双方的相互利益非常重要。对于外国投资者为了谋求自己的利益而损害中国的做法是极不明智的。双方应该为了共同的利益,精诚合作,从整体利益出发,兼顾双方的需求,从而实现双赢。

在经济全球化的今天,跨国公司作为实现国际化投资、经营和管理的组织载体和国际市场行为的主体活跃于世界经济舞台。近年来资料显示:跨国公司控制着全世界60%的贸易、70%的投资和80%的技术专利。为顺应世界经济一体化和全球化的发展,中国企业也需面向国际化,使大批优秀的中国企业加入到跨国经营的行列。

三、中国企业的跨文化人力资源管理

1. 中国国内企业的文化差异

由于自然条件、经济发展、文化传统、地域环境的不同,中国各地有着太多的风俗习惯差异和性格差别。几乎任何一个国家都存在着不同的族群和多元文化,并且这种价值体系、思想观念上的差异不只在各国之间和各族群之间存在,在各社会阶层、地域、年龄、性别和宗教群体之间也普遍存在。

(1) 东部与西部的文化差异

从区域上讲,我国东部、中部和西部不仅是一个地理概念,还是一个经济概念,它表明了不同地区社会经济发展水平的差异。因此,人们习惯上把中国划分为3个不同的经济区域:东部地区、中部地区和西部地区。按经济发展水平,东部地区经济发展水平最高,属于中国经济发达地区;中部地区次之,西部地区相对属于经济欠发达地区,如表3.3所示。

表3.3 中国东部与西部的文化差异

比较内容	东部地区	西部地区
管理理念	开放、前沿	保守、谨慎
价值观念	生活质量、自我实现	升官晋阶、地位显要
自我保护	弱	强
生活期望值	生活富裕、紧追西方	均贫富,只要小康
团队精神	自由主义、个人主义	集体主义、团队精神
职业期望	重商轻官	重官轻商
层级观念	追求民主	服从上级
性格	温和	豪放
融合度	易于与其他国家、民族融合	较难融合

(2) 南方与北方的文化差异

中庸思想是中国文化的精髓所在,然而在幅员辽阔的中国,南北方却有着截然不同的两种文化,它们共同构成了中国的传统文化。中国南北文化大致是以长江为界,长江以北的属于北方文化;长江以南的属于南方文化。南北文化的差异是由于特定地域的地理环境、气候物产、矿藏资源和特定地域的历史文化积淀而形成的。北方人的特点:性格豪放、较重仕途、喜发号施令、更具胆识、爱好挑战、对政治关心且敏感、家庭观念相对淡薄。南方人的特点:性格较温和、委婉,喜好过平静的日子,追求舒适、对政治缺少敏感性、家庭观念较强。

（3）汉族与少数民族的文化差异

中国是一个多民族国家,各个民族在繁衍生息中延续本民族的历史,并在历史延续的过程中形成了本民族的传统文化。汉族的特点:拥有较雄厚的经济实力,长期居于政治经济中心,因此形成大汉族主义。少数民族的特点:由于他们对自己民族文化、民族传统的热爱,在语言、风俗、习惯和信仰等方面仍保留着民族特色。相对于西方的单一民族文化共性来说,中国文化更强调多民族差异性的特点。中国文化更尊重民族、地理、性格差异上的不同,也就是在尊重复杂的事实基础上来寻求整体的一致性。

中庸之道的中国是四大文明古国中唯一一个存在至今且历史从未断层过的国家,中华民族是现存唯一一个研究古代文明不需要翻译的民族。这不是巧合,而是中国传统文化中的精髓——中庸之道发挥了无与伦比的作用。中庸讲究的是将两个互相对立或截然不同的事物融合在一起,取长补短,讲究天人合一、理性与情感合一、鬼神与圣人合一、内外合一。中国南北方文化、东西部文化、多民族文化互相对立而又互有短长,中国人将这些水乳交融而又泾渭分明,以中庸之道使之延续至今,形成了特色鲜明的中国文化。

2. 中国企业跨文化人力资源管理的现状

经济全球化背景下,世界各国、各地区的经济活动已经不再仅仅局限于该国家、该地区原有的范畴。世界各国的经济逐步连接成一个有机的整体,在这样的新经济时代,中国的跨国企业也面临着巨大的挑战。

（1）复杂的外部经营环境

经济全球化为跨国企业开拓了世界市场,但与此同时企业却要面临千差万别的外部经营环境。不同的国家在社会文化、道德规范和价值观上所表现出来的差距会对跨国企业的管理产生重要的影响,也在一定程度上限制了跨国企业的战略选择。跨国企业的经营活动要成功进行,就必须正视所面对的国际间的文化差异,因此跨文化管理就显得尤其重要。

跨国公司的子公司遍布世界各地,员工人数众多,它们都有着不同的文化背景和价值观,对于不同消费者的观念、价值观和社会需求的理解也是存在差异的,而消费者的需求又是多方面的,企业经营的宗旨是在满足客户以文化为基础的需求。由此可见,跨文化管理还将面临外部的不同消费群体,这关系到企业全球化经营的成败。跨国企业经营在充斥着差异的全球化中充满了不确定性。

（2）艰难的内部管理

经济全球化给企业带来了新的历史使命,跨国企业在跨文化管理的过程中要运用权变的管理理念,即根据不同国家的社会文化、地域文化,管理理念也应有所不同。由于管理者与员工拥有不同的文化背景和理念,所以管理者要采取不同的激励方式进行激励。以东西方为例,在领导职权方面,西方管理中往往对企业部门及负责人有较为严格和明确的职责、职权、职务解析,并按照科学管理的规则,遵循一系列授权规则使企业规范运行,从而形成有序、配套、系统的各职级行使原则;在东方文化体系中,以人为本的理性追求、重视情感联系的信誉氛围、崇尚礼遇礼节的风尚,可形成具有自身特点的职权分配方式,难以形成与西方模式等同的领导职权分配与运用方式。在人力资源管理方面,东方文化体系遵循"以人为本、以德为先"的原则,而在西方文化体系中,更多的会主张奉行一系列严格的人事管理制度。

跨文化管理的首要任务是解决文化冲突,文化冲突主要表现为价值观念和文化差异,这些文化差异和冲突的存在都会成为企业战略决策过程中的重要障碍。如何领导来自不同文化背景的员工,是跨国公司管理上必须解决的棘手问题。文化是决定企业跨文化管理成败的重要因素,跨国文化的差异、复杂的环境都可能导致管理的失败。中国企业在经济全球化的氛围下纷纷"走出

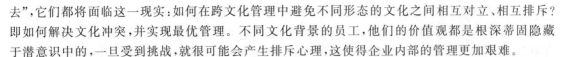

去"，它们都将面临这一现实：如何在跨文化管理中避免不同形态的文化之间相互对立、相互排斥？即如何解决文化冲突，并实现最优管理。不同文化背景的员工，他们的价值观都是根深蒂固隐藏于潜意识中的，一旦受到挑战，就很可能会产生排斥心理，这使得企业内部的管理更加艰难。

3. 中国企业跨文化人力资源管理的对策

（1）合理选派驻外管理者

文化管理是跨国企业经营成败的决定因素，因此我国的跨国企业必须提高自身的跨文化管理意识，合理选派驻外管理者，聘用具有综合管理能力和国际化思维的人员管理驻外经营机构；更新原有的管理理念，提高企业驻外管理人员的跨文化管理能力，也可以选聘有胆识、有魄力的外国企业家管理企业。

（2）通过跨文化培训，增进各国员工对彼此文化的了解

一是以对方国家的知识信息为主的学习。这是让被培训的一国员工了解对方国家的社会、历史和现状及其事实。这种培训可通过专家讲座来阐述他们在对方国家的工作和生活经历，并列出该国礼节规范的条例。二是经历式的学习。在经历式的学习中，让被培训的员工通过外出考察或与对方国家的成员做模拟互动练习来了解对方国家的文化。参与者可通过这些外出考察或模拟等对对方国家文化有更深的认识。三是双重文化的互相作用学习。将被培训的员工以来自不同国家为标准分成两组，在这个培训中每个学员都要与来自另一国家的代表打交道，并估计出自己的行为对外方合作者可能产生的影响和反应。

（3）通过文化整合，有效解决文化冲突

一方面，通过文化交流有效地促进文化交融，从而培育共同的企业价值观。文化交流能促进各民族文化的发展，实现各民族文化之间的交融，使人类共同得到进步。为促进两种文化的交流，首先应消除种族优越感或自卑感，尊重和理解相互的文化，用平等的态度进行交流；然后寻找两种文化的结合点，求同存异、相互借鉴地发挥两种文化的优势，实现文化融合，化解我国企业与东道国员工之间的文化冲突，逐步建立统一的企业价值观。另一方面，扩展沟通渠道。在我国跨国企业中，要解决企业文化差异的问题，就必须增进理解，重视沟通问题。在双方选派工作人员尤其是高级管理人员时，除了要选择那些具有良好的技术知识、管理能力和敬业精神的人员外，还必须选择具有较强沟通能力、能够接受不同意见、善于与不同文化背景的人进行友好合作的人员。

（4）实施本土化策略，实现人力资源管理的本土化

第一，人才本土化。随着市场潜力逐渐被开发，由本土经理人员替代外籍人员掌控本国市场，已形成本土高层管理本土企业的发展模式。第二，采购、生产本土化。我国跨国公司对于有些材料可以直接在东道国进行采购，因为这样可以降低成本。第三，促销本土化。一方面是创立东道国品牌。我国跨国企业应对当地市场的消费者进行调查研究，制定符合东道国市场需要和消费习惯的产品传播策略。另一方面，利用公共关系赢得政策优势。企业首先要利用公共关系处理好与东道国社会公众的关系。我国的跨国企业要积极参与和赞助东道国的各项社会、文化、体育和教育事业的发展。其次是企业与政府的关系。我国的跨国企业同东道国政府配合并保持沟通。第四，市场本土化。市场本土化主要是针对消费者。我国跨国企业要在充分理解东道国本土文化特征、消费者消费心理和情感需求的基础上，以保持品牌形象的原有特色为前提，把品牌做"土"，采取亲情营销，以减少消费文化的差异，拉近与消费者的距离从而赢得消费者的认可。

一般来说，每个企业的文化特征、创业历史、发展目标和经营理念各不相同，所处的环境、所形成的企业文化也各具特色、互有差异。而国际间文化的复杂性、敏感性，也必然会在企业的跨国经营中反映出来，甚至会产生冲突。在这些企业的内部，具有不同文化背景的员工组成的各种组织，也要面临文化差异所造成的不同工作态度和追求，而管理者又有着不同的管理方法、技巧和经验

等。如何在跨国经营中进行有效的沟通、协调和管理,直接影响着企业运作的效果。在跨国企业外部,公司不仅要满足不同文化背景的消费者需求,还要适应东道国的风俗习惯、法律制度等。如何在复杂的环境下与东道国搞好关系、实现跨国经营的目标,一直困扰着我国的各类跨国企业,迫使跨国企业不得不高度重视跨文化的管理。

 补充阅读资料

美国老板大跳劲舞

小王在一家美资公司就职,对美国人的开放、活泼,他早有耳闻。他的老板是个50岁开外的美国老头,非常幽默,平时总爱和下属打打闹闹、开开玩笑,大家都习以为常了。不过,有一次小王着实被他这位过度活跃的老板吓了一跳。那天中午,小王和同事们照例去办公楼外的小食店吃桂林米粉。吃完后,大家心满意足地回到办公室,这时远远看到老板向他们走来,大家都做好打招呼的准备。谁知老板径直走到小王跟前,放在背后的手,突然变出一顶牛仔帽,翻手带在头上,随即模仿西部牛仔的样子,又是"骑马",又是"打枪","动作片"演完之后,紧接着一段热舞。老板扭动着他不算灵活的腰肢,火辣、奔放的"桑巴"热舞上演了。

这边老板跳得分外起劲,这边员工看得目瞪口呆。小王看着眼前的老板,真不知道他要干嘛?终于,老板停下了舞步,气喘吁吁地对小王说了句"Happy Birthday!"这时,愣在一边的员工和小王才明白,老板这是为他祝贺生日。一时没反应过来的小王,只会对着老板傻笑,连"Thank you"都忘了说。机灵的同事鼓起了掌,向老板致意,这才打破了尴尬的场面。

事后,小王对老板的举动很是感动。他怎么也没想到,这么忙的老板居然还记得他的生日,连他自己都快忘了。不过,提到老板"奇特"的祝贺方式——那段"热舞"和"牛仔"表演,小王和同事们都连连摇头,感叹"吃不消,吃不消"。

美国人的开放是众所周知的。当街拥抱、热吻,对周遭的人几乎视而不见、我行我素。中国人却素来以中规中矩出名,对于"引人注目"的事,能不做就不做。老板对着员工扮牛仔、跳热舞,这真是超乎中国员工的想象。美国老板若是换一种方式,更加大众化,更加中庸一些,或许效果会比跳段"桑巴"来得更好,对中国员工而言,也更容易接受。

本章小结

优秀的组织文化既能使人力资源的开发深刻化,又能使人力资源管理自主化。组织文化在人力资源管理中有导向作用、凝聚作用、激励作用和扩散辐射作用。不同国家、民族间文化的差别叫文化差异,主要体现在价值观的差异、传统文化的差异、宗教信仰的差异、种族优越感、语言和沟通障碍等方面。经营者不能适当和成功地处理好这种存在于跨国企业内部的文化差异就必将导致文化冲突。跨文化人力资源管理是指以提高劳动生产率、工作生活质量和取得经济效益为目的而对来自异文化背景下的人力资源进行获取、保持、评价、发展和调整等一系列管理的过程。跨文化人力资源管理一般模式有4种,即民族中心、多中心、地区中心和全球中心。在经营中跨越文化界限,克服由于文化差异而引起的种种文化冲突现象以实现有效的跨文化人力资源整合,可采取的措施有:识别和理解文化差异;共同价值观管理;进行跨文化培训;管理本土化;立足长期,实行双惠。

重点概念

文化差异;文化冲突;跨文化管理;跨文化人力资源管理;价值观协调;本土化战略

复习思考题

1. 跨文化冲突主要有哪些,应该如何处理这些冲突?

2. 跨国企业人力资源协调过程中可能会遇到哪些"地雷"? 如何排除这些"地雷"?

3. 跨国企业的跨文化冲突主要表现在哪些方面? 其中,最容易使冲突恶化并转化为诉诸法律的冲突是什么?

4. 中国的跨文化人力资源管理为什么较其他国家复杂? 面对这种复杂有哪些对策可供选择?

5. 跨国企业的本土化人力资源战略有何优点和缺点? 如何推进本土化战略? 同一母国的跨文化管理与跨国企业的跨文化管理最大的区别是什么?

 案例分析

西安杨森:人力资源管理与企业文化的结合

西安杨森制药有限公司(以下简称西安杨森)是目前我国医药工业规模最大、品种最多、剂型最全的先进技术型合资企业之一。合资中方为陕西省医药工业公司、陕西省汉江制药厂、中国医药工业公司和中国医药对外贸易总公司,其中以陕西省医药工业公司为代表,外方为美国强生公司的成员之一比利时杨森制药有限公司。

作为跨国公司,文化冲突的存在显而易见。杨森中国公司总经理 Richard Sanford 和他的助手 Peter Schuster,都是美国人,但他们两人在对中国文化的认识和理解上相距甚远。Schuster 由于熟悉中国语言和文化,又娶了中国妻子,深受中国文化影响,因此在工作中非常注重人际关系,甚至于为一位中国员工被解雇而求情。而 Sanford 则认为,美国文化比较优越,它给中国带来了新思想和创新精神,跨国管理人员要以母国文化为准则,不能为当地文化所禁锢,否则将会丧失管理效率和工作效率。

由此,两人在日常管理工作中就产生了冲突。

思考题

1. 如果 Schuster 服从了 Sanford 的价值观,确信美国文化比较优越,则杨森公司在中国的分公司将会遇到什么问题?

2. 如果 Schuster 说服了 Sanford,让他确信注重人际关系、关心中国员工的福利一定会给企业带来好处,那么美国总公司对 Sanford 所管理的中国公司会有怎样的看法,这会影响 Sanford 的升迁吗?

3. 你认为如果把美国文化和中国文化的优点融为一体,那么他们所确信的价值取向应是什么么? 他们会确定怎样的企业文化和管理理念? 请根据你个人的认识加以推理。

第二篇　实务篇

第四章
工作分析

学习目标

知识目标

- 掌握工作分析的概念、内容、方法与流程。
- 理解工作描述与工作规范。
- 掌握工作分析的方法。
- 熟悉工作说明书的内容。
- 熟悉工作说明书的编制方式。

能力目标

能编制工作说明书。

引导案例　**过时的工作说明书**

　　运达机械制造公司人力资源部李经理说道:"田主任,我真不知道你到底需要怎样的机械操作工? 我已经选了 4 个人给你面试,并且这 4 个人都大致符合所需岗位工作说明书的要求,可是你却将他们全部拒之门外。"

　　"符合工作说明书的要求?"田主任颇为惊讶地回答道,"我所需求的是一经录用,就能直接上岗做事的人,而你送来面试的人,都不能胜任实际操作工作,并不是我要找的人。再者,我根本就没见过你所说的什么工作说明书。"

　　闻听此言,李经理立即递给田主任一份工作说明书的复印件。当他们将工作说明书与现实所需岗位逐条加以对照时,才发现问题所在:原来这些工作说明书已经严重脱离了实际,并未将实际工作中的变动写进去。例如,工作说明书要求从业人员具备旧式钻探机的工作经验,而实际工作却已经采用了数控机床的最新技术。因此,工人们为了更有效率地使用新机器,必须具备更多的技术知识。

　　听完田主任描述机械操作工所需的技能及从业人员需要履行的职责后,李经理说道:"如果我们现在能写出一份准确描述该项工作的工作说明书,并且用这份工作说明书做指导,就一定能找到你所需要的合适人选。"

　　通过上述案例,可以发现一个具有普遍规律性的人力资源管理问题:工作说明书中对实际需求岗位的说明不准确,不能随工作岗位内涵和要求的变化而变化,就会直接影响人力资源部门能否为需求岗位招聘到合适的员工。

第一节 工作分析概述

一、工作分析的定义

工作分析(job analysis)也称职务分析。根据美国劳动部(U. S. department of labor employment service)的定义,工作分析就是通过观察和研究,确定关于某种特定职务性质的确切情报和(向上级)报告的一种程序。换句话说,工作分析就是把职工担任的每个工作内容加以分析,清楚地确定该工作的固有性质和组织内工作之间的相互关系和特点,并确定操作人员在履行工作时应具备的技术、知识、能力与责任,也就是对某一职位工作的内容及有关因素做全面的、有系统、有组织的描写或记载。因此,工作分析也称工作说明(position description)。国外人事心理学家从人力资源管理的角度,提出了一个非常容易记忆的 6W1H 工作分析公式,并从以下 7 个方面对工作进行分析。

① Who:谁来完成这项工作。

② What:这项工作具体做什么事情。

③ When:工作时间的安排。

④ Where:工作地点在哪里。

⑤ Why:他为什么工作(工作的意义是什么)。

⑥ For Whom:他在为谁工作。

⑦ How:他是如何工作的。

二、工作分析的基本专业术语

与其他专业领域一样,人力资源管理领域中的工作分析也有自己的专门术语,这些术语大都与我们日常生活中所理解的概念不同。国外人力资源专家对工作分析的基本专业术语的定义如下。

① 工作要素。这是工作的最小动作单位,即工作已不能再进一步划分成任何动作、运动,或者其他任何心理过程。例如,打开计算机、打电话、发传真等均是工作要素。

② 任务。它是一系列为了达成一个目的的工作要素集合,即为一个明确目的所进行的工作活动。例如,汇报工作、打印文件、参加会议等都是任务。

③ 职位。它是多个任务的集合。在一定时期,一个员工需要完成的一系列任务的集合就是一个职位。在企业中,有多少位员工就有多少个职位,即员工数量与职位数量是相等的。例如,为了达到组织的生产目标,必须搞好生产管理,包括生产计划、生产统计、生产调度等,为此设置生产计划员、生产统计员、生产调度员、生产科长等职位。其中生产计划员主要完成生产计划的编制和监督执行任务,对生产计划的质量负责;生产统计员完成生产信息的搜集、分析、传递等任务,对生产信息的准确性、完整性和及时性负责;生产调度员完成为实现生产计划而所需的动态管理与控制任务,对调度的有效性和及时性负责;生产科长完成生产管理各方面的协调、指导、监督和指挥任务,对整个生产管理工作的质量负责。职位通常也称工作岗位。

④ 职务。它是一组任务相同或相近的职位集合,如工程师就是一种职务,秘书也是一种职务。

在企业中,一个职务可能只有一个职位,也可能有几个职位,这是与组织的规模相关联的。例如,企业中的法律顾问职务,可能只有一个职位;工程师职务,可能就有多个职位。在政府机关中,职务具有职务地位、职务位置的双重含义,在政府工作人员系列中的厅长、处长等都是职务地位的意思。例如,第一副厅长、第二副厅长……职位虽然都是副厅长,但其职务地位却不一样。在企业中,职位更强调职务的用人数量方面,通常把所需知识技能及使用类似工具的一组任务和责任视作同类职务,从而形成同一职务、多个职位的情况,即一职(务)多(职)位。例如,生产计划员、生产统计员、生产调度员这些职位均可由一人或两人甚至多人共同来担任。因而,这些职位分别构成对应的职务。而生产科长则由一人担任,既可以是职位,又可以是职务。

通常职位与职务是不加区分的,但是两者在内涵上有很大的区别。职位是任务与责任的集合,是人与事有机结合的基本单元;职务则是同类职位的集合,是职位的统称。职位的数量是有限的,职位的数量又称编制。一个人所担任的职务不是终身的,可以专任,也可以兼任;可以是常设的,也可以是临时的。职位不随人员的变动而改变,当某人的职务发生变化时,是指他所担任的职位发生了变化,即组织赋予的责任发生了变化,但他原来所担任的职位依旧是存在的,并不因为个人的变动而发生变化或消失。

⑤ 职责。它是指一个个体担负的一项或多项任务组成的活动,即一个个体操作的任务总和。例如,人事经理的职责可能是编制企业的人力资源规划、组织企业招聘等;一个餐厅服务员的职责,包括向顾客介绍菜谱、开票,把饮料、食物端给顾客等。

⑥ 职务族(也称工作族)。它是指通过工作分析确定的,既需要相似的员工特点,又需要平行的工作任务的两个或两个以上的一组职务,有时也叫职务类型。

⑦ 职业。它是指在不同组织中的相似的工作构成的工作属性。我们需要注意的是,工作是就一个组织内而言的,而职业则是跨组织的。

⑧ 职业生涯。它是指一个人在其工作生活中所经历的一系列职位、工作或职业。例如,一名大学教师的职业生涯很可能是从助教开始,再担任讲师、副教授和教授。

⑨ 工作活动。员工为完成预期工作目标所进行的体力或脑力活动的过程。

 **相关链接**

关于职责有限的一个小故事

我经常进出医学院附属的儿童医院,与那里的医生、实习生接触频繁。负责接待我的马罗尔医生手下有两个实习医生,一男一女。接触多了,我发现两人的工作态度有天壤之别:男实习生纳特总是神采奕奕,白大褂一尘不染;女实习生埃米则总是马不停蹄地从一个病房赶到另一个病房,白大褂上经常沾着药水、小病号的果汁和菜汤。

纳特严格遵守印第安纳州的医生法定工作时间,一分钟也不肯超时。除了夜班,他不会在上午8点前出现,下午5点之后便踪影全无。埃米每天清晨就走进病房,有时按时回家,有时却一直待到深夜。

虽然见面时,纳特总是神闲气定、平易近人,但我觉得他对医生责任的划分过于泾渭分明了。我不止一次听他说:"请你去找护士,这不是医生的职责。"埃米正相反,她身兼数职:为小病号量体重——护士的活儿;给小病人喂饭——护士助理的活儿;帮家长订食谱——营养师的活儿;推病人去拍X光片——输送助理的活儿。

医学院每年期末都要评选5名最佳实习医生,我想埃米一定会入选,如果医生都像她那样忘我就好了!但评选结果却令我大吃一惊,埃米落选了,纳特却出现在光荣榜上。这怎么可能呢?我找到马罗尔医生,问他是否知道最佳实习医生评选的事。"当然知道,我是评委之一。"马罗尔医生说。

"为什么埃米没当选？她是所有实习医生中最负责的人。"我愤愤不平地问。马罗尔医生的回答却令我终生难忘，也彻底改变了我对"职责"一词的理解。

埃米落选的原因是她"负责过头了"。她把为病人治病当成了自己一个人的职责，事无巨细而统统包揽，但世界上没有超人，缺乏休息使她疲惫不堪、情绪波动、工作容易出错。纳特则看到了职责的界限。他知道医生只是治疗的一个环节，是救死扶伤团队中的一员，病人只有在医生、护士、营养师、药剂师等众多医务工作者的共同努力下，才能更快康复。他严格遵守游戏规则，不越雷池半步，把时间花在医生的职责界限内。因此，纳特能精力充沛，注意力高度集中，很少出错。

马罗尔医生最后说："埃米精神可嘉，但她的做法在实践上行不通。医学院教了她4年儿科知识，并不是让她来当护士或是营养师。我们希望她能学会只负分内的责。"我恍然大悟，现代社会的职责都是有界限的，每人都必须学会分工协作，"负责过头"未必就是好事。

启示：每个人的职责是明确的、精力是有限的，如果什么事都去做，一来会因为跨越职权范围而引起他人的不满，二来把自己累坏了也不一定有好结果。

资料来源：中国象山同乡网，http://bbs.54xsr.com.

三、工作分析的目的和作用

1. 工作分析的目的

工作分析涉及有关工作人员、工作职务及工作环境。工作人员的分析包括人员条件、能力等方面，经过分析编制成职业资料（occupation information），有助于职业辅导（vocation guidance）工作的发展，达到人尽其才的目的。工作职务的分析包括工作任务、工作程序步骤及与其他工作的关系，对于员工工作上的任用、选调、协调合作有所帮助，使组织发挥系统的功能，达到适才适职的目的。工作环境的分析包括工作的知识技能、工作环境设备，使员工易于应付工作要求，并使人与机器系统相互配合，从而达到才尽其用的目的。

由以上分析可知，工作人员的分析乃"人与才"的问题；工作职务的分析乃"才与职"的问题；而工作环境的分析乃"职与用"的问题。"人与才"、"才与职"、"职与用"三者相结合乃是人力资源的运用，是通过组织行为以达到组织的目的，如下所示。

$$工作分析 \Rightarrow \begin{cases} 人员——工作条件、能力\cdots\cdots 人能尽其才 \\ 职务——工作任务、程序\cdots\cdots 才能尽其职 \\ 环境——工作技能、设备\cdots\cdots 职能尽其用 \end{cases} \Rightarrow 组织的目的$$

2. 工作分析的作用

在人力资源管理中，几乎每个方面都涉及工作分析所取得的结果。工作分析是各项人力资源管理工作的基础，是建立人力资源管理制度的前提，也是各项人力资源管理程序所必须依据的文件。总的来说，工作分析的作用可以分为3个部分：组织决策（如组织结构开发）、工作和设备设计、人力资源管理。

具体地说，工作分析有以下8个方面的作用。

① 选拔和任用合格的人员。通过工作分析能明确规定工作职务的近期与长期目标；掌握工作任务的静态和动态特点；提出有关人员的心理、生理、技能、文化和思想等方面的要求，并在此基础上，确定选人、用人的标准。有了明确而有效的标准，就可以通过心理测评和工作考核，选拔和任用符合工作需要与职务要求的合格人员。

② 制订有效的人事预测方案和人事计划。每个单位对于本单位或本部门的工作职务安排和人员配备，都必须有一个合理的计划，并根据生产和工作发展的趋势做出人事预测。工作分析的结果，可以为有效的人事预测和计划提供可靠的依据。在企业和组织面临不断变化的市场环境和

社会要求的情况下,有效地进行人事预测和计划,对于企业、组织的生存和发展尤其重要。一个单位有多少种工作岗位;这些岗位目前的人员配备能否达到工作和职务的要求;今后几年内职务和工作将发生哪些变化;单位的人员结构应做什么相应的调整;几年甚至几十年内,人员增减的趋势如何;后备人员的素质应达到什么水平等问题,都可以根据工作分析的结果做出适当的处理和安排。

③ 设计积极的人员培训和开发方案。通过工作分析,可以明确所从事的工作应具备的技能、知识等各种条件。这些条件和要求,并非人人都能满足和达到,必须通过不断培训和开发。因此,可以按照工作分析的结果,设计和制订培训方案,根据实际工作要求和聘用人员的不同情况,有区别、有针对性地安排培训的内容和方法,促进工作技能的发展,以提高工作效率。

④ 提供考核、升职和作业的标准。工作分析可以为工作考核和升职提供标准和依据。工作的考核、评定和职务的提升如果缺乏科学依据,将会影响员工的积极性,使工作和生产受到损失。根据工作分析的结果,可以制定各项工作的客观标准和考核依据,也可以作为职务提升和工作调配的条件和要求。同时,还可以确定合理的作业标准,提高生产的计划性和管理水平。

⑤ 提高工作和生产效率。通过工作分析,一方面有明确的工作任务要求,建立规范化的工作程序和结构,使工作职责明确、目标清楚;另一方面,明确关键的工作环节和作业要领,能充分利用和安排工作时间,使员工能更合理地运用技能,增强他们的工作满足感,从而提高工作效率。

⑥ 建立先进、合理的工作定额和报酬制度。工作和职务分析,可以为各种类型的任务确定先进合理的工作定额。所谓先进合理,就是在现有工作条件下,经过一定的努力大多数人都能达到,其中一部分人可以超过,少数人能接近的定额水平。它是动员和组织员工提高工作效率的手段,是工作和生产计划的基础,也是制定企业部门定员标准和工资奖励制度的重要依据。工资奖励制度是与工资定额和技术等级标准密切相关的,把工作定额和技术等级标准的评定建立在工作分析的基础上,就能制定出比较合理公平的报酬制度。

⑦ 改善工作设计和环境。通过工作分析,不但可以确定工作职务的任务特征与要求,建立工作规范,而且可以检查出工作中不利于发挥人们积极性和能力的方面,并发现工作环境中有损于工作安全、加重工作负荷、造成工作疲劳与紧张及影响社会心理气氛的各种不合理因素,有利于改善工作设计和整个工作环境,从而最大程度地调动工作积极性和发挥技能水平,使人们在更适合于身心健康的安全舒适的环境中工作。

⑧ 加强职业咨询和职业指导。工作分析可以为职业咨询和职业指导提供可靠和有效的信息。职业咨询和指导是劳动人事管理的一项重要内容。例如,对待业人员选择适合自己条件的工作给予指导;为企业工作场所和工作流程的设计提供咨询;就员工如何提高能力和取得成就给予定期指导等。如果要做好这些工作,就需要了解和掌握工作的特点、要求和关键环节等。职业咨询和指导活动在国外比较普遍,我国劳动人事管理中也逐渐重视这方面的工作。

四、进行工作分析的时机

1. 新成立的企业

新成立的企业进行工作分析,可以为后续的人力资源管理工作打下基础。企业新成立时,工作分析最迫切的用途是在人员招聘方面。

由于存在很多职位空缺,所以应该通过企业的组织结构、经营发展计划等制定一个粗略的工作分析。工作分析的结果能满足提供招聘人员的"职位职责"和"任职资格"即可。更为详细的工作分析可以在企业稳定运作一段时间后进行。

2. 职位有变动

当职位的工作内容等因素有所变动时,应该对该职位的变动部分重新进行工作分析。职位变动一般包括职责变更、职位信息的输入或输出变更、对职位人员任职资格要求变更等。在职位变更时,要及时进行工作分析,以保证工作分析成果信息的有效性和准确性。要注意的是,在职位变动时往往并不是一个职位发生改变,而是与之相关联的其他职位也会发生相应的改变。在进行工作分析时,一定要注意上述问题,不能漏掉任何一个职位,否则很可能会使工作分析出现矛盾。

3. 企业从没有进行过工作分析

有些企业已经成立了很长时间,但由于企业一直没有人力资源部,或者人力资源部人员工作繁忙,所以一直没有进行工作分析。这些企业应该及时进行工作分析。特别是对于新上任的人事经理,有时会发现企业的人事工作一团糟,根本无法理出头绪,这时就应该考虑从工作分析来切入工作。

五、进行工作分析需要搜集的信息

工作分析需要搜集的信息类型如表 4.1 所示。

表 4.1　工作分析所需信息的类型

工作活动	工作中使用的机器、工具、设备和辅助设施	工作条件	对员工的要求
① 工作任务的描述 工作任务是如何完成的 为什么要执行这项任务 什么时候执行这项任务 ② 与其他工作和设备的关系 ③ 进行工作的程序 ④ 承担这项工作所需要的行为 ⑤ 动作与工作的要求	① 使用的机器、工具、设备和辅助设施的清单 ② 应用上述各项加工处理的材料 ③ 应用上述各项生产的产品 ④ 应用上述各项完成的服务	① 人身工作环境 在高温、灰尘或有毒环境中工作 工作是在室内还是在户外 ② 组织的各种有关情况 ③ 社会背景 ④ 工作进度安排 ⑤ 激励(财务和非财务的)	① 与工作有关的特征要求 ② 特定的技能 ③ 特定的教育和训练背景 ④ 与工作相关的工作经验 ⑤ 身体特征 ⑥ 态度

资料来源:LEAP T L,CRINO M D. Personal/Human Resource Management[M].[S. I.]:Macmillan,1989:127.

第二节　工作分析的方法

微课天地

在进行工作分析时,搜集工作分析资料的方法有很多。需要注意的是,各种方法都有其优缺点,没有一种搜集信息的方法能提供绝对完整的信息,因此应该综合使用这些方法。工作分析的基本方法可以划分为定性和定量两类。

一、定性的工作分析方法

定性的工作分析方法包括访谈法、问卷法、观察法、典型事例法和现场工作日志法等。

1. 访谈法

(1)访谈法的含义与形式

访谈法也称采访法或面谈法,是通过工作分析人员与员工面对面的谈话来搜集职务信息资料的方法。

访谈法的具体形式有以下 3 种。①个别员工访谈法。它是对每个员工进行个人访谈而搜集资料的方法。②集体员工访谈法。它是对做同种工作的员工群体进行群体访谈以搜集信息资料的方法。③主管领导访谈法。它是找一个或多个主管领导谈话而搜集信息资料的方法。群体访谈通常用于大量员工做相同或相近工作的情况,因为它可以以一种迅速而且代价相对较小的方式了解到工作的内容和职责等方面的情况。在进行群体访谈时,应注意遵守一项基本原则:这些工作承担者的上级主管人员要在场。如果他们当时不在场,事后也应该单独与这些主管人员进行沟通,了解他们对于工作中所包含的任务和职责持有的看法。无论采用何种访谈法,最为重要的一点是,被访谈者本人必须十分清楚访谈的目的是什么,因为这一类的访谈常常被误解为组织有目的地对员工的效率进行评价。如果被访谈者这样理解的话,他们往往不愿意进行较为准确的描述。

(2)访谈法的主要优缺点

① 主要优点。访谈法可能是最广泛地运用于以确定工作任务和责任为目的的工作分析方法,它的广泛应用程度正是其优点的最好表现之一。更为重要的是,通过与工作承担者进行面谈,还可以发现一些在其他情况下不可能了解到的工作活动和行为。例如,一个熟练的访谈者可以发掘出在组织图上看不到,但是却有可能会偶然发生的一些重要工作活动或信息交流(如发生在生产主管人员和销售管理人员之间的信息沟通)。此外,面谈还为组织提供了一个良好的机会来向员工解释工作分析的必要性及功能。访谈还能使被访者有机会释放因受到挫折而带来的不快,讲出一些通常情况下可能不太会被管理人员重视的看法。最后,访谈法还是一种相对比较简单但却十分迅速的信息搜集方法。

② 主要缺点。搜集上来的信息有可能是被扭曲的,被访者出于自身利益的考虑而不合作,或者有意夸大自己所从事工作的重要性、复杂性,导致工作信息失真;打断被访者的正常工作,有可能会造成工作损失;分析者的提问通常带有一定的主观倾向,这对被访者的回答具有一定的不良影响;与问卷法比较其结构不规范;面谈工作费时费力,即调查工作所花时间较长,调查工作所需人员也相对较多。

(3)访谈时应注意问题

① 必须注意与主管人员密切合作,找到那些对工作最为了解的员工,以及那些最有可能对他们所承担工作的任务和职责进行客观描述的工作承担者。

② 必须尽快与被访谈者建立起一种融洽的关系。例如,知道对方的名字,用通俗易懂的语言交谈,简单介绍访谈的目的及挑选他们为被访谈对象的原因等。

③ 访谈前,应当先准备一张具有指导性的问卷或访谈记录表来提问,这种问题清单上不仅有问题,而且还要留出回答者可以填写的空白,以确保在面谈之前就能了解哪些是必须要问的关键问题,确保每一个被访谈对象都有机会回答那些应该回答到的问题。当然,一定要允许被访谈者在回答问题时有一定的发挥余地,并能对有关问题做补充说明。

④ 当完成工作任务的方式不是很规律的时候,如工作承担者并不是在一天中重复相同的工作时,应当要求工作承担者按照任务的重要性大小和发生频率高低将它们一一列举出来。这样就可以确保那些虽然只是偶然发生但也同样比较重要的任务。例如,需要护士偶尔在急救室中执行的任务不会被遗漏掉。

⑤ 访谈结束后,应与被访谈者或其直接上级主管人员一起对所搜集到的工作信息进行最后核查,并有针对性地做出适度的修改与补充。

2. 问卷法

问卷法是通过员工填写问卷来描述其工作中所包括的任务和职责的方法。问卷法适用于脑力工作者、管理工作者或工作不确定因素很大的员工,如软件设计人员、行政经理等。问卷法比观察法更便于统计和分析。要注意的是,调查问卷的设计直接关系着问卷调查的成败,所以问卷一定要设计得完整、科学、合理。

采用这种方法,首先需要考虑如何安排问卷的结构及提些什么样的问题。从理论上讲,有两种比较极端的做法。一种是设计出一张结构极其完备的问卷,发给每一个员工的这张问卷上罗列着百种备选的特定任务或工作,要求员工做的只是回答是否要做这些工作。如果是,那么再注明在每项工作任务上通常需要花多长时间。另一种是完全将问卷设计成开放式的,只简单地要求员工回答诸如"描述你的主要工作任务"之类的问题。

3. 观察法

观察法是指工作分析人员通过对员工正常工作的状态进行观察,获取工作信息,并通过对信息进行比较、分析、汇总等方式,得出工作分析成果的方法。观察法适用于体力工作者和事务性工作者,如搬运员、操作员等职位。

由于不同观察对象的工作周期和工作突发性有所不同,所以观察法具体可分为直接观察法、阶段观察法和工作表演法。

(1) 直接观察法

直接观察是工作分析人员直接对员工工作的全过程进行观察,适用于工作周期很短的职务。例如,保洁员的工作基本上是以一天为一个周期,工作分析人员可以一整天跟随保洁员进行直接工作观察。

(2) 阶段观察法

有些员工的工作具有较长的周期性,为了能完整地观察到员工的所有工作,必须分阶段进行观察。例如,行政文员需要在每年年终时筹备企业总结表彰大会,工作分析人员就必须在年终时再对该职务进行观察。有时由于时间阶段跨度太大,工作分析工作无法拖延很长时间,这时采用工作表演法更为合适。

(3) 工作表演法

这对于工作周期很长和突发性事件较多的工作比较适合。例如,保安工作除了有正常的工作程序以外,还有很多突发事件需要处理,如盘问可疑人员等,工作分析人员可以让保安人员表演盘问的过程来进行该项工作的观察。

在使用观察法时,工作分析人员应事先准备好观察表格,以便随时进行记录。条件好的企业,可以使用摄像机等设备,将员工的工作内容记录下来,以便进行分析。另外要注意的是,有些观察的工作行为要有代表性,应该尽量不要引起被观察者的注意,更不能干扰被观察者的工作。

在对体力工作者和事务性工作者的工作进行工作分析时,观察法是一种特别有用的方法。例如,门卫、流水线上的作业工人和会计所做的工作,就是一些可以运用观察法的很好例子。然而,当工作中包含了许多难以测量的脑力活动的时候(如律师、设计工程师等的工作),观察法就不可能很准确了。此外,一旦员工有可能从事一些只是偶然发生,但是却非常重要的工作活动时(如偶尔从事急救工作的护士),观察法也会失效。

观察法通常是与访谈法结合使用,两者结合的方式有两种:一是首先对员工在一个完整工作周期中所完成的工作进行观察并记录,然后当积累的信息已经足够多的时候,再同员工进行面谈;二是在员工工作时,一边对其进行观察一边进行访谈。通常情况下,采取第一种结合方式效果较好。因为工作分析人员可以充分观察员工在不受影响的情况下的工作,减少了员工因被观察变得焦急而不按常规操作的可能。

4. 典型事例法

典型事例法是指对实际工作中员工特别有效或无效的行为进行简短的描述,通过积累、汇总和分类,得到实际工作对员工的要求。典型事例法的优点是直接描述员工在工作中的具体活动,可以揭示工作的动态性质;缺点是搜集归纳典型事例并进行分类需要耗费大量时间。此外,由于典型事件法描述的是典型事例,因此很难对常规的工作行为形成总体概念,而后者才是工作分析的主要目的。

5. 现场工作日志法

现场工作日志法是要求从事工作的员工将自己所从事的每一项活动按照时间顺序以日志的形式记录下来,从而提供一个非常完整的工作图景,由此来了解工作的性质。在以连续同员工及其主管进行面谈作为辅助手段的情况下,这种工作信息搜集方法的效果会更好。当然,员工可能会夸大某些活动,同时也会对某些活动低调处理。无论如何,详细的、按时间顺序记录的流水账会减少这种不良后果。现场工作日志法也可以同面谈法结合使用。

二、定量的工作分析方法

有些工作分析不适用定性的方法,特别是当需要对各项工作进行比较来决定薪酬和待遇高低的时候,这时可以采用定量的工作分析方法。定量的工作分析方法主要有3种:职位分析问卷法(the Position Analysis Questionaire,PAQ)、管理岗位描述问卷法(Management Position Description Qestionaire,MPDQ)和功能性工作分析法(Functional Job Analysis,FJA)。在这里,我们介绍其中的两种。

1. 职位分析问卷法

职位分析问卷法是1972年由麦考密克(E. J. McCormick)提出的一种适用性很强的工作分析方法。职位分析问卷法包括194个项目,其中的187项被用来分析完成工作过程中员工活动的特征,另外7项涉及薪酬问题。职位分析问卷法中的所有项目被划分为6个部分,第一部分包括工人在完成工作过程中使用的信息来源方面的项目,它用来了解员工如何和从哪里获得完成工作时所需要的信息。第二部分是工作中所需要的心理过程,回答工作需要进行哪些推理、决策、计划和信息处理活动等问题。第三部分识别工作的"产出",回答工作完成哪些体力活动和使用哪些机器、工具和设施的问题。后三项考虑工作与其他人的关系、完成工作的自然和社会环境及其他的工作特征。在应用这种方法时,工作分析人员要对以下各个方面给出一个6分制的主观评分:使用程度、时间长短、重要性、发生的可能性、对各个工作部门及部门内部的各个单元的适用性。职位分析问卷法所需要的时间成本很大,非常烦琐。

2. 功能性工作分析法

在美国的企业人事管理中,常用到功能性工作分析法。这套方法由美国劳工部制定,可供我国有关部门参考。它以员工所需发挥的功能和应尽的职责为核心,列出了需要加以搜集与分析的信息类别,并规定了工作分析的内容。按照这套方法,工作分析应包括对该职务的工作特点和担任该职务的员工特点进行分析。

工作特点包括工作职责,工作的种类及材料、产品、知识范畴三大类。员工的职能是指在工作过程中与人、事、数据打交道的过程。任何工作,都离不开人、事、数据这3个基本要素,而每一要素所包括的各种基本活动又可按复杂程度分为不同的等级。

员工的特点包括正确完成工作所必备的培训、能力、个性、身体状况等方面。

按照上述内容与步骤,工作分析者可以有针对性地搜集信息并按以上各项对所搜集到的信息加以比较、分类及组织,最后形成一篇详细的工作分析记录表。

总之,上述这些职位分析方法都是最为常用的搜集工作分析信息的方法,都能提供关于工作承担者事实上在做什么的比较真实的信息。因而,它们能被用于编写工作说明书。这些工作分析方法既可单独使用,也可结合使用,以取得丰富的信息,并提高所搜集信息的信度与效度。由于每个方法都有自身的优点和缺点,所以每个企业应该根据本企业的具体情况进行选择。

第三节　工作分析的步骤

工作分析是对工作一个全面的评价过程,这个过程一般分为 4 个阶段:准备阶段、调查阶段、分析阶段和完成阶段。这 4 个阶段关系十分密切,它们相互联系、相互影响,如图 4.1 所示。

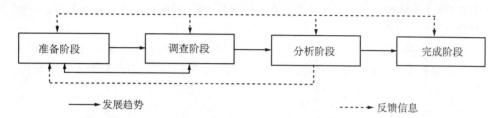

图 4.1　工作分析各个阶段的关系

一、准备阶段

准备阶段是工作分析的第一个阶段,主要任务是了解情况、确定样本、建立关系、组成工作小组。其具体工作如下。

① 明确工作分析的意义、目的、方法、步骤。

② 向有关人员宣传、解释。

③ 同与工作分析有关的员工建立良好的人际关系,并使他们做好心理准备。

④ 组成工作小组,以精简、高效为原则。

⑤ 确定调查和分析对象的样本,同时考虑样本的代表性。

⑥ 把各项工作分解成若干工作元素和环节,确定工作的基本难度。

二、调查阶段

调查阶段是工作分析的第二个阶段,主要任务是对整个工作过程、工作环境、工作内容和工作人员等方面做一个全面的调查,具体工作如下。

① 编制各种调查问卷和提纲。

② 灵活运用各种调查方法,如面谈法、问卷法、观察法、参与法、实验法、关键事件法等。

③ 广泛搜集有关工作的特征及需要的各种数据。

④ 重点搜集工作人员必需的特征信息。

⑤ 要求被调查的员工对各种工作特征和工作人员特征的重要性和发生频率等做出等级评定。

三、分析阶段

分析阶段是工作分析的第三个阶段,主要任务是对有关工作的特征和工作人员的特征的调查结果进行深入、全面的总结分析,具体工作如下。

① 仔细审核、整理获得的各种信息。

② 创造性地分析发现有关工作和工作人员的关键成分。

③ 归纳、总结出工作分析的必需材料和要素。

四、完成阶段

这是工作分析的最后阶段。前 3 个阶段的工作都是以此阶段作为工作目标,此阶段的任务就是根据工作分析规范和信息编制工作说明书,具体工作如下。

① 根据工作分析规范和经过分析处理的信息草拟工作说明书。

② 将草拟的工作说明书与实际工作对比。

③ 根据对比的结果决定是否需要进行再次调查研究。

④ 修正工作说明书。

⑤ 若需要,可重复②、④的工作,对特别重要的岗位,其工作说明书就应多次修订。

⑥ 形成最终的工作说明书。

⑦ 将工作说明书应用于实际工作中,并注意搜集应用的反馈信息,不断完善工作说明书。

⑧ 对工作分析本身进行总结评估,注意将工作说明书归档保存,为今后的工作分析提供经验与信息基础。

第四节　工作说明书

工作说明书是工作分析的结果。具体来说,它是反映任职者从事的工作内容、工作任务与职责、工作方法和工作环境条件的一种书面文件。工作说明书也称职位说明书,可以分为两个部分:一是职务描述或工作描述,它是工作说明书的中心内容,详细说明了受聘人员应当承担的工作内容;二是工作规范,说明了任职者为完成工作所必须具备的知识、技能和经验,它与任职者的能力和个性特征相关。

一、工作说明书的内容

工作说明书没有标准化的模式,但一般应当包含以下几项内容。

① 工作标志。它包括工作名称、工作归属、工作代码、直接主管、直接下属等。

② 工作综述。它是对工作总体性质的简要概括,只用简短的文字描述职务的主要功能和目的。

③ 工作联系。它是该工作与组织内部的各项有关职务之间的工作关系,以及和组织外部(如客户)的工作关系。

④ 工作的责任与任务。即对该职务的工作职责和任务进行具体的描述。

⑤ 工作条件。它是指有关工作的劳动合同的主要内容,如工资等级、福利加班、假期等。

⑥ 其他事项。它包括有关工作环境条件的内容,以及职业发展前景、职位变动等内容。

二、对工作说明书编写的要求

工作说明书在企业管理中的地位极为重要,不但可以帮助任职人员了解其工作、明确其责任范围,还可为管理者的某些重要决策提供参考。一份好的工作说明书具备以下特点。

① 清晰。它要求在整个工作说明书中,对工作的描述清晰透彻,任职人员读过以后,可以明白其工作,无须再询问他人或查看其他说明材料。需要注意的是,原则性的评价应避免使用,专业难懂的词汇需解释清楚。

② 指明范围。在界定职位时,要确保指明工作的范围和性质,如用"为部门"或"按照经理的要求"这样的句式来说明。此外,还要把所有重要的工作关系包括进来。

③ 专门化。选用最专门化的词汇来表示:工作的种类;复杂程度;技能要求程度;可能出现问题的标准化程度;任职者对工作的各方面所负的责任大小;责任的程度与类型。运用表示动作的词汇,如分析、搜集、召集、计划、分解、引导、运输、转交、维持、监督及推荐等。通常情况下,组织中

较低级职位的任务最为具体;而较高层次的职位则处理涉及面更广一些的问题。

④ 简单化。最后检查一下职位说明书是否简明地囊括了工作的所有基本要求。

建立企业工作分析系统,需由企业高层领导、典型职务代表、人力资源管理部门代表、外聘的工作分析专家与顾问共同组成工作小组或委员会,协同工作,完成此项任务。

三、工作说明书举例

实验车间技术员工作说明书如下。

技术员工作说明书

职务:实验车间技术员　　　　　　　　职务编号:15038
部门:技术开发部　　　　　　　　　　职务等级:8
　　　　　　　　　　　　　　　　　　日期:2012 年 5 月 4 日

工作范围:
　　从事实验工作,包括零部件的设计、加工、装配和改造。
工作职责:
　　1. 根据图纸或工程师的口头指示,运用各种机械工具或安装设备,加工、改造产品;
　　2. 与工程师及车间主任一道改进生产工艺;
　　3. 操作机床,使用焊枪并从事钳工的工作;
　　4. 阅读有关图纸及说明;
　　5. 指导本车间工人操作机器。
仪器、设备及工具:
　　普通车床、成型机、钻孔机、磨削机、电锯、冲压机、测量仪及其他手工工具。
任职条件:
　　高中毕业或具有同等学力,具备 3～4 年操作各种机械设备的经验,有较高的理解、判断能力,会看图纸,能熟练完成实验操作,且身体健康。

总经理工作说明书如下。

总经理工作说明书

文件编号_____　　拟　　制_____
核　　准_____　　生效日期_____

一、基本资料

职务名称　总经理　　　　直接上级职位　董事长
辖员人数　4 人　　　　　定员人数　　1 人

二、工作概要

1. 工作摘要

拟定公司的发展规划和经营目标,主持日常经营管理,实施董事会决议,签订合同,任免高级经理。

2. 工作说明

编号	工作任务的内容	权限	管制基准	工作规范号
1	拟定公司的发展规划和经营目标	需报审后承办		
2	主持日常经营管理	承办		
3	实施董事会决议	承办		
4	签订合同	承办		
5	任免高级经理	承办		
6	研究经营法规,协调外部关系	承办		
7	塑造企业形象,确立企业文化	承办		

三、任职资格

1. 学历要求

所需最低学历	专业
大学本科	管理

2. 所需技能培训

培训科目	培训期限
战略管理、市场营销、财务管理、公共关系、生产管理、质量管理、管理心理学	2 年

3. 工作经验要求

从事管理工作 3 年以上。

4. 职位关系

可直接晋升的职位	董事

 补充阅读资料

职责

清朝初年,姑苏城里的桃花坞有个大户王家。据说这大户人家的老主人王夫人的太祖母曾经是宫中得宠的妃子,后来由于后宫倾轧,皇上不得不忍痛割爱将这爱妃秘密送出宫外,安置到素有人间天堂美誉的江南名城。临别之际,皇上赐予她一个硕大的聚宝盆,盆内盛满了金银首饰、珠宝古玩,并由此代代相传。如今这聚宝盆连同盆内珍宝就一并传到了王夫人的手中。

王夫人的卧室里有一道暗门,暗门里面是一间密室,祖传的聚宝盆连同盆内珍宝就收藏在密室里面。白天,王夫人安排丫鬟在卧室守候,专门看紧那落栓上锁的密室暗门。晚上,王夫人另外安排丫鬟进入密室看护,外面的暗门仍旧落栓上锁。王夫人还有一个特别规定:进入密室的丫鬟绝对不允许睡觉、不允许触摸宝物,违者必究! 看来,安全措施应该是万无一失了。

王夫人有 3 个亲信丫鬟。大丫鬟梅香白天睡觉,晚上进入密室看护宝物。二丫鬟梅花晚上睡觉,白天在夫人卧室守候。三丫鬟梅艳最机灵,跟随夫人左右伺候,同时还负责每天清晨检查核对宝物的情况。

一天早上,梅艳照例去检查梅香值夜的结果。两人还没有搭话,梅香就哭了起来:"小妹,我出状况了!"梅艳的两条细眉拧成了"八"字。

"我听说把宝石含在嘴里可以养颜,昨夜我把猫眼石含在嘴里,可是一不小心猫眼石滑到我肚子里去了。"梅香浑身打起了哆嗦。

"你可知道猫眼石的珍贵? 我听夫人说过,那是一只猫被猛兽追得急了,一下子撞到硬物眼球脱落,正巧遇到松树淌出的松脂裹住了猫眼,又正巧地震使猫眼深埋地底,再经过多少多少万年以后,最终形成了被称为琥珀的猫眼宝石。这宝石的神奇之处是猫眼的神经仍然会活动,黑夜里宝石中猫眼的瞳孔是圆的,光线明亮时猫眼的瞳孔是一条缝。"

"这可如何是好? 就是把我变成了猫,也无法赔偿夫人的宝石啊!"梅香简直六神无主了。

"宝石是丢不了的,只是你把自己的职责给丢了!"这么大动静早就惊动了王夫人。王夫人叫人拿来泻药,梅香服泻药后排出了猫眼石。梅香于是被夫人打发回了乡下老家。接下来,密室值夜的责任交给了梅花,卧室白班的责任交给了梅艳,左右侍奉另觅丫鬟梅雨。

几天以后,夫人召集梅花、梅艳发话:"今天我要乘船去杭州,途中先到太湖西山岛的亲戚家里小住几天,然后再去灵隐寺进香。你们在家里处处小心谨慎着点,不要让我放心不下!"

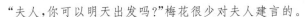

"夫人,你可以明天出发吗?"梅花很少对夫人建言的。

"为什么?"夫人奇怪了。

"夫人,是这样的,昨天夜里有菩萨托梦与我,说今天太湖水面会突发大风不太平!"梅花的孝心倒是一贯的,再加上夫人平时吃斋念佛一片虔诚,此时当然宁可信其有不可信其无。

隔天,夫人在梅雨的陪伴下出发了,经过西山岛时听说"昨天太湖上确实有瞬间的怪风肆虐,结果酿成了船覆人亡的惨剧"。

谁也没有料到,从杭州回来以后,王夫人只字不提感谢梅花救命恩情的事情,反而用50两纹银做陪嫁,把梅花嫁到外地去了。王夫人解释:既然有菩萨托梦,就说明梅花晚上睡觉了,梅花晚上睡觉就是没有履行自己的职责。

随着梅花的出嫁,梅艳、梅雨的职责又发生了变化,她们能够胜任新的职责吗⋯⋯

资料来源:故事中国,http://www.storychina.cn.

本章小结

工作分析也称职务分析,就是把员工担任的每个职务的内容加以分析,清楚确定该职务的固有性质和组织内职务之间的相互关系和特点,并确定操作人员在履行职务时应具备的技术、知识、能力与责任,即对某一职位工作的内容及有关因素做全面的、有系统、有组织的描写或记载。工作分析的基本方法包括定性的工作分析方法和定量的工作分析法,定性的工作分析方法包括访谈法、问卷法、观察法、典型事例法和现场工作日志法等;定量的工作分析方法主要包括职位分析问卷法、管理岗位描述问卷法和功能性工作分析法。工作分析是对工作一个全面的评价过程,这个过程一般分为4个阶段:准备阶段、调查阶段、分析阶段和完成阶段。工作说明书是工作分析的结果,它是反映任职者从事的工作内容、工作任务与职责、工作方法和工作环境条件的一种书面文件。工作说明书也称职位说明书,可以分为两个部分:一是职务描述或工作描述,它是工作说明书的中心内容,详细说明了受聘人员应当承担的工作内容;二是工作规范,说明了任职者完成工作所必须具备的知识、技能和经验,与任职者的能力和个性特征相关。

重点概念

工作分析;工作说明书;工作分析设计;定性的工作分析方法;定量的工作分析方法;工作规范;职位分析问卷法;功能性工作分析法

复习思考题

1. 在人力资源管理中,工作分析有哪些作用?
2. 工作分析的方法有哪些? 每种方法的优缺点是什么?
3. 简述工作分析的步骤。
4. 工作说明书的主要内容是什么?
5. 请选择企业的某一职务,并按照要求进行工作分析设计。

 案例分析

谁来做清扫

一个机床操作工,把机油撒在机床周围的地面上,车间主任叫他把机油清扫干净,操作工不干,那么理由是什么呢?他说工作说明书里没有包括清扫的条文。这样车间主任也没时间去查到底有没有,他就找到一名服务工来做清扫,服务工同样也拒绝了车间主任,理由也是一样。这时车间主任火了,他就威胁服务工:你要是不干,我就解雇你。他为什么会说这句话呢?因为服务工是安排到车间里来做服务、杂务的临时工。服务工考虑到他是做临时工的,所以就勉强同意了,但干完后,立即就向公司投诉。

有关人员看了投诉之后,审阅了3类人员的工作说明书,找到机床操作工、服务工、勤杂工的说明书来看,机床操作工里面有这样一项规定:操作工有责任保持机床清洁,使机床处于可操作状态,但没有提到要清扫地面。服务工的工作说明书里面规定:服务工有责任以各种方式协助操作工,如领取原材料和工具,随叫随到,及时服务,但也没有明确提到要做清扫工作。勤杂工的工作说明书里包括了清扫的规定,但规定在工人下班之后清扫。所以,3个工作说明书里面都没有这一条,谁来做清扫?

思考题

1. 对服务工的投诉你认为应该如何解决?有何建议?
2. 如何防止案例中类似问题的发生?
3. 你认为该公司在管理上需要做什么样的改进?

第五章

人力资源规划

学习目标

知识目标

- 了解人力资源规划的环境。
- 了解人力资源规划的平衡与编制。
- 熟悉人力资源规划的概念、种类和内容。
- 熟悉人力资源规划的控制、预算和评估。
- 掌握人力资源需求与供给预测。

能力目标

具备编写人力资源规划方案的能力。

引导
案例　　**爱立信公司的人力资源管理**

　　爱立信公司是世界电信及相关设备供应领域处于领先地位的大型跨国公司,公司在全球共有 10 万多名员工,为 130 多个国家的客户解决电信需求问题,其 AXE 系统的销售也在全世界居于领先地位。无论是其移动通信系统、移动电话及用户终端或信息通信系统,爱立信公司的产品都在引领着世界电信业的发展潮流。

　　爱立信公司在世界范围取得的成功,在很大程度上归因于它对人力资源的重视。

　　爱立信公司人力资源组织采用的是网络结构。全球的爱立信人力资源机构结成一个大网络,各大市场区域的人力资源机构分别结成子网络,子网络下以区域为基础,可以再分出小网络。瑞典总部的人力资源机构居于网络中央,主要根据公司文化及战略思想,设计出统一的组织文化、能力、领导、薪酬等人力资源理念及政策框架。

　　爱立信公司的人力资源总部每年组织两次子网络负责人的聚会,共同研究涉及全公司的有关政策。各级网络均指定一个负责人,起召集、组织、协调作用。各网络单元之间以先进的技术手段保持信息交流畅通,在交流中彼此充分了解网络内外人力资源的状况,由本级网络相关人员成立项目组,组长由大家推选。小组成员按计划分别独立工作,每 3 个月正式聚会一次,共同研讨问题,最终拿出解决方案。方案经网络负责人确认后,由项目小组负责在网络单元内进行推介,不断达成共识。有效的政策方案可以推及高一层网络。正是由于各个子网络的互相协调与配合,才推动了整个网络的进步,从而逐步实现了人力资源的有效管理与开发,同时配合公司其他战略的发展,最终全方位地实现企业的战略目标。

　　另外,爱立信公司对人力资源的一些具体要求做了界定。管理者:业务经营者＋运营管理者＋能力开发者。管理者首先必须关注并倾力于业务工作,为此需投入到从计划、执行、回馈和改进的管理循环之中,需不断开发下属及本人的能力。同时,管理者也需着力培育和塑造良好的团队气氛,以提高组织的有效性。为防止公司由于各种原因出现管理断层和管理层缺位,爱立信公司非常重视管理规划工作。他们通过员工能力评估系统选出管理者的候选人,并有组织地对其能力进行培训和开发,对确认合格的人员大胆加以任命,使其在管理工作中得到锻炼和培养。上级管理者与人力资源部门负责评估和检验任职者的资格水平。

爱立信公司认为,员工的能力可以经后天培训而不断提高。技能、人际能力和经营能力分别细化为能力要素,形成爱立信公司的能力要素库。不同的部门、职位所需的能力要素集合是不同的,而且随时间的变化而变化。

爱立信公司在制定中期、长期经营规划时,提出将适应变革和创新的能力要求,作为全球爱立信机构能力要素的指南。机构内部各级部门领导通过研讨经营重点来确定本公司、部门及职位类型所需的主要能力要素,并以此建立各类人员的能力模型,从而使人力资源得到更好的应用。

爱立信公司积极为员工提供机会以改善其适应能力,并使员工从其变化中受益。注重员工的能力培养是每个企业人力资源规划的一部分,个人培训计划的制订应得到每一位员工的认同。通过对全球人力资源的充分利用,爱立信公司得以占据竞争优势。

爱立信公司要求所有的员工都积极主动地迎接该公司所面临的挑战。

第一节 人力资源规划概述

微课天地

一、人力资源规划的概念

1. 人力资源规划的含义

人力资源规划就是一个国家或组织科学地预测、分析自己在环境变化中的人力资源供给和需求状况,制定必要的政策和措施,以确保自身在需要的时间和需要的岗位上获得各种需要的人才(包括数量和质量两个方面),并使组织和个体得到长期的利益。

2. 人力资源规划含义的层次

人力资源规划的定义包含了以下 3 层含义。

① 说明了一个组织的环境是变化的。这种变化带来了组织对人力资源供需的动态变化,人力资源规划就是要对这些动态变化进行科学的预测和分析,以确保组织在近期、中期和长期的人力资源需求。

② 一个组织应制定必要的人力资源政策和措施,以确保组织对人力资源需求的如期实现。政策要正确、明晰。例如,对涉及内部人员的调动补缺、晋升或降职、外部招聘和培训及奖惩等都要有切实可行的措施保证,否则就无法确保组织人力资源规划的实现。

③ 人力资源规划要使组织和个体都能得到长期的利益。这是指组织的人力资源规划还要创造良好的条件,充分发挥组织中每个人的主动性和创造性,以使每个人都能提高自己的工作效率,提高组织的效益,从而使组织的目标得以实现。与此同时,也要切实关心组织中每个人的物质、精神、业务发展等方面的需求,帮助他们在实现组织目标的同时实现个人目标,这两者必须兼顾,否则就无法吸引和招聘到组织所需要的人才,也难以留住本组织内已有的人才。

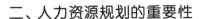

二、人力资源规划的重要性

企业的生存和发展离不开企业的总体规划,企业规划的目的是使企业的各种资源(人、财、物)彼此协调并实现内部供求平衡。人力资源作为企业内最重要、最活跃的因素,使人力资源规划成为企业规划的重点。

在企业的人力资源管理活动中,人力资源规划不仅具有先导性和战略性,而且在实施企业总体发展战略规划和目标的过程中,它还能不断调整人力资源管理的政策和措施,指导人力资源管理活动。因此,人力资源规划又具有动态性,是企业人力资源管理活动的纽带。

工作岗位分析、劳动定额定员、员工素质测评、人力资源信息系统(HRIS)等企业人力资源管理的基础工作是人力资源规划的重要前提,人力资源规划又对企业人员的招聘、选拔、考评、调动、升降、薪酬、福利和保险,对员工的教育、培训和开发及企业人员余缺调剂等各种人力资源管理活动的目标、步骤与方法做出具体而详尽的安排。

相关链接

规划的寓言:把一张纸折叠51次

想象一下,你手里有一张足够大的白纸,现在你的任务是把它折叠51次,那么它有多高?

一个冰箱?一层楼?或是一栋摩天大厦那么高?不是,差太多了,这个厚度已经超过了地球和太阳之间的距离。

到现在,我拿这个寓言问过十几个人了,只有两个人说,这可能是一个想象不到的高度,而其他人想到的最高的高度也就是一栋摩天大厦那么高。

折叠51次的高度如此恐怖,但如果仅仅是将51张白纸叠在一起呢?

这个对比让不少人感到震撼。因为没有方向、缺乏规划的人力资源管理,就像是将51张白纸简单地叠在一起。今天做做这个,明天做做那个,这样一来,哪怕每个工作都做得非常出色,它们对人力资源管理来说也不过是简单的叠加而已。

启示:看得见的力量比看不见的力量更有用,通过规划利用好现有的能力,远比挖掘所谓的潜能更重要。

三、人力资源规划的功能

1. 确保组织在生存发展过程中对人力的需求

组织的生存和发展与人力资源的结构密切相关。在静态的组织条件下,人力资源的规划显得不必要。因为静态的组织意味着它的生产经营领域不变,所采用的技术不变,组织的规模不变,也就意味着人力资源的数量、质量和结构均不发生变化(显然这是不可能的);在动态的组织条件下,人力资源的需求和供给的平衡不可能自动实现。因此,就要分析供求差异,并采取适当的手段调整差异。由此可见,预测供求差异并调整差异,就是人力资源规划的基本职能。

2. 人力资源规划是组织管理的重要依据

在大型和复杂结构的组织中,人力资源规划的作用特别明显。确定人员的需求量、供给量、职务,以及人员和任务的调整,不通过一定的计划显然都难以实现。例如,什么时候需要补充人员,补充哪些层次的人员,如何避免各部门人员提升机会不均的情况,如何组织多种需求的培训等。这些管理工作在没有人力资源规划的情况下,就避免不了头痛医头、脚痛医脚的混乱状况。因此,人力资源规划是组织管理的重要依据,它会为组织的录用、晋升、培训、人员调整及人工成本的控制等活动提供准确的信息和依据。

3. 控制人工成本

人力资源规划对预测中长期的人工成本有重要作用。人工成本中最大的支出是工资,而工资总额在很大程度上取决于组织中的人员分布状况。人员分布状况指的是组织中的人员在不同职务、不同级别上的数量状况。当一个组织年轻的时候,处于低职务的人多,人工成本相对便宜。随着时间的推移,人员的职务等级水平上升,工资成本也就增加了。如果再考虑物价上升的因素,人工成本就可能超过企业所能承担的能力。在没有人力资源规划的情况下,未来的人工成本是未知的,难免会发生成本上升、效益下降的情况。因此,在预测未来企业发展的条件下,有计划地逐步调整人员的分布状况,把人工成本控制在合理的支付范围内,是十分重要的。

4. 人事决策方面的功能

人力资源规划的信息往往是人事决策的基础,如采取什么样的晋升政策,制定什么样的报酬分配政策等。人事政策对管理的影响非常大,而且持续的时间长,调整起来也非常困难。为了避免人事决策的失误,准确的信息是至关重要的。例如,企业在未来某一时间缺乏某类有经验的员工,而这种经验的培养又不可能在短时间内实现,那么如何处理这一问题呢?如果从外部招聘,有可能找不到合适的人员,或者成本高,而且不可能在短时间内适应工作;如果自己培养,就需要提前进行培训,同时还要考虑培训过程中人员流失的可能性等问题。显然,在没有确切信息的情况下,决策是难以客观的,而且很可能根本考虑不到这些方面的问题。

5. 有助于调动员工的积极性

人力资源规划对调动员工的积极性也很重要。只有在人力资源规划的条件下,员工才可以看到自己的发展前景,从而积极地努力争取。人力资源规划有助于引导员工职业生涯设计和职业生涯发展。

四、人力资源规划的种类及内容

1. 人力资源规划的种类

人力资源规划有各种不同的分类方法:按时间长短可分为长期规划、中期规划和短期规划;按用途可分为战略层规划、战术层规划和作业层规划;按范围可分为整体规划、部门规划和项目规划。

(1)长期规划、中期规划和短期规划

长期规划一般指3年以上的计划;中期规划一般指1～3年的计划;短期规划一般指6个月至1年的计划。这种时间的划分不是绝对的,对有些企业来说,长期规划、中期规划、短期规划的时间比上面所说要更长,而某些企业的时间会更短。

(2)战略层规划、战术层规划和作业层规划

战略层人力资源规划是与企业长期战略相适应的人力资源规划,其内容是关于未来企业人力资源的大体需求和供给、人力资源的结构和素质层级及预测有关的人力资源政策和策略。它的作用是决定组织的基本目标及基本政策。战略规划一般由公司的人力资源委员会或人力资源部制定,它对战术规划和管理规划有指导作用。由于规划时间幅度大,预测的准确性比较有限,战略层人力资源规划对细节的要求较低。

战术层人力资源规划是将战略规划中的目标和政策转变为确定的目标和政策,并且规定达到各种目标的时间。战术层人力资源规划是在战略规划指导下制定的,时间期限较短,预测的准确率较高,对社会经济变化趋势的把握较准确,因此战术规划可以制定得细一些,以增强对管理规划的指导作用。战术层人力资源规划一般以年度为单位拟定。

作业层人力资源规划是对一系列操作实务的规划,包括人员审核、招聘、提升与调动、组织变

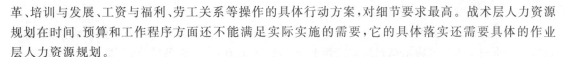

革、培训与发展、工资与福利、劳工关系等操作的具体行动方案,对细节要求最高。战术层人力资源规划在时间、预算和工作程序方面还不能满足实际实施的需要,它的具体落实还需要具体的作业层人力资源规划。

(3) 整体规划、部门规划和项目规划

整体规划一般是指具有多个目标和多方面内容的计划。就其涉及对象来说,它关系到整个组织的人力资源管理活动,包括企业的人员招聘、人员培训、人员考核、人员激励等。这些活动都有各自的内容,但又互相联系、互相影响、互相制约。要使这些活动形成一个有机的整体,就必须对它们进行整体规划。整体规划在整个规划中具有重要的作用。

部门规划是各业务部门的人力资源管理活动计划。它包括各种职能部门制订的职能计划,如技术部门的人员补充计划、销售部门的培训计划等。部门规划是在整体规划的基础上制定的,它的内容专一性强,是整体规划中的一个子计划。

项目规划是某项具体任务的规划,它是针对人力资源管理活动的特定课题做出决策的规划。项目规划与部门规划不同,部门规划只包括单个部门的业务,而项目规划则是为某种特定任务而制定的。

2. 人力资源规划的内容

人力资源规划大致包括人力资源需求预测、人力资源供给预测和综合平衡三部分,规划的结果编制成人力资源规划的计划。人力资源规划中最重要的是人力资源需求预测与人力资源供给预测。关于如何进行人力资源供求预测的理论并不多,但人们进行预测操作实践的时间却不短。人们根据在实际操作中积累的经验,对如何进行合理预测总结出了一些方法,这些方法偏重操作,对不同行业、不同企业预测方法不尽相同,要真正找到适合本企业使用的方法,还得靠人力资源工作者在实践中的摸索和大胆地尝试。

在进行人力资源规划前,作为准备工作应了解企业内部的人力资源现状,对企业人力资源的结构进行分析,同时还要了解企业外部人力资源状况和企业外部的影响因素,如劳动力市场的有关情况等。在人力资源规划完毕后,要执行计划并对计划的执行情况进行监督。计划制订出来而不执行是一种浪费,执行了但不进行监督也是一种浪费。只有通过执行并监督计划,才能使整个规划过程完整。

五、人力资源规划的制定程序和原则

1. 制定人力资源规划的程序

人力资源规划的程序可分为以下 6 个步骤。

① 提供基本的人力资源信息。这一过程是后面各阶段的基础,因此十分关键。

② 进行人力资源全部需要的预测,即利用合适的技术和信息估计在某一目标时间内企业或组织所需要的人员数量。

③ 在全体员工和管理者的密切配合下,清查和记录企业或组织内部现有的人力资源情况。

④ 确定招聘的人数,即把全部需要的人数减去内部可提供的人数,其差就是需要向社会进行招聘的人数。企业或组织可通过人才市场(随着市场经济的发展,人才市场会逐渐建立、发育并完善)招聘,可通过训练、开发及岗位培训等过程得到所需要的人才。

⑤ 把人力资源规划和企业的其他规划相协调。

⑥ 对人力资源规划的实施结果进行评估,用评估的结果去指导下一次的人力资源规划。人力资源规划的每一步都依赖于第一步,即员工信息系统和员工基本记录提供的数据。下面对 6 个步骤加以详细讨论。

（1）提供基本的人力资源信息

提供人力资源信息是人力资源规划的第一个过程，它的质量如何对整个工作影响甚大，必须加以高度重视。人力资源信息包括的内容十分广泛，主要有：人员调整情况；人员的经验、能力、知识、技能的要求；工资名单上的人员情况；员工的培训、教育等情况。这些信息和情况一般可从员工的有关记录中查出，利用计算机进行管理的企业或组织可以十分方便地存储和利用这些信息。企业应建立自己的人力资源信息系统，随时提供人力资源结构分析所需的信息。

（2）预测人员需要

在预测过程中，选择做预测的人是十分关键的，因为预测的准确与否和预测者及预测者的管理判断力关系重大。一般来说，商业因素是影响员工需要类型、数量的重要变量。预测者要会分离这些因素，并且要会搜集历史资料，为预测做基础。例如，一个企业的产量和需要的员工数目之间常存在着直接的关系，产量增加时，一般劳动力会成比例地增长。如果实际情况都像这个例子一样，只有产量等少数几个有限的商业因素影响人力需要，那么进行人力资源需要的预测是很简单的事情。可实际情况却往往不是如此，员工人数的增加并不单纯是由产量增加而引起的，改善技术、改进工作方法、改进管理等非商业因素都有可能增加效率，这时产量和劳动力之间的关系已经发生了变化。对此，预测者必须有清醒的认识。从逻辑上讲，人力资源需要是产量、销售、税收等的函数，但对不同的企业或组织，每一因素的影响并不相同。预测者在选择影响因素、预测计算上都要小心谨慎。

（3）清查和记录内部人力资源情况

搞清楚企业或组织内部现有的人力资源情况是十分重要的。对现有人员一定要尽量做到人尽其才、才尽其用。因此，管理者在管理工作中要经常清查一下内部人员情况，对此做到心中有数，对不合适的人员要加以调整。在这一阶段需格外注意对内部人员有用性的了解，对可提升人员的鉴别及做出个人的发展培养计划。

在清查、记录企业或组织内部人员时，首先应该确认全体人员的合格性，对不合格的人员要进行培训，大材小用和小材大用的情况都要进行调整。

（4）确定招聘需要

预测得出的全部人力资源减去企业或组织内部可提供的人力资源，就等于需要向外部求助的招聘人数。

在招聘过程中，一定要注意劳动力市场的信息，要统计劳动力的职业、年龄、受教育水平、种族、性别等数据。在比较企业或组织的劳动力需要和劳动力市场的供给量之后，如果表明可供劳动力短缺时，企业或组织就必须加强人力资源的培训。

在招聘中，我们的眼光不仅要盯住外部的劳动力市场，也应该建立并注意企业或组织内部的劳动力市场。因为内部的劳动力市场对人力资源规划的影响更直接，许多公司都优先考虑先为自己的雇员提供提升、工作调动和职业改善的机会。公司应该在组织内部实行公开招聘，任何人均可应聘。在内部登广告数日后，再对外进行广告宣传。用这种方式给内部申请者以优惠政策，使员工增强对企业的认同感，提高他们的积极性。例如，柯达公司优先提拔自己人，在公司有职位空缺时，让员工在第一时间知道，给员工的职业发展提供了更多途径。

（5）与其他规划协调

人力资源规划如果不与企业或组织中的其他规划相协调，则必定失败。因为其他规划往往制约着人力资源规划。例如，其他部门的活动直接承担着人员需要的种类、数目、技能及工资水平等。人力资源规划的目的往往也是为其他规划服务，只有与其他规划协调一致才会取得好的成效。例如，员工的工资往往取决于财务部门的预算；销售决定生产，生产决定员工的数目、种类和技能等。

（6）评估人力资源规划

人力资源规划的制定，一定要体现动态性的特点。评估人力资源规划既是对前期人力资源工作的总结，又对以后人力资源规划的实施大有裨益。在实际工作中评估人力资源规划一般采用与实际对比的方法，可以通过企业人力资源饱和度、企业员工离失率、部门满意度等指标来评估人力资源规划。

2. 制定人力资源规划的原则

（1）充分考虑内部、外部环境的变化

人力资源规划只有充分考虑了内外环境的变化，才能适应需要，真正做到为企业发展目标服务。内部变化主要是指销售的变化、开发的变化或企业发展战略的变化，还有公司员工的流动变化等；外部变化是指社会消费市场的变化、政府有关人力资源政策的变化、人才市场的变化等。为了更好地适应这些变化，在人力资源规划中应该对可能出现的情况做出预测，最好有面对风险的应对策略。

（2）企业的人力资源保障

企业的人力资源保障是人力资源规划中应解决的核心问题，包括人员的流入预测、流出预测、人员的内部流动预测、社会人力资源供给状况分析、人员流动的损益分析等。只有有效地保证对企业的人力资源供给，才可能去进行更深层次的人力资源管理与开发。

（3）使企业和员工都得到长期利益

人力资源规划不仅是面向企业的计划，也是面向员工的计划。企业的发展和员工的发展是互相依托、互相促进的关系。优秀的人力资源规划，一定是能使企业员工达到长期利益的计划，一定是能使企业和员工共同发展的计划。

（4）与企业战略目标相适应

人力资源规划是企业整个发展规划的重要组成部分，其首要前提是服从企业整体经济效益的需要。人力资源规划涉及的范围很广，可以运用于整个企业，也可以局限于某个部门或某个工作集体；可系统地制定，也可单独制定。在制定人力资源规划时，不管哪种规划，都必须与企业战略目标相适应。只有这样才能保证企业目标与企业资源的协调，才能保证人力资源规划的准确性和有效性。

（5）系统性

企业拥有同样数量的人，但用不同的组织网络连接起来，形成不同的权责结构和协作关系，会取得完全不同的效果。有效的人力资源规划能使不同的人才结合起来，形成一个有机的整体，有效地发挥整体功能大于个体功能之和的优势，这称为系统功能原理。

当企业的人员结构不合理时，易产生内部人员力量的相互抵消，不能形成合力，这就是我们常说的 $1+1<2$ 现象，这是因为组织结构的不合理从而破坏了系统功能；当企业人员结构合理时，企业内部人员的力量实现功能互补，则会产生 $1+1>2$ 现象，这是因为合理的人力资源结构，既使个人可以充分发挥自身潜力，又使组织发挥出了系统功能的作用。人力资源规划要反映出人力资源的结构，让各类不同的人才恰当地结合起来，优势互补，从而实现组织的系统功能。

（6）适度流动

企业的经营活动避免不了人员的流动，好的人力资源队伍是与适度的人才流动联系在一起的。企业员工的流动率过低或过高，都是不正常的现象。流动率过低，员工会厌倦过长时间的岗位，不利于发挥他们的积极性和创造性；流动率过高，说明企业管理存在问题，使企业花费较多成本培训员工而取得回报的时间较短。保持适度的人员流动率，可使人才充分发挥自身潜力，使企业人力资源得到有效的利用。

六、人力资源规划环境分析

1. 企业外部环境分析

人力资源管理得以发生的环境大多处于不断的变化之中。在相当广泛的领域内,企业所处的环境都在发生着迅速的变化,这些环境变化会对人力资源管理提出新的要求,制定人力资源规划时就要反映这种要求。外部环境是指企业开展经营活动时所处的经济、法律、人口、社会环境等,实际上就是影响企业经营活动的外部因素。影响人力资源规划的外部因素可分为5类:经济因素、人口因素、科技因素、政治与法律因素、社会文化因素。

（1）经济因素

不同国家之间的经济制度会对全球化人力资源管理带来影响。西方发达国家普遍信奉的是自由竞争,追求的是效率和利润。这些因素都促使企业倾向于提高员工效率,压缩人手以节约人力资源成本,因而裁员成为提高企业竞争力的一个有力手段。而在社会主义经济制度下,这种人力资源管理策略就不适用了。以我国为例,长期以来在我国国有企业中,利润最大化都不是它们最重要的目标,其他因素,诸如社会稳定、收入分配等,有力地左右着国有企业的人力资源策略。这些因素促使它们的人力资源管理倾向于减少失业,虽然这样做会以牺牲企业利益为代价。进入世界500强的几家国有大型企业员工人均利润率只是欧美日企业员工的百分之几,沉重的人力包袱就是其中的关键原因。

不同经济制度下的政府对人力资源管理也有影响。在发达国家,政府很少对企业的裁员做出反应。而在我国,地方政府为了减少当地的失业数字,往往以优惠政策去吸引外地企业到当地投资。当企业运作出现困难需要裁员时,政府也会出面帮助企业渡过难关,以避免出现企业大幅度裁员的情况。

国家的经济运行情况也会影响公司的人力资源管理策略。国家经济运行良好,保持一定的增长率,失业率就稳定在一个较低的水平。对公司而言,无论是增员以谋取更大发展,还是裁员以节约成本都易于操作。因为即使裁员,被裁的员工还是比较容易找到另外一份工作,公司面临的赔偿压力和社会压力都不大。而在经济低迷、失业率高的国家,裁员将会严峻地考验公司的勇气,尤其是跨国公司的裁员会加重市场的悲观气氛,而公司也将面临政府、社会舆论等各个方面的压力,甚至会背上不负责任、置员工生死不顾的恶名。

（2）人口因素

人口环境,尤其是企业所在地区的人口因素对企业获取人力资源有重要的影响,主要包括以下几个方面。

① 人口规模及年龄结构。社会总人口的多少影响社会人力资源的供给。在考虑人口规模对人力资源规划的影响时,应注意考虑年龄对人力资源规划的影响,不同的年龄段有不同的追求。人们在收入、生理需要、价值观念、生活方式、社会活动等方面的差异性,决定了企业在获取人力资源时需因人而异。

② 劳动力质量。企业在制定人力资源规划时,一定要考虑当地劳动力的质量结构,才能在规划时做到心中有数。例如,北京的高科技企业较多是因为企业看中了北京的高校、科研机构较多,高级科研人员多。

（3）科技因素

科技环境是指社会整体科学、技术的发展和创新水平,以及科学技术作为新的知识和技术手段被社会重视并广泛应用的程度。它关系到各企事业单位工作岗位的设置和人员的合理配备,还关系到其人力资源管理系统使用新的技术、方法的可能性,尤其是电子信息技术应用到人力资源规划中。例如,与人力资源规划有关的应用软件有两个:一是职业更替软件;二是人力资源预测软件。人力资源规划软件有助于管理者对劳动力队伍的结构及动态进行分析,可以提供企业及雇员全方位的信息。

（4）政治与法律因素

企业运行于一定的政治、法律环境下,这种政治环境是由那些影响社会系统诸方面行为的法律、政府机构、公众团体组成的。影响人力资源活动的政治环境因素包括政治体制、经济管理体制、政府与企业关系,以及人才流动活动的法律法规与方针政策等。例如,政府对有关人员有最低工资的强制规定,有现行的人事制度和社会保障制度等,这些因素都会对企业人力资源规划产生重要的影响。我国的现行法律法规对高级人才的限制较少,对低层次劳动力限制较多。

（5）社会文化因素

不同国家都有自己传统、特定的文化,形式各异的文化背景给公司的全球化人力资源策略带来了挑战,所以人力资源主管应懂得如何在各国不同的分支机构中因地制宜地实行不同的策略。为了尽量降低文化因素对公司业绩的不利影响,越来越多的公司采用员工本土化策略。

2. 企业内部环境分析

内部环境包括企业的经营战略、企业的组织环境和企业的人力资源结构。企业的经营战略是企业的整体计划,对所有的经营活动都有指导作用。企业的经营战略包括企业的目标、产品组合、市场组合、经营范围、生产技术水平、竞争、财务及利润目标等。企业的组织环境包括现有的组织结构、管理体系、薪酬设计和企业文化等。了解现有的组织结构可以预测未来的组织结构。企业的人力资源结构就是现有的人力资源状况,包括人力资源数量、素质、年龄、职位等,有时还要涉及员工价值观、员工潜力等。只有充分了解与有效利用现有人力资源,人力资源规划才有意义。

（1）企业经营战略

不同企业经营战略对应不同的人力资源规划,而企业也会根据自身人力资源所具备的优势和劣势,通过企业人力资源规划不断修正和调整企业经营战略。人力资源规划与企业经营战略是相互影响、相互作用的。企业可以根据所面临外部环境的机会和威胁、自身所具备的优势和劣势来选择经营战略。美国管理学家弗雷德·戴维把企业经营战略概括为 13 类:前向一体化、后向一体化、横向一体化、市场渗透、市场开发、产品开发、集中化多元经营、混合式多元经营、横向多元经营、合资经营、收缩、剥离及清算式战略。

（2）企业组织环境

美国人力资源管理学家詹姆斯·沃克(James W. Walker)从组织的复杂程度和组织变革的速度两方面把企业可选择的环境分为 4 种类型,即制度型环境、灵活型环境、创业型环境和小生意型环境。

① 制度型组织。制度型组织要求企业的组织复杂程度高,但企业变革的速度较缓慢。这时,企业缓慢的变革要求需要一个强调稳定、谨慎、避免风险和细致管理行为的组织。在规定环境中运作的企业或在成熟的市场中经营成熟产品的企业,通常采取制度性管理,如供电企业、家电企业等。

② 灵活型组织。相对于复杂的企业来说,灵活型组织是最合适的组织形式。如果创业型组织得到成长,就会变成较复杂但仍然快速变化的组织。例如,华为技术有限公司、联想集团等都是典型的由创业型组织变成大而复杂,但仍然实行灵活管理的企业。

③ 创业型组织。创业型组织要求企业变化较快,组织结构相对比较简单。大多数企业开始时都是创业型企业,许多网络公司都属于这种类型。

④ 小生意型组织。组织小而变化慢的环境称为小生意环境。没有发展起来的食品店和变化

很小的手工艺品制作厂都是小生意型组织。我国的大多数企业都是小生意型企业。

（3）人力资源结构分析

人力资源规划首先要进行人力资源结构分析。人力资源结构分析就是对企业现有人力资源的调查和审核。人力资源结构分析主要包括以下几个方面。

① 人力资源数量分析。人力资源规划对人力资源数量的分析，其重点在于探求现有的人力资源数量是否与企业机构的业务量相匹配，也就是检查现有的人力资源配置是否符合一个机构在一定业务量内的标准人力资源配置。有了人力标准的资料，就可以分析计算出现有的人数是否合理。如果不合理，应该加以调整，以消除忙闲不均的现象。

② 人员类别分析。不同性质的企业对人力资源的需求不同。分析企业中人力资源的类别有利于把握企业人力需求的大方向，缩小搜索外部人力资源的范围。通过对企业人员类别的分析，可得知一个机构业务的重心所在。企业中人力资源类别分析主要包括功能分析和工作性质分析两部分。

③ 人员素质分析。人员素质分析就是分析现有人员受教育的程度及所受的培训状况。一般而言，受教育与培训程度的高低可显示工作知识和工作能力的高低，任何企业都希望能提高人员的素质，以使他们对组织做出更大的贡献。但事实上，人员受教育程度与培训程度的高低，应以满足工作需要为前提。因此，为了达到适才适用的目的，人员素质就必须与企业的工作现状相匹配。管理层在提高人员素质的同时，也应该积极提高人员的工作效率，以人员创造工作，以工作发展人员，通过人与工作的发展，促进企业的壮大。

④ 年龄结构分析。分析员工的年龄结构，在总的方面可按年龄段进行，统计全公司人员的年龄分配情况，进而求出全公司的平均年龄。企业员工理想的年龄结构应呈三角形金字塔：顶端代表50岁以上的高龄员工；中间部位次多，代表36～50岁的中龄员工；底部人数最多，代表20～35岁的低龄员工。

⑤ 职位结构分析。根据管理幅度原理，主管职位与非主管职位有适当的比例。分析人力资源结构中的主管职位与非主管职位，可以显示组织中管理幅度的大小及部门与层次的多少。

第二节　人力资源需求预测

受内外部各种复杂环境的影响，使企业进行人力资源预测是相当复杂和困难的，既要考虑单个因素的影响，又要考虑各种因素的相互作用。根据预测期限长短及目的等的不同，企业可采取相应的预测技术。人力资源需求预测是指根据企业的发展规划和企业的内外条件，选择适当的预测技术，对人力资源需求的数量、质量和结构进行预测。它有定性预测和定量预测两类方法。

一、人力资源需求预测的定性方法

1. 现状规划法

人力资源现状规划法是一种最简单的预测方法，较易操作。它假定企业保持原有的生产规模和生产技术不变，企业的人力资源也处于相对稳定状态，即企业目前各种人员的配备比例和人员的总数完全适应预测规划期内人力资源需要。在此预测方法中，人力资源规划人员所要做的工作是测算出在规划期内有哪些岗位上的人员将得到晋升、降职、退休或调出本组织，再准备调动人员去弥补就行了。这种方法适用于短期人力资源规划预测。现状规划法是假定企业各岗位上需要的人员都为原来的人数，它要求企业较稳定，技术不变，规模也不变。虽然这一前提条件很难长期成立，并且对长期的预测效果较差，但能为长期预测提供一条简单易行的思路。

2. 经验预测法

经验预测法就是企业根据以往的经验对人力资源进行预测的方法,简便易行。现在不少企业采用这种方法来预测本组织对将来某段时期内人力资源的需求。例如,组织认为车间里一个管理者管理 10 个员工最佳,因此依据将来生产员工增加数就可以预测管理者的需求量。又如,依照经验一个员工每天可以加工 10 件上衣,若要扩大生产规模即可按产量(如上衣件数)计算出员工的需求量。运用这种方法,还可以计算出有关方面的预测数。

企业在有人员流动的情况下,如晋升、降职、退休或调出等,可以采用与人力资源现状规划结合的方法来制定用人规划。

采用经验预测法是根据以往的经验来进行预测,预测的效果受经验的影响较大。因此,保留企业的历史档案并采用多人集合的经验,可减少误差。这种方法适用于技术稳定的企业的中短期人力资源预测。

3. 分合性预测法

分合性预测法是一种较常用的预测方法,它采取先分后合的形式。这种方法的第一步是企业组织要求下属各个部门、单位根据各自的生产任务、技术设备等变化的情况对本单位将来对各种人员的需求进行预测。在此基础上,把下属各部门的预测数进行综合平衡,从中预测出整个组织将来某一时期内对各种人员的需求总数。这种方法要求在人事部门或专职人力资源规划人员的指导下进行,下属各级管理人员能充分发挥在人力资源预测规划中的作用。

分合性预测法有很大的局限性,由于会受到各层管理人员的阅历、知识的限制,很难对长期做出准确的预测。因此,此方法仅适用于企业中短期的预测规划,在组织做总体调整和变化时尤其方便。

4. 德尔菲法

德尔菲法又名专家会议预测法,是 20 世纪 40 年代末在美国兰德公司的"思想库"中发展出来的一种主观预测方法,比较适合于长期预测。

德尔菲法分几轮进行。第一轮要求专家以书面形式提出各自对企业人力资源需求的预测结果。在预测过程中,专家之间不能互相讨论或交换意见。第二轮将专家的预测结果搜集起来进行综合,再将综合的结果通知各位专家,以进行下一轮的预测。反复几次,直至得出大家都认可的结论。因此,通过这种方法得出的是专家们对某一问题的看法达成的一致结果。

德尔菲法对人力资源的需求预测建立在专家们的主观判断上,参与预测的专家可以是企业中各个部门、职位的员工,也可以是外部的专业人士。他们专家身份的取得完全取决于他们对影响组织人力资源因素的了解程度,如果达到了企业标准,就可以被确认为专家。

德尔菲法的特点如下。

① 采取匿名形式进行。其他集体咨询方法往往是面对面进行的,由于人际关系、职位高低等因素的影响常使预测的结果发生误差,德尔菲法避免了这一缺点。匿名方式使专家们不用顾及他人因素,完全凭自己的经验、理论来进行判断,相当于设计了一个可以畅所欲言的预测环境。

② 几轮反复咨询。每一轮的咨询结果都将被搜集整理出来,发给每位专家。这种间接的沟通有利于专家们更好地接受彼此的意见,避免由于职位高低引起的偏见对预测结果造成影响。

③ 对结果进行综合预测。综合与测试使结果更准确、更有价值。

使用德尔菲法时要提供充分的信息,使专家能做出正确的判断。提出的问题应该是专家可以回答的问题,如果难度太大或无法给出足够信息,就不能使用德尔菲法,以免得出不正确的数据。在进行咨询之前,应由主管就有关事项向各位专家进行一次正式的说明,强调工作的重要性及注意事项,以取得他们的合作。

5. 描述法

描述法是人力资源规划人员通过对本企业组织在未来某一时期的有关因素的变化进行描述或假设,并从描述、假设、分析和综合中对将来人力资源的需求进行预测规划。由于这是假定性的描述,所以人力资源需求就有几种备选方案,目的是适应环境与因素的变化。

例如,对某一企业今后3年情况的变化描述或假设有以下几种可能性。

① 同类产品可能稳定地增长,同行业中没有新的竞争对手出现,在同行业中技术上也没有新的突破。

② 同行业中出现了几个新的竞争对手,同行业中技术方面也有较大的突破。

③ 同类产品可能会跌入低谷、物价暴跌、市场疲软、生产停滞,但同行业中,在技术方面可能会有新的突破。

企业可以根据上述不同的描述和假设情况预测和制订出相应的人力资源需求备选方案。但是,这种方法由于建立在对未来状况的假设、描述的基础上,而未来具有很大的不确定性,时间跨度越长,对环境变化的各种不确定性就越难以进行描述和假设,所以对于长期的预测有一定的困难。

二、人力资源需求预测的定量方法

1. 趋势预测法

趋势预测法是一种基于统计资料的定量预测方法,一般是利用过去5年左右时间里的员工雇用数据。

① 简单模型法。这一模型假设人力需求与企业产出水平(可用产量或劳动价值表示)成一定比例关系为:

$$M_t = M_0 \times Y_t \div Y_0$$

即在获得人员需求的实际 M_0 值及未来时间的产出水平 Y_0 后可算出时刻人员需求量的值 M_t。这里 M_0 并非指现有人数,而是指现有条件及生产水平所对应的人员数。它通常是在现有人员数的基础上,根据管理人员意见或参考同行情况修正估算所得。使用此模型的前提是产出水平与人员需求量的比例已定。

② 简单的单变量预测模型(一元线性回归分析)法。简单的单变量预测模型仅考虑人力资源需求本身的发展情况,不考虑其他因素对人力资源需求量的影响,它以时间或产量等单个因素为自变量,以人力数为因变量,且假设过去人力的增减趋势保持不变,内外影响因素也保持不变。使用此模型的前提是产出水平与人员需求量的比例不一定。

2. 劳动生产率分析法

劳动生产率分析法是一种通过分析和预测劳动生产率,进而根据目标生产/服务量预测人力资源需求量的方法。这种方法的关键是如何预测劳动生产率,如果劳动生产率的增长比较稳定,预测就比较方便,使用效果也较佳。劳动生产率预测可直接用外推预测法,也可以对劳动生产率的增长率使用外推预测。这种方法适用于短期预测。

3. 多元回归预测法

多元回归预测法同样是一种建立在统计技术上的人力资源需求预测方法。与趋势预测法不同的是,它不只考虑时间或产量等单个因素,还考虑两个或两个以上因素对人力资源需求的影响。多元回归预测法不单纯依靠拟合方程、延长趋势线来进行预测,它更重视变量之间的因果关系。它运用事物之间的各种因果关系,根据多个自变量的变化来推测因变量的变化,而推测的有效性可通过一些指标来加以控制。

人力资源需求的变化总是与某个或某几个因素有关,通常都是通过考察这些因素来预测人力资源需求情况。首先,应找出与人力资源需求量有关的因素,将其作为变量,如销售量、生产水平、人力资源流动比率等,然后找出历史资料中的有关数据及历史上的人力资源需求量,要求至少20个样本,以保证有效性。对这些因素利用 Excel、SPSS 等统计工具中的多元回归计算来拟合出方程,并利用方程进行预测。在多元回归预测法中使用计算机技术非常必要。多元回归计算比较复杂,如果用手工计算,则耗时多,易出错。

4. 劳动定额法

劳动定额是对劳动者在单位时间内应完成工作量的规定。已知企业在计划任务总量及制定了科学合理的劳动定额的基础上,运用劳动定额法能较准确地预测企业人力资源需求量。其公式为:

$$N = W(1+R) \div q$$

式中,N——人力资源需求量;W——计划期任务总量;q——企业现行定额;R——部门计划期内生产率变动系数。R 公式为:

$$R = R_1 + R_2 + R_3$$

式中,R_1——企业技术进步引起的劳动率提高系数;R_2——由经验积累导致的劳动率提高系数;R_3——由年龄增大及某些社会因素引起的生产率降低系数。

5. 趋势外推法

趋势外推法又称时间序列预测法。它是按已知的时间序列,用一定方法向外延伸以得到现象的未来发展趋势,具体又分为直线延伸法、滑动平均法和指数平滑法3种。

① 直线延伸法。直线延伸法只有企业人力资源需求量在时间上表现出明显均等延伸趋势的情况下才运用。如图5.1所示,可由需求线 z 直接延伸得出未来某一时点的企业人力资源需求量。

② 滑动平均法。滑动平均法一般是在企业人力资源需求量的时间序列不规则、发展趋势不明确时,采用滑动平均数进行修匀的一种趋势外推法。它假定现象的发展情况与较近一段时间的情况有关,而与较远时间无关,所以将近期内现象的已知值的平均值作为后一期的预测值。它主要适用于短期预测。

③ 指数平滑法。

指数平滑法计算公式为:

$$X = \alpha X_t + (1-\alpha) X_{t-1}$$

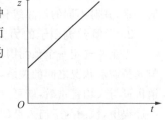

图 5.1　直线延伸法图示

式中,X——新平滑值;α——平滑系数或平滑加权系数;X_t——时间序列中新数据;X_{t-1}——计算出的平滑值。

平滑系数 α 的选择,直接决定着预测的精确度。一般是选择几个 α 值进行多方案分析。经验证明,α 值一般应为 0.3、0.2、0.1 或 0.05。

6. 工作负荷法

工作负荷法又叫比率分析法,考察对象是企业目标和完成目标所需人力资源数量间的关系,考虑的是每个人的工作负荷和企业目标间的比率。企业的目标一般是指生产量或销售量等容易量化的目标。每个人的工作负荷则是指某一特定的工作时间内每个人的工作量。预测未来一段时间里企业要达到的目标,如要完成的产量或销售量折算出工作量,再结合每个人的工作负荷就可以确定出企业未来所需的人员数量。

7. 计算机模拟法

随着计算机技术的飞速发展,人力资源管理的信息化趋势越来越明显。运用计算机技术来完成人力资源需求预测在很大程度上是依靠计算机强大的数据处理能力,用计算机代替人来完成上述方法中的计算。

一些企业已经在组织内部开发出了完善的人力资源信息系统,使用技术管理人力资源,将人力资源部门和直线部门所需的信息集中在一起,实现互联与共享,以建立起综合的计算机预测系统。在这一系统中需要保存的信息包括生产单位产品的直接工时和当前产品系列的销售额计划。通过这两者可以初步确定直接生产人员的人数,从而确定企业内部人力资源需求。

有一点要注意,使用定量方法时自变量选择要正确,量化过程要正确,预测后要检验其可信度。各种组织的规模和所处环境不尽一致,人力资源需求预测方法也有差异。但是预测这项工作总是要做的,而且大部分组织都是在这种预测的基础上制定人力资源规划的。制定短期规划可以选择一些较为简单的方法,而制定中长期规划可以选择一些较为复杂的方法。

三、实施预测

1. 选择预测因子

预测因子是指与人力资源需求有关的企业要素。不同企业与人力资源需求相关的要素也不一样。例如,对于一个零售商店来说,与人力资源需求相关的要素可能是零售总额,而对于一个汽车制造厂来说,它可能是汽车产量。因此,选择适当的预测因子是进行人力资源需求预测关键性的第一步。

选择的预测因子适当与否,主要看它是否符合以下两个条件:一是它是否与企业的基本性质有直接关系,企业是不是按照这个要素制订计划的;二是它与人员需求是否成一定的比例,其变化是不是会引起人员需求的变化。在选择预测因子时还应注意:在许多企业中,人员需求的水平与产量之间比例不太一致,有的企业产量很高,需要的人却很少,而有的则需要很多人。另外,同一企业内部有许多条产品生产线,不同的生产线需要的人员数量很不一致,这就需要将产量转化为价值要素,并对不同的产品线和不同的人员分别做出规划。

2. 了解预测因子的历史关系

当企业选定一个预测因子后,还需要对其历史关系进行了解。因为只有准确了解过去该因子与人员需求状况之间的关系,才能对未来的需求状况进行预测。例如,当企业掌握了过去每年的销售量与人均销量后,就可以根据将来的销售量准确预测出企业未来对人力资源的需求量。在这一过程中,预测因子与人员配备状况之间关系的变动率是一个重要的系数。

3. 计算生产率和平均比率

如上所述,预测因子与人员配备之间关系的变动率会影响到预测的准确性。因此,企业可以计算前5年或前10年的劳动生产率,得出生产率变化的平均比率。如果生产率有明显变化,则需要了解引起变化的真正原因(如自动化程度提高或设备更新等)。在计算生产率和平均变动率时,还应认真听取一线管理人员的意见。

4. 人力资源需求预测

当企业确定了适当的预测因子,如汽车产量(辆)并计算出生产率的比率(工人/辆数)时,即可直接预测人力资源的需求量。其计算公式为:

$$企业所需要的有效人数＝企业要素的计划水平×生产率比率$$

例如,某个汽车制造公司2008年的汽车产量是12 000辆,生产率是1.8,实际人数是21 600人。2012年计划产汽车108 000辆,计划生产率比率是0.85,则计划需要的有效人数应为91 800人。其中,2001—2011年汽车的实际产量逐年增长,生产率比率逐年下降,以此为依据,可计算出汽车产量的平均增长率和生产率比率的平均下降率,并以此作为预测未来若干年内该企业人力资源需求量的基础。在预测规划过程中,还应考虑某些具体因素的影响(如临时工数),并对预测数做适当的调整。

第三节 人力资源供给预测

人力资源供给预测是指组织为实现其既定目标,对未来一段时间内可获得的人力资源状况做出预测,包括对组织内部和外部的人力资源进行预测。人力资源供给预测与需求预测的不同之处在于,需求预测针对的只是组织内部对人力资源的需求,而供给预测则要兼顾组织内部与外部的人力资源供给两个方面。

一、人力资源供给的影响因素

1. 人力资源供给的外部影响因素

(1)影响外部人力资源供给的地域性因素

① 当地的住房、交通、生活条件。

② 公司所在地的就业水平和观念。

③ 公司所在地的人力资源整体现状。

④ 公司所在地的有效人力资源的供求现状。

⑤ 公司所在地对人才的吸引程度。

⑥ 公司薪酬对所在地人才的吸引程度。

⑦ 公司能提供的各种福利对当地人才的吸引程度。

⑧ 公司本身对人才的吸引程度。

(2)影响外部人力资源供给的全国性因素

① 全国相关专业的大学生毕业人数及其分配情况。

② 教育制度变革而产生的影响,如延长学制、改革教学内容等对员工供给的影响。

③ 国家在就业方面的法规和政策。

④ 该行业全国范围的人才供需状况。

⑤ 该行业全国范围从业人员的薪酬水平和差异。

2. 人力资源供给的内部影响因素

① 本企业的人力资源策略与相应的管理措施。

② 本企业员工的年龄与技能结构。

③ 本企业的人员流动频率。

二、人力资源内部供给预测

人力资源内部供给预测是指对组织内部员工的情况,如员工人数、年龄结构、平均技能水平、发展潜力及流动趋势等情况进行分析,从而预测在未来一段时间里会有多少人能稳定地留在组织中,有多少人会有发展和晋升的可能,最后得出在未来一段时间内组织内部能提供人力资源的大致情况。下面介绍人力资源内部供给预测的常用方法。

1. 员工满意度与忠诚度分析

企业可以定期调查员工的满意度情况,这种调查可以由企业的人力资源部门来执行,也可以委托专业公司来执行,通常采用不记名的方式。调查可以显示出员工对工作的满意程度及继续留在公司工作的愿望等。

2. 技能清单

技能清单是用来反映员工工作技能特征的清单,其内容包括教育背景、工作经历、培训背景、持有的证书、主管部门的评价等。技能清单是对员工综合素质的一个反映,有助于决策者和人力资源计划人员对组织现有人力资源状况进行总体把握,估计现有员工调换工作岗位的可能性大小,决定有哪些员工可以填补以前的空缺,从而使组织的人力资源得到更为合理、有效的配置。从某种意义上讲,技能清单是员工的工作能力记录,其中包括基层操作员工的技能、研发人员的科研水平和中层管理人员管理能力的种类及所达到的水平。

技能清单可以为以下工作提供参考:晋升人选的确定、管理人员继续培养计划、特殊工作的安排、培训、职业生涯规划、工资奖励计划与组织结构分析。对于人员流动频繁或经常组建临时性项目小组的组织,其技能清单中要包括所有的员工;对于那些组织人员流动频率不大,主要使用技能清单来制订管理人员继续培养计划的组织,其技能清单中可以只包括管理人员。

3. 现状核查法

现状核查法是对组织现有人力资源质量、数量、结构和在各职位上的分布状态进行核查,以掌握企业拥有的人力资源的具体情况,为组织的人力资源决策提供依据。其一般步骤为:①对组织的工作职位进行分类,划分其级别;②确定每一职位、每一级别的人数。

现状核查法只是一种静态的人力资源供给预测方法,不能反映组织中人力资源动态、未来的变化,所以只适用于中小型组织短期内人力资源的供给预测,存在很大的局限性。

4. 职位置换卡

职位置换卡也称管理人员接替模型,是一种专门对企业的中高层管理人员的供给进行有效预测的方法。它通过对企业中各管理人员的绩效考核及晋升可能性的分析,确定企业中各关键职位的接替人选,然后评价接替人选目前的工作情况及潜质,确定其职业发展需要,考察其个人职业目标与组织目标的契合度。其最终目的是确保供给组织未来有足够、合格的管理人员。其与技能清单的区别在于:技能清单的出发点是个人,描述的是个人的技能;职位置换卡的出发点是职位,描述的是可能胜任组织中各关键职位的个人。职位置换卡制定的一般步骤为:①确定人力资源规划所涉及的工作职能范围;②确定每个关键职位上的接替人选;③评价接替人选的工作情况及是否达到提升要求;④了解接替人选的职业发展需要,考察其个人职业目标与组织目标的契合度。

5. 马尔可夫模型

马尔可夫模型是一种运用统计学原理预测组织内部人力资源供给的方法。其基本思路是通过搜集历史数据,找出组织过去人事变动的规律,从而推测组织未来人事变动的趋势。马尔可夫模型实际上是一种转换概率矩阵,描述了组织中员工流动的整体趋势,可以作为预测内部人力资源供给的基础。其一般步骤为:①根据组织的历史资料,计算出人员流动的平均概率;②根据计算出的概率,建立一个人员变动矩阵表;③根据期末的种类人数和所建立的变动矩阵表,预测下一期组织可供给的人数。

需要注意的是,马尔可夫模型的假设前提是:组织过去和未来员工的流动情况大致相同。也就是说,马尔可夫模型只适用于组织过去人员变动情况与未来人员变动情况相似的情形,如果差异较大,则不适用。另外,由于此模型是基于历史数据而推测的,所以其准确性和可行性还有待进一步研究,在使用时要特别注意其他因素的干扰。

三、人力资源外部供给预测

内部人力供给不足时,要考虑外部供给的可能。外部人力资源供给预测主要是对劳动力市场的情况进行分析,对可能为组织提供各种人力资源的渠道进行分析,对与组织竞争相同人力资源的竞争性组织进行分析,从而得出组织可能获得的各种人力资源情况、获得这些人力资源可能付出的代价及可能出现的困难和危机。下面介绍人力资源外部供给预测的常用方法。

1. 查阅资料

企业可以通过因特网及国家和地区的统计部门、劳动和人事部门发布的一些统计数据,及时了解人才市场信息。另外,还应该及时关注国家和地区的政策法律变化。

2. 直接调查相关信息

企业可以就自己所关注的人力资源状况进行调查。除了与猎头公司、人才中介所等专门机构保持长期、紧密的联系外,企业还可以与高校保持长期的合作关系,以便密切跟踪目标的生源情况,及时了解可能为企业提供的目标人才状况。

3. 对雇用人员和应聘人员的分析

企业通过对应聘人员和已经雇用的人员进行分析,也会得出未来人力资源供给状况的估计。

第四节 人力资源平衡与规划编制

一、人力资源综合平衡

在企业人力资源供需预测的基础上,要进行人力资源的综合平衡,这是企业人力资源计划工作的核心和目的所在。企业人力资源的综合平衡主要从 3 个方面进行,即人力供给与人力需求平衡、人力资源规划内部各专项计划之间的平衡和组织需要与个人需要之间的平衡。

1. 人力供给与人力需求的平衡

企业人力资源供给与需求的不平衡是一种必然现象,因为供需相匹配是很难达到的,即使存在也是短期的,不可能存在长期的均衡。这是由企业所处的复杂环境决定的,各种变化因素使企业长期处于波动中,对人力资源的要求也会不断变化。但是,每个企业的变动趋势并不相同,因为处于不同生命周期的企业所选择的战略不同,不同竞争格局中的企业所面对的竞争压力也不同,这些都影响着人力资源供需之间的平衡。企业人力资源供给与需求的不平衡不外乎 3 种类型,即人力资源供给不足、人力资源过剩和两者兼而有之的结构性不平衡。

（1）人力资源供给不足

人力资源供给不足主要出现在企业的经营规模扩张和新经营领域开拓的时期。其备选方案如下。

① 将员工调往空缺岗位。

② 培训员工并对受过培训的员工进行晋升性补缺。

③ 延长员工的工作时间。

④ 提高员工的生产效率。

⑤ 雇用非全日制临时工,如已退休者。

⑥ 雇用全日制临时工。

⑦ 雇用全日制正式工。

⑧ 超前增加生产。

企业在原有的经营规模和经营领域中也可能出现人力资源不足。例如,人员的大量流失,这是一种不正常的现象,表明企业的人力资源管理政策出现了重大问题。

（2）人力资源过剩

绝对的人力资源过剩主要发生在企业经营萎缩时期,这时过剩人员的处置成为企业能否度过萧条期的关键因素之一。其备选方案如下。

① 关闭组织(如关闭工厂等)。

② 永久性辞退员工。

③ 鼓励提前退休。

④ 通过人力消耗减少人员和转移劳动力。

⑤ 重新培训和调动。

⑥ 临时性辞退员工。

⑦ 减少员工工作时间。

⑧ 工作分享,即由两个或两个以上的员工分担同一工作和任务。

其中,工作分享要以降低薪资水平为前提才能有所作为;辞退是最为有效的办法,但会产生劳资双方的敌对行为,也会带来众多的社会问题,需要有一个完善的社会保障体系为后盾;提前退休是一种较易被各方面接受的妥协方案。

(3)结构性失衡

结构性失衡是指组织中某一类人员供不应求,而另一类人员又供过于求的情况。结构性失衡是企业人力资源供需中较为普遍的一种现象,在企业稳定发展的状态中表现得尤为突出。从企业本身而言,平衡的办法如下。

① 技术培训计划。

② 人员接任计划。

③ 晋升和外部补充计划。

需要指出的是,外部补充并不是最佳办法,容易造成员工的高流动率,增加企业的经营成本。因此,企业应尽量进行内部人员的调整,以平衡供需。当然,其前提是调整后的人员依然可以胜任各自的工作。

2. 专项人力资源规划的平衡

企业的人力资源规划包括人员补充计划、培训计划、使用计划、晋升计划、薪资计划等,这些专项人力资源规划之间有着密切的内在联系。因此,在人力资源规划中必须充分注意它们之间的平衡与协调。例如,通过人员的培训计划,受训人员的素质与技能得到提高后,必须与人员使用计划衔接,将他们安置到适当的岗位;人员晋升与调整使用后,因其承担的责任和所发挥的作用与以前不一样了,所以必须配合相应的薪资调整。唯有如此,企业的人员才能保持完成各项任务的积极性,各专项人力资源规划才能得以实现。

3. 组织需要与个人需要的平衡

组织需要与组织成员的个人需要是不相同的,企业强调组织的功能和效率,企业员工则注重个人的物质和精神需求的满足,解决这对矛盾是企业人力资源规划的一个重要目的。企业人力资源规划中的各专项人力资源规划就是解决这一矛盾的手段和措施。通过组织需要与个人需要的平衡,使企业在员工积极性充分发挥的基础上实现发展目标,使员工的需求在企业发展目标实现的基础上得到最大限度的满足。

二、人力资源规划的编写

完成了人力资源的供求预测后,下一步要做的就是制定具体的人力资源规划。

1. 制订职务编制计划

根据企业发展规划,结合职务分析报告的内容,制订职务编制计划。职务编制计划阐述了企业的组织结构、职务设置、职务描述和职务资格要求等内容。制订职务编制计划的目的是描述企业未来的组织职能、规模和模式。

2. 制订人员配置计划

人员配置计划的制订基于企业发展总体规划和人力资源盘点报告。人员配置计划阐述了企业每个职务的人员数量、人员的职务变动、职务的人员空缺数量等。制订人员配置计划的目的是描述企业未来的人员数量和素质构成。

3. 预测净需求

根据职务编制计划和人员配置计划,使用预测方法来预测人员净需求。在人力资源规划中,最重要也是最困难的部分就是预测企业人力资源的净需求,因为它要求以富有创造性、高度参与的方法处理未来经营和技术上的不确定性问题。

4. 编写作业层计划

作业层计划包括招聘计划、晋升计划、人员裁减计划、员工培训计划、管理与组织发展计划、人力资源保留计划和生产率提高计划,这些计划都必须建立在人力资源综合平衡的基础上。

 补充阅读资料

某公司 2019 年度人力资源规划

一、职务设置与人员配置计划

根据公司 2019 年发展计划和经营目标,人力资源部协同各部门制定了公司 2019 年的职务设置与人员配置。在 2019 年,公司将划分为 8 个部门,其中行政副总负责行政部和人力资源部,财务总监负责财务部,营销总监负责销售一部、销售二部和产品部,技术总监负责开发一部和开发二部。具体职务设置与人员配置如下。

1. 决策层(5 人)

总经理 1 名、行政副总 1 名、财务总监 1 名、营销总监 1 名、技术总监 1 名

2. 行政部(8 人)

行政部经理 1 名、行政助理 2 名、行政文员 2 名、司机 2 名、接线员 1 名

3. 财务部(4 人)

财务部经理 1 名、会计 1 名、出纳 1 名、财务文员 1 名

4. 人力资源部(4 人)

人力资源部经理 1 名、薪酬专员 1 名、招聘专员 1 名、培训专员 1 名

5. 销售一部(19 人)

销售一部经理 1 名、销售组长 3 名、销售代表 12 名、销售助理 3 名

6. 销售二部(9 人)

销售二部经理 1 名、销售组长 2 名、销售代表 4 名、销售助理 2 名

7. 开发一部(19 人)

开发一部经理 1 名、开发组长 3 名、开发工程师 12 名、技术助理 3 名

8. 开发二部(19 人)

开发二部经理 1 名、开发组长 3 名、开发工程师 12 名、技术助理 3 名

9. 产品部(5 人)

产品部经理 1 名、营销策划 1 名、公共关系 2 名、产品助理 1 名

二、人员招聘计划

1. 招聘需求

根据 2019 年职务设置与人员配置计划,公司人员数量应为 96 人,到目前为止公司只有 83 人,

还需要补充13人,具体职务和数量为:开发组长2名、开发工程师7名、销售代表4名。

2. 招聘方式

开发组长:社会招聘和学校招聘

开发工程师:学校招聘

销售代表:社会招聘

3. 招聘策略

学校招聘主要通过参加应届毕业生洽谈会、在学校举办招聘讲座、发布招聘张贴、网上招聘4种形式;社会招聘主要通过参加人才交流会、刊登招聘广告、网上招聘3种形式。

4. 招聘人事政策

(1) 本科生

① 待遇:转正后待遇2 000元,其中基本工资1 500元、住房补助200元、社会保障金300元(养老保险、失业保险、医疗保险等)。试用期基本工资1 000元,满半月有住房补助。

② 考上研究生后协议书自动解除。

③ 试用期3个月。

④ 签订3年劳动合同。

(2) 研究生

① 待遇:转正后待遇5 000元,其中基本工资4 500元、住房补助200元、社会保险金300元(养老保险、失业保险、医疗保险等)。试用期基本工资3 000元,满半月有住房补助。

② 考上博士后协议书自动解除。

③ 试用期3个月。

④ 公司资助员工攻读在职博士。

⑤ 签订不定期劳动合同,员工来去自由。

⑥ 成为公司骨干员工后,可享有公司股份。

5. 风险预测

① 由于今年本市应届毕业生就业政策有所变动,可能会增加本科生招聘难度,但由于公司待遇较高并且属于高新技术企业,基本可以回避该风险。另外,由于优秀的本科生考研的比例很大,所以在招聘时,应该留有候选人员。

② 由于计算机专业研究生愿意留在本市的较少,所以研究生招聘将非常困难。如果研究生招聘比较困难,应重点通过社会招聘来填补"开发组长"的空缺。

三、选择方式调整计划

2018年开发人员实行面试和笔试相结合的考查办法,取得了较理想的结果。

在2019年首先要完善非开发人员的选择程序,并且加强非智力因素的考查,另外在招聘集中期可以采用"合议制面试",即总经理、主管副总、部门经理共同参与面试,以提高面试效率。

四、绩效考评政策调整计划

2018年已经开始对公司员工进行了绩效考评,每位员工都有了考评记录。另外,在2011年对开发部进行了标准化的定量考评。

在2019年,绩效考评政策将做以下调整。

① 建立考评沟通制度,由直接上级在每月考评结束时进行考评沟通。

② 建立总经理季度书面评语制度,让员工及时了解公司对他的评价,并感受到公司对员工的关心。

③ 在开发部试行"标准量度平均分布考核方法",使开发人员更加明确自己在开发团队中的

位置。

④ 加强考评培训,减少考评误差,提高考评的可靠性和有效性。

五、培训政策调整计划

公司培训分为岗前培训、管理培训和岗位培训三部分。

岗前培训在 2018 年已经开始进行,管理培训和技能培训从 2012 年开始由人力资源部负责。

在 2019 年,培训政策将做以下调整。

① 加强岗前培训。

② 管理培训与公司专职管理人员合作开展,不聘请外面的专业培训人员。该培训分成管理层和员工两个部分,重点对公司现有的管理模式、管理思路进行培训。

③ 技术培训根据相关人员申请进行。采取公司内训和聘请培训师两种方式进行。

六、人力资源预算

1. 招聘费用预算

① 招聘讲座费:计划本科生和研究生各 4 个学校,共 8 次。每次费用 300 元,预算 2 400 元。

② 交流会费用:参加交流会 4 次,每次平均 400 元,共计 1 600 元。

③ 宣传材料费:2 000 元。

④ 报纸广告费:6 000 元。

2. 培训费用

2018 年实际培训费用 35 000 元,按 20% 递增,预计 2012 年培训费用约为 42 000 元。

3. 社会保障金

2018 年社会保障金共缴纳××××× 元,按 20% 递增,预计 2012 年社会保障金总额为×××××元。

人力资源部

2019 年 1 月 5 日

本章小结

人力资源规划就是一个国家或组织科学地预测、分析自己在环境变化中的人力资源供给和需求状况,制定必要的政策和措施,以确保自身在需要的时间和需要的岗位上获得各种需要的人才(包括数量和质量),并使组织和个体得到长期的利益。人力资源规划的内容包括人力资源需求预测、人力资源供给预测和能力平衡三部分。人力资源的综合平衡主要从 3 个方面进行,即人力供给与人力需求平衡、人力资源规划内部各专项计划之间的平衡和组织需要与个人需要之间的平衡。

重点概念

人力资源规划;人力资源需求;人力资源供给;技能清单;人力资源预算

复习思考题

1. 人力资源预测和规划的目的是什么?

2. 影响和制约人力资源的因素有哪些?

3. 试述信息在人力资源规划中的作用。

4. 德尔菲法一般经过哪些步骤?

案例分析

惠普的留才规划

惠普与康柏合并之后，惠普实施了一项"留住优秀人才"(Talent Management System，TMS)的方案，希望通过这项有计划、量身打造的方案，留住优秀员工。

事实上，经过重重甄选，惠普的员工几乎都是公司所珍惜的人才。因此，惠普通过近期推动的TMS方案，就是希望能更有计划地留住优秀员工，为其量身打造留才方案。对惠普而言，推动TMS之前，首要是要把"优秀员工"定义出来。

所谓优秀员工，即对自己工作使命清楚的人；沟通能力佳，具有想要赢和积极的心态；可以在挑战、有压力的环境中发挥工作能力，并且愿意承担合理的风险及完成所交付的使命。

由于对企业而言，优秀员工泛称"人才"显得太笼统。因此，惠普把"人才"分成几类，只要符合这些特性的，都被视为是人才。这些分类如下。

① 专业人才。懂技术，如财务、研发，对专业领域很了解，所具备的职能集中于某一专业领域，或者对某一产业有很深入的了解；具有创新能力，乐意接受改变，具有开阔的思维及团队精神。

② 管理人才。能为员工塑造未来，有能力启发员工，协助员工完成工作目标，能激发员工工作士气的人才。

③ 业务人才。能为组织带来业务的人，能了解复杂产品，懂得促销及销售技巧。

④ 综合能力人才。具备前述两项以上能力的人才。

对人才进行分类、定义只是实施人才方案的第一步，要留住人才关键在于了解人才的心里究竟在想什么、需要什么。只有针对他的需要提出留才方案，才能真正留住优秀人才，并且使他们发挥效益。

根据惠普的调查，有一半以上的人才离职都是因为对直属上司的管理方式、策略方向不够认同或不满意。由此可见，员工将直属上司的领导能力、教导与指正作为自己是否留在一个公司的重要依据。

此外，调查也发现现代员工相当重视平衡的"工作生活品质"。也就是说，企业在员工发挥工作效率的同时，也应保证员工有品质的工作生活。最后，惠普进行的员工满意度调查发现，薪资福利只是导致员工出现不满意感的因素之一。对工作品质难以提高，公司没有为其提供更多训练及清楚的工作生涯规划等的不满意才是导致员工离职的主要因素。惠普认为，这的确是现代员工较重视的方向。

一旦被认定是有潜力的优秀人才，惠普就会为他量身打造发展方案，如强化销售技巧、简报技巧等。总之，通过训练来弥补有潜力人才能力的不足，让其学习成长。

思考题

1. 惠普的留才方案有什么特点？

2. 你认为惠普的留才方案有何成功之处？你从中得到了什么启发？

第六章

员工招聘

学习目标

知识目标

● 了解招聘和甄选的概念、程序及其在组织中的作用。

● 掌握招聘的渠道与方法。

能力目标

掌握甄选的技术与方法和人员素质测评常用工具。

引导
案例　　**隐藏在招聘启事中的玄机**

某地有份报纸曾刊登出这样一份招聘启事。

鑫达高新技术有限公司招聘启事

本公司招聘市场部公关经理 3 名。

工作职责

1. 组织实施公司的公关活动。

2. 建立并维护与新闻媒体的良好关系。

3. 组织有利于公司品牌及产品形象的相关报道及传播。

4. 对公关活动进行监控。

5. 参与处理事件公关、危机公关等。

6. 组织实施内部沟通等项目和其他相关工作。

应聘要求

1. 中文、广告或相关专业本科以上学历。

2. 3 年以上公关公司或信息类公司从业经验。

3. 有良好媒介关系者优先。

4. 形象好,善沟通,文字表达能力强。

5. 具有良好的媒体合作关系

6. 较强的客户沟通能力及亲和力。

7. 各种新闻稿件的媒体发放及传播监控工作能力。

8. 吃苦耐劳,认真细致,具有优秀的人际沟通能力。

一经录用,月薪 6 000 元以上,具体面议。

有意者请将简历于 3 月 23 日之前寄给本公司,本公司将对应聘人员统一进行初试和复试。

招聘启事登出后,立刻引起众多人员的关注。但是,他们最终发现,在这则启事中,尽管应聘条件、岗位职责、工资待遇等内容俱全,就是没有应聘的联系方式。多数人认为这是招聘单位疏忽或是报社排版错误,于是,便耐心等待报社刊登更正或补充说明。但有三位应聘者见招聘的岗位适合自己,便马上开始行动。

小李通过互联网,找到公司详细信息,将简历发送过去;小张通过114查询台,很快取得了该公司的联系方式;小孙通过在某商业区的广告牌,取得了该公司的地址和邮编。

鑫达高新技术有限公司人事主管与他们三人相约面试,当即决定办理录用手续。三人为此颇感蹊跷,招聘启事中不是说要进行考试吗? 带着这一疑问,他们向老总请教。老总告诉他们:我们的试题其实就藏在招聘启事中,作为一个现代公关人员,思路开阔、不循规蹈矩是首先应具备的素质,你们三人机智灵活,短时间内迅速找到公司的联系方式,这就说明你们已经非常出色地完成了这份答卷。

第一节 招聘概述

企业经营战略发展的各个阶段都必须有合格的人才作为支撑,在当今企业面对员工流动的共同问题时,招聘工作成了人力资源管理的经常性工作,是企业人力资源管理的重要环节。

一、招聘的含义

招聘是在企业总体发展战略规划的指导下,制订相应的职位空缺计划,并确定如何寻找合适的人员来填补职位空缺的过程。

招聘包括两个环节,一个是招募环节,即通过各种手段宣传组织形象,以达到吸引应聘者的目的;另一个是甄选环节,即采用各种技术或手段测评,选择符合要求的应聘者。前者是后者的前提和基础,后者是前者的目的和结果。

二、招聘的目的及意义

1. 招聘的目的

明确招聘的目的是招聘工作的前提。一般情况下,企业招聘工作是源于以下几种情况的人员需求。

① 缺员的补充。

② 突发的人员需求。

③ 为了确保企业所需的专门人才。

④ 为了确保新规划事业的人员。

⑤ 企业扩大规模而引发的管理人员扩充。

⑥ 企业内部机构调整时产生的人员需求。

⑦ 为了使企业更具有活力,引入外来经营者的需求。

2. 招聘的意义

① 招聘工作关系到企业的生存和发展。在激烈的竞争社会里,没有高素质的员工队伍和科学的人事安排,企业将面临淘汰。

② 招聘工作是确保员工队伍良好素质的基础。一个企业只有招聘到合格的人员,把合适的人安排到合适的岗位上,并在工作中注重员工队伍的培训和发展,才能确保员工队伍素质不断提高。

③ 招聘工作难度大,一旦失误,企业损失严重。招聘是一项复杂的工作,如果盲目进行,造成

经济损失的可能性很大。

三、招聘的原则

1. 合法原则

企业在招聘过程中应符合国家有关法律和政策,如不得发布虚假信息,不能有歧视行为,禁止未成年人就业等。

2. 公开原则

企业将招聘信息、招聘方法在组织内部或面向社会公告,一方面可将录用工作置于公开监督之下,另一方面可吸引大批应征者,从而有利于招到合适人员。

3. 平等竞争原则

企业应对所有的应征者一视同仁,不得人为地制造各种不平等的限制或条件和各种不平等的优先、优惠政策。要通过考核、竞争选拔人才,采用平等竞争的方法,以严格的标准、科学的考核方法对候选人进行测评,根据测评结果确定人选,创造一个公平竞争的环境。

4. 因事择人原则

企业应根据人力资源计划进行招聘,根据工作和职位的需要选择人员。

5. 能岗匹配

在招聘中,应尽可能使人的能力与岗位要求的能力相匹配。从个人能力的角度出发,其能力完全胜任岗位的要求,即人得其职;从岗位要求的角度出发,其要求的能力个人完全具备,即职得其人。

6. 效率原则

根据不同的招聘要求,灵活选用适当的招聘形式,用尽可能低的招聘成本录用高质量的员工。

四、影响招聘的因素

在现实中,招聘活动的实施是受到多种因素影响的,为了保证招聘工作的效果,必须对这些因素有所了解。归纳起来,影响招聘活动的因素主要有外部因素和内部因素两大类。

1. 外部影响因素

(1)国家的法律法规

由于法律法规的本质是规定人们不能做什么,所以在一般意义上,国家的法律法规对企业的招聘活动有限制作用,它往往规定了企业招聘活动的外部边界。

(2)外部劳动力市场

由于招聘特别是外部招聘,主要是在外部劳动力市场进行的,所以市场的供求状况会影响招聘的效果。当劳动力市场的供给小于需求时,企业吸引人员就会比较困难。在分析外部劳动力市场的影响时,一般要针对具体的职位层次或职位类别来进行。

(3)竞争对手

在招聘活动中,竞争对手也是非常重要的一个影响因素。应聘者往往是在进行比较之后才做出决策,如果企业的招聘政策与竞争对手存在大的差距,那么就会影响企业的吸引力,从而降低招聘效果。因此,在招聘过程中,与竞争对手的比较优势是非常重要的。

2. 内部影响因素

(1)企业自身的形象

一般来说,企业的形象越好,就越有利于招聘活动。良好的企业形象会给应聘者产生积极的影响,有助于提高招聘效果。

（2）企业招聘的预算

充足的招聘资金可以使企业选择更多的招聘方法，扩大招聘的范围。

（3）企业的政策

企业招聘的渠道和招聘来源的选择往往取决于该企业的相关政策。

 **相关链接**

笑话

一天，当一位人力资源女经理正在商业区行走时，突然被一辆公共汽车撞倒并不幸死了。她的灵魂到了天堂，在天堂里，她遇到了圣·彼得本人。

"欢迎你到天堂来。"彼得说，"在你做决定之前，我们有一个问题要解决，你看，非常奇怪，我们这里的人力资源经理从来没有做过什么，我们也不知道该怎么样对待你。"

"没有问题，让我进去就是了。"这个女经理回答。

"我们也是这样想，但是我还接到一个命令，那就是让你在地狱和天堂里各生活一天，然后由你自己选择你将去哪里度过来世。"

"其实，我现在就能做决定，我愿意待在天堂里。"

"对不起，我们在电梯里，这个电梯可直达地狱。"

地狱的门敞开着，人力资源经理发现她自己走出电梯，来到了一个漂亮的高尔夫球场。在远处还有一个乡村俱乐部，许多同她一起工作过的人力资源同行及人力资源教授站在她面前。他们都穿着晚礼服，并祝福她。他们走向她，吻她的脸并谈论他们过去在一起的时光。他们进行了一局精彩的高尔夫比赛，晚上他们来到乡村俱乐部，在那里她享用了烤肉及龙虾构成的晚餐。她遇到了戴维，一个非常优秀的人力资源经理，她开玩笑并且跳舞，玩得很愉快。她以前不知道这些人力资源管理的经理们在这里过得这么愉快。离开的时间到了，当她走进电梯的时候，每一个人都同她握手并挥手向她告别。

电梯直接上升，又回到了天堂之门，彼得正在等她。

"现在你要在天堂里生活一天。"他说，于是这个人力资源经理在接下来的24小时里在云层中溜达，弹着竖琴，唱着歌。她过得很愉快，当她明白这点时，24小时已经过去了。彼得走过来带她出来，"现在你已经在地狱和天堂里各生活了一天，你必须做出选择。"他说。这个人力资源管理经理犹豫了一秒钟，回答："好的，我从来没有想过我要进行选择，我的意思是，天堂里的确很好，但是我认为我在地狱里会过得更好。"

于是彼得将她送进电梯并且下降到了地狱。当电梯的门打开时，她发现自己站在一个荒凉的垃圾堆上，四周到处是垃圾和污物。她看见她的朋友们穿着破烂的衣服正在捡垃圾，并且把垃圾放在袋子里，这是作为晚餐的。

戴维走近她，把手搭在她肩上取笑她。"我不明白。"人力资源经理结结巴巴地说，"昨天我来的时候这里有一个高尔夫球场和一个乡村俱乐部，我们吃龙虾，并且跳舞，玩得非常愉快。现在这里怎么就成了一个垃圾场并且我的朋友们也都很不幸呢？"

戴维看着她，笑着说："那是因为昨天我们在招聘，而今天你已经成了我们中的一员。"

第二节　招聘流程

一、招聘的一般流程

从确定招聘到最终人员的确定，以及整个招聘工作的结束，招聘的流程可以用图6.1来描述。

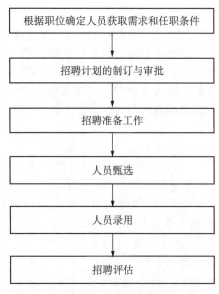

图 6.1 招聘的流程

1. 根据职位确定人员获取需求和任职条件

当组织中出现了新的职位或职位空缺后,就有了获取人力资源的需求。在大型组织中,一般通过正式的战略性的人力资源规划和工作分析完成职位配置需求分析这一工作,在中小型组织中则通过一些非正式的渠道完成这一过程。然而无论何种途径在组织内部的职能、业务部门有新的员工需求时,应向人力资源管理部门提出正式的人员需求申请表。

人员需求表由人员需求部门相关人员在人力资源部门专业人员指导下完成,主要有以下功能和作用。

① 传达人员需求信息。

② 由人力资源主管部门评价是否需要招募新员工,这是组织内控体系的重要环节。

③ 评价职位内容,决定是简单的人员替换还是由于职位要求变化导致人事不匹配。

④ 为招募活动提供信息支持。

值得注意的是,对所需人员的要求都要基于工作和职位分析来确定其任职资格和条件,作为后续选拔工作的依据。经过审核确有人员需求要求后,由用人部门提出具体的招聘计划。

2. 招聘计划的制订与审批

招聘计划是招聘的主要依据。制订招聘计划的目的在于使招聘更趋合理化、科学化。招聘计划是用人部门根据部门的发展需要,根据人力资源规划的人力净需求、职务说明的具体要求,对招聘的岗位、人员数量、时间限制等因素做出详细的计划。

(1)员工招聘的策略性决定

招聘策略是招聘计划的具体体现,是为实现招聘计划而采取的具体策略。

1)招聘范围策略

选择招聘的地点一般要考虑潜在应聘者寻找工作的行为、企业的位置、劳动力市场状况等因素。客观上,为了降低招聘成本,不同的人员需求选取不同的招聘范围,即在本地劳动力市场招聘办事员和工人,在跨地区人才市场招聘专业技术人员,而在全国范围,甚至国际上招聘高级管理人才。

在招聘初始阶段还要考虑什么岗位需要招聘,招聘多少人,每个岗位的具体要求是什么。

2) 招聘方式策略

从哪些途径获取员工,应根据供求双方不同情况而定。为了做好招聘工作,需要同学校、职业介绍机关、有关团体、培训机构等保持密切联系。而采用外部招聘还是企业内部招聘,取决于企业的聘用政策。如果采用外部招聘,要考虑是否会引起现有人员的不安或不满,是否会引起两种人员的矛盾和冲突,外聘人员能否很快融入企业并适应本企业文化。同时还要考虑广告的投放方式,委托哪些部门进行招聘测试,测试的方法与内容等。

3) 招聘时间策略

有效的招聘策略不仅要明确招聘范围和方法,还要确定恰当的招聘时间。招聘时间一般要比有关职位空缺可能出现的时间早一些,也就是说需要根据招聘计划及时确定招聘时间。

在招聘的时间策略上,主要考虑各个环节的时间耗用,何时结束招聘,新员工何时到位等。例如,某企业欲招聘20名推销员。根据预测,招聘中每个阶段时间占用分别为:征集个人简历需要10天,邮寄面谈邀请需要4天,面谈准备安排需要3天,企业聘用决策需要4天,接到聘用通知的候选人在7天内做出接受与否的决定,受聘者15天后到企业参加工作,前后需耗费43天的时间。那么招聘广告至少在招聘工作结束前一个半月登出。

4) 招聘预算策略

考虑如何以最经济、有效的成本完成招聘。为了降低招聘成本,必须做好招聘各个环节的财务预算,特别是甄选工作的财务预算。

(2) 招聘计划的具体内容

① 招聘的岗位,人员需求量,每个岗位的具体要求。

② 招聘信息发布的时间、方式、渠道与范围。

③ 招聘对象的来源与范围。

④ 招聘方法。

⑤ 招聘工作小组成员及实施部门。

⑥ 招聘预算。

⑦ 招聘结束时间与新员工到位时间。

招聘计划由用人部门制订,然后由人力资源部门进行复核,特别是要对人员需求量、费用等项目进行严格复查,签署意见后交上级主管领导审批。

3. 招聘准备工作

(1) 成立招聘工作小组

确定招聘小组的工作成员,主要包括人力资源部和用人部门的成员,负责选拔工作和一些辅助性事务。招募者是组织与候选人接触的第一个环节,所以招募者的职业素养和行为方式,将会影响候选人对整个组织的基本评价与判断,将会影响求职者对组织文化的兴趣和认同感。因此在招聘活动之初,对招募人员进行选择以及有针对性的培训是必要的。大量的实践表明,招募者应具备如表6.1所示的基本素质和品质。

表6.1　招募者应具备的素质、品质

表达能力	观察能力
协调沟通能力	自我认知能力
专业技能	知识面
诚实公正	热情

(2) 招聘材料的准备

准备整个招聘活动中所涉及的有关资料,如招聘相关表格、测试题卷、测试工具、场景布置等。

(3) 准备并发布招聘信息

招聘信息发布的时间、方式、渠道与范围是根据招聘计划来确定的。由于招聘的岗位、数量、任

职者要求的不同,招聘对象的来源与范围的不同,以及新员工到位时间和招聘预算的限制,招聘信息发布时间、方式、渠道与范围也是不同的。

4. 人员甄选

人员甄选是指组织通过一定的手段,对应聘者进行区分、评估,并最终选择哪些人将被允许加入组织、哪些将被淘汰的一个过程。人员甄选是招聘工作中最关键的步骤。

人员甄选包括两方面的内容:一是甄选的客观标准和依据;二是人员甄选技术的选择和使用。

人力资源管理工作中的职位分析和员工素质模型的建立,除了对职位本身的描述之外,对任职者的资格要求也进行了界定,这一信息正是人员甄选的客观标准和依据。

人员甄选技术经过多年理论研究获得了长足的发展,形成了较多的人员测评工具,虽然由于"人"本身的复杂性,使得我们无法通过这些技术获取对人准确的理解和把握,但是通过这些技术可以最大限度地减少我们做出错误判断的可能性,因此我们应合理选择各种人员甄选工具,尽量减少甄选中的误差,避免错误。

人员的甄选过程一般分成初选和精选两个阶段。初选主要由人力资源部进行,它包括求职者背景、资格的审查和初步面试。精选包括各种测试(心理测试、技能测试、第二次面试等)、选拔决策、体检和试用。精选阶段一般由人力资源部和用人部门的负责人共同协商决策。人员的甄选过程和方法详见第四节。

5. 人员录用

应聘者经过前几轮选拔之后,最后就是录用。这一阶段往往包括试用合同的签订、员工的初始安排、试用、初步的岗前培训、试用期评价及做出正式聘用决策,并与新员工签订正式合同,详细内容见第五节。

6. 招聘评估

一个完整的招聘过程,最后应该有一个评估阶段。招聘评估是招聘过程中重要的环节之一,招聘评估包括三方面的内容:招聘结果评估,录用人员评估,招聘小结撰写。

(1) 招聘结果评估

1) 招聘成本评估

招聘成本分为招聘总成本与招聘单位成本。

$$招聘总成本＝直接成本＋间接成本$$

招聘的直接成本包括招聘费用、选拔费用、录用员工的家庭安置费用和工作安置费用、其他费用(如招聘人员差旅费、应聘人员招待费等),招聘的间接成本包括内部提升费用、工作流动费用。

$$招聘单位成本＝招聘总成本÷录用人数$$

显然,招聘总成本与单位成本越低越好。

2) 成本效用评估

成本效用评估是对招聘成本所产生效果进行的分析。

$$总成本效用＝录用人数÷招聘总成本$$

$$招聘成本效用＝应聘人数÷招聘期间的费用$$

$$选拔成本效用＝被选中人数÷选拔期间的费用$$

$$人员录用效用＝正式录用的人数÷录用期间的费用$$

3) 招聘收益-成本比

招聘收益-成本比既是一项经济评价指标,同时也是对招聘工作的有效性进行考核的一项指标。招聘收益-成本比越高,说明招聘工作越有效。

$$招聘收益-成本比＝所有新员工为组织创造的总价值÷招聘总成本$$

(2) 录用人员评估

$$录用比＝录用人数÷应聘人数×100\%$$

$$招聘完成比＝录用人数÷计划招聘人数×100\%$$

$$应聘比＝应聘人数÷计划招聘人数×100\%$$

如果录用比越小,说明录用者的素质可能越高;当招聘完成比大于100%时,说明在数量上全面完成招聘任务;应聘比越大,则说明招聘信息发布的效果越好。

录用人员质量评估实际上是在人员选拔过程中对录用人员能力、潜力、素质等各方面进行的测评与考核的延续。其方法与测评考核方法相似,详细内容见第四节。

(3)招聘小结撰写

1)撰写招聘小结的原则

① 真实地反映招聘的全过程。

② 由招聘主要负责人撰写。

③ 明确指出成功之处和失败(不足)之处。

2)招聘小结的主要内容

① 招聘计划。

② 招聘进程。

③ 招聘结果。

④ 招聘经费。

⑤ 招聘评定。

3)招聘小结范例(见表6.2)

表6.2　××公司春季招聘小结

一、招聘计划 根据本年度8月3日第二次董事会决议,向社会公开招聘负责国际贸易的副总经理1名、生产部经理1名、销售部经理1名。 由人力资源部经理在分管副总经理的直接领导下具体负责。 招聘测试工作全权委托润华管理咨询人力资源服务部实施。
二、招聘进程 9月1日,《人才市场报》和《电子信息报》刊登招聘广告。 9月15日—9月30日,初步筛选,去掉一些明显不符合要求的应聘者。 10月1日—10月31日,招聘测试。 11月1日—11月10日,最终决策。 11月15日,新员工上岗。
三、招聘结果 1. 副总经理应聘者25人,参加招聘测试15人,确定候选人3名,录用0人。 2. 生产部经理应聘者30人,参加招聘测试20人,确定候选人3名,录用1人。 3. 销售部经理应聘者45人,参加招聘测试30人,确定候选人3名,录用1人。
四、招聘经费 本次招聘预算共100 000元。在招聘活动中,实际支出如下。 1. 招聘广告费50 000元。 2. 招聘测试费30 000元。 3. 体格检查费5 000元。 4. 应聘者纪念品费1 000元。 5. 招待费5 000元。 6. 杂费2 500元。 合计实际支出93 500元。
五、招聘评价 1. 主要成绩。这次由于委托专业机构进行科学测试,录用的两位经理素质十分令人满意,同时测试结果指出了副总经理应聘者中无合适人选,最后没有录用。另外由于公平竞争,许多落选者都声称受到了一次锻炼,对树立良好的企业形象起到了良好的促进作用。 　2. 主要不足之处。由于招聘广告的设计还有些问题,所以没有吸引足够多的高层次应聘者来竞争副总经理岗位,致使副总经理最终没有合适人选。
人力资源部经理　　签名 ××××年××月××日

二、招聘工作责任的划分

在现代人力资源管理中,决定权一般在业务部门,而人力资源部则起组织和服务职能,其目的是让用人部门有录用决定权。表 6.3 列出了招聘工作责任的划分。

表 6.3　招聘工作责任的划分

人力资源部工作内容和职责	用人部门工作内容和职责
1. 负责招聘广告的审批手续办理	1. 负责招聘计划的制订和报批
2. 负责招聘广告的联系刊登	2. 负责招聘岗位要求的撰写
3. 负责应聘资料的登记	3. 负责新岗位工作说明的撰写
4. 负责测试组织和公司情况介绍	4. 负责协助外地招聘广告的刊登
5. 负责体格检查和背景调查	5. 负责测试题目的设计
6. 负责正式录用通知	6. 负责应聘人员初筛
7. 负责报到手续的办理	7. 负责面试和候选人的确定
8. 负责加盟公司的培训	

资料来源:陈维政,余凯成,程文文. 人力资源管理[M]. 北京:高等教育出版社,2004:149.

三、招聘中特殊问题的处理

在招聘过程中,往往会遇到一些特殊问题。对这类问题的处理应当谨慎,它往往对企业形象的树立和整个招聘活动的效果起到至关重要的作用。

1. 对应聘者的通知

（1）录用通知

员工录用通知应及时送出,一般比较随意的情况下可以直接电话通知,较为正式的可以寄发录用通知书,表示欢迎新员工加入企业,并说明报到的起止时间、报到的地点及报到的程序等内容,在附录中详细讲述如何抵达报到地点和其他应该说明的信息（见表 6.4）。录用通知书还要让被录用的人员了解他们的到来对企业发展的重要意义。

表 6.4　录用通知书示例

录用通知书
＿＿＿＿先生（女士） 　　您好！首先感谢您对本企业的信任和大力支持！您应聘本公司＿＿＿＿一职,经过考核审查,本企业决定正式录用您为本企业员工,请于＿＿年＿＿月＿＿日上午＿＿时,携带下列物品文件及详填函附表格,向本公司人事部报到。 　　一、携带物品文件 　　1. 居民身份证　　2. 个人履历表（见附件）　　3. 体检表　　4. 学历证书 　　5. 二寸半身照片＿＿张 　　二、按本公司规定新进员工必须先行试用＿＿个月,试用期间暂支付月薪＿＿元人民币。 　　三、报到后,本公司在很愉快的气氛中,为您做职前介绍,包括让您知道本公司一切人事制度、福利、服务守则及其他注意事项,使您在本公司工作愉快,如果您有疑虑或困难,请与本部门联络。 　　　　　　　　　　　　　　　　　　　　　　　　　　　×××股份有限公司 　　　　　　　　　　　　　　　　　　　　　　　　　　　　　　　人事部 附:人事部电话:××× 　　个人履历表

（2）辞谢通知

对于未被录用的应聘者,许多企业都忽视了辞谢的程序。周到的辞谢方式除了可树立良好的企业形象,还可能对今后的招聘产生有利的影响。因此,应该用同样礼貌的方式通知未被录用的人员,可以通过电话用委婉的语言通知对方,也可以用信函的方式（见表 6.5）告之对方,但忌用明信片的形式。

表 6.5　辞谢通知单示例

通　　知
本公司公告征求人才一案承蒙大力支持,无限感激,您的学识、资历均给我们留下了良好的印象;惜名额有限,本次未能录用,但我们已将您的资料列入储备人才档案,期待有机会再行借重,共参大业。最后,为您应征本公司的热诚,再次致谢,并望不时给予本公司批评指教! 　　此致 　　　　　　　　　　　　　　　　　　　　　　　　　　　　×××公司人事部 　　　　　　　　　　　　　　　　　　　　　　　　　　　　年　　月　　日

2. 拒聘的处理

尽管经过努力,企业还是会经常遇到接到录用通知的人员不来就职的情况。如果拒聘的人员是企业所需要的优秀人才,则企业的人力资源管理部门,甚至最高层主管应主动与之取得联系,采取积极争取的态度。如果企业被较多应聘者拒聘,就应该反思在招聘过程中可能存在的问题和障碍,从拒聘的调查中获得一些对未来招聘有用的信息。

3. 未录用者资料的处理

对于未被录用的应征者资料应当妥善处理,既要保证他人资料不外泄,又要最大限度地发挥本次招聘的效果。因此,可将未聘用者的资料分类输入企业的储备人才信息库,以备不时之需。

第三节　招聘渠道

与人力资源供给的来源相对应,人员的招聘渠道有两种形式:内部招聘和外部招聘。内部招聘和外部招聘对组织人力资源的获取具有同等重要的地位,两种方式是相辅相成的。某一个职位空缺究竟是由组织内部人员还是外部人员来填补,要视人力资源供给状况、组织的人力资源政策和工作的要求而定。

一、内部招聘的主要途径与方法

内部招聘是指从组织内部发掘、获取组织所需要的各种人才,以填补组织的职位空缺。

1. 内部招聘的途径

(1) 内部晋升

内部晋升是一种用现有员工来填补高于其原级别职位空缺的政策。内部晋升给员工提供了更多的发展机会,从而使其对组织产生献身精神。大多数员工在职业生涯中主要考虑的是组织能在多大程度上帮助自己实现个人的职业目标。因此,内部晋升制度在组织增加员工忠诚度及留住人才的措施中处于中心地位。许多对员工有高度认同感的组织都有综合性的内部晋升规划,而那些同富有献身精神的员工紧密联系在一起的组织更有完善的内部晋升制度。

(2) 岗位轮换

岗位轮换是指暂时的工作岗位变动,是通过实习或培训的方式,使员工从一个岗位调到另一个岗位以扩展其经验的工作方法。它使员工在逐步学会多种工作技能的同时,增强对工作间相互依赖关系的认识,并培养更广阔的工作视角。这种知识扩展对完成高水平的管理工作是大有裨益的。岗位轮换可以在一定程度上消除专业分工过细带来的弊端,也有利于员工克服狭隘的部门观点,也有利于部门之间的横向协调,树立系统的全局观念。

(3) 返聘

返聘是组织将解雇、提前退休、已退休或下岗待业的员工再召回组织来工作。这些人大多对

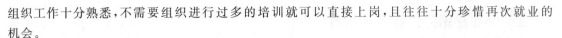

组织工作十分熟悉,不需要组织进行过多的培训就可以直接上岗,且往往十分珍惜再次就业的机会。

2. 内部招聘的方法

（1）员工推荐

员工推荐是由本组织员工根据组织的需要推荐其熟悉的合适人员,供用人部门和人力资源部门进行选择和考核。由于推荐人对用人单位与被推荐者都比较了解,因而这种方法较为有效,成功的概率较大。

在组织内部最常见的员工推荐法是主管推荐,其优点在于主管一般比较了解潜在候选人的能力,由主管提名的人选具有一定的可靠性,而且主管们也会觉得他们具有一定的决定权,满意度比较高。其缺点在于这种推荐容易受个人因素的影响,主管们可能提拔的是自己的亲信而不是一个胜任的人选,从而影响招聘水平。有时候,主管们并不希望自己手下很得力的下属被调到其他部门,这会影响本部门的工作实力。

（2）职位公告

职位公告即将职位空缺公之于众,并列出工作的特性,如资格要求、职位要求、薪资等级等。职位公告是组织内部招聘人员的普通方法,可以通过在组织的布告栏发布工作职位空缺的信息,或者在组织的内部报刊、局域网上发布。

职位公告的内容包括职位的责任、义务、必需的任职资格、工资水平及其他相关信息,如公告日期和截止申请日期、申请程序、联系电话、联系地点和时间,该职位是否同时也在组织外部进行招聘,在面谈过程中应聘者是否需要演示他们的技能等。符合任职资格的员工,可以提交正式的申请或在职位投标单上签名,参加该职位的竞争。在职位公告与职位投标中,必须坚持公平、公正、公开的原则,保证所有的正式员工都有资格利用职位公告向人力资源管理部门提出申请并参加竞聘,要保证空缺职位的名单能被传达到组织中的每一位员工。

职位公告的目的在于让组织中的全体员工都了解到哪些职位空缺,需要补充人员,使员工感觉到组织在招聘人员方面的透明度与公平性,有利于提高员工士气。一般来说,职位公告法经常用于非管理层人员的招聘,特别适合于普通职员的招聘。职位公告法的优点在于让组织更为广泛的人员了解到此类信息,为组织员工职业生涯的发展提供了更多的机会,可以使员工脱离原来不满意的工作环境,也促使主管们更加有效地管理员工,以防本部门员工的流失。它的缺点在于这种方法花费的时间较长,可能导致较长时期的岗位空缺,影响组织的正常运营,而员工也可能由于盲目地变换工作而丧失原有的工作机会。

（3）人员信息记录卡

人员信息记录卡也称人事登记表,较详细的职工档案也可做参照。随着现代信息技术的普及,许多组织的员工信息资料都已经计算机化,越来越多的组织倾向于利用人员信息记录卡来进行内部招聘。人员信息记录卡对于维系组织的持续运转是十分重要的,它包括了诸如员工的资格、技能、智力、经历、健康情况、教育背景和培训方面的信息,而且这些资料是经常更新的,能够全面、及时、动态地反映所有员工的最新情况。这些信息不仅能帮助决策者获得职位申请者的相关信息,而且还可以帮助组织及时发现那些具备相应资格,但由于种种原因没有进行申请的员工。

人员信息记录卡的优点是可以在整个组织内部发掘合适的候选人,同时也是人力资源管理信息系统的一部分,在组织的内部晋升中发挥着重要的作用。它的缺点在于通常只包含一些"硬"指标信息,如教育程度、资格证书、所掌握的语言、所接受的培训等,而一些关于诸如人际关系技能、判断力、品德、创新能力等"软"指标信息往往被排除在外,而这些"软"指标对于许多工作恰恰是至关重要的。

二、外部招聘的主要来源与方法

外部招聘是按照一定的标准和程序,从组织外部寻找员工可能的来源和吸引他们到组织应征的过程。虽然内部招聘的好处很多,但过分依赖也是一种失误,外部招聘可以弥补内部招聘的缺点。外部招聘可以充分利用外部候选人为组织引入新的思想;同时,它还是一种交流形式,组织可以借此在潜在的员工、客户和其他社会公众中树立形象。

1. 自荐

自荐是指所有没有通过预约就直接来到组织的人力资源部或招聘现场的求职者,这也是组织重要的工作候选人来源。不管这些求职者是否符合组织的要求,都必须礼貌对待、妥善处理,因为这不仅是尊重求职者的问题,更是关系到组织在社会上声誉的问题。

2. 广告招聘

广告招聘是最常见、最普遍的一种招聘方式,是指在报纸、杂志、广播、电视及网站等媒体上刊登组织职位空缺的消息,以吸引对这些空缺职位感兴趣的潜在人选应聘。

借助广告进行招聘,组织必须考虑广告媒体的选择及广告内容的设计。

（1）广告媒体的选择

一般来说,组织可选择的广告媒体很多,传统媒体如广播、电视、报纸、杂志等,现代媒体如网站等。其总体特点是信息传播范围广、速度快,应聘人员数量多、层次丰富,组织的选择余地大。

组织在选择广告媒体时,首先要考虑媒体本身承载信息传播的能力,即各种媒体的优缺点和适用范围,如表 6.6 所示。

表 6.6　部分广告媒体优缺点及适用范围比较

类　型	优　点	缺　点	适用范围
报纸	标题短小精练;广告大小可灵活选择;发行集中于某一特定的地域;各种栏目分类编排,便于积极的求职者查找	容易被未来可能的求职者所忽视;集中的招聘广告容易导致招聘竞争的出现;发行对象无特定性,广告印刷质量一般较差,广告的时效也较短	当招募限于某一地区时;当可能的求职者大量集中于某一地区时;当有大量的求职者在翻看报纸,并希望被雇用时
杂志	专业的杂志会到达特定的职业群体手中;广告大小富有灵活性;广告的印刷质量较高;有较高的编辑声誉;时限较长,求职者可能会将杂志保存起来再次翻看	发行的地域太广,故在希望将招聘限定在某一特定区域时通常不能使用;广告的预约期较长	当所招聘的工作较为专业时;当时间和地区限制不是最重要时;当与正在进行的其他招聘计划有关联时
广播、电视	不容易被观众忽略;能够比报纸和杂志更好地让那些不是很积极的求职者了解到招聘信息;可以将求职者来源限定在某一特定区域;极富灵活性;比印刷广告更有效地渲染雇用气氛;较少因广告集中引起招聘竞争	只能传递简短的、不是很复杂的信息;缺乏持久性,求职者不能回头再了解;商业设计和制作不仅耗时而且成本很高;缺乏特定的兴趣选择;为无用的广告接受者付费	当处于竞争的情况下,没有足够的求职者看印刷广告时;当职位空缺有多种,而在某一特定地区又有足够求职者时;当需要迅速扩大影响时;当在两周或更短的时间内足以对某一地区展开"闪电式轰炸"时;当用于引起求职者对印刷广告的注意时
招聘现场的宣传资料	在求职者可能采取某种立即行动的时候,引起他们对企业雇用的兴趣;极富灵活性	作用有限;要使这种措施见效,首先必须保证求职者能到招聘现场来	在一些特殊场合,如为劳动者提供就业服务的就业交流会、公开招聘会、定期举行的就业服务会上布置海报、标语、旗帜、视听设备等;或者当求职者访问组织的某一工作地时,向他们散发招聘宣传材料

资料来源:德斯勒.人力资源管理[M].6版.刘昕,译.北京:中国人民大学出版社,1997:127.

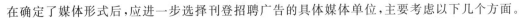

在确定了媒体形式后,应进一步选择刊登招聘广告的具体媒体单位,主要考虑以下几个方面。

1)媒体的定位

各种具体的传播载体都有其特定的消费群体定位,因此组织应根据招聘人员的媒体消费特征选择其最可能接触的媒体。

2)媒体的相关内容集中度

求职者在搜寻职位时,往往集中关注传播职位招聘信息量较大的媒体,便于选择比较。因此,组织在选择媒体时,应选择招聘信息相对集中的媒体,尤其是在业界具有一定影响力的媒体。

3)多媒体并用

组织在进行大规模的人员招聘或人员招聘难度较大时,可以采用多种招聘方式,力求尽可能地覆盖目标人群的接触范围。另外,由于互联网的兴起,大量的在校学生和新一代知识人才都青睐网络带来的庞大信息,组织可以借助网络实现招聘信息的传递,主要包括专业招聘网站、高校BBS及公司主页等。

(2)广告内容的设计

1)招聘广告的设计原则

好的广告形式有利于吸引更多的求职者关注,而且设计精良的广告具有一定的形象效应,有利于树立组织的公共形象,因此在选择合适的媒体之后,应根据组织实际需要设计广告的具体形式。一般来说,招聘广告应满足 AIDA 原则。

① A——Attention,能引起求职者的注意。

② I——Interest,能激起人们的兴趣。

③ D——Desire,能激发人们求职的愿望。

④ A——Action,方便求职者的求职行为。

2)招聘广告的主要内容

① 本企业的基本情况,包括企业规模、性质、所在地、资金、津贴、福利设施等。

② 招聘情况,如职位名称、工作内容、工作时间、工作条件与工作环境等。

③ 企业招聘的条件,包括招聘的专业、招聘人数、年龄和学历、工作经验等。

④ 应聘方法,包括报名的方式、时间、地点、招聘期限、联系方法、报名需带的证件、材料等。

3. 借助中介

随着人才流动的日益普遍,人才交流中心、职业介绍所、劳动就业服务中心等就业中介机构应运而生了。这些机构承担着双重角色:既为单位择人,又为求职者择业。借助这些机构,单位与求职者均可获得大量的信息,同时也可传播各自的信息。这些机构通过定期或不定期地举行交流会,使得供需双方面对面地进行商谈,缩短了招聘与应聘的时间。实践证明,这是一条行之有效的招聘和就业途径。

(1)人才交流中心

在全国的各大城市中,一般都有人才交流服务机构,并常年为单位服务。它们一般都建有人才资料库,用人单位可以很方便地在资料库中查询条件基本相符的人员资料。通过人才交流中心选择人员有针对性强、费用低廉等优点。

(2)招聘洽谈会

人才交流中心或其他人才机构每年都要举办多场招聘洽谈会。在洽谈会中,单位和应聘者可以直接进行接洽和交流,节省了单位和应聘者的时间。随着人才交流市场的日益完善,洽谈会呈现出向专业化方向发展的趋势。通过参加招聘洽谈会,单位招聘人员不仅可以了解当地人力资源的素质和走向,还可以了解同行业其他单位的人力资源政策和人才需求情况。由于这种方法应聘

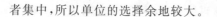

者集中,所以单位的选择余地较大。

（3）猎头公司

对于高级人才和尖端人才,用传统的渠道往往很难获取。因此,为适应单位对高级人才的需求与满足高级人才的求职需求而发展起来的猎头公司发挥了重要作用。猎头公司一般都会建立自己的人才库,对人才库的管理和更新也是他们日常的工作之一,而搜寻手段和渠道则是猎头服务专业性最直接的体现。当然,与高素质候选人才相伴的是昂贵的服务费,猎头公司的收费通常能达到所推荐人才年薪的25%~35%。但是,如果把单位自己招聘人才的时间成本、人才素质差异等隐性成本计算进去,猎头服务或许不失为一种经济、高效的方式。此外,猎头公司往往对单位及人力资源需求有较详细的了解,对求职者的信息掌握得较为全面,在供需匹配上较为慎重,其成功率也较高。

4. 校园招聘

校园招聘是组织获得潜在管理人员及专业技术人员的一条重要途径。许多有晋升潜力的工作候选人最初就是组织到大学校园中直接招聘来的。

大学校园是高素质人才相对比较集中的地方,企业能在校园招聘中找到相当数量的具有高素质的合格申请者;校园招聘也是企业宣传形象的一种非常便利的手段,为企业和求职者搭建了一个对话的平台;年轻的大学毕业生朝气蓬勃,富有工作热情,可塑性强。但是,校园招聘也有明显不足,优秀的毕业生往往都有多种应聘准备;学生刚踏入社会,缺乏实际的工作经验,工作上手慢,容易对职位产生不切实际的期望;由学校到社会的身份转换需要一个较长的磨合期,需要大量的培训;而他们一旦积累了一定经验又容易跳槽,工作稳定性较差。

5. 网络招聘

网络招聘是随着互联网发展起来的一种新兴的招聘方式。网络招聘已成为大公司普遍使用的一种手段。越来越多的求职者喜欢到网上去搜寻工作机会。

网络招聘的优点是:方便快捷,成本低,存储与检索简历更加容易,不受时间限制。网络招聘打破了原有招聘形式的地域界限,在网上距离感似乎不复存在,跨国公司有能力在世界各地安置其员工,面试可以在网上完成,同时能力测试和背景审查也完全可以在互联网上进行。互联网已经不仅仅是一个在网上发布招聘广告的媒体,而是具有多种功能的招聘服务系统。

6. 推荐

通过组织的员工、客户、合作伙伴等熟人推荐人选,也是组织招聘人员的重要来源。这种方式的长处是对候选人的了解比较准确;候选人一旦被录用,顾及介绍人的关系,工作也会更加努力;招聘成本低。问题在于可能在单位内形成小团体,选用人员的面较窄。

为了鼓励员工积极推荐,单位可以设立一些奖金,用来奖励那些为组织推荐优秀人才的员工。

三、内部招聘与外部招聘的对比

内部招聘与外部招聘各有利弊,如表6.7所示。

研究表明:内部招聘与外部招聘的结合会产生最佳的结果,具体的结合力度取决于组织战略、职位类别及组织在劳动力市场上的相对位置等因素。需要强调的是对于组织中的中高层管理人员,内部招聘与外部招聘都是行之有效的途径。在具体的选择方面并不存在标准答案,一般来说,对于需要保持相对稳定的组织,中层管理人员更多的需要从组织内部进行提升,而高层管理人员在需要引入新的风格、新的竞争时,可以从外部引入。

表 6.7　内部招聘与外部招聘的利弊对比

	利	弊
内部招聘	● 被聘者可以迅速开展工作； ● 可提高被聘者的士气； ● 有利于保证选拔的正确性； ● 可降低招聘风险和成本； ● 有利于激励其他员工士气、调动工作积极性； ● 充分利用内部资源； ● 成功的概率高； ● 有利于维系成员对组织的忠诚	● 易出现思维和行为定势，缺乏创新性，从而使组织丧失活力； ● 易造成"近亲繁殖"； ● 招致落选者的不满； ● 不利于被聘者开展工作； ● 易引起内部争斗； ● 选择范围有限，组织中最合适的未必是职位最合适的
外部招聘	● 为组织注入新鲜血液； ● 有助于突破组织原有的思维定势，利于组织创新； ● 人际关系单纯； ● 有利于平息与缓和内部竞争者之间的紧张关系； ● 方便快捷，培训费用少	● 被聘者需较长的调整适应期； ● 对内部员工造成打击； ● 被聘者可能会对组织文化不适应； ● 被聘者的实际合作能力与选聘时的评估能力可能存在较大差距

资料来源：钱振波．人力资源管理［M］．北京：清华大学出版社，2004：138.

第四节　人员测评与甄选

微课天地

人员测评与甄选是指通过运用一定的工具和手段对已经招募到的求职者进行鉴别和考察，区别他们的人格特点与知识技能水平，预测他们未来的工作绩效，从而最终选出企业所需要的、恰当的职位空缺填补者。

一、甄选方法科学性的标准

判断一个甄选过程是否科学有效，可以参考信度、效度、普遍适用性等指标。信度、效度、普遍适用性等指标是甄选方法的基本要求，只有信度、效度、普遍适用性等指标达到一定的测试水平，其结果才适用于作为录用决策的依据，否则将误导招聘人员，并影响其做出正确的决策。

1. 信度

信度主要是指测试结果的稳定性和一致性，也就是对同一应聘者用内容相似的测试再去测验他，所得到的分数也应相似。通常信度可分为再测信度、复本信度、分半信度和评分者信度。

① 再测信度又称稳定性系数，是指用同一种测试方法对一组应聘者在两个不同时间进行测试的结果的一致性。一致性可用两次结果之间的相关系数来测定。其系数高低既与测试方法本身有关，也跟测试因素有关。例如，受熟练程度影响较大的测试，其再测信度就比较低，因为被测试者在第一次测试中可能记住某些测试题目的答案，从而提高了第二次测试的成绩。对于具有较高稳定性的测试内容，如人格、基本能力倾向等，测试方法的再测信度是十分重要的。

② 复本信度又称等值性系数，是指对同一应聘者使用两种对等的、内容相当的测试结果之间的一致性。例如，如果对同一应聘者使用两张内容相当的个性测试量表时，两次测试结果应当大致相同。

③ 分半信度又称内在一致性系数，是指把同一（组）应聘者进行的同一测试分为若干部分加以考察，各部分所得结果之间的一致性。这可用各部分结果之间的相关系数来判别。

④ 评分者信度，是指不同评分者对同样对象进行评定时的一致性。例如，如果许多人在面试中使用一种工具给一个求职者打分，他们都给候选人相同或相近的分数，则这种工具具有较高的评分者信度。

2. 效度

效度是指测试的结果同工作相关的程度,是指实际测到应聘者的有关特征与想要测的特征的符合程度。一个测试必须能测出它想要测定的功能才算有效。效度主要有两种:效标关联效度和内容效度。

① 效标关联效度是说明测试工具用来预测将来行为的有效性。在人员选拔过程中,效标关联效度是考虑选拔方法是否有效的一个常用指标,可以把应聘者在选拔中得到的分数与他们被录用后的绩效分数相比较,两者的相关性越大,则说明所选的测试方法、选拔方法越有效,以后可根据此法来评估、预测应聘者的潜力。若相关性很小或不相关,说明此法在预测人员潜力上效果不大。

② 内容效度又称逻辑效度,是指项目对预测的内容或行为范围取样的适当程度。考虑内容效度时,主要考虑所用的方法是否与想测试的特性有关。例如,招聘打字员,测试其打字速度和准确性、手眼协调性和手指灵活度的操作测试的内容效度是较高的。内容效度多应用于知识测试与实际操作测试,而不适用于对能力和潜力的测试。

3. 普遍适用性

普遍适用性是指在特定背景下建立的人员甄选方法的效度同样适用于其他情况的程度。对于某个具体的组织来说,要去检验一个甄选方案的效度是非常困难的,在这种情况下,效度的普遍适用性就成为效标的一种替代手段。例如,某家小保险公司拟用乐观性测试方法甄选保险推销员,但无法验证效标关联效度。于是,这家保险公司来到曾经验证过此项甄选方案有效性(用乐观性测试方法甄选保险推销员是有效的)的另一家大保险公司,将两者的甄选结果进行比较,并验证。用一种技术或方法,针对同样的岗位要求,根据效度的普遍适用性原理,这家保险公司可以合理地以此对保险推销员候选人进行甄选。

二、人员甄选的步骤

从对应征者的初步筛选到最终人员的正式录用,要经过多重甄选环节,大致可分为以下步骤,如图 6.2 所示。

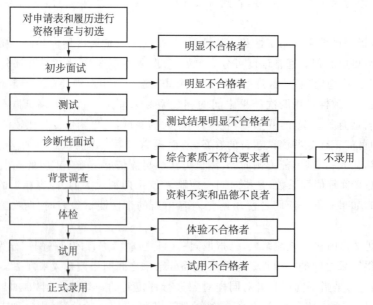

图 6.2 人员甄选过程

三、人员测评与甄选的方法与技术

组织要甄选到合适的人员填补职位空缺,不仅要求在招聘和甄选过程中按照一定的程序和原则进行,而且要求借助科学的选拔方法。现代组织员工甄选的方法很多,常用的方法主要有利用求职申请表、笔试、面试、测试、背景调查、体检和试用等。

1. 利用求职申请表

应聘者在获取招聘信息后,可向招聘单位提出应聘申请。应聘申请有两种方式:一是应聘者通过信函向招聘单位提出申请;二是直接填写招聘单位的求职申请表。

企业可以让应聘者填写设计好的求职申请表,以便在初步甄选过程中提高效率。因为每个应聘者简历制作的格式不同,当应聘者众多时,可能会延长资料甄选的时间,用统一制作的求职申请表,可以在某些条件上把明显不合格的应聘者迅速剔除。

(1) 求职申请表的内容应反映的信息

① 个人情况:姓名、年龄、性别、婚姻、地址及电话等。

② 工作经历:目前的任职单位及地址、现任职务、工资、以往工作简历及离职原因。

③ 教育与培训情况:本人文化的最终学历、学位、所接受过的培训等。

④ 生活及个人健康情况:家庭成员,同本企业员工是否有亲属关系,健康情况(需医生证明)。

⑤ 其他。

(2) 审查求职申请表

在审查求职申请表时,要估计背景材料的可信程度,审查简历的逻辑性,要注意应聘者以往经历中所任职务、技能、知识与应聘岗位之间的联系,分析其离职的原因、求职的动机,对于频繁离职、高职低就等情况作为疑点一一列出,以便在面试时加以了解。对应聘高级职务者还需补充其他个人材料。初审对明显不符合条件者可予以淘汰。

2. 笔试

笔试也叫知识测评,是最古老、最基本的人员甄选方法。它主要用于测试求职者的基本知识、专业知识、管理知识和综合分析能力、文字表达能力等方面的差异。笔试是使用频率非常高的一种人才选拔方法,它省时、成本低、效率高,对求职者知识、技术、能力的考查信度和效度较高。但是笔试不能全面考查求职者的工作态度、品德修养和其他一些隐性能力,所以笔试往往被作为其他甄选方式的补充或初步筛选的方法。许多组织都把它作为进入面试阶段的第一道关口。

3. 面试

面试是指通过供需双方正式交谈,以使组织能客观地了解应聘者的业务知识水平、外貌风度、工作经验、求职动机等信息,应聘者也能了解到组织更全面的信息的过程。与传统人事管理只注重知识掌握不同的是,现代人力资源管理更注重员工的实际能力与工作潜力。进一步的面试还可帮助组织了解应聘者的语言表达能力、反应能力、个人修养、逻辑思维能力等;而应聘者可以了解到自己在组织的发展前途,将个人期望与现实情况进行比较,以及组织提供的职位是否与个人兴趣相符等。面试是员工招聘过程中非常重要的一步。

4. 测评

测评是指测评者采用科学的方法,搜集被测评者在主要活动领域中的表征信息,并针对某一素质测评目标体系做出量值或价值判断的过程,或者从表征信息中引发与推断某些素质特性的过程。简而言之,人员测评是对个人稳定的素质特征进行的测量与评价。根据测评目的的不同,可以把人员测评分为选拔性测评、开发性测评、诊断性测评和考核性测评等。

测评的内容与方法主要有以下几种。

（1）人才测评中心

美国从 20 世纪 40 年代起开发出一套叫做人才测评中心的技术，到 70 年代渐趋成熟，并开始职业化，成为企业咨询业中一种专门的技术和程序。人才测评中心是一种测评人才的活动、方法、形式、技术和程序。这种活动由一系列按照待测评维度的特点和要求而精心设计的测试、操演和练习组成，目的在于诱发被测评者在选定的待测评方面表现出有关行为而提供评价。这些活动除包括心理测试及与常规的笔试与面试相同的测评方法外，主要的典型活动是工作情景模拟测试。

人才测评中心这种方法是多功能的，它既可以用于招聘，在一批申请者中选择合格的人，也可用于早期鉴别有潜能的人才，还可用于合理的职务委派，同时还能发现员工与所任岗位要求的差距，从而对症下药地进行培训。

（2）个性心理测评

个性心理测评主要是对被测评人的个性特征和素质的确定。人的个性包括态度、兴趣、行为倾向等，是人较为稳定的心理特征。个性是一个人能否施展才华、有效完成工作的基础。人员选拔中的一项工作就是将应聘者个性与空缺职位员工应具备的个性标准相比较，选拔二者相符的员工。

在企业中用得较多的个性测评主要有两类：一类是自陈式测评；另一类是投射测评。

① 自陈式测评。自陈式测评的假设前提是"只有本人最了解自己"，因此其资料来源主要是依靠被测者提供的关于自己个性的回答，这种方法最大的缺点在于被测者的诚信，即被测者是否会美化自己的人格特征，尤其是在问卷答案倾向性过于明显时。自陈式测评的典型工具有卡特尔 16 种个性特征问卷（16PF）、明尼苏达多项人格测验（MMPI）、艾森克人格问卷（EPQ）、加州人格问卷（CPI）及"大五"人格测验等。

② 投射测评。投射测评的假设前提是人们对于外界刺激的反应都是有原因的，而不是偶然的，且这些反应主要取决于个体的个性特征。人的一些基本个性特征与倾向性，是深藏于自己意识的底层，处于潜意识状态下的。当把某个意义含混、可做多种解释的刺激物（如图片、词语、物品等）突然出示给被测者看，让他很快说出对该物的认识、解释或联想，被测者就会把自己内心深处的心理倾向"投射"到对物体的认识、解释或联想上去，由于被测者猝不及防又无暇深思，因而其测评结果较为可信。投射测评常用的工具有罗夏赫墨迹测评、主题统觉测评（TAT）、句子完成式量表、笔迹学测评。

（3）心理素质和潜质测评

在人员的招聘和选拔中，除了对其个性特征测评外，企业常常需要对其心理素质和潜质进行测评，以确定被测者是否符合应聘职务的要求。心理素质和潜质测评包括价值测评、职业兴趣测评、智商和情商测评、自信度测评、态度测评等。

（4）能力测评

能力测评用于对应聘人员的职业能力、工作技能和专业知识的测评。

① 职业能力倾向性测评。职业能力倾向性测评是用于测定从事某项特定工作所具备的某种潜在能力的测评，可以预测应聘者在某职业领域中成功和适应的可能性，或者判断哪项工作适合他。职业能力倾向性测评的内容一般有普通能力倾向测评（如思维能力、记忆能力、推理分析能力等）、特殊职业能力测评和心理运动机能测评（如反应时间、四肢协调、爆发力、灵活度等）。

② 工作技能测评。工作技能测评是对特定职位所要求的特定技能进行的测评。其内容因岗位的不同而不同。工作技能测评有多种形式，可进行现场工作情景模拟测评，也可验证应聘者已获得的各种能力证书。

企业在对应聘人员进行技能测评时常采用工作情景模拟测评方法。工作情景模拟测评是根据被试者可能担任的职务，编制一套与该职位实际情况相似的测评项目，将被试者安排在模拟、逼真的工作环境中,要求被试者处理可能出现的各种问题,用多种方法来测评其心理素质、实际工作能力、潜在能力的一系列方法。工作情景模拟测评的方法主要有公文处理模拟、无领导小组讨论、企业决策模拟竞赛、角色扮演、即席发言、案例分析等。

③ 专业知识测评。专业知识测评是对特定职位所要求的特定知识的测评。其内容也因岗位的不同而不同。例如,国家公务员要实行行政管理知识、国家方针政策、法律法规知识的考核,对管理人员要测评管理的基本知识等。各种能力证书既是对能力的证明,也是对其所掌握的专业知识的承认。

5. 背景调查

背景调查是指组织通过第三者对应聘者的情况进行了解和验证。这里的"第三者"主要是应聘者原来的雇主、同事及其他了解应聘者的人员。背景调查是一种能直接证明求职者情况的有效方法。背景调查的方法包括打电话、访谈、要求提供推荐信等。背景调查是为了验证应聘者的个人资料是否属实。

组织在进行背景调查时应注意以下问题:只调查与工作有关的情况;慎重选择"第三者";要估计调查材料的可靠程度。

6. 体检

体检一般是在求职者所有其他测试都通过后,在其就职前进行的。其目的一是要确定求职者的身体状况是否适合职位及环境的要求;二是为后续的健康检查提供基础,也为未来保险或员工赔偿服务;三是及时发现求职者本人可能不知道的传染疾病。体检要特别注意合法性,不能对求职者有疾病歧视。

7. 试用

对通过前期各甄选环节的应聘者仍然可能存在聘用风险,因此对这一部分候选人可以决定先期录用,但要约定试用期限,签订试用合同。试用是对员工的能力与潜力、个人品质与心理素质的进一步考核。只有通过了试用期的员工,组织才能正式录用。

总之,甄选方法有很多,至于如何选择,要依据组织的具体情况而定,包括组织的目标,招聘的规模、时间、预算的许可度等,但有一个问题是所有甄选方法都需注意的,那就是测试的效度和信度,没有效度和信度的测试不能在甄选中采用。

第五节 人员录用配置

一、人员录用的决策要素

1. 信息准确可靠

这里的信息包括应聘人员的原始信息和招聘过程中的现实信息。例如,应聘人员的年龄、性别、毕业学校、专业、学习成绩;应聘人员的工作经历、原工作岗位的业绩、搜集的背景资料、原单位领导和同事的评价;应聘过程中各种测试的成绩和评语。

2. 资料分析方法正确

① 注意对能力的分析。

② 注意对职业道德和品格的分析。

③ 注意对特长和潜力的分析。

④ 注意对个人社会资源的分析。

⑤ 注意对学历背景和成长背景的分析。

⑥ 注意对面试中现场表现的分析。

3. 招聘程序科学

4. 能力与岗位匹配

根据岗位需求录用匹配者,匹配分析贯穿于测试的全过程。

二、人员录用过程

1. 试用合同的签订

员工进入组织前,要与组织签订试用合同。员工试用合同是对员工与组织双方的约束与保障。试用合同应包括试用的职位、试用的期限、员工在试用期的报酬与福利、员工在试用期的工作绩效目标与应承担的义务和责任、员工在试用期应接受的培训、员工在试用期应享受的权利、员工转正的条件、试用期组织解聘员工的条件与承担的义务和责任、员工辞职的条件与义务、员工试用期被延长的条件等。

2. 员工的安排与试用

员工进入组织后,组织要为其安排合适的职位。一般来说,员工的职位均是按照招聘要求和应聘者意愿来安排的。人员安排即人员试用的开始。试用是对员工能力与潜力、个人品质与心理素质的进一步考核。

3. 正式录用

员工的正式录用即通常所称的转正,是指试用期满且试用合格的员工正式成为该组织成员的过程。员工能否被正式录用关键在于试用部门对其考核结果如何,组织对试用员工应坚持公平、能岗匹配的原则进行录用。

正式录用过程中用人部门与人力资源部门应完成以下主要工作:员工试用期的考核鉴定,根据考核情况进行正式录用决策,与员工签订正式的雇用合同,给员工提供相应的待遇,制订员工发展计划,为员工提供必要的帮助与咨询等。

三、员工录用过程中应注意的问题

① 员工录用是按照工作职位的特性和工作时间的需要进行的,同时还要根据每个新员工的个人能力和个性特点来配置工作职位,以提高人力资源的利用率。

② 对所有录用人员一视同仁、公平竞争、择优录用,而不是人为地设置各种不平等的限制和因素。

③ 对于过分超过任职资格的人员要谨慎录用。因为录用一个知识、经验、技能和素质水平远高于工作要求的候选人,可能加大目前的人工成本,同时也会增加隐含的工作流动性和不稳定性,造成未来人工成本的浪费。

④ 在基本满足职位要求的前提下,候选人以往的工作经验和实际工作绩效是录用决策时考虑的重要条件。

⑤ 在工作能力和工作经验基本相同时,每个候选人希望获得该工作职位的动机强度是录用决策时考虑的又一个因素。因为员工未来的工作绩效一般取决于个体的能力和工作态度,在工作能力基本相同的情况下,员工的工作积极性将影响员工的工作绩效。因而一般录用工作动机比较强的新员工。

四、员工配置分析

员工的配置分析主要从以下5个角度来进行。

1. 人与事总量配置分析

人与事总量配置分析是指人与事的数量关系是否匹配,即多少事要多少人去做。这种数量关系不是绝对的,而是随着社会的发展而变化。组织中的任务处于变化中,人的能力处于变化中,因此,这种数量匹配是动态的。在现实中可能出现以下 3 种情况。

① 人力资源过剩。要利用多种渠道妥善安置,如转业训练、缩短工作时间、遣散临时用工、外包劳务、提前退休、下岗、辞退、不再续签合同等。

② 人力资源不足。利用单位内部调剂、外部补充、培训、借调、招聘、任务外包等方式调剂。

③ 人力资源过剩与不足并存。需要调整现有人力资源结构。

2. 人与事结构配置分析

它是指不同性质特点的事应由具有相应专长的人去完成,把各类人员分配在最能发挥专长的岗位上,做到人尽其才、才尽其用。

3. 人与事质量配置分析

它是指人与事之间的质量关系,即事的难易程度与人的能力水平的关系。在实际中有以下两种情况。

① 人员素质低于岗位要求,可利用职业培训、降职等方式调整。

② 人员素质高于岗位要求,可以把员工晋升到更高的岗位。

4. 人与工作负荷是否合理的状况分析

人与事的关系还体现在事的数量是否与人的承受能力相适应,使人员能保持身心健康。这是因为组织的各项活动是一个相互联系、相互依赖的有机整体,每个部门的人力资源配置都应与其所承担的工作量相适应,使工作负荷与人员身心承受能力相适应。

5. 人员使用效果分析

它是指管理者将人员的绩效好坏与自身能力的强弱做比较,分析问题,并与员工共同制定改进绩效的措施,以提高员工的能力。

总之,在人员的录用配置中要始终做到人与岗位的最佳配置,将录用的人员放到最适合他们的岗位上。

 补充阅读资料

招聘中的猎头

猎头是指雇主以特定的岗位,尤其是中高层的管理岗位,聘请外部的专业公司寻找和提供合格候选人的一种活动。猎头招聘是人力资源管理招聘活动中的一种特殊形式,由专业的猎头顾问协助企业招聘,效率高且有质量保证,招聘的成功概率也较大。另外,这种人才流动前期保密性强,因此,较适用于企业招聘高层管理类职位和技术类职位。目前可以说,猎头服务已成为企业寻求高级人才和高级人才流动的重要渠道。

一、"猎头"的起源

"猎头"用于特指人才的搜寻、网罗。第二次世界大战(以下简称二战)后,美国作为主要的战胜国之一,不仅大量搜罗战败国的机器、武器等"硬件",更是不遗余力、不辞辛苦地搜罗战败国的先进技术等"软件",尤其是那些掌握了先进技术的精英人才。美国政府组织了一支由科技人员和特殊人才组成的阿尔索斯突击队,其任务是到战败国搜罗科技情报,并把有用的人才设法弄到美国来。从某种程度上说,阿尔索斯突击队是美国猎头公司的雏形,它的工作过程后来被称为 Head Hunting,即猎头。

二、猎头的发展史

猎头公司最早产生于二战后的美国。据总部设在美国康涅狄格州的猎头咨询公司——司凯龙猎头顾问公司(Hunt-Scanlon)估算,全球猎头公司的收入猛涨。如传统行业一样,该行业也产生了许多巨人,如科恩/费里国际有限公司(Kom/Ferry International)、海德里克-司特拉各斯国际有限公司(Heidrick Struggles International)及斯宾塞亚特公司(Spencer Stuart)、光辉国际公司等。在欧美等发达国家,不少猎头公司与跨国公司有着密切的联系,有些猎头公司甚至跟随跨国公司辗转世界各地,随时根据企业需求行动。IBM公司曾在处于低谷时,由于猎头公司为其请到了郭士纳任新总裁而使公司获得长足发展。惠普公司的新掌门卡莉顿·菲奥里纳也是由猎头公司挖过来的。

相对传统猎头,网络猎头出现了。网络猎头是指利用网络技术开辟"平台+工具+顾问"的服务模式,使用企业与高级人才直接"面对面"的服务机制,是猎头行业的一个细分。网络猎头相比传统猎头,拥有着传统猎头所不具备的优势。①网络优势。网络传播速度快,规模效应大,影响大。②低佣金。谁有合适的人选,都可以向用人企业推荐,这中间并不局限于猎头顾问。③让寻访周期大大缩短,信息量丰富,使猎取人才的渠道更广泛。④推荐精准。顾问在向用人企业推荐高级人才之前,会先对人才进行面试及测评,在确保人才履历真实、能力匹配、有跳槽意愿的时候,才会向企业推荐,这样使用企业和高级人才的契合度更高。

网络猎头也分为传统招聘网站型、新型网络互动交流平台型和SNS社交型猎头。传统招聘网站型猎头依靠三大招聘网站和地方性招聘网站,搜索合适的简历为企业推荐人才,但传统招聘网站招聘效率比较低,简历筛选困难,无法与人才互动和招聘成功率低;新型网络互动交流平台型猎头使用招聘平台网站与人才实现直接沟通联系,缩短人才与猎头之间的距离,速度快、资源广、目标精确;SNS社交类型猎头活跃于招聘型社交网站(将社交网站与猎头业务相结合的网站),具有很强的黏性,便于职场人士拓展人脉,方便猎头寻找合适人才。

虽然如举贤网等新兴的网络猎头会给传统猎头带来一些冲击,但传统猎头也有自身的优势。网络猎头就像服装工业的流水线,而传统猎头业务更像是技术精湛、量身订做品牌服装的世界知名服装设计大师,适合一些价格不菲但却需要精心制作,充分体现"个性化"着装品位的客户。

三、我国猎头市场发展现状

近年来,中国经济迅速崛起,吸引了大批跨国公司来华投资。由于有许多大公司来到中国后,需要通晓中国文化并熟悉业务的高层管理人员,中国的猎头市场因此而逐渐形成。国外猎头公司也纷纷以各种方式进入中国市场。截至目前,在全国,通过政府相关部门注册成立,并正式经营猎头业务的猎头公司超过950家。现阶段,正在中国市场上开展猎头业务的中外猎头公司,从规模和业务层面来分,主要有三大阵营。

第一阵营是那些著名的跨国猎头公司,它们主要分布在上海和北京两个城市。这些猎头公司主要是为世界500强企业服务,为来到中国的跨国公司寻访中高级职位人才或者区域总裁级高管职位人才,收费起点很高。

第二阵营是在中国内地或香港特区注册成立,主要集中在北京、上海、深圳和广州4个城市,它们的日常经营较为规范、专业,已经实施跨区域运作,主要从事中国知名大企业中高层职位的人才寻访;同时,它们也有专门的团队帮助来到中国的跨国公司寻访中层偏下一点的职位人才。这类猎头公司是中国猎头市场上真正的主流力量,实际占有中国整个猎头市场份额的60%以上。

第三阵营是规模较小,成立时间短,收费低,专业能力弱,其中相当一部分是没有专业能力的猎头公司。这些猎头公司业务范围基本集中在单一区域,也未进行行业划分,主要从事中低端职位的人才寻访。这一阵营的猎头公司多数是由初步具备专业经验的顾问,在较大型的猎头公司内积累了一定经验并掌握了一些有限的资源后创办的。这类公司的创办人兼管理者同时也是做具体业务的人员,甚至还是整个公司最主要的业务拓展者。

本章小结

招聘是组织人力资源管理工作中的一项重要的基础性工作,是组织人力资源形成的关键,它对于人力资源的合理形成、管理与开发具有至关重要的作用。人员招聘是按照企业经营战略和人力资源规划的要求,把优秀、合适的人才招聘进企业,把合适的人放到合适的岗位上。做好人员招聘配置工作十分复杂,涉及招聘政策的制定、招聘方式的选择、人员测评的设计和实施、人员的录用配置等。

重点概念

招聘;甄选;测评;录用

复习思考题

1. 招聘对企业的意义是什么?
2. 招聘的原则是什么? 招聘的程序是什么?
3. 招聘的渠道有哪些? 各有什么利弊?
4. 人员甄选的程序是什么?
5. 罗列一下有关人员测评的方法。

 **案例分析**

H 公司的招聘

H 公司是一家生产型企业,由私人投资兴办,成立于 2000 年。其公司负责人刘总正在为公司的人才引进问题而烦恼。H 公司成立 8 年多以来,业务量日益增长,市场逐渐扩大,逐步站稳了脚跟。前一段时间,公司新增加了一些新产品的制造业务,同时也增设了相应的新岗位。因此,人力资源部的李经理向刘总提出了招聘的要求。这一建议得到了刘总的支持。

公司发展到现在,业务得到了新的拓展,要增加一些新的岗位,如新产品的制造部经理、技术主管等岗位。现有的在职员工的知识素质、技能似乎还差一截。因此,李经理想利用此次机会招聘优秀的外部人才为公司新产品的生产制造注入新的活力。人力资源部抽取了一些工作人员,再加上一些重要部门的主管,组成了招聘小组,开始了招聘工作。这次招聘与以往不同的是,李经理认为公司要获取持久的竞争优势,并能够长久的发展,必须招聘一些知识层次较高、工作经验丰富、能力素质都很优秀的人才加入到公司中来。

招聘后,新员工试用的效果并不尽如人意。许多刚刚应聘的人员提出了换岗或者干脆主动放弃该工作机会。人力资源部的李经理对此困惑不已。新招进来的员工共 6 个,基本上都有两年以上制造业的工作经验。从学历看,其中有 3 个博士、2 个硕士、1 个本科生,他们都被安排在了新产品制造的各个岗位中,公司提供的薪水并不低,领导对他们的工作基本持满意态度,再者工作环境也还比较理想,因此,对于新员工提出的主动辞职,李经理陷入了沉思。他找来部门主管,询问了新产品的制造情况,发现岗位设置不太合理,特别是岗位对任职者的需求和实际任职者的能力之间存在较大差异。新招的员工具有良好的专业背景,并且拥有相关工作经验,他们的能力超过了这

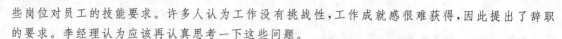

些岗位对员工的技能要求。许多人认为工作没有挑战性,工作成就感很难获得,因此提出了辞职的要求。李经理认为应该再认真思考一下这些问题。

思考题

1. H公司在招聘过程中出现了什么问题?

2. 要保证招聘的有效性必须注意什么?

第七章

职业生涯管理

学习目标

知识目标

- 掌握职业生涯、职业生涯规划、组织职业生涯管理的概念。
- 掌握职业生涯规划的要素。
- 了解职业生涯的路线和发展阶段。
- 熟悉实施组织职业生涯管理的一般步骤与方法。

能力目标

- 能初步运用有关工具进行自我测评与分析。
- 能运用本章所学知识做一份职业生涯规划书。
- 能运用本章所学知识实施组织职业生涯管理。

引导案例 **把一张纸折叠51次**

请你想象一下：如果你手里有一张足够大的白纸。现在，请你把它折叠51次。请问：它有多高？

你也许会说：一个冰箱？一层楼？或者一栋摩天大厦那么高？不！你的答案差得太多了！据说，这个厚度超过了地球和太阳之间的距离——这可能是一个想象不到的高度！

2的51次方＝2 251 799 813 685 248，这是一个16位数！如果这张纸的厚度是0.07毫米，那么对折51次后它的厚度是多少呢？是1.576亿多千米，超过了地球到太阳的1.496亿千米的距离！

既然一张纸折叠51次的高度如此震撼，那么，请你再来思考另一个问题：如果仅仅是将51张白纸叠在一起，会有多高呢？！

这个对比一定会让你感到震惊。

没有方向、缺乏规划的人生，就像是将51张白纸简单地叠在一起。今天做做这个，明天做做那个，每次努力之间并没有一个联系。这样一来，哪怕每个工作都做得非常出色，它们对你的整个人生来说也不过是简单的叠加而已。当然人生比这个叠纸游戏更复杂。有些人，一生认定一个简单的方向而坚定地做下去，他们的人生最后达到了别人不可企及的高度。也有些人，他们的人生方向也很明确，譬如开公司做老板，他们需要很多技能——专业技能、管理技能、沟通技能、决策技能等。他们可能会在一开始尝试做做这个，又尝试做做那个，没有一样是特别精通的，但最后，开公司做老板的这个方向将以前的这些看似零散的努力整合到一起，这也是一种复杂的人生折叠，而不是简单的叠加。

通过规划，利用好现有的能力，发展新技能，就会达到一个比简单叠加更高的境地！

当人们的行动有明确的目标,并且把自己的行动与目标不断加以对照,清楚地知道自己的行进速度与目标的距离时,行动的动机就会得到维持和加强,人们就会自觉地克服一切困难,努力达到目标。因此,进行职业生涯规划有利于明确职业奋斗目标、实现职业理想,从而适应社会发展的需要。

第一节　职业生涯规划概述

微课天地

一、职业生涯和职业生涯规划的内涵

职业生涯又称职业发展,是指一个人在其一生中遵循一定道路(或途径)所从事工作的历程,是与工作相关的活动、行为、价值、愿望等的综合。职业生涯分为外职业生涯和内职业生涯。外职业生涯是指从接受教育开始,经工作,直至退休的活动;内职业生涯是指个人对职业追求的一种主观愿望及期望的职业发展计划。这样的区分来源于对职业生涯理解的主、客观假设,即与工作相关的整个人生历程不仅需要对经历的客观事件进行一番系统的变革,同时在主观上也会相应改变自己的价值观、目标、认知等职业属性。

职业生涯规划(career planning)分个人职业生涯规划和组织职业生涯规划。从组织的角度来看,职业生涯规划是指通过员工的工作及职业发展的设计,协调员工个人需求和企业组织需求,实现个人和企业的共同成长和发展的过程;从个体的角度来看,职业生涯规划是一个人筹划其人生工作的过程,或者说个人设计自己的职业生涯,策划如何度过职业工作生命周期的过程。通过职业规划,一个人能评价自己的能力和兴趣,考虑可选择的职业机会,确立职业目标,筹划实际的发展活动。个人职业规划是员工个人的主动行为或活动,是个人职业生涯的设计与策划。

二、职业生涯规划要素

职业生涯规划有知己、知彼、抉择三大要素。其中,知己、知彼是抉择的基础,如图7.1所示。

知己,主要是了解自己,看看自己的性格、兴趣、特长、能力、个性、智商、情商、价值观,以及家庭、学校和社会教育对个人产生的影响等。

知彼,主要是了解外在的世界,包括行职业的特性、所需的能力、就业渠道、工作内容、工作发展前景、行职业的薪资待遇、晋升发展机会等。知己与知彼之间的关联如图7.2所示。

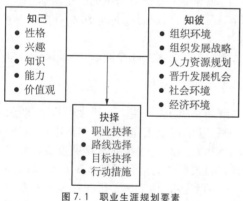

图7.1　职业生涯规划要素

图7.2　知己与知彼之间的关联

注:内圆表示个人的内在世界(知己),外圆表示外在的工作世界(知彼)

资料来源:Carolyn Wood Kelpe Kern. The Effects of a Career Planning and Decision-making Course on Career Indecision and Self-concep[M]. Oklahoma State University, 1990.

抉择,就是下定决心的选择。在职业规划中会面临各种选择,包括行业、地域、发展前景、阻力、助力等,在要与不要、接受与不接受的反复考虑中决定。

抉择之后是确定目标,然后采取行动。

三、职业生涯规划路线

每个人的生涯发展会有不同的路线,职业生涯规划一般有三大路线:一条是管理类路线,从初级管理者到高级管理者;一条是技术类路线,从基层技术员到高级技术主管;一条是业务类路线,从业务员到高级业务专家,如图 7.3 所示。由于不同的人有不同的路线,所以要选择适合自己的、正确的途径。中国有句老话"学而优则仕",意思是当官才是唯一的出路。因此很多企业通过晋升职位来勉励员工。殊不知,有些员工其实只适合做技术人员,根本不适合当管理人员。就秘书专业工作者本身来说比较适合管理类路线。

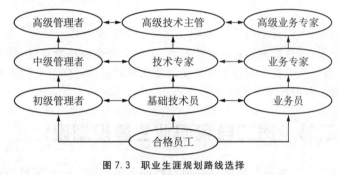

图 7.3 职业生涯规划路线选择

四、职业发展阶段的不同对职业选择的影响

每个人的职业发展都要经过几个阶段,因此,必须了解这种职业周期的重要性。职业周期之所以重要,是因为所处的职业阶段将会影响一个人的知识水平及对各种职业的偏好程度。一个人可能经历的主要职业阶段大体可总结如下。

1. 成长阶段

成长阶段大体上可以界定在从一个人出生到 14 岁这一年龄段上。在这一阶段,个人通过对家庭成员、朋友和老师的认同,以及与他们之间的相互作用,逐渐建立起了自我的概念。在这一阶段的开始时期,角色扮演是极为重要的。例如,儿童将尝试各种不同的行为方式,而这使他们形成了人们如何对不同的行为做出反应的印象,并且帮助他们建立起一个独特的自我概念或个性。到这一阶段结束的时候,进入青春期的青少年(这些人在这个时候已经形成了对他们的兴趣和能力的某些基本看法)就开始对各种可选择的职业进行带有某种现实性的思考了。

2. 探索阶段

探索阶段大约发生于一个人 15~24 岁这一年龄段上。在这一时期中,个人将认真地探索各种可能的职业选择。他们试图将自己的职业选择与他们对职业的了解及通过学校教育、休闲活动和工作等途径中所获得的个人兴趣和能力匹配起来。在这一阶段的开始时期,他们往往做出一些带有试验性质的较为宽泛的职业选择。然而,随着个人对所选择职业及对自我的进一步了解,他们的这种最初选择往往会被重新界定。到了这一阶段结束的时候,一个看上去比较恰当的职业就已经被选定,他们也已经做好了开始工作的准备。

人们在这一阶段及以后的职业阶段上需要完成的最重要任务也许就是对自己的能力和天资形成一种现实性的评价。类似地,处于这一阶段的人还必须根据来自各种职业选择的可靠信息做出相应的教育决策。

3. 确立阶段

确立阶段大约发生在一个人24～44岁这一年龄段上,它是大多数人工作生命周期中的核心部分。有些时候,个人在这期间(通常是希望在这一阶段的早期)能找到合适的职业并为之全力以赴地投入到有助于自己在此职业中取得永久发展的各种活动之中。人们通常愿意(尤其是在专业领域)早早地就将自己锁定在某一选定的职业上。然而,在大多数情况下,在这一阶段人们仍然在不断地尝试与自己最初的职业选择所不同的各种能力和理想。

4. 维持阶段

到了45～65岁这一年龄段上,许多人很简单地就进入了维持阶段。在这一职业的后期阶段,人们一般都已经在自己的工作领域中为自己创立了一席之地,因而他们的大多数精力主要就放在保有这一位置上了。

5. 下降阶段

当退休临近的时候,人们就不得不面临职业生涯中的下降阶段。在这一阶段上,许多人都不得不面临这样一种前景:接受权力和责任减少的现实,学会接受一种新角色,学会成为年轻人的良师益友。再接下去,就是几乎每个人都不可避免地要面对的退休,这时,人们所面临选择就是如何去打发原来用在工作上的时间。

第二节　员工自我职业生涯规划设计

微课天地

职业生涯规划是在人一生的发展中具有前瞻性的系统工程。一个完整、有效的职业生涯规划流程应该包括认识自我、分析环境、职业生涯目标和路线的设定、职业生涯策略的制定与实施及职业生涯规划的反馈与修正5个环节。

一、认识自我

进行职业生涯规划的一个最基础的工作就是先全面认清自我。因为只有对自己有了一个客观、全面的认识,才能选定自己职业生涯发展的目标,才能正确选择合适的发展道路,才能对自己目前的职业状态做出合理的调整。表7.1列出了认识自我的4个常用方法。

表7.1　认识自我的4个常用方法

方　法	含　义
专业测评	利用心理测验和专家咨询,较客观地认识自我
他人指点	注意家庭、同学、朋友、师长等对自己的看法、意见和建议
以史为鉴	回顾个人的成长史
环境适应	把自己置于新环境,从适应过程的行为表现中认识自我

进行职业生涯规划时对自我的了解主要包括:了解自己的职业兴趣,了解自己的个性,了解自己的职业能力,了解自己的职业锚,以便了解自己正处于哪个职业发展阶段。

1. 兴趣

兴趣是一个人力求认识、掌握某种事物,并经常参与该种活动的心理倾向。兴趣是最好的老师,对人的发展有一种神奇的力量。

职业兴趣在人的职业活动中起着非常重要的作用,主要表现为:可以影响人的职业定位和职业选择,能够开发人的能力,激发人的探索与创造力,增强人的职业适应性和稳定性。有研究发现,如果一个人所从事的工作与其职业兴趣相吻合,就能发挥其全部才能的 80%～90%,并能长时间地保持高效率的工作,乐此不疲;反之,则最多只能发挥其全部才能的 20%～30%,还很容易导致厌倦与疲劳。由此可见,职业兴趣能极大地影响人们在职业活动中的工作绩效。

2. 个性

个性是一个人稳定、习惯化的思维方式和行为风格,它贯穿于人的整个心理活动过程,是人的独特性的整体写照,影响着一个人的活动方式、风格和工作绩效。

美国职业指导专家约翰·L·霍兰德(John L. Holland)在 20 世纪 60 年代以自己从事的职业咨询为基础,通过对自己职业生涯和他人职业发展道路的深入研究,引入人格心理学的有关理论,经过多次补充和修订,形成了一套系统的职业设计理论。其内容包括个性和职业类型的划分、职业分类、类型鉴定表等。

霍兰德提出了 4 个基本假设。

① 人的个性大致可分为 6 种类型:现实型、研究型、艺术型、社会型、企业型和常规型。

● 现实型:顺应的、具体的和老实的。

● 研究型:分析型的、指挥的和探究的。

● 艺术型:想象的、独白的、情感性的和无秩序的。

● 社会型:社交性的、爱帮助他人的和善解人意的。

● 企业型:冒险的、精力充沛的、社交性的和自信的。

● 常规型:守规则的、慎重的、自制的和顺从的。

② 所有职业均可划分为相应的六大基本类型,任何一种职业大体都可以归属于 6 种类型中的一种或几种类型的组合。

③ 人们一般都倾向于寻找与其个性类型相一致的职业类型,追求充分施展其能力与价值观,承担令人愉快的工作和角色,职业也充分寻求与其类型相一致的人。

④ 个人的行为取决于其个性与所处的职业类型,可以根据有关知识对人的行为进行预测,包括职业选择、工作转换、工作绩效及教育和社会行为等。

在这 4 个假设的基础上,霍兰德提出了六边形模型,如图 7.4 所示。

在图中,六边形的 6 个角分别代表霍兰德所提出的 6 种类型。6 种类型之间具有一定的内在联系,它们按照彼此间相似程度定位,相邻两个维度在各种特征上最相近,相关程度最高。距离越远,两个维度之间的差异越大,相关程度越低。每种类型与其他 5 种类型存在 3 种关系:相近、中性和相斥。

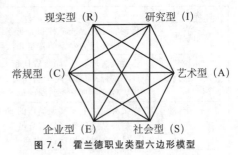

图 7.4 霍兰德职业类型六边形模型

根据六边形模型来理解,最为理想的职业选择就是个体能找到与其个性类型重合的职业类型,即人-职匹配。这时,个人最可能充分发挥自己的才能并具有较高的工作满意感。如果个人不能获得与其个性相匹配的职业,则寻找与其个性类型相近的职业。由于两种类型之间有较高的相关系数,个人经过努力和调整也能适应职业环境,达到人-职匹配。最差的职业选择是个人在与其个性类型相斥的职业环境中工作。在这种情况下,个人很难适应工作,也不太能感受工作的乐趣,甚至无法胜任工作,是人-职不匹配的方式。总之,个性类型与职业类型的相关程度越高,个人的职业适应性越好;相关程度越低,个体的职业适应性越差。因此,六边形模型有助于人们更好地理解和进行职业选择。

此外,霍兰德还制定了两种类型的测定工具,帮助择业者进行职业决策。一种测定工具是职业选择量表(VPI)。该量表要求被试者在一系列职业中做出选择,然后根据测定结果确定个人的职业倾向领域。另一种测试是自我指导探索(SDS)。在测试感兴趣的活动、能力和喜欢的职业的基础上,进而查询比较适合自身特性的职业。

3. 职业能力

职业能力是一种使活动、任务得以顺利完成的心理特征,是熟练和技能的综合,是执行某种行动的技巧,也是人们生理活动的能量,直接影响到职业活动的效率。能力分为一般能力和特殊能力:一般能力包括人的注意力、想象力、观察力、记忆力、思维能力等,一般能力可以通过智商和情商两个维度来考虑;特殊能力是指从事某项专业活动的能力,也可称为一个人的特长,如计算能力、协调能力、表达能力、空间判断能力。社会上任何一种职业对工作者的能力都有一定的要求。例如,对于会计、出纳、统计等职业,工作者必须有较强的计算能力;对于工程、建筑及服装设计等职业,工作者要具备空间判断能力;对于飞行员、外科医生、运动员、舞蹈演员等职业,工作者则要具备眼与手的协调能力。在选择职业时不能好高骛远或单从兴趣爱好出发,要实事求是地检测自己的学识水平和职业能力,这样才能找到"有用武之地"的合适工作。一个人发挥好特长才易成功,否则,让一个鸭子跟兔子赛跑而不是比赛游泳,鸭子不管怎么苦练,累死也不会赢。

4. 职业锚

职业锚的概念是美国施恩教授提出的。职业锚(career anchor)是指当一个人不得不做出选择的时候,他或她无论如何都不会放弃的职业中的那种至关重要的东西或价值观。如同一个人的生命之舟在大海上航行,去哪儿或停留在哪儿还不清楚,这时在行驶过程中发现一个非常美丽的港湾,吸引着此人决定停船下锚。这个地方对职业生涯来说,是最佳贡献区。找到了最佳贡献区,就可以在那儿"停船下锚",这就是所谓的"职业锚"。施恩认为职业锚是个人的长期职业定位,由三部分构成:第一部分是自己认识到的自己的才干和能力(以实际成功经历为基础);第二部分是自己认识到的自我动机和需要(以自我感知和他人反馈为基础);第三部分是自己认识到的自己的态度和价值观。职业锚要通过个人的职业经验逐步稳定、内化,当个人面临多种职业选择时,职业锚是其最不可能放弃的职业意向。施恩通过研究总结出5种职业锚类型,如表7.2所示。

表7.2 职业锚类型

类 型	特 征
技术职能型	强调实际技术或某种职能业务工作;拒绝全面管理工作;目标是技术和职能的不断提高;其成功更多取决于领域内专家的肯定和认可,以及承担该领域内富有挑战性的工作
管理能力型	担负纯管理责任,而且责任越大越好;具有强有力的升迁动机和价值观,以提升、等级和收入作为衡量成功的标准;具有将分析能力、人际关系能力和感情能力进行特别合成的技能;定位于管理型的人在很大程度上具有对组织的依赖性
创造型	在某种程度上同其他类型的职业锚有重叠;有强烈的创造需求和欲望;意志坚定,敢于冒险,有通过开发新产品或服务来创造自己生意的强烈愿望,把赚钱作为成功的衡量标准,这种愿望往往在职业生涯的早期就付诸行动;以自我为中心,在传统组织中不会待太久
安全型	职业的稳定和安全是这类职业锚雇员的追求、驱动力和价值观;在行为上,倾向于依照雇主对他们提出的要求行事,以维持通过工作安全、体面的收入、有效的退休方案、津贴等形式保障的一种稳定的职业前途;对组织具有依赖性;个人职业生涯的开发与发展受限制;其成功标准是一种稳定、安全、整合良好的家庭和工作环境
自主型	希望最大限度摆脱组织的约束,追求能施展个人职业能力的工作环境;与其他类型职业锚有交叉;以自主型职业为锚位的人在工作中显得很愉快,享有自身的自由,有职业认同感,把工作成果与自己的努力相挂钩

当然,职业锚是个人稳定的职业贡献区和成长区。但是,这并不意味着个人将停止变化和发展。员工以职业锚为其稳定源,可以获得该职业工作的进一步发展及个人生命周期和家庭生命周

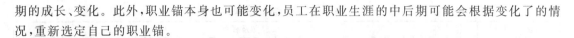

期的成长、变化。此外，职业锚本身也可能变化，员工在职业生涯的中后期可能会根据变化了的情况，重新选定自己的职业锚。

二、分析环境

环境因素对个人职业生涯规划的影响是巨大的，作为社会生活的一份子，只有顺应外部环境的需要，趋利避害，最大可能地发挥个人优势，才能实现个人目标。外部环境分析主要包括社会环境及组织内外部环境。

1. 社会环境

（1）社会政治、经济发展趋势

社会环境对个人的职业生涯乃至人生发展都有重大影响。通过对社会大环境的分析，了解所在国家或地区的政治、经济、文化、法制建设的政策要求与发展方向，以寻找各种发展机会。例如，国际化经营，经营贸易国界的消失，对人的素质提出了更高的要求，它要求经营人才不但要精通专业技术与经营知识，还要精通外语，熟悉国际贸易及异国他乡的风俗习惯等。

（2）职业分类及其竞争性分析

社会的变迁与价值观念对于生活在社会中的个体有重大的影响，而日新月异的科技知识对人的职业生涯规划会产生更为直接的导向作用。因此，了解自己所面对的劳动力市场，考察与自己专业相适宜的职业的竞争性程度就成为长远职业生涯规划的重要信息支持和决策依据。

2. 组织内外部环境

（1）组织内部环境

对组织内部环境的分析主要包括组织文化、经营战略、人力资源状况及管理水平等内容。与此相关的各项因素对于组织内部成员的职业生涯规划具有十分直接和明确的导向作用。

（2）组织外部环境

对组织外部环境的分析主要包括组织所面对的市场状况、在行业内的地位与前景及该行业的发展趋势等内容。分析组织外部环境，尤其是行业前景预测时，一定不能脱离社会大环境的影响。

三、职业生涯目标和路线的设定

1. 确定职业生涯发展目标

职业目标是指一个人渴望获得的与职业相关的结果。在掌握了以上职业生涯规划自我认知及环境认知的理论和方法后就要进入这一核心步骤。一般而言，职业生涯目标有 3 个维度。

（1）概念性目标

概念性的职业目标可以概括为哲学意义上的目标，与具体的工作与职位无关，反映一个人的价值观、兴趣、才干和生活方式的偏好。例如，一个人的概念性目标是从事科研工作，这样的目标表达了选择者对于工作任务、性质、环境及相关生活方式的偏好。

（2）操作性目标

操作性目标是将概念性目标转化为具体的工作，如上例中的选择者的操作性目标相应地可以被实践为某研究院研究员的职位。操作性目标是达到根本的概念性目标的媒介。

（3）短期、中期和长期的职业目标

从时间维度方面可将职业目标分为短期目标规划、中期目标规划、长期目标规划及人生规划，如表 7.3 所示。

表 7.3 职业目标的分类

类　型	定义及任务
短期目标规划	2 年以内的规划,主要是确定近期目标,规划近期完成的任务,如对专业知识的学习,2 年内掌握哪些业务知识等
中期目标规划	一般为 3～5 年内的目标与任务,如规划到某业务部门做主管,规划从大型公司的主管到小型公司的经理等
长期目标规划	5～10 年的规划,主要设定较长远的目标,如规划 30 岁时成为一家中型公司的部门经理,40 岁时成为一家大型公司的副总经理等
人生规划	整个职业生涯规划,时间长至 40 岁以上,设定整个人生的发展目标,如规划成为一个有数亿资产的公司董事

2. 职业生涯路线的选择

职业生涯分析过程主要从 3 个方面,也就是以本人意愿、本人现实能力及客观可能性为出发点,来综合考虑个人的职业生涯发展路线,如图 7.5 所示。

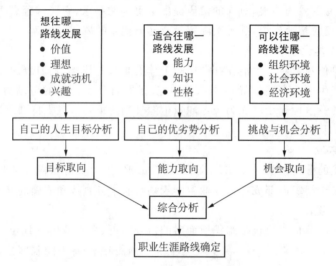

图 7.5 职业生涯分析过程

职业生涯发展路线是指一个人选定职业后从什么方向上实现自己的职业目标,是向专业技术方向发展,还是向行政管理方向发展,发展方向不同,要求就不同。因此,在职业生涯规划时必须对此做出选择,以便安排今后的学习和工作,使其沿着职业生涯路线发展。

但是,一个人往往要经过一段时间后才能找到适合自己的发展路线。以下问题可以对职业生涯发展路线的探索起到一定的帮助作用。

问题 1:你有哪些才能? 把它们全部列出来,选择 3 种最重要的才能,然后把每种才能用一两个词来表达。

问题 2:你的追求是什么? 什么是你梦寐以求的,并使你愿意为之付出更多的精力?

问题 3:什么环境让你感到如鱼得水? 什么样的工作和生活环境最适合你发挥自己的才能?

在制定职业生涯规划时,也可以针对下面 3 个问题询问自己。

问题 1:希望往哪条路线发展

主要根据个人的价值观、理想、成就动机和兴趣等主观因素,分析自己的人生目标,以便确定自己的目标取向。可以考虑的路线有:公务员、行政人员、技术人员、民营企业、自己创业。

问题 2:适合往哪条路线发展

主要考虑自己的智能、技能、情商、性格、特长等客观因素,分析自己与他人的优劣势,确定自己的能力取向。

问题3：可以往哪条路线发展

主要考虑自身所处的内外环境等，分析挑战与机会，确定自己的机会取向。

3个取向确定后，进行综合分析，以确定自己的职业生涯发展路线。

四、职业生涯策略的制定与实施

1. 职业生涯策略的制定

在确定职业生涯发展目标和职业生涯发展路线之后，为了达到目标，就需要制定职业生涯发展策略的行动规划。职业生涯策略是指为了实现职业生涯目标而采取的各种行动和个人资源配置措施。制定职业生涯策略既要决定"应该做什么和怎么做"，也要决定"不能做什么"，还要包括个人资源的配置计划。具体来讲，职业生涯策略包括以下3个方面。

① 工作策略，即为达到工作目标，计划采取哪些措施提高工作效率；通过这些努力实现个人在工作中的良好表现与业绩。

② 学习与培训策略，即在业务素质方面，计划采取哪些措施提高业务能力；在潜能开发方面，计划采取哪些措施开发潜能；还包括超出现实学习或工作之外的一些前瞻性准备，如参加业余时间的课程学习或有针对性的教育与培训，掌握一些额外的技能与专业知识。

③ 人际关系策略，即如何在职业领域构建人际关系网络，为未来的发展寻找更广泛的支持与合作空间。

2. 职业生涯策略的主要内容

职业生涯策略可以细化为具体计划和具体措施，同时还要明确每项计划的起讫时间和考核指标。

① 具体计划。职业生涯路线发展是一步一步走过来的，职业生涯目标的实现也是一点一点积累起来的。如果没有具体的行动计划，目标就不可能实现。因此，需要列出详细的工作和学习计划。每年学什么，要列出具体的科目；每年干什么，要列出具体的任务。

② 具体措施。列出具体的计划后，还要列出实现每项计划的具体措施，并且措施要切实可行。如果没有具体的措施或措施不可行，计划就无法实现。

③ 起讫时间。对每项计划列出切实可行的具体措施后，还要明确每项计划的起讫时间，即什么时间开始，什么时间结束。否则，你的计划就会落空。明确每项计划的起讫时间，是约束自己按计划行动的重要手段。

④ 考核指标。在明确具体计划和具体措施及起讫时间后，还要确定拿什么指标来检查或衡量计划的完成，这一点也是非常重要的。如果没有考核指标，计划就极有可能搁浅，职业生涯目标也就无法最终实现。

3. 职业生涯策略的实施

职业生涯目标是职业生涯规划的关键，职业生涯策略和具体的计划与具体措施是实现职业生涯目标的保证。但仅仅设定目标、制定策略和计划，如果不去实施，那么再好的目标也是空想，再好的策略和计划也是一纸空文。因此，要实现自己的职业生涯目标，就必须将策略和具体的计划转化成实际的行动。在生涯策略的具体实施中，一定要排除一切干扰目标实现的因素，坚持不懈地为实现自己的职业生涯目标而努力。

五、职业生涯规划的反馈与修正

在行动过程中，需要通过不断的评估和反馈来检验和评价行动的效果。职业生涯规划也需要由实践的检验而不断完善。在进行职业生涯规划时，由于每个人自身和外部环境的不同，对未来目标的设定也有所不同,一个人不可能对外部环境了如指掌,也不可能完全了解自己的所有潜能,这就需要我们在职业发展道路上,根据自身因素和外部环境的变化及实施过程中所得到的各种反馈信息,不断地对职业生涯计划进行调整。职业的重新选择、实现目标的时限改变、职业生涯策略和路线,甚至整个职业生涯目标的调整,都属于修正范畴。反馈与修正的目的是为了纠正最终目标与阶段职业目标的偏差,保证职业生涯规划的有效性,使通向最终目标的职业生涯道路一路畅通,更好更快地实现自己的人生目标。

影响职业生涯规划的因素很多,除了个人自我认识的偏差之外,还有许多外界环境因素。其中有的因素是可以预测的,有的则无法预测;有的因素是可控的,有的则是不可控的。这就要求我们必须根据实际情况的发展不断地对职业生涯计划进行评估和修正。

实施职业生涯规划时,必须为日后可能的计划修改预留余地,修订的依据是每次成效评估后反馈回来的信息。至于计划修正的时机,必须考虑下列 3 点。

① 定期检测预定目标的达成进度。

② 每一阶段目标达成之时,要依据实际效果修订未来阶段目标可采用的策略。

③ 客观环境的改变会影响计划的执行。

总之,反馈与修正是职业生涯规划的重要环节,也是保障职业生涯规划能否实施的关键环节。只有通过不断地反馈与修正,才能保证目标的合理性和措施的有效性,也才能保证生涯目标的最终实现。

第三节　组织职业生涯管理

一、组织职业生涯管理的内涵与功能

1. 组织职业生涯管理的内涵

组织职业生涯管理是指企业从员工个人的职业发展需求出发,有意识地将其与企业组织的人力资源需求和规划相联系、相协调、相匹配,为员工提供不断成长和发展的职业机会,帮助、支持员工职业生涯发展所实施的各种政策措施和活动,以最大限度地调动员工的工作积极性,在实现员工个人职业生涯目标的同时,实现企业的生产经营目标和持续发展。开展职业生涯管理工作是满足员工与企业组织双方需要的极佳方式,它将二者的需要、目标、利益相结合、相匹配,以达到"双赢"效果。组织职业生涯管理的内容主要包括:帮助员工进行职业规划,建立各种适合员工发展的职业通道,针对员工职业发展的需求进行各种培训,给予员工必要的职业指导等。

2. 组织职业生涯管理的功能

组织职业生涯管理的功能首先是为组织获得更好的发展提供足够的人才储备。但凡经历市场和竞争的考验,能够存活并发展壮大的企业,基本上都有过强化人力资源管理、注重员工职业发展规划的历程。组织职业生涯管理是在为企业和员工做长远考虑,能够充分考虑员工的意愿和需要,从而更好地吸引、培养和留住人才。

其次,组织职业生涯管理可以最大限度地开发人力资源。组织的良好发展,对员工能力、工作状态等因素的依赖程度要高于对资本的依赖程度。合理的职业生涯规划和管理,建立在对员工差异性的重视基础上,区别对待不同的个体,把合适的人放置在合适的岗位上,让他们挥洒个性、表现特长,给予对应的待遇、培养和肯定,使人尽其才、物尽所用,最大限度地调动员工的工作积极性和发挥潜能。

组织职业生涯管理还能实现个人利益和组织利益的最大化。任何组织内部都有自身的结构关系和运作模式,无论是基层员工,还是中高层管理者,都必须遵循特定的游戏规则,利益关系导致必然存在相互冲突的问题。然而在多数情况下,组织内部不同群体的根本利益基本是相符的。通常来说,个人不能脱离组织存在,即使自由职业者,也会与特定的组织保持某种合作关系;孤立于社会和组织之外的个人,没有职业生涯可言。换个角度看,个人职业生涯的成功需要依托组织,组织为个人提供最基本的工作岗位和收入来源,个人如果想激发自己的潜能,充分发挥自己的优势,全力工作来为自己换取更好的回报,就需要依赖专业化的组织。组织为个人搭建起血缘关系网之外的社会关系网,个人的职业生涯离不开组织这个重要的媒介。组织本身就是复杂的社会网络,个人在其中可以得到必要的锻炼,从而更好地融入社会。组织为个人提供学习和扩展的空间,也为个人提供实现自我价值的机会。所以,组织职业生涯管理的功能,就是通过合适的方式使员工充分意识到组织对实现个人职业生涯的重要作用,让个人的职业生涯规划得到实现的同时,最大限度地满足于组织的发展需求,找到两者利益趋同的最佳合作点。

二、实施组织职业生涯管理的一般步骤与方法

1. 进行工作分析和工作设计

进行工作分析是为了获得与工作相关的信息,是为员工制定有效的职业发展策略的起点。这一步骤主要是运用工作分析问卷、任务调查表、工作分析面谈和关键事件调查等方法获得工作分析的基础数据,包括每个工作的基本资料、工作描述、工作要求等。

工作设计是在工作分析的信息基础上,根据组织需要,并兼顾个人的需要,规定每个岗位的任务、责任、权力及组织中与其他岗位的关系,并制定出工作说明书等岗位人事规范的过程。其主要包括:工作内容,一般包括工作广度、工作深度、工作的自主性、工作的完整性及工作的反馈5个方面;工作职责,主要包括工作的责任、权力、方法,以及工作中的相互沟通和协作等方面;工作关系,即组织中的工作关系,包括协作关系、监督关系等各个方面。

2. 员工基本素质测评

这个步骤的主要任务是:通过对员工的个性特点、智力水平、管理能力、职业兴趣、气质特征、领导类型、一般能力倾向等方面的测评,对员工的长处和短处有一个全面的了解,便于安排适合他所做的工作;针对他的不足,拟订相应的培训方案;根据员工的上述特点,结合职务分析的结果,对其进行具体的职业生涯规划。

测评的主要方法和技术包括管理能力测评、智力测验、卡特尔16种个性测验、职业兴趣测验、气质测验、一般能力倾向测验、A型行为与B型行为测量、领导测评等。

3. 制定较完备的人力资源规划

人力资源规划是指根据组织的战略规划,通过对组织未来的人力资源需求和人力资源供给状况的分析及预测,采取一系列人力资源管理手段,使组织的人力资源与组织发展相适应的综合性发展规划。组织在进行职业生涯管理活动时,要注意以下4点。

① 人员配置规划。员工在未来职位上的安排和使用,是通过组织内部人员有计划的配置来实现的。当组织要求某种职务的人员同时具备其他职务的经验或知识时,就应有计划的配置,以培养高素质的复合型人才;当上层职位较少而等待提升的人较多时,通过配置规划增强流动,可以减少员工对工作单调、枯燥乏味的不满,以等待上层职位空缺的产生;当组织人员过剩时,通过配置规划可以改变工作分配方式,对组织中不同职位的工作量进行调整,解决工作负荷不均的问题。以上所有人员配置规划都要在考虑组织发展的同时充分考虑员工发展的需要。

② 人员补充规划。人员补充规划使公司能合理、有目标地把所需数量、质量、结构的人员填补在可能产生的职位空缺上。组织可以通过人员补充规划,根据员工的特点和组织的需要对员工的

职业生涯进行引导,使员工的职业发展与组织的人员补充同时实现。

③ 人员晋升规划。人员晋升规划是根据组织的层级结构和人员分布状况,指定员工的提升政策和路线。对于组织来说,要尽量使人和事达到最大程度的匹配,即尽量把有能力的员工放在能发挥其最大作用的岗位上,这对于调动员工积极性和提高人力资源利用率是非常必要的。晋升可以使员工个人目标得以实现,同时通过对员工的晋升管理,使组织将来需要的人才能及时得到补充。

④ 裁员计划。裁员计划是组织根据发展需要裁减多余人员的计划。当员工的发展不适应组织的要求时,组织通过裁员计划,把未来的人员需求信息告知员工,与员工进行磋商,把员工引向组织发展的需要或引导他们走向更好的职业发展之路。

4. 建立与职业生涯管理相配套的员工培训与开发体系

培训是职业生涯管理的重要手段,用来改变员工的价值观、工作态度和工作行为,以便使他们在自己现在或未来工作岗位上的表现达到组织的要求。通过培训开发体系,组织可以满足将来人才的需要,员工可以实现自身发展目标。

一般来说,员工培训方案的设计主要有以下两种。

① 以素质测评为基础的培训方案设计。在公司原有培训管理的基础上,根据对员工基本素质测评和职务分析的结果,找出员工在能力、技能、个性、领导类型等方面与本职工作存在的差距,以及今后职业发展路线上会面临的问题,有针对性地拟订员工培训与开发方案。

② 以绩效考核为基础的培训方案设计。依照绩效考核的结果,发现员工在工作中出现的问题,有针对性地拟订员工培训和开发方案,使员工适应本职工作和今后职业发展的需要。通过培训,进一步发现员工的潜在能力与特长,为其职业生涯的规划打下良好的基础。

5. 制定完整、有序的职业生涯管理制度与方法

① 让员工充分了解组织的企业文化、经营理念及管理制度。

② 为员工提供内部劳动力市场信息。在提供职业信息方面,主要采取的方法是:第一,公布工作空缺信息;第二,介绍职业阶梯或职业通道,包括垂直或水平方向发展的阶梯;为了使职业通道不断满足组织变化的需要,对职业通道要常做修订,另外还要适当考虑跨职能部门的安排;第三,建立职业资源中心(兼作为资料和信息发布中心)。

③ 由人力资源部门的职业生涯专职管理人员或由员工的精神导师对其实施职业生涯面谈,帮助员工分阶段制定自己的职业生涯目标。

6. 实施组织职业生涯年度评审

职业生涯年度评审是职业生涯管理工作中一个非常重要的环节,也是落实组织职业生涯规划与开发的重要措施。通过职业生涯年度评审,组织可以达到以下目的。

① 通过这种方式可以使组织预计的职业生涯整体管理与根据员工潜力和愿望确定的职业生涯前景相联系。

② 员工获得了调整自己的职业生涯规划所必需的信息,如别人的评价、职务变动的可能性、教育培训安排等。

③ 上级获得工作计划与人力资源相适应所必需的信息,如员工的愿望、反馈等。

④ 这种信息的直接交流提供了一个反馈圈,使整个职业生涯管理永远循环。

组织职业生涯年度评审的方式包括以下3种。

① 在两个人之间进行:包括员工和他的上级。在这种谈话中可以建立起一种相互理解、相互信任的关系并可能形成新的心理契约。

② 在3个人之间进行:包括员工、直接上级和更上级。这种谈话使员工感觉更公正一些,促使上级采取行动,并信守他们的许诺,但也可能使人产生面对"法庭"的感觉。有时管理人员也喜欢这

种做法,以便于利用自己上级的支持来平衡和解决可能出现的问题。

③ 在多人之间进行:一般以小组形式进行评审。这样做可以使组内的每一位成员都能重视各自为团队合作所做出的贡献,也能使被评审的员工获得更全面、更广泛的信息。

三、基于企业生命周期的组织职业生涯管理策略

基于企业生命周期的组织职业生涯管理策略汇总如表 7.4 所示。

表 7.4　基于企业生命周期的组织职业生涯管理策略汇总

组织职业生涯管理 企业发展阶段	组织职业生涯规划	组织职业生涯开发
初创期	该阶段将工作分析和设计作为规划工作的起点,人力资源规划暂不是该阶段的重点,且不具备建立职业信息系统的组织支持条件	比较重视员工的组织化,因此对新员工的培训比较积极;对职业评价体系实施程度很低;在人才开发时关注中层和高层人员,培训方法的选择上主要考虑节约成本
成长期	该阶段在工作分析和设计方面较初创期更为完善,对人力资源规划的重视程度依次是配置规划、补充规划和晋升规划,且开始重视职业信息系统的初步建立	员工的组织化更规范;开始关注职业生涯评价体系的建立;在制定人才开发策略时对中高层的培训力度加大,培训更关注确保员工胜任岗位
成熟期	该阶段在成长期的基础上完善了工作分析和设计以及职业信息系统的建设;在人力资源规划中更重视继任规划和退休规划,同时晋升规划仍是该阶段比较关注的内容,并向多样化发展;为了促进该阶段人员的适度流动,裁员规划也有所涉及	该阶段员工组织化和职业评价体系日渐完善;在人才开发策略上较其他阶段而言,中层管理人员的培训力度凸显,工作轮换的培训方式被较多运用,企业文化和危机教育列入了培训内容;员工开发的目标介于满足员工成长需求和培养变革型人才之间,并倾向于前者
衰退期	组织职业生涯规划各项策略比较完善;人力资源规划中裁员压力大,裁员规划受到高度重视,退休规划和补充规划在该阶段也得到相当程度的关注	组织职业生涯规划的各项策略均较完善;在员工开发上以高层管理人员、技术人员、营销人员为主,开发的主要任务是培养变革型人才

 补充阅读资料

ENI 集团公司的职业生涯规划

ENI 集团公司是意大利最大的从事石油与天然气开发、石油化工、油田服务及工程业务的综合性能源公司,业务遍布全球 70 多个国家,雇员有 78 900 多人。

ENI 集团公司对所有职工进行职业生涯规划。通过规划,员工对自己的短期和长期目标会有明确的认识,知道依赖什么条件、通过什么途径和手段才能达成个人的职业发展目标,并具体明确各个条目。其规划具体包括以下 4 个方面。

- 需要写明在经济、财政和职位方面的具体要求,个人应该具备什么样的能力,同时讲清楚 ENI 集团的政策和策略及发展方向。
- 明确告诉每个人,在集团中人与人之间需要互相交流,要清楚知道 ENI 集团的目标是什么,自己应该干什么。
- 列出个人规划清单及实现的条件和手段。
- 规划的控制与检查措施。

ENI 集团公司为每名员工制定平衡记分卡(BSC),这是记载集团公司政策和个人职业生涯规划与管理的记录卡,它让每个人知道集团公司的政策、制度和计划,以及个人的规划进程和评估情况。

个人要有自己特殊的计划和目标,公司帮助设计个人所能达到的最高目标。在这方面,集团人力资源部需要做大量的研究和协调工作。人力资源部知晓公司的人力资源相关情况,根据 8 个心理特征对公司人力资源进行研究统计。这 8 个心理特征是:个人计划能力、主动性、理解与同情心、对外联络能力、管理组织能力、识别与发展别人的能力、调动下属及别人积极性的能力,以及个人禀赋。人力资源部通过调查研究得出基础数据,并据此规划设计公司人力资源开发与管理方案。

在员工实现个人规划的过程中,管理人员要给予帮助。这是考核经理职责的重要内容。如前所述,每个人都有平衡记分卡,ENI 集团各个时期都要根据相应的指标进行评估检查,看个人是否达成其规划,评估考核结果与奖励挂钩。奖励评定过后,要重新审核调控个人规划,写明下个阶段的发展规划。例如,某名经理管理能力差,因此被派往 ENI 管理学院(IAFE)进行管理培训,或者轮岗训练。这正是各公司上报培训计划和预算的依据。

当然,不是所有的问题都能通过培训解决。对于经理以上管理人员的考核,有专门的经理考核制。考核的核心是采用 360°考核系统,即通过调查个人的上级、下属、同事、业务接替人、顾客等上下前后左右的人对他的评价及本人的自我评价,做出考核结果。

这样,每个人都对职业生涯规划具有较深的了解,知道如何规划评估自己和他人,对自己的规划有深刻的把握,对有助于个人发展的经济、环境、发展机会、培训途径等有明确的认识,并在工作中体现出来。这就为集团公司人力资源开发与培训奠定了良好的基础。当然这不是简单的循环过程,而是不断循环上升的过程。

ENI 集团公司为员工设计的职业生涯规划表,目标指向非常清晰。它要求员工在清楚地知道集团目标的基础上,明确个人的发展目标、规划、所需的条件和实施的方法。在规划方案的制订上,人力资源部负有主要责任,需要以各种调研手段进行统计分析。在员工实现既定个人规划的过程中,部门经理成为主要的责任体。在这里,绩效考核与培训成为改进职业生涯管理的重要方法。ENI 集团公司对员工的职业规划和管理,无论是员工个人职业生涯规划表的内容的设计,还是在实施过程中制定的针对人力资源部和各部经理的责任制,都非常务实。

本章小结

职业生涯又称职业发展,是指一个人在其一生中遵循一定道路(或途径)所从事工作的历程,是指与工作相关的活动、行为、价值、愿望等的综合。职业生涯分为外职业生涯和内职业生涯。外职业生涯是指从接受教育开始,经工作,直至退休的活动;内职业生涯是指个人对职业追求的一种主观愿望,以及期望的职业发展计划。职业生涯规划分个人职业生涯规划和组织职业生涯规划。从组织的角度来看,职业生涯规划是指通过员工的工作及职业发展的设计,协调员工个人需求和企业组织需求,实现个人和企业的共同成长和发展;从个体的角度来看,职业生涯规划是一个人筹划其人生工作的过程,或者说个人设计自己的职业生涯,策划如何度过职业工作生命周期的过程。一个完整、有效的职业生涯规划流程应该包括认识自我、分析环境、职业生涯目标和路线、职业生涯策略的制定与实施及职业生涯规则的反馈与修正 5 个环节。

重点概念

职业生涯;职业生涯规划;职业能力;职业锚;组织职业生涯管理

复习思考题

1. 试述职业生涯规划的路线。
2. 施恩是怎样对人的职业锚进行分类的?
3. 人的职业生涯可分为哪几个阶段?
4. 如何进行自我职业生涯规划?
5. 试述实施组织职业生涯管理的一般步骤与方法。
6. 说明企业不同生命周期的组织职业生涯管理的重点。

 **案例分析**

3M公司的职业生涯规划和管理

3M公司的管理层始终积极对待员工职业生涯开发方面的需求。从20世纪80年代中期起,公司的员工职业生涯咨询小组就开始向个人提供职业生涯问题咨询、测试和评估,并举办个人职业生涯问题的公开研讨班。通过对人力资源进行分析,各级主管对下属进行评估,公司采集到有关岗位稳定性和个人职业生涯潜力的数据,运用计算机进行处理,然后用于内部人选的提拔。

公司对员工职业生涯的开发主要包括如下内容:岗位信息系统,绩效评估与开发运作程序,个人职业生涯管理手册,主管和员工公开研讨班,共性分析过程,个人职业生涯咨询,个人职业生涯项目,合作者重新定位,学费补偿,职位调配10个方面。

每位员工都会收到供下年度使用的工作单,然后填写自己是如何看待自己的工作内容的,指出来年的四五个主要进取方向和期待值。这份工作单还包括岗位改进计划和职业生涯开发计划。员工与自己的主管对这份工作单进行分析,就工作内容、主要进取领域和期待值以及下年度的发展过程取得共识。在第二年中,这份工作单可以根据需要进行修改。

这项工作旨在根据实现目标的过程中的相关因素,突出需要强化和改进业绩的领域(除工作内容和所取得的成果外)。到年底时,主管根据年初确定的业绩内容及进取方向进行业绩表彰。具有重要意义的是,绩效评估与发展过程使得3M公司主管与员工之间的交流得到加强。他们每季度定期召开业绩讨论会,鼓励员工根据需要与自己的主管进行正式的商谈。

3M公司在试图更加准确、现实地协调员工需求和公司需求的努力中,已经成功地提高了工作效率,更大程度地唤起了员工参与实现公司目标的热情。部门主管在员工生涯指导方面更有信心,在改进与员工的交流方面也更有可信性。

资料来源:http://jpkc.imnu.edu.cn/x/rlzygl/jxal/alj.htm.

思考题

请分析3M公司的职业生涯规划和管理的特点。

第八章
员工培训与潜能开发

学习目标

知识目标

- 掌握培训与开发的基本概念、类型与原则。
- 了解培训与开发的误区。
- 掌握培训需求分析的内容与方法。
- 掌握培训计划的基本要素。
- 熟悉培训成果的转化,掌握培训评估的步骤。
- 熟悉新员工导向培训的意义和内容。

能力目标

- 会进行培训需求的组织、工作和人员分析。
- 具备联系实际进行培训项目的具体设计技能。
- 能根据企业实际掌握员工培训的实施与管理。
- 能结合企业实际制订新员工导向培训计划。

**引导
案例**　　**别具一格的杜邦培训**

　　作为化工界老大的杜邦公司在很多方面都独具特色,其中,公司为每一位员工提供独特的培训尤为突出。因而杜邦的"人员流动率"一直保持在很低的水平,在杜邦总部连续工作 30 年以上的员工随处可见,这在"人才流动成灾"的美国是十分难得的。

　　杜邦公司拥有一套系统的培训体系。虽然公司的培训协调员只有几个人,但他们却把培训工作开展得有声有色。每年,他们会根据杜邦公司员工的素质、各部门的业务发展需求等拟出一份培训大纲(上面清楚地列出该年度培训课程的题目、培训内容、培训教员、授课时间及地点等),并在年底前将大纲分发给杜邦各业务主管。然后,根据员工的工作范围,结合员工的需求,参照培训大纲为每个员工制订一份培训计划,员工会按此计划参加培训。

　　杜邦公司还给员工提供平等的、多元化的培训机会。每位员工都有机会接受像公司概况、商务英语写作、有效的办公室工作等内容的基本培训。公司还一直很重视对员工的潜能开发,会根据员工不同的教育背景、工作经验、职位需求提供不同的培训,培训范围从前台接待员的"电话英语"到高级管理人员的"危机处理"。此外,如果员工认为社会上的某些课程会对自己的工作有所帮助就可以向主管提出,公司就会合理地安排人员进行培训。

　　为了保证员工的整体素质,提高员工参加培训的积极性,杜邦公司实行了特殊教员制。公司的培训教员一部分是公司从社会聘请的专业培训公司的教师或大学的教授、技术专家等,而更多的则是杜邦公司内部的资深员工。在杜邦公司,任何一位有业务或技术专长的员工,小到普通职员,大到资深经理都可作为知识教师给员工们讲授相关的业务知识。

　　资料来源:牛根生的博客。

第一节　员工培训与开发概述

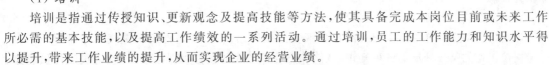

微课天地

一、培训与开发的含义和意义

1. 培训与开发的含义

(1)培训

　　培训是指通过传授知识、更新观念及提高技能等方法,使其具备完成本岗位目前或未来工作所必需的基本技能,以及提高工作绩效的一系列活动。通过培训,员工的工作能力和知识水平得以提升,带来工作业绩的提升,从而实现企业的经营业绩。

(2)开发

　　开发是依据员工需求与组织发展目标,用各种直接或间接的方法对员工的潜能进行开发,促进员工的全面发展,完成员工职业生涯规划,实现员工职业生涯发展目标。

　　人力资源管理过程就是人力资源开发过程。人力资源开发过程是从广义上调动员工的积极性,利用各种手段促进员工发展的各种活动,包括一些间接手段和自我提升的方法;培训是从狭义的角度通过直接的外部刺激来提高员工的工作绩效。因此,人力资源开发过程涵盖了培训。

(3)培训与开发的区别

　　培训与开发的区别如表8.1所示。

表8.1　培训与开发的区别

项　目	关　注	时　间	内　涵	目　标	参　与	使用工作经验的程度
培训	当前	较短	较小	为当前做准备	强制	低
开发	未来	较长	较大	为变化做准备	自愿	高

2. 培训与开发的意义

　　① 培训与开发有助于改善企业的绩效。企业绩效的实现是以员工个人绩效的实现为前提和基础的,有效的培训开发工作能帮助员工提高他们的知识、技能,提高他们的忠诚度,增进他们对企业战略、经营目标、规章制度及工作标准等的理解,从而有助于改善他们的工作业绩,进而改善企业的绩效。

　　② 培训与开发有助于提高员工的满足感。员工的满足感是企业正常运转的必要条件之一。对员工进行培训,可以使员工感受到企业对自己的重视和关心,也可以提高他们的知识技能水平,随着知识技能水平的提高,员工的工作业绩就会提升,这有助于提高员工的成就感。

　　③ 培训与开发有助于培育企业文化。良好的企业文化对员工具有强大的凝聚、规范、导向和激励作用。因此,很多企业在重视规章制度建设的同时也越来越重视企业文化的建设。作为企业成员共有的一种价值观念和道德准则,企业文化必须得到全体员工的认可,这就需要不断地对员工进行宣传教育,而培训开发就是其中非常有效的一种手段。

二、培训与开发的类型

1. 按照培训与开发的对象及重点划分

如果按照对象及其内容特点的不同,则培训与开发一般可划分为以下5种类型。

（1）新员工导向培训

新员工导向培训又称新员工定向培训、上岗培训或社会化培训,主要是指向新聘用员工介绍组织情况和组织文化,介绍工作任务和规章制度,使之认识必要的人,了解必要的事情,尽快按组织要求安下心来开始上岗工作的一种培训。

（2）员工岗前培训

员工岗前培训主要包括新员工岗前培训,以及老员工工作变动,走上新岗位之前所接受的培训教育活动。

（3）员工岗上培训

员工岗上培训又称员工上岗后的培训或员工在岗培训,主要是指组织围绕工作需要,对从事一定岗位工作的员工开展的各种知识、技能和态度等形式的教育培训活动,以及为员工提供思路、信息和技能,帮助他们提高工作效率的各种培训活动。员工在岗培训可以按员工类别不同分为操作人员培训、技术人员培训、管理人员培训等。

（4）管理人员开发

管理人员开发又称管理开发或管理人员培训与开发,主要对象是管理人员和一部分可能成为管理人员的非管理人员,通过研讨、交流、案例研究、角色扮演、行动学习等方法,使他们建立正确的管理心态,掌握必要的管理技能,学习和分享先进的管理知识和经验,进而改善管理绩效。

（5）员工职业生涯开发

员工职业生涯开发是以组织的所有成员(重点是组织中的关键人才和关键岗位的工作者)在组织中的职业发展为开发管理对象,通过各种教育、训练、咨询、激励与规划工作,帮助员工开展职业生涯规划与开发工作,使个人目标与组织目标结合起来,培育员工的事业心、责任感、忠诚感与献身精神。

2. 按照培训与开发和不同工作的关系划分

根据与员工工作活动的关联性状况的不同,培训与开发一般可以分成下列3类。

（1）不脱产培训

不脱产培训也称在职培训,是指员工边工作边接受培训,主要在实际工作中得到培训。这种培训方式经济实用,同时不影响工作与生产,但在组织性、规范性上有所欠缺。

（2）脱产培训

脱产培训即员工脱离工作岗位,专门去各类培训机构或院校接受培训。这种形式的优点主要是员工的时间和精力集中,没有工作压力,知识和技能水平会提高较快,但在针对性、实践应用性、培训成本等方面往往存在缺陷。

（3）半脱产培训

半脱产培训是脱产培训与不脱产培训的一种结合,其特点是介于两者之间,可在一定程度上取二者之长、弃二者之短,较好地兼顾培训的质量、效率与成本等因素。但二者如何恰当结合是一个难点。

3. 按照培训内容划分

根据学习内容与学习过程的不同特点,可以把培训与开发分为知识、技能和态度3种类型。这种分类法在教育界、培训界被广泛使用。

（1）知识培训

知识培训也称知识学习或认知能力的学习,要求员工学习各种有用知识并运用知识进行脑力活动,促进工作改善。知识学习的例子包括记忆和推理、行为规范和行事规则、符号图案的辨认和对策的制定、生产与管理知识的回忆和应用,以及知识驱动的工作场所、学习性组织等项目内容。组织对员工的知识培训也可按传授知识的性质分为 3 类:对员工的工作行为与活动效率起基础作用的基础知识(如数理化、语文、外语等),与组织生产经营职能和员工本职工作活动密切相关的理论、技术和实践的专业知识,与科技发展、时代特点、组织经营环境和业务特点相关联的背景性的广泛知识。

（2）技能培训

技能培训包括对员工的运动技能和智力技能的培训。也有人认为技能培训就是对员工使用工具,按要求做好本职工作,处理和解决实际问题技巧与能力的培训与开发。运动技能培训也称肌肉性或精神性运动技能学习,主要是教授员工完成具体工作任务所需的肢体技能,能精确并按要求进行有关的体力活动,如操作机床、驾驶汽车等;智力技能培训则是教授人们学习和运用可被推广的要领、规则与思维方法,来分析问题、解决问题,改进工作并发明新产品、新方法等,如设计并改进组织结构和工作程序等。

（3）态度培训

态度培训又称态度学习或情感性学习,主要包括对员工的价值观、职业道德、认知、情感、行为规范、人际关系、工作满意度、工作参与、组织承诺、不同主体的利益关系处理,以及个人行为方式选择等内容的教育与培训。

4. 按培训的层次划分

根据能级能质原则,不同才能之间有质的差别,在能质相同的情况下,能级有层次高低之分。层次越高的人数越少,人数居多的应是中、低层次的一般人才。因此,在培训时也应顾及到这一事实,多层次地安排人员培训。一般而言,初级培训可侧重于一般性的知识和技术方法,中级培训可适当增加有关理论课程,高级培训则应侧重于学习新理论、新观念、新方法。培训的级别越高,所采用的组织形式则越趋小型化、短期化。例如,初级培训通常要借助正规学校、社会办学的方式实现,而高级培训则可采用短训班、研讨班,甚至出国考察培训等方式来实现。

三、培训与开发的原则

员工培训与开发的成功实施,要遵循培训与发展的基本原则。尽管培训与发展的形式和内容各异,但各类培训与发展的基本原则是一致的。其原则主要有以下 8 个方面。

1. 战略性原则

员工培训是企业管理的重要一环,这要求企业在组织员工培训时,一定要从企业的发展战略出发去思考问题,使员工培训工作构成企业发展战略的重要内容。

2. 长期性原则

员工培训需要企业投入大量的人力、物力、财力,这对企业的运营肯定会有或大或小的影响。有的培训项目有立竿见影的效果,但有的培训效果要在一段时间以后才能体现到员工的工作效率或企业的经济效益上,尤其是对管理人员和员工观念的培训。因此,要正确认识智力投资和人才开发的长期性和持续性。

3. 按需施教、学以致用原则

在培训项目实施过程中,要把培训内容和培训后的使用衔接起来,这样培训的效果才能体现到实际的工作中去,才能达到培训的目的。

4. 主动参与原则

要调动员工接受培训的积极性,就必须坚持员工主动参与原则。实践中可以由员工定期填写培训申请表,然后针对申请表与员工面谈,互相沟通,统一看法,并在培训申请表中填写意见后,存入人力资源管理信息库,作为以后制订员工培训与开发计划的依据。

5. 全员培训与重点培训相结合原则

全员培训是指对所有员工进行培训,以提高企业全员素质。全员培训也不是说对所有员工平均分摊培训资金。在全员培训的基础上还要强调重点培训,重点培训是指对企业的领导人才、管理人才和工作骨干加大培训力度,进行重点培训。

6. 因材施教原则

企业中不同的员工通过培训需要获取的知识不同,培训的内容应按员工的需求来确定,因而培训方式和培训方法也应有所不同。即使同一岗位的员工,由于水平参差不齐,企业也不能采用普通教育"齐步走"的方式来培训员工。这就是因材施教。

7. 反馈与强化培训效果原则

反馈的作用在于巩固学习技能及纠正错误和偏差。反馈的信息越及时准确,培训的效果就越好。强化是将反馈结果与学员的奖惩相结合,它不仅应在培训结束后立即进行,而且应该体现在培训之后的上岗工作中。

8. 投资效益原则

员工培训是企业的一种投资行为,与其他投资一样,也要从投入产出的角度考虑效益大小及远期效益、近期效益问题。员工培训投资属于智力投资,它的投资收益应高于实物投资收益。

第二节　员工培训与开发的流程

一、培训与开发的流程

1. 培训与开发的系统模型

培训与开发的系统模型如图 8.1 所示。

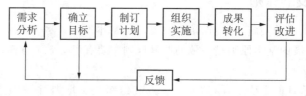

图 8.1　培训与开发的系统模型

培训与开发系统模型的主要内容包括以下 6 个方面。

(1) 进行人力资源培训与开发的需求分析

这是指通过组织分析、工作分析、个人分析、环境分析等,先找出组织在员工培训与开发方面的确切需要及必须解决的问题,并做出细致的具体分析,才能有的放矢地设计和实施培训与开发项目。

(2) 在需求分析的基础上为培训与开发项目确立目标

在需求分析基础上设置的培训与开发目标,能够为培训与开发项目的计划与活动提供明确方向和可见成果并鼓舞人心,能够用一种指针和框架来确定与组合培训对象、材料、师资、时间、方法和工具等要素,并能够具体确定员工经过培训预期应达到的可量度的工作绩效,以作为培训与开发成果的一种评价尺度。

（3）制订培训与开发项目的计划方案

这是指把培训与开发目标具体化和可操作化,根据培训与开发目标来具体编排培训与开发项目的形式、学制、课程设置、课程大纲、教材与参考教材、任课教师、教学方法、考核方式、辅助培训器材与设施等。制订正确的培训计划需统筹兼顾许多具体培训技术情景因素,如行业类型、企业规模、用户要求、技术发展趋势、员工现有水平、企业宗旨政策、国家法规等。

（4）组织实施培训与开发活动

这是指按照制订的计划实际推行培训与开发活动。在组织实施过程中,最主要的是落实谁负责、谁操作,落实用什么培训与开发资源,资源从哪里来,以及落实时间、场所、经费、教材、设施等要素,要按计划使培训各环节的活动有计划、有控制地和谐开展。

（5）培训与开发成果在实际工作中的运用和转移

培训与开发工作的最大挑战并不在于员工学习什么和如何学习,而在于员工所学过的东西在实践中如何应用、应用了多少、对实际工作和行为有何改善。因此,在培训与开发的组织实施环节之后,应当紧密衔接培训与开发学习成果（内容）的应用与转移环节。可以通过制订在工作中应用培训内容的行动计划,提供过渡学习与多阶段培训、绩效考核及营造支持性工作环境等措施,促使受训者将培训与开发中学过的知识、技能,以及习得的行为等成果转移推广到工作环境之中,并将学习成果在自己的实际工作中坚持长期应用,转化为工作绩效的提高。

（6）培训与开发工作的评估与改进

这一环节与管理中的控制功能相似,主要任务是在培训与开发项目完成后,对受训者接受培训前后的工作绩效进行比较,找出受训者有何收获与提高及培训对组织产生什么效用;对培训与开发的计划、工具、方法等的信度、效度和成效进行评估,以全面地检查和评判已完成的培训与开发工作,从中总结经验与教训,发现新的培训与开发需要,坚持真理,修正错误,踏踏实实地改进和提升培训与开发的工作水平。

2. 培训与开发的步骤及要素

第一步:开展需求分析,找出问题,确定培训与开发的必要性。

① 组织分析。

② 任务分析。

③ 人员分析。

第二步:设置培训与开发目标,确定项目活动的目的和预期结果。

① 确立具体可行的总体目标和阶段目标。

② 确认员工的学习基础。

③ 确保员工做好学习准备。

第三步:制订计划方案,确定如何使受训者的学习效果最大化。

① 培训与开发计划的4W2H要素。

② 培训计划需贯彻的指导原则。

③ 项目设计与课程计划。

第四步:组织实施计划,确定如何开展培训与开发活动并使之按计划有效完成。

① 培训与开发活动的组织、协调与控制。

② 实施指导过程中的常见障碍与排除策略。

第五步:转移和巩固学习成果,确保将培训与开发成果转化进实际工作。

① 自我管理。

② 环境支持。

③ 资源支持。

第六步:评估培训与开发项目的效果,确定计划方案和实施过程是否有效并将其改进。

① 确定培训与开发的结果。

② 成本与收益分析。

③ 培训与开发方案的评价。

上述建立有效培训与开发系统的步骤和要素的具体内容,将在本节的后续部分讲述。

二、培训需求分析与确立目标

培训需求分析是培训活动的第一步,是通过搜集组织及其成员现有绩效的有关信息,确定现有绩效水平与应有绩效水平的差距,从而进一步找出组织及其成员在知识、技术和能力方面的差距,为培训活动提供依据。

1. 培训需求分析的内容

培训需求分析应该包括三方面的内容:组织分析、任务分析及人员分析。

(1)组织分析

组织分析是指系统地检查组织内的各个成分,这些成分是除了任务和人员以外能影响培训项目的要素,它关注的是组织系统层面上的东西,如组织目标、组织资源、企业文化、组织环境限制等。它包括以下内容。

1)公司战略

公司战略对培训需求会产生重大影响。通过对4种常见经营战略——集中战略、内部成长战略、外部成长战略、紧缩战略的研究发现,每种战略都会对应不同的培训需求。采用集中战略的公司培训需求的重点是:团队建设、跨职能培训、专业化的培训计划、人际关系培训和在职培训。采用内部成长战略的公司培训需求的重点是:企业文化培训、创造性思维培训、分析能力培训、工作中的技能培训、反馈与沟通方面的管理培训、冲突谈判技巧培训。采用外部成长战略的公司培训需求的重点是:被兼并企业的雇员能力培训、建立联合培训系统的培训、合并后企业的办事程序培训、团队建设培训。采用紧缩战略的公司培训需求的重点是:激励、目标设定、时间管理、压力管理、跨职能方面的培训、领导力培训、人际沟通培训。公司的战略与培训的数量和种类之间存在一定的相关性,培训的主题因企业的经营战略不同而存在显著的差异。

2)可获得的培训资源

可获得的培训资源包括:充足的预算、培训所需的场地及设备、培训的时间、专业的培训人员等。资源的限制往往导致许多培训不能达到预期目的,其效果不能令人满意。

3)组织支持

组织支持主要包括企业决策者的支持和参加受训者的上级管理者及同事的支持,如果受训者的上级管理者与同事对他们参加培训活动的态度和行为不支持,那么受训者将培训内容运用于工作中的可能性就不大。多项研究表明,组织的支持对培训的成功是非常关键的。培训获得成功的关键要素在于:受训者的上级与同事对受训者参加培训活动要持一种积极的态度,以及他们愿意向受训者提供如何将培训中所学到的知识和技能运用到工作中的信息,这样,受训者在培训中所学到的东西运用到实际工作中的可能性较高。培训需求评估的成功极大地依赖于组织及成员提供的支持,这是培训活动成功的第一步。

4）企业文化

公司企业文化应当作为组织分析的一个重要部分，它是培训需求分析的一个重要方面。当培训项目同组织目标与文化不一致时，常会使员工产生不知所措或工作满意度较低的状况。

（2）任务分析

任务分析分为 4 个步骤。

① 选择需要被分析的工作。

② 通过与有经验的员工、上级管理者进行访谈和观察，以及与其他曾经对该项工作进行过分析的人进行交流，确定一份在该项工作岗位上需要执行的任务的初步清单。

③ 查证、确认初步清单上的项目，确保清单的可靠性和有效性。

④ 任务确定以后，进一步确定完成该任务所必需的知识、技能和能力。另外，还应该全面地考虑该项工作所要求的知识、技能和能力。任务分析的结果是对工作中的行动和操作及完成工作所需要的条件的描述，它是对工作而不是对工作者的描述。

（3）人员分析

人员分析的主要作用是帮助管理者确定培训是否合适及哪些雇员需要培训。其要解决的问题主要是如何通过培训，来解决员工的现有绩效与企业对他们的期望绩效之间的差距。同时，人员分析还要关注员工的个性特点、工作态度、工作动机和工作风格等方面。人员分析还可以帮助企业管理者更好地了解组织的人力资源素质。

1）员工个性结构分析

员工个性结构分析从理论上来讲是很重要的，但是大多数企业在培训中都忽视了这方面的问题，它们没有注意到在培训中还要根据受训者的个性因素制订培训方案及安排合适的工作岗位。例如，销售岗位更适合性格外向的员工从事；而财会岗位更适合性格内向的员工从事；创造性高的员工较宜从事研发工作，创造性低的员工则应安排行政性质的工作，等等。

2）员工知识结构分析

对员工的知识结构进行分析，不仅是为了准确地制订培训方案，而且是为了充分地利用各种有效的资源，使培训获得最大的经济效益。在对员工素质进行知识结构分析时，首先要从员工的教育水平着手。对整个公司来说，需要知道公司各个文化层次的员工数目，特别是中层管理者和业务骨干的文化层次，这是公司制订培训方案的基本依据。弄清员工的知识结构，才能结合组织和工作任务的需要，制订有目的的培训方案。

3）员工专业结构分析

由于员工所在的岗位不同，从事的工作性质不同，承担的责任不同，可以把员工分为技术研发、生产、销售、财会、人事行政等类型，不同类型的员工需要不同的专业知识和技能，其培训要有不同的侧重点。员工的培训可以分为 3 个层次：基本操作技能的培训、综合素质的培训和敬业精神的培训。在进行培训需求分析时，人员分析要根据企业已有的员工专业结构，结合组织任务制订相应的培训方案。

2. 培训需求分析的方法

（1）观察法

观察法是通过到工作现场观察员工工作表现，发现问题，获取信息数据的一种方法。运用观察技巧的第一步是明确所需信息，然后确定观察对象。观察法最大的一个缺陷是当被观察者意识到自己被观察时，他们的一举一动可能会与平时不同，这就会使观察结果产生很大偏差。为了提高观察效果，在操作时应注意：①采用观察法的人员必须对要进行观察的员工所从事的工作有深刻的了解，知道其行为标准；②进行现场观察，不能干扰工作者的正常工作，应尽量隐蔽。

通常在观察之前,要设计一份观察记录表,用来核查要了解的各个细节,这样,不仅能保证观察不流于形式,而且当研究结束时记录资料就可以作为选择培训内容的参考了。

(2) 问卷调查法

利用问卷调查员工的培训需求,也是培训管理者较常用的一种方法。培训部门首先将一系列的问题编制成问卷,发放给培训对象填写之后再收回进行分析。调查问卷要满足以下要求:①问题清楚明了,不产生歧义;②语言简洁;③多采用客观问题形式,易于填写;④主观问题要有足够空间填写意见。调查问卷必须由专家或专业人员主持进行,否则会造成结果的偏差和不真实,从而影响需求分析的客观性。

(3) 访谈法

访谈法是通过与被访谈人进行面对面的交谈来获取培训需求信息的一种方法。培训需求的分析可以通过与企业管理层面谈,了解组织对员工的期望;也可以与有关工作负责人面谈,从工作的角度了解需求。访谈法需要专门的技巧,在进行访谈之前,一般要对访谈人员进行培训。访谈法应注意以下几点。①确定访谈法的目标,也就是明确"什么信息是最有价值的,是必须得到的。"②准备全面的访谈提纲,这对于启发、引导被访谈人讨论关键的信息,防止转移访谈中心是非常关键的。③营造融洽的、相互信任的访谈气氛。在访谈中,进行访谈的人员必须首先获得被访谈人的信任,以避免敌意或抵制情绪的产生。这对于搜集信息的正确性与准确性是非常重要的。

(4) 关键事件法

关键事件法与整理记录法相似,用以考察生产过程和企业活动情况,以发现潜在的培训需求。关键事件是指那些对组织目标起关键性的积极或消极作用的事件。确定重大事件的原则是:工作过程中发生的对企业绩效有重大影响的特定事件,如系统故障、获取重要大客户、重要大客户流失、产品交货期延迟或事故数量过高等。关键事件的记录为培训项目分析提供了方便而有意义的消息来源。关键事件法要求管理人员记录员工工作行为中的关键事件,包括导致事件发生的原因和背景,员工的特别有效或失败的行为,关键行为的后果,以及员工自己能否支配或控制行为后果等。关键事件分析时应注意以下两方面:①制定保存重大事件记录的指导原则并建立记录媒体(如工作日志、主管笔记等);②对记录进行定期分析,明确员工的能力或知识方面的缺陷以确定培训需求。

(5) 绩效分析法

培训的最终目的是改进工作绩效,减少或消除实际绩效与期望绩效之间的差距。因此,对个人或集体进行的绩效考核可以作为分析潜在需求的一种方法。

运用绩效分析法需要集中把握以下4个方面:①将明确规定并得到一致同意的标准作为考核的基线;②集中注意希望达到的业绩;③总结未达到理想业绩水平的原因;④确定通过培训是否能达到理想的业绩水平。

(6) 经验预计法

有些培训需求具有一定的通用性或规律性,可以凭借丰富的管理经验进行预计。对于预计到的培训需求,可在需求发生之前采取对策,这样既避免了临时性需求给培训工作带来的措手不及的压力,又防止了某些由于缺乏培训而带来的损失的发生。

(7) 头脑风暴法

在实施一项新的项目、工程或推出新的产品之前需要进行培训需求分析时,可将一群合适的人员集中在一起共同工作、思考和分析。在公司内部寻找那些具有很强分析能力的人并让他们成为头脑风暴小组的成员。公司外部的有关人员,如客户或供应商,也可以参加小组。头脑风暴法的主要步骤如下:①将有关人员召集在一起,通常是围桌而坐,人数不宜过多(一般以十几人为宜);②

让这些人就某一主题,如生产一种新产品,尽快想出尽可能多的培训需求,在一定时间内进行无拘束的讨论;③只许讨论,不许批评或反驳,观点越多,思路越广,越受欢迎;④所有提出的方案都当场记录下来,不做结论,事后,对每条需求信息的迫切程度与可培训程度提出看法,选出当前最迫切的培训需求信息。

（8）专项测评法

专项测评法是一种高度专业化的问卷调查方法,选择合适的专项测评表并进行有效的测评需要大量的专业知识。通常一般的问卷只能获得表面或描述性的数据,专项测评表则复杂得多,它可通过深层面的调查,提供具体而较系统的信息数据。用于培训需求分析的专项测评表,可确定员工对计划中的公司变化的心理反应及对接受培训的应对准备等。使用专业公司提供的专项测评在一定程度上受时间与经费的限制。

3. 确定培训的目标

在培训需求分析的基础上,培训与开发的第二步是设置培训目标。

培训目标就是描述受训者应该能做些什么来作为培训结果,也就是确定培训活动的目的和预期结果。每一个培训与开发项目和计划都应当确定自身切实可行的总体目标、分阶段目标及各项工作的具体目标。有了建立在需求分析基础之上的培训目标,才能为培训与开发计划提供方向、指针、构架和信息输入,才能将对象、内容、时间、方法、教师等要素有机组合,也才能为衡量培训效果提供评估依据。当受训者理解并认同培训目标时,培训就能为其提供一个清晰的印象和结果预期,他们的学习动力和学习效果往往能得到有效提高。

良好的培训目标一般应包括:①组织希望员工做什么(绩效);②组织可以接受的质量或绩效水平是什么(标准);③受训者在何种条件下有望达到理想的培训结果(条件)。设置培训目标要与组织宗旨相统一,要与组织资源、员工基础、培训条件相协调,要尽可能量化、细致化并现实可行,还应把可衡量、可测评培训结果的绩效标准包括进来。培训目标主要可分为知识传播、技能培养和态度转变三大类。

培训目标所指向或预期的培训成果可以分成认知成果、技能成果、情感成果、绩效成果和投资回报率五大类。其中,认知成果用来衡量员工对培训内容中强调的原理、事实、技术、程序或过程的熟悉程度;技能成果用来评价员工在技术、运动技能、行为方式上的提高程度,它包括员工对一定技能的学习获得,以及在实际工作中的应用两个方面的水平;情感成果用来衡量员工对培训项目的感情认识,以及包括个人态度、动机、忍耐力、价值观、顾客定位等在内的情感、心理因素的变化情况,这些因素往往影响或决定个人的行为意向;绩效成果用来衡量员工接受培训后对工作绩效的提高情况,绩效成果通常以受训者的流动率、事故发生率、成本、产量、质量、顾客服务水平等指标的上升或下降为标准来度量;投资回报率是指培训的货币收益与培训成本(包括直接和间接成本)的比较,它可用来评价组织培训的效益。应当特别注意的是,设置培训目标需同组织长远目标相吻合,目标应定得具体可操作,一次培训的目标不宜过多。

三、培训计划的制订与组织实施

制订培训计划就是要把设定的培训目标具体化和可操作化。培训计划是最具体化、对执行有实际指导意义的计划性文件。制订培训计划的过程也是企业的培训主管(或组织者)理顺思路、系统思考如何组织培训活动的过程。培训目标为培训计划的编制提供了信息输入,培训计划则要根据既定培训目标,合理且具体地排列组合学制、课程、教材、教师、教法、实习、考核、设施、时间、场所等培训要素,从而为特定的培训与开发项目制订出高效可行的操作计划方案,努力使培训与开发成果最大化。

1. 培训计划的基本要素

培训与开发项目主要是由 6 种基本要素(简称 4W2H)所构成的,以下结合一般企业的情况进行扼要说明。

(1)What(培训什么)

——培训的对象是谁? 是新员工、老员工、干部、技术人员,还是营销人员?

——培训的需要是什么? 是组织/工作/个人需要,还是技能、知识、态度、人际关系需要?

——培训的目标和内容是什么? 选择哪些对员工有意义有价值的培训材料?

(2)When(何时培训)

——用什么时间进行培训? 培训从启动到完成,需要多少时间? 是长期、中期还是短期计划?

——选择什么样的时机进行培训?

原则上,什么时候需要就什么时候进行培训。但事实上许多组织是在时间比较方便、培训费用较便宜时提供培训,而不是在组织需要时开展这项工作。

必须重视应为员工提供培训的 4 种时机:①有新员工加盟组织时;②老员工的工作内容、技术和顾客需求改变时;③员工不具备工作需要的基本技能,需要补救时;④需要员工纵向、横向发展时。

(3)Where(何处培训)

——培训的场所和环境(具体到选择培训的地点、空间)是何处?

到底是放在企业内部,如培训中心、生产车间、工作岗位、具体工作环境。还是放在企业外部,如大学、培训机构、其他组织、国内或国外等,需要加以选择。

(4)Who(谁来培训)

——谁是培训的主体即谁来培训? 培训的责任(任务)、权限、操作、控制等由谁来落实?

——选择何种培训的资源?

内部培训资源和培训人员比较经济、方便、实用,但却具有较大的局限性和非理论性、系统性的缺点。使用外部培训资源和培训人员虽能弥补上述缺点,但他们又不像内部人员那样了解公司,并且还倾向于把经理、主管排斥在培训过程之外。使用外部资源还需要时间、资金让其了解企业情况和培训要求,否则容易泛泛而为。因此,内部资源和外部资源结合起来、恰当使用,效果较好。

(5)How(如何培训)

——培训的实施操作步骤是什么? 培训的指导过程要点是什么?

——培训采取什么样的方法、技术、技巧和手段(工具)?

培训的方式方法的选择主要应当根据培训目标、培训资源、拟培训对象的基础和特点来确定。

(6)How much(花费多少)

——培训的投入和预算是多少? 培训的直接成本和间接成本是多少?

2. 培训项目设计与课程计划

要想制订正确的培训计划,需要兼顾企业组织的宗旨、政策、法规、规模、行业类型、业务特点、用户要求、员工水平、企业文化、领导观念等多种情景因素,合理配置 4W2H 要素,进行培训项目的具体设计。项目设计主要是指培训项目 4W2H 等要素的计划安排与组织协调方案的制订。有效的培训项目设计应包括课程或项目描述、培训项目目标、详细的课程计划和课程时间安排表等。

(1)培训项目目标与课程目标

一个培训项目可能包括一门或多门课程,所以培训项目目标与培训课程目标有时是一致的,有时又有所区别。培训项目目标是对一个培训项目的广义概括,课程目标又称学习目标或学科目

标,它是培训项目中具体一门课程的教学目标,后者在内容、条件、标准和预期行为方面比前者需更加具体、可衡量。设计培训项目与课程计划时首先应明确界定项目目标和课程目标。

（2）项目描述和课程描述

项目描述与课程描述都是建立在需要评估的基础上的。项目描述主要是概要介绍项目名称、培训对象、培训目的、教学（或学习）目标、培训地点、时间、设备、教师等培训项目特点的总体信息,课程描述同样介绍这些信息,但它局限在一门具体课程范畴。当一个培训项目有多门培训课程时,项目描述与课程描述便不一致,需要分别制定,但两者的格式类同。

（3）课程时间进程表或项目时间安排表

课程时间进程表又称日程表或进程表,主要描述这门培训课程的主要教学活动内容及相对应的时间和时间间隔的计划。当培训项目仅有单一课程或内容时,项目时间安排表与课程时间进程表相同,如果项目有多门课程时则不相同,需要首先确定课程设置与课时计划表,然后制定课程时间进程表。

项目或课程时间表有助于控制各部分培训内容所需的时间、人员、活动形式等。时间安排表或进程表的一般格式主要按时间—活动—人员—地点等栏目编排内容,其中,时间与活动是两个必要栏目,人员、地点等为选用栏目。人员栏目又可细分为主持人员和受训人员两类。

（4）详细的课程计划

详细的课程计划又称教学计划,是关于课程教学内容各项活动和教学组织的详细说明。课程计划为开展培训活动提供了基本依据,是传递有关培训课程活动内容与次序的指南,它有助于教与学双方沟通了解课程与项目目标,共同分享有关信息,保持培训活动的连贯性。

详细课程计划可以以天或其他时间间隔为单元进行编制,它的常见形式是一种培训活动的一览表。详细课程计划表的简明栏目是培训主题、培训目的或目标、学习结果、材料、时间、设备、过程和内容等,其余必备事项还包括安排场地、设备、资料、教师与学员的准备等。

3. 组织实施培训活动

组织实施培训活动就是要以既定的培训计划为蓝图,具体落实培训工作的 4W2H 等要素,扎扎实实地组织开展各项培训活动,保质保量地按时完成培训计划,力争有效达到已确立的培训目标。

执行培训计划、组织实施培训活动的关键是要抓好 9 个落实,4 个协调和 4 个控制。

（1）9 个落实

这主要是指培训活动的有关要素的准备落实,它主要包括以下 9 个方面。

① 组织实施落实（培训活动的职能机构和职责权限等的落实）。

② 人员落实（培训活动的管理和服务人员等的落实）。

③ 经费落实。

④ 师资落实。

⑤ 材料落实（培训的教材、讲义、课程表等的落实）。

⑥ 时间落实。

⑦ 地点（场所）落实。

⑧ 设备落实（培训活动使用的投影仪、黑板、笔、计算机、扩音器、屏幕、教室桌椅等）。

⑨ 后勤落实（培训活动有关的交通、食宿、通知、复印、茶水等后勤保障事务的落实）。

（2）4 个协调

这主要是要抓好能促进培训活动顺利开展的组织协调工作,它主要包括以下 4 个方面。

① 培训实践活动与培训计划的协调。

② 培训活动各种要素资源的协调。

③ 培训活动各阶段各环节的协调。

④ 培训管理方、教学方、受训方信息沟通的协调。

（3）4个控制

这主要是指在培训活动中要抓好以下4个方面。

① 培训活动的进程控制。

② 培训各项工作的质量控制。

③ 培训经费的使用控制。

④ 培训活动各类参与者的激励和约束控制。

（4）培训组织实施管理

其基本内容包括以下9个方面。

① 就培训课程或项目内容、方案与员工进行沟通。

② 征集确定受训人员。

③ 准备和整理培训中受训人员用到的所有材料和教师需要的各种资料。

④ 安排教室和教学设施。

⑤ 调试将使用的设备并做好应急措施。

⑥ 在教学和实践活动中随时提供帮助。

⑦ 为教与学双方的沟通提供便利。

⑧ 分发评价材料与组织培训评价。

⑨ 将培训完成情况记录在培训档案或个人档案之中。

四、培训评估

评估是一个由几个核心成分组成的系统。大多数成功的评估方案是在进行需求分析、提出影响该培训项目的问题的过程中就有所计划的。在实施培训项目之前、之中和之后都要考虑评估问题。

在实施培训项目的过程中，练习和活动都是为达到既定的结果而设计的。在培训项目完成之后，还要对更多的数据进行搜集、分析和汇报。评估活动贯穿于培训项目全过程的每一步。作为一种以结果为基础的评估方法，培训评估实施需要完成如下步骤。

1. 进行需求分析，暂定评估目标

在培训项目开发之前，必须将评估目标确定下来。多数情况下，评估的实施有助于对项目的前景做出决定。实际上，进行评估还有别的原因，这些原因将影响数据类型、数据搜集方法的选择。需求分析应提供有助于设立评估目标的信息，确切地讲，就是提供培训项目必须要达到的目标。这些目标是暂定的，一旦确定这些数据是现成的或可以搜集的，那么这些目标就可以最终得到完善。

2. 如果可能，要建立基本的数据库

在进行评估之前，必须将项目执行前后的数据搜集齐备。数据的形式多种多样，并且基本上反映了产生培训需求的条件。搜集的数据最好是一个时段内的数据，以便进行实际分析比较。数据搜集的方法回答了为什么要实施评估这样一个基本的问题。基本数据反映的信息非常重要，它能反映出工作业绩的问题所在。经过需求分析之后，建立基本数据库能使培训人员的注意力集中在培训项目应该带来的变化上。有了基本的数据，操作程序及为解决问题、消除缺陷而设计改进方案也会相对容易一些。

3. 选择评估方法

确定培训项目目标之前就选择评估方法也许看上去不合逻辑,但是评估方法的选择会影响培训项目目标的制定。如果没有搜集到衡量目标实现的进展信息,确立培训项目目标就毫无意义。因此,如果首先选定搜集数据的方法,目标就可"量身定做"了。在最后确定培训项目的目标之前,选择评估方法能使设想的工作流程有所不同。选择评估方法的过程回答了如何对学习环境、学员和培训内容实施评估这一问题,因为方法的选择必须适合数据的类型。评估方法的类型包括课程前后的测试,学员的反馈意见,对学员进行的培训后跟踪,采取的行动计划及绩效的完成情况等。

4. 决定评估策略

在整个过程中,这一步回答了与评估有关的谁来评估、在什么地方评估和在什么时候评估的问题。这些关键问题的答案在计划评估时是很重要的。因为培训部门和培训项目的学员在评估中都扮演着很重要的角色,有关双方的责任划分问题一定要明确:①由谁来实施评估;②信息将从参加培训的受训人员的直接上司还是直接下属处搜集;③谁来分析数据和解说数据;④谁将继续实施后续的评估;⑤谁来决定停止或改变评估程序。

在采取进一步措施之前应当先回答这些问题。多数情况下,应由个人或一个小组负责搜集数据进行比较。他们负责分析结果,并将结果告知目标听众。

一个完整的评估和衡量系统会在培训过程不同的时间段来搜集数据。如果和前面几步相结合,这一步包括了形成评估策略的所有问题。

5. 最后确定评估项目所要达到的目标

培训项目的目标是在评估计划的有关问题都有答案后进行的,这是因为评估计划会影响目标的最终选择。最理想的是每一个目标应该与搜集的基本数据有关。培训项目的目标为课程设计者和学员指明了方向;同时,管理层也据此决定是否应该实施该培训项目。培训项目的目标应当考虑不同层次的特点,应当符合合理化目标所应该具备的普通标准。每个目标必须具有挑战性、明确性、时限性、可实现性和简单易懂的特点。为了达到这些标准,各方都应该参与目标的制定工作。这有助于使培训目标完全满足管理者的要求,并使之贴近部门的工作实际。这个过程的关键还在于它有助于高质量的培训系统的运作。

6. 估算开发和实施培训项目的成本/收益

成本的估算要在培训项目工作启动之前进行,要看该项目是决定做还是不做。从这一点上看,需求分析能揭示工作表现中明显的缺陷。基本数据库一旦形成,评估策略和培训项目目标一经确定,就要估算开发和启动该培训项目所需要的成本,并与预计的收益进行比较,进而对投资回报率进行预测。成本可以按需求分析、课程开发、培训实施和培训项目评估等分类统计在表格当中加以分析,据此,还可以估计各种潜在的现金收益。基本计算公式如下。

$$成本÷利润＝培训项目成本÷培训项目利润×100\%$$

然而,这一步在有些情况下是没有必要的。如果项目必须进行,就必须做预算。不考虑成本而去完成一个培训项目,并不意味着成本不重要,相反,这是由于需求受到了经济因素以外其他因素的影响。这样一来,应将主要精力集中在高效开发项目、尽快使之投入使用这个方面上来。尽管如此,培训者还是应该计算成本的,让工作人员知道他们所付出的努力及他们在该项目上所产生的费用,同时将其作为历史数据记录下来。

7. 设计评估手段和工具

在评估过程中,评估手段是一种搜集数据的工具,用搜集到的数据来描述学员在态度、学习和行为方面的变化,或者其他从培训项目实施中能得到的结果。这些工具可能包括数据记录系统、问卷、考试、态度调查、面谈、核心小组、观察和工作模拟等。这些手段和工具应该具有统计的可靠性和易于使用的特点。培训项目开发之前设计评估手段和工具是非常重要的,因为这样会发现一些意外的信息,这些信息会改变课程开发和课程内容。

8. 在适当的阶段搜集评估数据

在评估过程中,一个重要的步骤就是搜集数据。在适当的时候要搜集数据,预先确定的数据搜集进度计划也要到位。确定周密的评估计划并不困难,但如果不能在适当的时候到搜集所需要的数据,评估计划就达不到预期的效果。有各种各样的数据搜集方法可以用于此搜集数据的过程。

9. 对数据进行分析和解释

数据分析有时会遇到巨大的挑战。当数据搜齐并达到预先确定的目标之后,接下来的步骤就是对数据进行分析,以及对分析结果进行解释。对问卷调查的反馈结果要列表分类以便介绍,对不同的情况要进行不同的分析。在分析评估数据时,有3类统计分析方法尤其适用,即趋中趋势分析、离中趋势分析和相关趋势分析。

如果方法适当,可以在这一步骤计算培训结果的货币价值。在得出这些价值的时候,要考虑评价因素问题,对培训结果的分析和解释也可以在其他阶段进行。例如,在培训项目不同阶段所搜集到的数据往往会在当时的阶段进行分析,以便为培训项目的调整提供信息。此后,可以搜集在岗业绩表现数据或后续跟踪数据,将它们与最初的数据合在一起分析,以便评估整个项目。

10. 根据评估分析结果调整培训项目

如果评估结果显示培训项目没有什么效果或存在较大问题,就要对该项目进行调整或考虑取消该项目。如果培训项目的某些部分不够有效,就可以考虑对这些部分进行重新设计或调整。另外,对于那些不能接受的结果要进行分析,以便确定失败的原因。失败的原因包括:内容不适当、授课方式不适当、对工作没有产生足够的影响或学员本身缺乏积极性等,要对培训项目的每一部分进行分析。

11. 计算投资回报率

如果要考虑培训的经济效益,就要计算投资回报率。最基本的投资回报率的计算公式如下。

$$投资回报率=项目净利润÷项目成本×100\%$$

计算投资回报率之后,要将它们与培训项目的目标进行比较。有时候,对这些目标的确定是以公司资金支出标准为基础的,其他的则基于经理们对培训项目的期望结果,或者基于他们对实施该项目的要求程度。对投资回报率的计算应该得到足够的重视,因为它决定着评估的最终手段。除此之外,它正在成为人力资源培训与开发职能商业化的一个重要的组成部分,并且企业越来越重视其基本的效果。这也成为衡量用于人力资源开发活动的资金的应用是否有效的坚实基础和重要标准。

12. 对培训项目的结果进行沟通

有许多人要得到评估信息,其中,有4种人是必须得到评估结果的。

① 培训开发人员。他们需要这些信息来改进培训项目,只有在反馈意见的基础上精益求精,才能提高培训项目的质量。

② 管理层。因为他们当中有一些是决策人物,决定着培训项目的未来。评估的基本目的之一就是为决策提供基础。该项目是否值得做,是否有必要继续为这种努力投入更多的资金,应该向管理层沟通这些问题及其答案。

③ 学员。他们应该知道自己的培训效果怎么样,并且将自己的业绩表现与其他人的业绩表现进行比较。这种意见反馈有助于他们继续努力,也有助于将来参加该培训项目学习的人员不断努力。

④ 学员的直接经理。当学员参加培训学习时,经理要做一些调整工作,并且要对学员的成功

表示很感兴趣。

在培训过程中,对培训结果的沟通往往被人们忽视。尽管经过分析和解释的评估数据将转给个人,但是,应该得到这些信息的人如果没有得到这些信息时,就会出现问题。在沟通有关信息时,一定要做到不存在偏见且有效率。

第三节 员工培训的方法

培训方法的选择要和培训内容紧密相关,不同的培训内容适用于不同的培训方法。不同的培训方法有不同的特点,在实际工作中,应根据企业的培训目的、培训内容及培训对象,选择适当的培训方法。

一、直接传授培训方法

直接传授培训方法适用于知识类培训,主要包括讲授法和专题讲座法等。

1. 讲授法

讲授法是指教师按照准备好的讲稿系统地向学员传授知识的方法,它是基本的培训方法,适用于各类学员对学科知识、前沿理论的系统了解,主要有灌输式讲授、启发式讲授和画龙点睛式讲授 3 种方式。讲课教师是讲授法成败的关键因素。

讲授法的优点:传授内容多,知识比较系统、全面,有利于大面积培养人才;对培训环境要求不高;有利于教师的发挥;学员可利用教室环境相互沟通,也能向教师请教疑难问题;员工平均培训费用较低。

讲授法的局限性:传授内容多,学员难以完全消化、吸收;单向传授不利于教学双方互动;不能满足学员的个性需求;教师水平直接影响培训效果,容易导致理论与实践脱节;传授方式较为枯燥单一。

2. 专题讲座法

专题讲座法在形式上和课堂教学法基本相同,但在内容上有所差异。课堂教学一般是系统知识的传授,每节课设计一个专题,接连多次授课;专题讲座是针对一个专题知识,一般只安排一次培训。这种培训方法适合于管理人员或技术人员了解专业技术发展方向或当前热点问题等。

专题讲座法的优点:培训不占用大量的时间,形式比较灵活;可随时满足员工某一方面的培训需求;讲授内容集中于某一专题,培训对象易于加深理解。

专题讲座法的局限性:讲座中传授的知识相对集中,内容可能不具备较好的系统性。

二、参与式培训方法

参与式培训方法是调动培训对象积极性,让其在培训者与培训对象双方的互动中学习的方法。这类方法的主要特征是每个培训对象积极参与培训活动,从亲身参与中获得知识与技能,掌握正确的行为方式,开拓思维,转变观念。其主要形式有案例研究法、头脑风暴法、模拟训练法和敏感性训练法。

1. 案例研究法

案例研究法是一种信息双向性交流的培训方式,它将知识传授和能力提高融合到一起,是一种非常有特色的培训方法,可分为案例分析法和事件处理法两种。

(1)案例分析法

案例分析法又称个案分析法,是围绕一定的培训目的,把实际中真实的场景加以典型化处理,形成供学员思考分析和决断的案例,通过独立研究和相互讨论的方式,来提高学员分析及解决问题的能力的一种培训方法。

用于教学的案例应满足以下 3 个要求:内容真实,案例中应包含一定的管理问题,分析案例必须有明确的目的。

案例分析可分为两种类型:第一种是描述评价型,即描述解决某种问题的全过程,包括其实际后果(不论成功或失败)。这样,留给学员的分析任务只是对案例中的做法进行事后分析,以及提出"亡羊补牢"的建议。第二种是分析决策型,即只介绍某一待解决的问题,由学员去分析并提出对策。本方法能更有效地培养学员分析决策、解决问题的能力。上述两种方法不是截然分开的,中间存在着一系列过渡状态。一般来说,解决问题的过程有 7 个环节如图 8.2 所示。

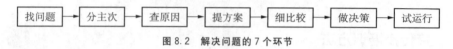

图 8.2　解决问题的 7 个环节

一个案例可以终止于 7 个环节中任一个。例如,如果写到第 3 个环节,即问题产生的原因已找出,留给学生去做的事便是对症下药,列出若干个备选方案,逐一权衡比较,然后制定出决策等;如果只找出了问题,分清了主次,则查明原因这一环节也有待学员去做,学员的任务便加重了,案例的分析难度也相应增加。如此逐步上溯,如果案例只介绍了头绪纷繁的一种管理情景,则学员应找出此情景中究竟存在哪些问题,案例研究的难度也就更大了。反之,如果案例中 7 个环节均已覆盖,即介绍了解决问题的全过程及其后果,学员已能对此做法做一番评价,这才属于描述型的案例。

(2) 事件处理法

事件处理法是指让学员自行搜集亲身经历的案例,将这些案例作为个案,利用案例研究法进行分析讨论,并用讨论结果来警戒日常工作中可能出现的问题,学员间通过彼此亲历事件的相互交流和讨论,可使企业内部信息得到充分利用和共享,同时有利于形成一个和谐、合作的工作环境。

事件处理法的适用范围包括:适宜各类员工了解解决问题时搜集各种信息及分析具体情况的重要性;了解工作中相互倾听、相互商量、不断思考的重要性;通过自编案例及案例的交流分析,提高学员理论联系实际的能力、分析解决问题的能力及表达、交流的能力;培养员工间良好的人际关系。

事件处理法的优点:参与性高,变学员被动接受为主动参与;将学员解决问题能力的提高融入知识传授中;教学方式生动具体,直观易学;学员间通过案例分析达到交流的目的。

事件处理法的缺点:案例准备的时间较长且要求高;需要较多的培训时间,同时对学员能力有一定的要求;对培训师的能力要求高;无效的案例会浪费培训对象的时间和精力。

2. 头脑风暴法

头脑风暴法能使培训对象在培训活动中相互启迪思想、激发创造性思维限度,能最大限度地发挥每个参加者的创造能力,提供更多、更好的解决问题的方案。

头脑风暴法的操作特点:只规定一个主题,即明确要解决的问题,保证讨论内容不泛滥。把参加者组织在一起无拘无束地提出解决问题的建议或方案,组织者和参加者都不能评议他人的建议和方案。事后再搜集各参加者的意见,传达给全体参加者。然后排除重复的、明显不合理的方案,重新表达内容含糊的方案。组织全体参加者对各可行方案逐一评估,选出最优方案。头脑风暴法的关键是要排除思维障碍,消除心理压力,让参加者轻松自由、各抒己见。头脑风暴法主要用于帮助学员尝试解决问题的新措施或新方法,以启发学员的思考能力并充分发挥其想象力。

头脑风暴法的优点:培训过程中为企业解决了实际问题,大大提高了培训的收益;可以帮助学员解决工作中遇到的实际困难;培训中学员参与性强;小组讨论有利于加深学员对问题理解的程度;集中了集体的智慧,达到了相互启发的目的。

头脑风暴法的缺点:对培训顾问要求高,如果不善于引导讨论,可能会使讨论漫无边际;培训顾问主要扮演引导的角色,教授的机会较少;研究的主题能否得到解决也受培训对象水平的限制;主题的挑选难度大,不是所有的主题都适合用来讨论。

3. 模拟训练法

模拟训练法以工作中的实际情况为基础,将实际工作中可利用的资源、约束条件和工作过程模型化,学员在假定的工作环境中参与活动,学习从事特定工作的行为和技能,提高其处理问题的能力。

模拟训练法的优点:在培训中学员的工作技能将会获得提高;通过培训有利于加强员工的竞争意识;可以带动培训中的学习气氛。

模拟训练法的缺点:模拟情景准备时间长,而且质量要求高;对组织者要求高,要求其熟悉培训中的各项技能。

模拟训练法与角色扮演法类似,但并不完全相同。模拟训练法更侧重于对操作技能和反应敏捷的培训,它把参加者置于模拟的现实工作环境中,让参加者反复操作,解决实际工作中可能出现的各种问题,为进入实际工作岗位打下基础。这种方法比较适合于对操作技能要求较高的员工的培训。例如,运动员会针对比赛中可能出现的情况反复进行模拟训练,目的在于提高运动员在竞赛中的临场适应性,习惯比赛环境,在头脑中建立起合理的动力定型结构,以便正常发挥技术及战术。

4. 敏感性训练法

敏感性训练法,又称"T小组"(T代表训练)、"恳谈小组"或"领导能力训练"。敏感性训练要求学员在小组中就参加者的个人感情、态度及行为进行坦率和公正的讨论,相互交流对各自行为的看法,并说明其引起的情绪反应。它的目的是要提高学员对自己行为和他人行为的洞察力,了解自己在他人心目中的"形象",感受与周围人群的相互关系和相互作用,学习与他人沟通的方式,发展在各种情况下的应变能力,学习在群体活动中采取建设性行为。

敏感性训练法适用于:组织发展训练;晋升前的人际关系训练;中青年管理人员的人格塑造训练;新进人员的集体组织训练;外派工作人员的异国文化训练等。

敏感性训练法常采用集体住宿训练、小组讨论、个别交流等活动方式。具体训练日程由指导者安排,内容可包括问题讨论、案例研究等。讨论中,每个学员充分暴露自己的态度和行为,并从小组成员那里获得对自己行为的真实反馈,学会以他人的方式给自己提出意见,同时了解自己的行为如何影响他人,从而改善自己的态度和行为。

三、其他培训方法

1. 师带徒

师带徒是一种最传统的在职培训方式。最早的师带徒培训没有一定的方法和程序,新员工只是从观察和体验中获得技能,因而成效相当迟缓。后来的师带徒培训是作为一种在职培训的方法,其形式主要是由一名经验丰富的员工作为师傅,带一名或几名新员工。在手工操作较多的领域通常使用这种培训,如管道工、理发师、机械师、木匠和印刷工等。培训期限依据所需技艺的不同要求而不同。师带徒传授技能的主要过程如图8.3所示。

师带徒的优点:师傅具有的技能在其因退休、辞退、调动和提升离开工作岗位或出现岗位空缺时,企业能有训练有素的员工补上,从而不影响工作效果和效率;同时,师带徒培训通常能在师徒间形成良好的关系,有助于工作的开展。

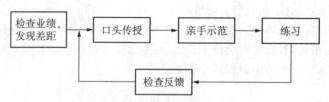

图 8.3　师带徒培训传授技能的主要过程

师带徒的缺点:仅对学员进行某一特定技能的培训,培训面比较窄;传统消极观念"带会徒弟饿死师傅"在一些培训者脑中作祟,一定程度上影响技能的传授。

2. 工作轮换法

工作轮换也称轮岗,是指让学员在预定时期内变换工作岗位,使其获得不同岗位的工作经验的培训方法。以管理岗位的工作轮换培训为例,让学员有计划地到各个部门学习几个月,如生产、销售、财务等部门。学员应实际参与所在部门的工作或仅仅作为观察者,以便了解所在部门的业务,扩大对整个企业各环节工作的了解。

工作轮换法的优点:工作轮换能丰富学员的工作经历,增加对企业工作的了解;能使学员明确自己的长处和短处,找到适合自己的位置;同时有利于改善部门间的合作。

工作轮换法的缺点:因为员工在每一个工作岗位上停留时间太短,所学不精,以至于他们更觉得自己只是某个部门的参观者而不是其中一员;由于员工工作水平不高,从而影响整个工作小组的效率;同时员工认识到目前的环境是临时的,所以很可能敷衍了事。此外,由于工作轮换法鼓励"通才化",因此更适用于一般直线管理人员的培训,而不适用于职能管理人员。

3. 角色扮演法

角色扮演是在一个模拟真实的工作情景中,让学员身处模拟的日常工作环境中,并按照他在实际工作中应有的权责来担当与实际工作类似的角色,模拟性地处理工作事务,从而提高处理各种问题的能力。这种方法的精髓在于"以动作和行为作为练习的内容来开发设想"。也就是说,学员们不是针对某个问题相互对话,而是针对某个问题采取实际行动,以提高个人及集体解决问题的能力。

角色扮演法的优点:学员参与性强,可以提高学员培训的积极性;角色扮演中特定的模拟环境和主题有利于增强培训效果;可增加学员间的感情交流,培养他们的沟通、自我表达、相互认知等社会交往能力;学员可以互相学习,及时认识到自身存在的问题并进行改正;提高学员业务能力、反应能力和心理素质;具有高度的灵活性,实施者可以根据培训的需要改变学员的角色,调整培训内容;角色扮演对培训时间没有特定的限制,视要求而决定培训时间的长短。

角色扮演法的缺点:对场景的设计要求较高;实际工作环境复杂多变,而模拟环境却是静态的、不变的;扮演中的问题分析限于个人,不具有普遍性;由于学员自身原因,参与意识不强,角色表现漫不经心,影响培训效果。

当然,除了上面的培训方法之外,还有行动学习、文件筐法、拓展训练、管理者训练及基于现代信息技术的网上培训与虚拟培训等方法。

第四节　新员工导向培训

新员工导向培训又称新进员工定向培训或上岗引导,主要是以组织新进员工或走上新岗位的员工为对象,岗前教育为主体的组织社会化过程。

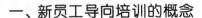

一、新员工导向培训的概念

1. 新员工期望与现实冲击

一般新招聘来的员工在工作伊始,往往对组织抱有以下 3 种主要期望。一是希望获得欢迎和尊重。刚刚进入一个陌生组织环境的新员工,往往对组织和老员工对自己的态度和礼遇十分敏感,特别期望得到领导、上司和同事们的认可、接受和重视,担心被别人轻视和忽略。这方面期望的实现状况不仅关系到新员工个人的基本需要的满足程度,而且还会波及他们对组织的总体认识和推断,影响他们个人在组织中的定位及组织归属感的建立与巩固。二是希望获得对组织环境和工作职务相关情况的了解。新员工迫切想知道自己所加入的组织的历史、性质、目标、价值观、规章制度与行为规范、组织部门与人员状况、本职岗位的职责、权利与义务等。这些信息有助于他们消除对组织、工作和人员的陌生感,增加认同感和自信度。三是希望获知在组织中的发展与成功机会。发展与成功的机会是现代人加入一个组织所追求的重要目标之一,当这方面信息缺乏和路径不明时,新员工会因为"心里无底"而容易被焦虑和疑惑的情绪所困扰;当这方面期望得到满足,明确了发展提高、崭露头角的机会时,新员工会增加方向感和主观能动性。

新员工对其加入的组织和未来工作所怀有的一定憧憬和朦胧印象,总是与自己在现实中所遭遇的真实组织环境与对待之间存在各种各样的差异或不一致,从而对其身心和期望形成所谓"现实冲击",这样会或多或少地影响其思想、感情、心理、行为及能力的发挥。新员工遇到现实冲击时,对组织和工作的期望、认知、定位等原有状态会与现实发生碰撞,进而调整自己的态度、动机、行为和目标,影响到个人对组织的承诺、流动倾向和工作效率等。

2. 新员工导向培训

新员工导向培训主要是针对新员工期望与现实冲击的碰撞——他们既抱有希望和打算,又心中无底,存在担心自己的际遇等矛盾心理。企业重视和精心组织岗前培训,给予新员工关怀、鼓励、指导与帮助,将会使他们感受到组织给予的尊重、信任、目标和机会。

新员工导向要给新员工提供有关组织的基本背景情况,使之对新的工作环境、条件、人员关系、工作内容、规章制度、组织期望等有所了解,尽快定下心来开始工作。新员工导向是一种组织社会化过程,通过向新员工注入组织及其团队所期望的主要态度、规范、价值观和行为模式等,培养其组织归属感——对自己的组织从思想、感情、心理上产生认同、忠诚、承诺、责任感、依附、参与和投入,成为组织的"自己人"。

有效的新员工导向与组织社会化工作,可大大减少新加入组织者上岗初期的紧张不安及可能感受的现实冲击,帮助其安下心来投身于工作,尽快进入职位角色,创造佳绩。

二、新员工导向培训的内容

新员工导向应为本组织和新员工做好两件事。

① 使新员工感到他们是受欢迎的,他们为自己加入本组织的决定感到满意。可在和谐气氛中介绍相识,有帮助、有指导地使其熟悉工作环境及轻松愉快地成为组织中的一员。

② 使新员工认识必要的人,了解必要的事。尤其要让其了解必要的知识和技能,了解组织运转程序,熟悉组织的设施环境和自己的岗位责任。可开展各种活动,不一定复杂或花费大,只要能保证在温暖友好的气氛中让新员工认识和了解组织、工作、人员(同事、上级)即可。

要达到上述目的,就应当努力为组织开发一个简单而实用的新员工引导(岗前培训)方案,让它成为组织的一项常规工作,同时又保证了新员工导向与社会化过程的良好气氛和工作效率。这其中,最重要的是岗前培训的信息纲要和基本内容的确立。

新员工导向应该告诉新员工哪些信息？如何告诉他们？这是新员工导向内容的"纲"。新员工导向的信息纲要主要有以下6个方面。

　① 使新进员工成为正式成员的信息。

　② 有助于员工了解企业体制的信息。

　③ 建立员工归属感的信息。

　④ 公司的历史和经营哲学信息。

　⑤ 公司的目的和目标信息。

　⑥ 使员工熟悉自己岗位职责的信息。

根据上述信息纲要，把组织拟在岗前培训中让新员工学习的文件、了解的事、认识的人、参加的活动等信息内容分类记录下来，并按一定格式编排，即可形成完整的新员工导向内容。在使用中，可以设计一份新员工导向的检查清单，这不仅可以简明扼要而又涵盖全面地确定培训教育内容，还可作为制订新员工导向方案的有效工具。表8.2即是这方面的一个实例。

表8.2　某公司新员工导向培训内容清单

对象：某公司新装配工导向信息	人　员	时　间
A. 使新员工成为正式成员的信息		
① 在工资单和福利方案上签字	行政助理	
填家庭经济状况表和获准雇佣表		第一天
② 概述福利政策、请假程序、工间休息等	行政助理	第一天
③ 介绍员工手册	行政助理	第一天
④ 安全信息与条例	装配线班长	第一天或第一周
⑤ 停车场信息	行政助理	第一天
B. 制度方面的信息		
① 参观工厂	班长	第一天
② 安全操作程序	班长	第一周
③ 概述员工手册中的内容	班长	第一周
④ 参观第一班的工作	班长	第一周
C. 建立归属感的信息		
① 欢迎装配工	班长	第一天
② 介绍认识行政人员和企业负责人	班长	第一天或第一周
③ 在参观第一班工作时，在休息室提供茶点，介绍两班工人互相认识	行政助理	第一周
D. 公司的历史和经营哲学		
① 公司的历史	面试考官	录用前
② 主要的历史事件和经营哲学	班长	第一周
E. 企业的目的和目标		
① 概括企业的使命和远景规划	面试人员	录用前
② 简要介绍	企业负责人	第一天
③ 详细介绍	班长	第一周
F. 企业责任方面的信息		
① 简要介绍岗位责任	面试人员	录用前
② 概括职责描述	班长	第一天
③ 介绍工作岗位	班长	第一天
④ 在岗培训	老装配工	第一周
⑤ 对装配线上的工作、继续培训、辅导等进行管理	班长	第一周及以后

三、新员工导向培训的计划与实施

以上述新员工引导内容清单为基础,只要进一步明确和细化到底向新员工传递哪些信息,谁来传递,什么时间传递,什么地点传递,以及以什么形式传递等要素,即可编制出全面而简明的新员工导向计划。一旦有了这样一份完整的计划方案,新员工的岗前培训即可按部就班进行,成为一桩令人愉快的日常事务。

新员工导向培训的计划与实施工作关键是要抓准和落实以下5个方面的内容要点。

1. 提供什么信息

所提供的信息(见表8.2)。

2. 谁来传播这些信息

谁来传播这些信息,即要确定由谁来主要传递有关信息更为有效。在企业中主要由以下4类人员参加新员工导向培训。

(1)企业负责人

他们与新员工的谈话、认识、看望等影响很大。

(2)部门主管

他们在培训中有重要作用。部门主管往往是新员工第一天上班见到的第一个人,他们将有关工作、岗位、制度等信息告诉新人,起着很重要的表率作用。

(3)人事、行政管理人员

做文书工作,应让新员工了解各项制度,并提供行政帮助。

(4)其他员工

他们是新员工天天接触的同事,他们的参与更容易减轻新员工的压力和紧张感,积极的帮助和接触有利于新员工进入情境。

3. 何时传播这些信息

一般都集中于以下3个阶段。

(1)录用前

在招聘过程中,组织的招聘人员要向工作候选人介绍组织、岗位等情况,在面试、录用时提供人事、工作、福利等政策资料。

(2)第一天

新员工往往带有疑问,多少会感到紧张,过多信息传播是错的。第一天应着重做5件事:①某种方式的欢迎活动;②完成基本文书工作,解释一下薪金和福利程序;③参观;④介绍与同事、关键人物的认识;⑤概述新员工职责描述和要求,明确近期需要开展工作的日程安排。

(3)最初几周

部门主管要一直与新员工保持密切的联系。新员工应了解组织运行规则,学会承担相应的工作任务,部门主管提高新人知名度,继续帮助新人融入公司的生活。

新员工进入组织第一天的培训尤其重要,要让新员工下班回家有一种归属感,并对第二天充满期望和热情。

4. 何处传播这些信息

应根据新员工的特点和培训内容的特点,灵活地安排培训处所,如车间、会议室、休息间等,以有利于信息的传递和交流沟通。

5. 如何传播这些信息

针对不同内容特点选取不同的传播方式,如欢迎见面会、茶话会、参观、看录像、学习员工手册、赠送纪念品、招待会等,尽可能灵活多样、加深印象,为效果服务。

总之,新员工导向和组织社会化的实践是丰富多彩、变化无穷的。

四、新员工导向培训的具体方法

新员工导向培训的方法可灵活多样,可以是授课式、研讨会形式,也可以是在岗实地培训,甚至可以是户外训练等方式。

1. 在岗实地培训

例如,美国惠而浦公司对新加入的销售人员采用实地培训。以 7 个人为一组,安排在公司密歇根总部附近的房子里,为期 2 个月,只有 2 个周末允许回家。除了普通的讲授方式,还让新销售员工每天用公司的产品洗衣、做饭、洗碗,他们也会在当地的商店购买家用电器,把惠而浦公司的产品和竞争者的产品做比较,等等。这个培训使新加入的销售人员快速熟悉产品和业务,参加了该项目的员工通过试用期留在惠而浦公司的比率也比较高,而且还吸引了不少人前来应聘销售职位。

2. 伙伴制

伙伴制培训方法如同师徒制,就是给每个新员工指定安排一名工作职责相近、热诚负责的老员工作为"结对子"的"伙伴",随时可给予新员工必要的协助和指点;而被选上做"伙伴"也是企业对优秀员工给予的一种认可和荣誉,对其额外的付出,企业也给予一定的奖励。这种一对一的"贴身全程服务"很能显示企业的亲和力和凝聚力,也是传播和加强企业文化的可靠途径。

3. 户外拓展训练

目前有些企业会请第三方的培训公司,采用更新颖的户外拓展训练作为导向培训的一部分。这种拓展训练沿用了体验式培训的基础理论,结合新员工融入方面的心理学和组织行为学研究成果,通过科学的情境设计,让课程兼顾新员工的个体行为感受、团队角色观念的树立和企业价值认同的推动,从而促进新员工融入企业,加强新员工对企业的认同感和归属感。同时,也使新员工在体验中理解和认同企业文化。

4. 让第一天印象深刻

大家都知道第一印象很重要。那么,让新员工对就职的第一天留下深刻的好印象,就意味着新员工导向培训和员工融入新环境已经成功了一半。这里罗列一些方法供参考选择,看似琐碎,却可细微之处见实效。

① 举办一个简单但热烈的欢迎招待会,依据预算多寡备些咖啡和茶点,邀请老员工来和新员工见面认识。

② 帮助新员工安排好工作的准备,包括:办公座位、办公用品、姓名牌、名片、出入卡、内部通讯录、紧急联络表、电话设置、电脑设置(包括电子信箱的申请开通)等。

③ 告知最基本和即刻需要用到的信息,如办公区的布局,最常用的电话和电邮的使用指南,复印、传真、打印等办公设备的使用,茶水间、餐厅、洗手间的使用等。

④ 准备一封欢迎信,可用单位的"行话"或"俚语"准备一封生动幽默的欢迎信(体现企业文化和亲和力)。

⑤ 发放一份印有单位标识的纪念品。

⑥ 邀请共进午餐。

⑦ 尽量指定专人负责某位新员工的第一天。

第五节　员工潜能开发

国外学者从 19 世纪起就开始对人的潜能进行理论研究,但对潜能的应用开发是从第二次世界

大战后才开始的,到 20 世纪 70 年代以后发展迅速,其中美国学者为此做出的贡献最多。近几年来,我国学者引进和翻译了大量有关这方面的著述,并在本土化研究方面有所进展。

一、潜能与潜能开发

现代科学研究表明,按照传统的手段开发人力资源,只能使人的极小一部分能力得以开发,人类尚未开发的潜能是巨大的。20 世纪初,美国心理学家威廉·詹姆斯认为一个正常健康的人只运用了其能力的 10%。1980 年心理学家奥托估计,人的潜能只发挥了 14%。

人的潜能主要存在于潜意识之中,潜意识通过各种各样的形式,对人的行为产生着潜移默化的影响。潜意识的表现形式有感知、直觉、情绪、信念等。潜意识能量不用则废。潜意识资源很难自动开发,如果这种潜力不经唤醒或启动,能量就会自行消失。

潜意识易受环境的干扰。研究表明,潜意识的启动与运作,容易受到人的精神状态的影响。例如,在人脑处于半睡半醒时最为活跃;在神经放松的情况下,容易与潜意识沟通;在心情愉快时,潜意识才容易受到激发,等等。

潜意识与显意识之间可以沟通。科学家这样比喻:潜意识相当于电脑软件,而显意识就是操纵者。操纵者不仅可以启动潜意识,而且还能重新编写潜意识"软件"。

随着脑科学、心理学、行为科学等学科向纵深发展,科学家们不仅能估测人的潜能的多少,而且发现了人脑潜能的存在区域、表现形式的运作规律,研究出开发潜能的一些方法。这些潜能开发的方法多种多样,如成功训练、情商训练、创意思维训练等。就其开发的形式而言,可分为内化型和外化型两种:内化型训练一般通过室内授课、讨论和心理训练等进行,达到启发心智、开发潜能的目的;外化型训练则通过体能训练,触及人的心理内涵,开发人的潜能。如果采用两种形式结合训练,效果会更好。按其开发手段的不同,可分为正向开发(激励训练)和逆向开发(挫折训练):正向开发致力于激励人的成功欲和自信心,从培养人的健康心理出发,采用积极、善意、愉快的方式,开发人的潜能;逆向开发往往采用使人受到打击、挫折或磨炼的方式,以训练成功者应具备的心理素质。

二、员工潜能开发的途径

随着知识经济的到来,智力资本已然成为企业发展的核心要素,发挥智力资本的力量逐渐成为优秀企业赢得竞争的利器。企业员工潜能开发的途径可从以下 3 个方面入手。

1. 思维训练

当《把信送给加西亚》《高效能人士的七个习惯》《不要只做我告诉你的事,请做需要做的事》等国外管理书籍风靡国内企业界,甚至成为众多企业员工人手一册的系列读本时,我们不得不承认,这绝对不是国内企业在跟风赶时髦,而是企业的员工没有经历过工业文明的洗礼,大多自身缺乏基本的职业精神,不具有起码的思维理念。这种现象从另一个侧面也反映了随着社会的发展,相比较传统的技能培训而言,企业也越来越重视对于员工"精神思想"层面的投资。

对于神奇教练米卢在中国的成功,其作为唯一一位带领中国国家足球队进入世界杯的主帅,有专业人士分析其秘诀如下:其实他并没有给球队带来多少技术、战术水平的提升,无非是将"快乐足球"作为球员的信仰,将"态度决定一切"作为指导一切工作,如挑选队员、研究对手、指挥比赛的基本准则,仅此而已。或许,这便是神奇教练的"伟大"之处吧。同样,在企业中开发员工潜能,让员工创造"奇迹"的基本起点也是"拒绝负面思想",态度决定一切。试想,一个总是推卸责任、消极被动的员工,能够将工作做成一百分吗?因此,企业需要通过一些培训、员工活动促使员工树立起"凡事操之在我""凡事都有对我有利的一面"等自我负责、积极主动的价值观,借此发挥员工的聪明才智及主观能动性,从而获得预期的工作目标,同时降低企业管理中的沟通、监督和协调成本。

通常,企业在招聘员工时,更多看中的是应聘人员的经验。这也就意味着,在他们看来,他们相信应聘人员之前做过某件事,那他们也能在以后的工作中把此类事情做好。其实,随着外部环境的快速变化,市场竞争的激烈性导致的工作的创新性要求,以及企业组织的不稳定性导致的岗位职责的不固定性等因素,使得员工的潜能发挥显得比已有经验甚至更为重要。相比经验而言,员工的潜能发挥也可以理解成"虽然没有做过某件事情,但通过一定的思维理念、基本的做事方式,照样能够把这件事情做得很漂亮"。当然,《高效能人士的七个习惯》等著作中已给出了一些可借鉴的思维理念和做事方式,如积极主动、以终为始、要事第一、双赢思维、知彼知己、统合综效、不断更新等。

2. 激励导向

当人们去海洋馆看海豚算算术、打排球、与训练师握手等精彩表演时,不禁惊诧海豚的聪明,对训练师训练方法充满好奇。其实,这背后只是利用了动物的条件反射原理。在训练中,训练师用哨子、手势、引导杆、音乐发出命令,用鱼和抚摸进行奖励,海豚每完成一个动作就会得到一条小鱼或抚摸的奖励,由此反复在海豚的脑内形成条件反射,海豚就具备了诸多神奇的本领。动物尚且如此,对于企业中的员工,同样可以通过"激励导向"的方式,让员工的潜能得到极大地发挥。

在教育小孩方面,"一句表扬的话语有时胜过万千说教",相信很多父母均深有同感。善对员工运用夸奖等激励手段,很多时候也能起到意想不到的作用。杰克·韦尔奇最擅长的沟通方式是写便签,有给直接负责人的,也有给小时工的,无一不语气亲切而发自内心。伊梅尔特曾收到这样一张便条:"我非常赏识你一年来的工作,你的表达能力和付出精神非常出众。需要我扮演什么角色都可以,无论什么事,给我打电话就行。"伊梅尔特说:"收到韦尔奇的便条后,我大为感动,我觉得他是一个尊重他人付出、肯定他人成果、拥有宽广胸怀的人。"多年后,伊梅尔特成为通用电气新一任CEO。每个人的都渴望被尊重,每个人的内心深处都希望寻求外界的接纳。

 相关链接

丰田公司以制度激励员工创新

早在20世纪50年代,日本丰田公司实施了一项被称为"动脑筋创新"的建议制度。该公司首先设立动脑筋创新委员会,制定了建议规章、奖励办法等。然后,在各车间设置建议箱,成立"动脑筋创新"小组,组长对提建议的员工进行有计划的帮助,使员工可以自由、轻松、愉快地提出建议。另外,还在各部门分别设立建议委员会,把鼓励提建议的方针贯彻到公司的各个角落。

为鼓励员工积极提建议,丰田公司将提建议制度与奖励制度紧密相联,其审核标准分为有形效果、无形效果、利用程度、独创性、构想性、努力程度、职务减分7个项目,每个项目以5～20分的评分等级来评定分数,满分为100分。相应的奖金最高为20万日元,最低为500日元,对于特别优秀的建议,则给予特别的奖励。

"动脑筋创新"建议制度在丰田公司实施仅1年,就征集了183条建议。至20世纪70年代后,每年搜集到的建议达5万余条,大大调动了员工的工作热情,为丰田的发展提供了源源不断的动力。

3. 文化重塑

美国心理学家乔(Joe)和哈里(Harry)(1969年)从自我概念的角度对人际沟通进行了深入的研究,并根据"自己知道-自己不知"和"他人知道-他人不知"这两个维度,将人际沟通划分为4个区:开放区、盲目区、隐藏区和未知区,这个理论称为"乔哈里视窗",如图8.4所示。

其中,处于盲目区的人,个人看不到自己的优劣,别人却能一目了然,这就是所谓的个人盲点。有些自卑感的人,往往会意识不到自己的优点和长处。处于隐藏区的人,个人的思想、感受、经验等别人无法猜透;处于未知区的人,个人和别人都不知道的一些有关自己的信息,如个人未曾觉察的潜能或压抑下来的记忆、经验等。虽然乔哈里视窗最初用于研究人际沟通,但同样适用于解释企业员工潜能开发。当企业倡导心态开放、乐于分享的企业文化时,员工越能自我觉察,敢于向他人表露内心思想,乐于接受他人批评意见,明白自己的不足并不断学习进步,彼此之间的合作会越多,其公开区会越大。反之,未知区越小,这也意味着员工个人潜能得到越大的开发。

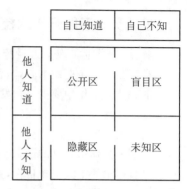

图8.4　乔哈里视窗

企业发展壮大的过程,也是员工成长和企业成长相匹配的过程。企业的发展离不开员工的成长。真正地去关心员工成长,帮助员工规划职业生涯,是企业开发员工潜能的有效方法。让员工清楚自己的不足之处与志向所在,让员工明白在未来企业的发展平台上“我应该是谁”,让员工清晰自己达成目标的具体路径、重要里程碑及可以依托的资源,一方面可以指导员工制定具体的行动措施、指引员工实现其职业目标;另一方面也可以最大限度地激发员工的工作、学习激情及潜能的开发,在此过程中,员工也必为企业创造更多的工作成果和价值。

三、员工潜能开发的方法

1.“拓展训练”课程

“拓展训练”起源于第二次世界大战中的海员学校,目的是训练海员的坚强意志和生存能力。现在这种课程已从生存训练拓展到管理训练和心理训练等方面。1996年,我国第一次将这种训练引入国内,并在适应中国人心理特征与讲授风格的基础上,设计了有效的训练课程。其目的是提高人的自信心,保持积极进取的人生态度,培养团队合作精神和合作态度,培养现代人把握机遇和抵御风险的心理素质。

拓展训练以外化型体能训练为前导,同时触及人的深层心理内涵,以达到心理素质的改善与拓展。在精心设计的各项活动中,学员们将被置身于大自然和各种刺激、困惑和艰难的情景之中,在面对挑战、克服困难和解决问题的过程中,使人的心理受到磨炼,人格得到升华。

拓展训练的课程内容主要有5种:拓展体验课程、回归自然课程、挑战自我课程、领导才能课程、团队建设课程。

2.“魔鬼训练”课程

“魔鬼训练”起源于日本军营训练,后被引用到日本企业员工训练中,曾经风靡一时。“魔鬼训练”的特点是通过对人的超强度训练,触及人的灵魂,开发人的潜能,具体体现在以下几方面。首先,“魔鬼训练”以训练的艰苦和严酷著称。这是一种在封闭环境中极其严格、紧张和艰苦的训练。训练为期6天,其中包括40千米夜行军等12个项目的训练和考核。其目的是通过完成挑战心理和体能极限的课程,挖掘学员自身的潜能,提高他们的自信心、意志力和承受力。其次,“魔鬼训练”是一种外化型的逆向“挫折”训练,教官通过让学员参加近似于体罚式的极限体能训练(如大喊发声、限时背诵、深夜长距离急行军等),培养学员百折不挠的拼搏精神、克服困难的勇气和快节奏的工作习惯。另外,该训练通过团体训练和集体考核项目,培养学员的互助友爱和团队精神。

四、员工潜能开发的技巧

1. 帮助员工实现个人目标

员工是组成企业的细胞,是企业生存和发展的基础,没有员工的个人成长发展,就不会有未来腾飞的企业。工作中要把公司发展的目标与企业员工的个人成长目标结合起来,在帮助员工不断发展逐步实现个人目标的同时,促进公司的飞速发展。

其实大多数员工希望自己能将工作干得更好,使自己更具能力,但如果他们感到这种较高的希望是别人强加给自己的话,就可能产生的不是动力,而是抵触情绪。管理者应该帮助他们建立超越自我需求的个人工作目标,并把这一目标达成一致。如果管理者能在工作中让每一位员工感受到自己的工作对公司是何等重要,他们每一人的所作所为都会影响到公司的发展;让每个员工都感到自己是公司的一员,就能激励员工们自己找到提高工作效率的方法。

2. 把"情"融入管理中

在企业里,管理的对象是人,但是管人的目的不是把人的手脚捆住,把人管死,而是要把人的潜能最大限度地发挥出来。人都有感情,在管理中执行"铁"的制度的同时,要体现情感,融进爱,这样的管理才能管到员工的心里去,才能使制度成为员工的自觉行动,才能使管理发挥最好效能。

"爱你的员工吧,员工才会加倍地爱你的企业。"这是国外致力于企业管理者的忠告。这一管理理念已被越来越多的管理者接受。实践使他们懂得,没有什么比关心员工、爱护员工更能调动他们积极性并提高工作效率的了。

3. 放下架子忘记自己的身份

管理者,不要认为什么事就自己一个人说了算,不要以自己的标准去衡量和要求手下员工。要忘记自己的领导身份,用平和的心态与下属沟通,并能对有能力的员工大胆授权。授权的意义就是鼓励和信任。

一个不摆架子的领导者,必定能使手下员工之间和睦友爱、激发他们的劳动积极性。任何一个组织中,个人与集体之间的目标是一致的:企业需要提高劳动效率,以获得更大的利润;同样,员工希望通过企业效益来获得更多的报酬和更好的福利待遇。关键是领导者应该怎样去统一大家的认识,共同实现"大目标"。

4. 公正及时地表扬员工

在对员工的激励上,做好三原则:钱不是唯一的;及时、信守承诺;成功可以孕育更大的成功。如果员工达到工作标准,一定马上兑现事前约定的承诺,这样有利于员工把行为与报酬联系起来。钱是报酬的一种方式,但钱不是报酬的全部,管理者也不应将对员工的激励与钱划上等号,否则,可能会带来很多负面影响。在很多情况下,亲自向表现优异的员工表示感谢,特别是当面致谢或书面致谢。如果采用非金钱的奖励,一定要注意公正和及时的原则。

曾经看过这样一段话:"指令监督让人用手工作,技能培训让人用脑工作,职业规划让人用心工作,家庭和谐让人用情工作,职业定锚让人用魂工作。"总归一句就是想长久地留住员工,最重要的是留住员工的心,让员工用心工作。

 补充阅读资料

让第一天印象深刻

让新员工对就职的第一天留下深刻的好印象,有助于新员工融入新环境。

举办一个简单但热烈的欢迎招待会,依据预算多寡备些咖啡和茶点,邀请老员工来和新员工见面认识。

帮助新员工做好工作的准备,包括办公座位、办公用品、姓名牌、名片、出入卡、内部通讯录、紧急联络表、电话设置、电脑设置(包括电邮信箱的申请开通),甚至台历等。

告知最基本和即刻需要用到的信息,如办公区的布局,最常用的电话和电子邮件的使用指南,复印、传真、打印等办公设备的使用,茶水间、餐厅、洗手间的使用等。

准备一封欢迎信,可用单位的"行话"或"俚语"准备一封生动幽默的欢迎信,也可体现企业文化和亲和力。

发放一份印有单位标志的纪念品。

邀请新员工共进午餐。

尽量指定"专人"负责新员工的入职第一天。

本章小结

员工培训与开发是人力资源管理的重要组成部分,是组织获取和增强竞争优势的重要途径,也是使组织拥有并优化人力资源的重要手段。通过对本章的学习,要了解员工培训与开发的含义、意义;员工培训的形式、内容与原则;员工培训的类型与方法;员工培训的系统模型,掌握培训与开发的流程,培训需求分析的内容与方法;熟悉培训计划的基本要素,并能进行培训项目设计;了解培训成果转化的影响因素,会进行培训评估,掌握培训评估的层次和方法;熟悉培训的方法;掌握新员工导向培训的意义、内容、过程与方法。

重点概念

培训与开发;培训需求分析;培训计划;培训转化;培训评估;敏感性训练法;角色扮演法;模拟训练法;新员工导向培训;组织社会化

复习思考题

1. 什么是员工培训与开发? 二者有何异同?

2. 什么是培训需求? 如何评估培训需求?

3. 解释培训计划的基本要素。

4. 培训评估的层次和方法各是什么?

5. 结合人力资源培训与开发系统模型图,简述设计有效培训与开发系统的完整程序及要点。

6. 个人或小组在调研的基础上,为某培训项目编制一套完备的培训项目计划与实施系统方案。

7. 分析影响培训转化的工作环境因素。

8. 如何计算培训投资回报率?

9. 直接传授和参与式培训方法各有哪些? 其特点是什么?

10. 结合实际,制订一份新员工导向培训的计划。

 **案例分析**

沃尔玛内部员工培训

在美国,沃尔玛被管理界公认为是最具文化特色的公司之一,《财富》杂志评价它"通过在培训

方面花大钱和提升内部员工而赢得雇员的忠诚和热情,管理人员中有 60% 的人是从小时工做起的"。因此,沃尔玛在用人上注重的是能力和团队协作精神,学历和文凭并不占十分重要的位置。

沃尔玛坚信内训出人才。在沃尔玛,很多员工都没有接受过大学教育,拥有一张 MBA 文凭并不见得能赢得高级主管的赏识,除非通过自己的努力,以杰出的工作业绩来证明自己的实力。但这并不是说公司不重视员工的素质,相反,公司在各方面鼓励员工积极进取,为每一位想提高自己的员工提供接受训练和提升的机会。公司专门成立了培训部,开展全面的员工培训。无论是谁,只要你有愿望,就有学习和获得提升的机会,而且,如果第一次努力失败了,还有第二次机会。因此,今天沃尔玛的绝大多数经理人员产生于公司的管理培训计划,是从公司内部逐级提拔起来的。

沃尔玛看重的是好学与责任感。在一般零售公司,没有 10 年以上工作经验的人根本不会被考虑提升为经理,而在沃尔玛,经过 6 个月的训练后,如果表现良好,具有管理好员工和商品销售的潜力,公司就会给他们一试身手的机会,先做助理经理或去协助开设新店,如果干得不错,就会有机会单独管理一个分店。在公司看来,一个人缺乏工作经验和文凭没有多大关系,只要他肯学习并全力以赴,绝对能以勤补拙。而且公司乐于雇用有家室的人,认为他们稳定、能努力工作。而在今日的美国,零售业由于大量使用兼职工、非熟练工以压低成本,各公司的员工流失率均居高不下,唯有沃尔玛是例外。

沃尔玛崇尚岗位轮换。对于公司的各级主管,公司经常要他们轮换工作,提供机会担任不同工作,使他们接触公司内部的各个层面,相互形成某种竞争,最终使其把握公司的总体业务。这样做虽然可能造成企业内主管间的矛盾,但公司认为是对事不对人,每个人应首先帮助公司的其他人,发扬团队精神,收敛个人野心。

沃尔玛的"新人",90 天定乾坤。随着公司在国际上的大举扩张,现在全世界的雇员总数大约为 110 多万。确保有才能的员工取得成就得到承认,并为他们提供脱颖而出的机会,就成了留住人才的关键。为此,公司将注意力集中在帮助新员工在前 90 天里适应公司环境,如分配老员工给他们当师傅,分别在 30 天、60 天和 90 天时对他们的工作加以评估等。这些努力降低了 25% 的人员流失,也为公司的进一步发展赋予了新的动力。

思考题

沃尔玛的培训具有哪些特色?

第九章

绩效管理

学习目标

知识目标

- 掌握绩效、绩效考核、绩效管理、关键绩效指标的概念。
- 熟悉绩效考核方法各自的特点与优缺点。
- 理解平衡计分卡设计程序的操作要点。
- 了解项目管理的实施流程。

能力目标

- 掌握绩效管理的流程。
- 学会建立 KPI 指标体系。
- 掌握 360°绩效考核方法的实施流程。

引导 案例 　由一则案例引发对绩效评估的探讨

　　G 是某企业生产部门的主管,今天他终于完成了对下属人员的绩效考评并准备把考评表格交给人力资源部。绩效考评表格标明了工作的数量和质量及合作态度等情况,表中的每一个特征都分为 5 等:优秀、良好、一般、及格和不及格。

　　除了 S 和 L 外,其他职工都完成了本职工作,大部分还顺利完成了 G 交给的额外工作。考虑到 S 和 L 是新员工,他们两人的额外工作量又偏多,G 给所有员工的工作量都打了"优秀"。X 曾经对 G 做出的一个决定表示过不同意见,在"合作态度"一栏,X 被记为"一般",因为意见分歧只是工作方式方面的问题,所以 G 没有在表格的评价栏上记录。另外,D 家庭比较困难,G 就有意识地提高了对他的评价,他想通过这种方式让 D 多拿绩效工资,把帮助落到实处。此外,C 的工作质量不好,也就是达到及格,但为了避免难堪,G 把对他的评价提到"一般"。这样,员工的评价分布于"优秀"、"良好"、"一般",就没有"及格"和"不及格"了。G 觉得这样做,可以使员工不至于因绩效考评低而产生不满;同时,如果上级考评时,发现自己的下属工作做得好,对自己的绩效考评成绩也很有帮助。

第一节　绩效与绩效考核

微课天地

一、绩效

1. 绩效的概念

对于绩效的理解,站在不同的观察和测量角度,人们的认识和看法是有很大差异的。一般而言,绩效是指执行某种任务、履行某种职责或达到某个目标的行为,它是具有功能或效能的。就企业员工而言,绩效是指对他们的工作行为、表现考核后的结果;就企业组织而言,绩效是组织任务在数量、质量和效率方面的整体情况。从组织管理的角度看,绩效是组织将战略目标分解到每个工作岗位和每个个体的实施过程,是组织对每个员工期望的结果;也是员工按照组织中的角色分工承担自己应尽的职责,完成对组织承诺的过程。

绩效是指员工在一定时间、空间等条件下完成某一任务所表现出的工作行为和所取得的工作结果。其表现形式主要体现在3个方面:工作数量与质量、工作效率和工作效益。

2. 绩效的性质和特点

（1）绩效的多因性

多因性是指一个人绩效的优劣取决于多个因素的影响,包括对员工的激励、技能、环境与机会等。

（2）绩效的多维性

多维性是指一个人绩效的优劣应从多个方面、多个角度去分析。例如,除了产量指标完成情况外,质量、原材料消耗率、能耗、出勤,甚至团结、服从、纪律等方面都需要综合考虑,逐一评估。管理人员也要从工作绩效、工作能力、工作态度等方面进行评估。

（3）绩效的动态性

员工的绩效是会变化的,随着时间的推移,绩效差的可能改进绩效,绩效好的也可能逐步变差,因此管理者千万不能凭一时印象,以僵化的观点看待下级的绩效。

二、绩效考核

1. 绩效考核的概念

绩效考核通常也称业绩考评或"考绩",是针对企业中每个员工所承担的工作,应用各种科学的定性和定量的方法,对员工行为的实际效果及其对企业的贡献或价值进行考核和评价。它是企业人事管理的重要内容,更是企业管理强有力的手段之一。绩效考核的目的是通过考核提高每个个体的效率,最终实现企业的目标。在企业中进行绩效考核工作,需要做大量的相关工作。首先,必须对绩效考核的概念做出科学的解释,使整个组织有一个统一的认识。

绩效考核是现代组织不可或缺的管理工具。它是一种周期性检讨与评估员工工作表现的管理系统,是指主管或相关人员对员工的工作做系统的评价。有效的绩效考核,不仅能确定每位员工对组织的贡献或不足,更可在整体上对人力资源的管理提供决定性的评估资料,从而可以改善组织的反馈机能,提高员工的工作绩效,更可激励士气,也可作为公平合理地奖赏员工的依据。

绩效考核可分为两大类。

① 判断型绩效考核:以鉴定和验证员工绩效为目的的绩效考评,主要强调员工过去取得的工作成绩。它被经常用来控制员工的工作行为,其一大特点是将考评结果与工资或其他经济利益联

系起来。

② 发展型绩效考核：以提高员工将来的工作绩效为目的的绩效考评，主要着眼于今后的绩效。它被经常用来决定员工的培训和发展机会，其目的是找到排除工作障碍的办法和提出改进未来工作绩效的设想。

2. 影响绩效考核结果有效性的因素

影响绩效考核结果有效性的因素有很多，而考核者的主观因素是决定性要素。常见的因考核者的主观因素而导致的误差有：晕轮效应、近因误差、个人偏见误差和压力误差。晕轮效应意味着考核者在绩效考核时，对被考核者某一绩效要素的评价较高，会导致对该人其他绩效要素评价也比较高；近因误差是由于人们对新近发生的事情的印象比较深刻，所以在考核时，就很容易以考核者近期的成绩代表整个考核期的成绩，这样就产生了考核误差；个人偏见误差是由于在绩效考核时，考核者容易将个人感情带入考核活动中，往往会给自己喜欢或熟悉的人较高的评价，而对自己不喜欢或不熟悉的人给予较低的评价；压力误差是当绩效考核结果与被考核者的薪酬或职务变更有直接的关系，或者惧怕在考核沟通时受到被考核者的责难时，考核者可能会做出偏高的评价。

三、绩效考核的指标与标准

1. 绩效考核指标

（1）考核指标的含义

绩效管理中最重要的环节是绩效考核，而绩效考核是通过考核绩效指标来体现的。绩效考核指标就是将品德、工作绩效、能力和态度用科学方式结合组织特性划分项目，用以绩效评价与业绩改善。绩效考核指标的定义主要是对绩效考核指标的解释，包含一些说明和计算公式等。

绩效考核指标的权重是绩效考核指标的主要内容，它主要告诉员工绩效考核的重点和工作的重点。

绩效考核指标的数据来源是规定员工在绩效管理过程中各部门对相关部门提供考核数据的主要职责和要求，以便在考核过程中保证数据的真实性和科学性。

（2）绩效考核指标的特征

① 绩效考核指标应遵循同质性原则、关键特征原则、独立性原则。

② 考核指标是具体的且可以衡量和测度的。

③ 考核指标是考核者与被考核者共同商量、沟通的结果。

④ 考核指标是基本工作内容而非工作者。

⑤ 考核指标不是一成不变的。它根据企业内外的情况而变动，经常是"缺什么，考什么"，"要什么，考什么"。

⑥ 考核指标是大家所熟知的，必须要让绝大多数人理解。

（3）制定绩效考核指标遵循的原则

① 绩效考核指标应与企业的战略目标相一致。在绩效考核指标的拟定过程中，首先应将企业的战略目标层层传递和分解，使企业中每个职位被赋予战略责任，每个员工承担各自的岗位职责。绩效管理是战略目标实施的有效工具，绩效管理指标应围绕战略目标逐层分解而不应与战略目标的实施脱节。只有当员工努力的方向与企业战略目标一致时，企业整体的绩效才可能提高。

② 绩效考核指标应突出重点，抓关键不要空泛，要抓住关键绩效指标。指标之间是相关的，有时不一定要面面俱到，通过抓住关键业绩指标将员工的行为引向组织的目标方向，指标一般控制在 5 个左右，太少可能无法反映职位的关键绩效水平；而太多太复杂的指标也只能增加管理的难度和降低员工满意度，对员工的行为是无法起到引导作用的。

③ 绩效考核指标中素质和业绩并重。重素质和重业绩,二者不可偏废。过于重素质,会使人束手束脚,过分重视个人行为和人际关系,不讲实效,而且妨碍人的个性、创造力的发挥,最终是不利于组织整体和社会的发展;过于重业绩,又易于鼓励人的侥幸心理,令人投机取巧、走捷径、急功近利、不择手段。一套好的考核指标,必须在业绩和素质之间安排好恰当的比例,应该在突出业绩的前提下,兼顾对素质的要求。

④ 绩效考核指标重在"适"字。绩效考核指标是根植在企业本身"土壤"中的,是非常个性化的。不同行业、不同发展阶段、不同战略背景下的企业,绩效考核的目的、手段、结果运用是各不相同的。绩效考核指标要收到绩效,关键并不在于考核方案多么高深精准,而在于一个"适"字。现在的"适",不等于将来永远"适",必须视企业的发展、战略规划要求适时做出相应调整,才能永远适用。

2. 绩效考核的标准

(1) 绩效考核标准的含义

绩效标准是采用工作分析的各种工具与方法明确工作的具体要求,提炼出鉴别工作优秀的员工与工作一般的员工的标准。就各岗位的任务、责任、绩效标准及期望优秀表现的胜任特征行为和特点进行评估,明确出来的岗位考核指标完成的衡量标准(也就是绩效指标完成到什么程度算是合格的一种标准),绩效考核标准是绩效考核这项工作的衡量标准。

(2) 制定绩效考核标准的操作要点

① 定量准确。形容词不能做量化考核的标准。员工填写绩效考核表时,常常会发现"完善制度"、"及时传达"这样的字眼,带有这些字眼的考核标准都是很难量化的。什么程度下才算是完善?什么情况下才算是及时?例如,对于一个办公室主任的考核,应这样写:普通文档8小时内送到,加急文档3小时内送到。这样量化后才能很好评判办公室主任的工作到底是不是及时。

② 标准合理。考核内容定下来后,标准应该怎样确定呢?考核标准要参考3方面:企业期望、历史数据、同行数据。企业期望是指企业战略发展要求,上级的期望;历史数据是指一般情况下,本月所做的标准不能低于上月,至少要和上月齐平;同行数据就是根据同行的标准,来制定自己的标准。一般情况下,应以多数员工(70%~80%)能达到的水平作为绩效考评指标的评定标准。

③ 考核标准要应用逆推法。任何考核标准的制定都可以根据数量、质量、成本、时间、员工(上级)的评价5个部分组成。例如,你要制订一份绩效考核实施方案,从数量上来说,可以是一份,也可以规定多少字,也可以规定有多少分册等;质量上,可以是某某办公会议通过或者是上级签字,或者是上级修改几次;成本上,可以说控制在多少钱以内;时间上,可以说是在年前,月底前;从员工(上级)的评价来说,可以是员工对方案的认同率达到多高,上级对方案的满意度怎么样等。最后从中挑选一些重要的考核指标,像时间和成本这些相对较轻的指标可以不必考上去。

④ 上级一定要和员工达成一致。我们强调,上级在与下级沟通填写绩效考核表时一定要与员工达成一致。首先要概述认为完成的目的和期望,然后鼓励员工参与并提出建议。上级要试着倾听员工的意见,鼓励他们说出其顾虑,对于员工的抱怨进行正面引导,从员工的角度思考问题,了解对方的感受。

3. 绩效标准和绩效指标的区别

绩效指标是指考核的具体考核条款(考核什么),绩效标准是指绩效考核指标完成什么标准(绩效指标完成到什么程度)。绩效标准是作为最终考核指标的评价标准使用的。

 **相关链接**

绩效考核的标准

森林里的动物们准备进行选美大赛,很多动物都报名参赛,吵吵嚷嚷好不热闹。由猫头鹰、麻雀、老鹰、蚂蚁、棕熊组成的评委会,开始安排赛前的准备工作。这时,森林之王——老虎召集动物评委们,讨论如何组织这次选美比赛。

老虎说:"要选美了,咱们首先要制定出选美的标准——什么是美。棕熊,先谈谈你的看法。"

棕熊说:"这个问题我已经想了很久了,选美是一件重要的事情,必须慎重。我们评选的标准首先应该是身体健壮。身体健壮才是美,就像我们熊的家族,个个都是动物界的大力士,我们有一种力量美。"

麻雀说:"我不同意棕熊的看法。美丽的动物一定要有漂亮的外表,如我们鸟类家族中的孔雀,她的羽毛多美丽,气质多优雅呀!"

老鹰说:"你们说的都不对,最美丽的动物应该是有一双锐利的眼睛,那才叫迷人。我们鹰的眼睛是最锐利的。"

蚂蚁说:"我不同意你们的看法,内在的美,才是最美。我们昆虫世界里的蜜蜂,天天不辞辛劳地工作,那才叫美丽呢。"

猫头鹰说:"你们的理解都有偏差,最美丽的动物应该是对森林最有贡献的动物。如啄木鸟天天忙着捉虫子,没有它们的努力,森林里就会到处是虫子,我们生活的环境就会很糟糕。"

评委们你一言我一语,各执己见,争论不休。

老虎看大家争了半天也没有个统一的意见,就说道:"我看大家对美的认识各有看法。咱们能不能综合一下,把选美的标准定为:要有熊一样的力量、孔雀般漂亮的外表、鹰一样锐利的眼睛、蜜蜂那样勤勤恳恳,同时还要有啄木鸟的奉献精神。按照这样的标准来评选,一定能选出最美的动物。"

老虎说完后,动物们面面相觑,不知道说什么好。

启发:企业在进行员工绩效考核时,也常常会碰到"绩效考核的标准是什么"这样的问题,其实这与动物选美是一样的道理。绩效最终讲的是结果,但是如果没有一个明确的标准,就很难公平地评估员工的业绩。因此,企业要提倡什么,赞扬什么,都要有一个明确的考核标准,否则就很难进行有效的考评。

第二节 绩效管理

一、绩效管理的概念

绩效管理是指为实现组织发展战略和目标,采用科学的方法,通过对员工个人或群体的行为表现、劳动态度、工作业绩,以及综合素质的全面监测、考核、分析和评价,充分调动员工的积极性、主动性和创造性,不断改善员工和组织的行为,提高员工和组织的素质,挖掘其潜力的活动过程。绩效管理是以绩效考评制度为基础的人力资源管理的子系统,它表现为一个有序而复杂的管理活动过程。

就本质而言,绩效管理是理念和思想的统一,它应该贯穿于整个管理流程的所有环节,渗透进企业管理的各个方面,包括企业战略、人力资源管理、企业文化、统计与控制等。因此,要全面准确地定义绩效管理是不容易的。从人力资源管理的角度而言,绩效管理是指通过持续开放的监控和沟通过程来开发团队和个体的潜能,从而实现组织目标所预期的利益和产出的管理思想和具有战略意义的、整合的管理流程及方法。由此可以看出绩效管理的三大特征。

① 绩效管理着眼于企业整体战略。

② 绩效管理是管理者与被管理者之间的双向式互动行为。

③ 绩效管理是一个持续的、动态的循环系统。

总之,绩效管理是一个过程,即首先明确企业要做什么(目标和计划),然后找到衡量工作做得好坏的标准进行监测(构建指标体系并进行监测),发现做得好的(绩效考核)就进行奖励(激励机制),使其继续保持或做得更好,能够完成更高的目标;发现不好的地方(经营检讨),通过分析找到问题所在,进行改正,使得工作做得更好,这个过程就是绩效管理过程。企业为了完成这个管理过程,所构建起来的管理体系就是绩效管理体系。

二、绩效管理与绩效考核的关系

绩效考核是指一套正式的结构化的制度,用来衡量、评价并影响与员工工作有关的特性、行为和结果,考察员工的实际绩效,了解员工可能发展的潜力,以期获得员工与组织的共同发展。

绩效管理是以绩效考核制度为基础的人力资源管理的子系统,它表现为一个有序而复杂的管理活动过程。

绩效考核作为绩效管理重要的支撑点,它从制度上明确地规定了员工和组织绩效考评地具体程序、步骤和方法,为绩效管理的运行与实施提供了前提和依据。

绩效管理是一个外延比较广泛的概念。

绩效管理与绩效考核的区别如表9.1所示。

表9.1　绩效管理与绩效考核的区别

绩效管理	绩效考核
一个完整的管理过程	管理过程中的局部环节
侧重于信息的沟通与绩效提高	侧重于判断和评估
伴随管理活动的全过程	只出现在特定的时期
事先的沟通与承诺	事后的评估

三、绩效管理的流程

绩效管理流程包括:制订绩效计划、绩效实施过程管理、绩效考核、绩效反馈与面谈、绩效改进及绩效结果应用。

1. 制订绩效计划

绩效计划是管理者和员工合作,对员工在下一年应该履行的工作职责、各项任务的重要性等级和授权水平、绩效的衡量、经理提供的帮助、可能遇到的障碍及解决的办法等一系列问题进行探讨,并达成共识的过程。绩效计划是绩效管理的第一个环节,是绩效管理过程的起点,是一个确定组织对员工绩效期望并得到员工认可的过程。

员工绩效计划过程即评估者和被评估者(各级员工和直接上级)之间进行充分沟通,明确关键绩效指标、工作目标及相应的权重,参照过去的绩效表现及公司当年的业务目标设定每个关键绩效指标的目标指标及挑战指标,并以此作为决定被评估者浮动薪酬、奖惩、升迁的基础。同时,绩效计划还帮助员工设定一定的能力发展计划,以保证员工绩效目标的实现。其主要流程如图9.1所示。

这里的权重是绩效指标体系的重要组成部分,通过对每个被评估者职位性质、工作特点及对经营业务的控制和影响等因素的分析,确定每类及每项指标、工作目标设定整体及其中各项在整个指标体系中的重要程度,赋予相应的权重,以达到考核的科学合理。

2. 绩效实施过程管理

绩效实施过程主要包括两方面的内容,一个是绩效沟通,另一个是员工数据、资料、信息的搜集与分析。绩效管理的循环从绩效计划开始,以绩效反馈和面谈导入下一个绩效周期。在这个过程中,决定绩效管理方法有效与否的就是处于计划与评估之间的环节——持续的绩效沟通和绩效信息的搜集与分析。

(1) 持续的绩效沟通

持续的绩效沟通就是管理者和员工共同工作,以分享有关信息的过程,这些信息包括工作进展情况、潜在的障碍和问题、可能的解决措施及管理者如何才能帮助员工等。持续绩效沟通的目的是可以使一个绩效周期里的每一个人,无论是管理者还是员

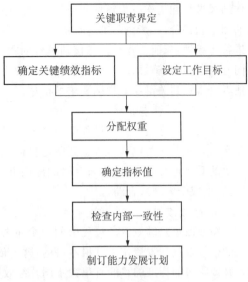

图 9.1 员工绩效计划的制订

工,都可以随时获得有关改善工作的信息,并就随时出现的变化达成新的承诺。

① 绩效沟通包括的内容。绩效沟通应包括:工作的进展情况,员工和团队是否在正确的达成目标和绩效标准的轨道上运行?如果有偏离方向的趋势,应该采取什么样的行动扭转这种局面?哪些方面的工作进行得好,哪些方面遇到了困难或障碍?面对目前的情境,要对工作目标和达成目标的行动做出哪些调整?管理人员可以采取哪些行为来支持员工?

② 持续绩效沟通的方式。绩效沟通的方式包括:书面报告、定期面谈、团队会议、非正式沟通。

任何一种沟通方式都有其优点和局限性,因此企业在选择自己的沟通方式时要因地制宜,以最大限度的发挥沟通的效果为原则,采取多种形式的沟通,达到考核者与被考核者充分的交流,实现提高被考核者绩效的目的。

(2) 信息的搜集与分析

信息的搜集与分析是绩效管理的必要条件,没有准确必要的信息就无法使整个绩效管理循环不断进行下去,并对组织产生良好的影响。它是一种有组织、系统地搜集有关员工、工作活动和组织绩效的方法。

① 搜集信息的内容。这些信息包括:目标和标准达到(或未达到)的情况,员工因工作或其他行为受到的表扬和批评情况,证明工作绩效突出或低下所需要的具体证据,对管理者和员工找到的问题(或成绩)原因有帮助的其他数据,管理者同员工的绩效问题进行谈话的记录,问题严重时还应让员工签字。

② 搜集信息的渠道和方法。信息的搜集可以是企业中的所有员工。通过员工自身的汇报和总结,同事的共事与观察,上级的检查和记录,下级的反映和评价。总之,如果一个企业的信息渠道畅通、信息来源全面,那么该企业的绩效考核就更客观,绩效管理就更有效。

3. 绩效考核

绩效考核可以根据具体情况和实际需要进行月考核、季度考核、半年考核和年度考核。绩效考核是一个按事先确定的工作目标及其衡量标准,考察员工实际完成的绩效的过程。考核期开始时签的绩效合同或协议一般都规定了绩效目标和绩效衡量标准。绩效合同一般包括:工作目的的描述、员工认可的工作目标及其衡量标准等。绩效合同是进行绩效考核的依据。绩效考核包括工

作结果考核和工作行为评估两个方面。其中,工作结果考核是对考核期内员工工作目标实现程度的测量和评价,一般由员工的直接上级按照绩效合同的标准,对员工的每一个工作目标完成情况进行等级评定;而工作行为考核则是针对员工在绩效周期内表现出来的具体行为态度进行评估。同时,在绩效实施过程中,所搜集到的能说明被评估者绩效表现的数据和事实,可以作为判断被评估者是否达到关键绩效指标要求的证据。

4. 绩效反馈与面谈

绩效反馈是绩效管理过程中一个非常关键的环节,通过绩效反馈面谈,可以使员工了解自己在本绩效周期内的业绩是否达到所定目标,行为态度是否合格。通过面谈使双方达成对评估结果一致的看法,找到员工绩效未合格的原因并制订绩效改进计划,并且可以对下一个绩效周期进行协商,形成个人绩效合约。

5. 绩效改进

绩效改进是绩效管理过程中的一个重要环节。现代绩效管理是将员工能力的不断提高及绩效的持续改进和发展作为其根本目的,这与传统绩效考核的将评估结果作为确定员工薪酬、奖惩、晋升或降级的标准的目的有很大不同。绩效改进首先要分析员工绩效考核的结果,找出员工绩效中存在的问题;然后针对存在的问题制订合理的绩效改进方案,并确保其能有效地实施。绩效改进计划举例如表9.2所示。

表9.2 绩效改进计划

改进者:李×　　　　　　　　　　监督人:章××　　　　　　　　　制定时间:20××年12月25日

绩效改进项目:训练新员工	执行人	执行时间
1. 向王××请教他的方法	李×	1月15日以前
2. 观摩王××训练新员工	李×	王××有新员工时
3. 参加(如何训练新员工)研讨会	李×	2月12日
4. 阅读下列书籍	李×	
① 新员工的培训与指导		1月15日以前
② 有效的沟通		2月10日以前
③ 管理者的在职训练		3月15日以前

(1) 确定绩效改进目标

绩效改进目标的确定主要包括两方面:工作绩效改进目标和个人能力提升目标。工作绩效改进目标的达成依赖于个人能力提升目标的实现。

在确定绩效改进目标时要注意以下几点。

① 目标要具体,难度要适当,要切实可行。

② 改进计划要有明确的时间性,并得到上下级的认可。

③ 容易改的先改,容易见效的先改。

(2) 拟订具体的行动方案

为了达成提升个人能力目标,需要确定具体的行动方案,其主要形式有以下几种。

① 阅读指定的书籍、报刊和杂志等。

② 参加脱产的培训和经验交流活动。

③ 参加在职培训活动。

④ 实际观摩与指导活动等。

（3）明确资源方面的保障

为了使行动方案落到实处，企业在资源方面要给予保障，具体表现在以下几个方面。

① 组织与上级要给员工创造条件和机会。

② 选择合适的培训教师和课程。

③ 通过建立完善的企业培训制度等来保障和管理。

（4）改进绩效的指导

① 分析绩效改进指导需求，具体包括明确绩效改进项目的先后次序、各绩效改进项目的关键点、各绩效改进项目的最佳时机。

② 拟订指导计划，具体包括：评估下属的学习风格；选择学习活动；准备指导计划。

③ 执行指导计划，具体包括：与下属保持深入沟通，发挥下属绩效改进的主动性；营造有利的学习环境，包括管理者的指导技巧、员工的学习条件和其他人的有效配合等。

④ 评估绩效指导成效。

6. 绩效结果应用

当绩效考核完毕之后，评估结果并不是束之高阁、置之不理的，绩效管理制度必须同企业的激励制度相联系。缺乏相应的绩效管理制度的激励机制将是失败的，因为不但无法区分激励对象予以合理激励，反而促使员工"搭便车"。因此，绩效评估的结果必须与激励机制直接"挂钩"并及时体现。

通常，绩效管理制度要与以下激励制度相衔接。

① 改进工作绩效。改进员工的工作绩效是绩效管理的一个主要实施目的，通过不断提升员工的绩效进而提升组织的绩效。绩效改进从本质上说是促进一些符合期望的行为发生和增加出现的频率，或者减少不期望出现的行为。对于值得肯定的绩效或行为，管理者应给予正面的强化，鼓励其继续保持并发扬光大；对于必须纠正的行为或绩效，就要给予负强化，驱除某种不愉快的刺激，促进希望的行为出现。

② 薪酬奖金的分配。这是绩效考核结果一种非常普遍的用途。一般来说，为了增强薪酬的激励效果，在员工的薪酬体系中有一部分是与绩效"挂钩"，通过薪酬，对干得好的员工进行奖励。公平的薪酬又是员工取得新的绩效的潜在动力，对于从事不同工作性质的人，这部分与绩效"挂钩"的薪酬所占的比例不同，另外薪酬的调整也往往由绩效来决定。

③ 职务调整和是否继续留用。绩效考核的结果也可以为职务的变动提供一定的信息。员工在某方面的绩效突出，就可以让其在此方面承担更多的责任。如果员工在某方面绩效不够好，很可能是目前所从事的职务不适合他，可以通过职务调整，使他从事更适合他的工作。当某员工经过职务调整及多次绩效考核，都无法达到绩效标准时，或者其态度经过多次提醒都难以改变时，就可以考虑将其解聘了。

④ 培训与再教育。许多中小企业在对员工进行培训上存在一定的盲目性，即没有对员工的需要进行分析，只是为了培训而培训，正确的培训计划应该是同员工的工作绩效结合起来的，通过对员工的工作绩效进行分析，找出员工存在的不足之处，有针对性地对员工进行培训，使企业的培训效力尽可能最大化。

⑤ 员工职业生涯规划。员工职业生涯的规划是根据员工目前的绩效水平和长期以来的绩效提高过程，同员工协商制订一个长远工作绩效和工作能力能够改进提高的系统计划，以及在企业中的未来发展途径。通过这种职业生涯的规划，不仅对员工目前的绩效得以反馈，还增加了其归属感和满意度，是促进其绩效提升的强大动力。

第三节　绩效考核方法

一、比较类考核法

员工绩效评估的比较是指评价者拿一个人的绩效与其他人进行比较,从而确定每位被评估员工的相对等级或名次的方法。这种方法通常是对员工的工作绩效或价值从某方面进行全面的评估,并且根据评估结果设法对在同一工作群体中工作的所有员工进行排序。一般来说比较法可分为排序法、配对比较法及强制分布法。

1. 排序法

排序法是指根据被评估员工的工作绩效进行比较,从而确定每一员工的相对等级或名次。等级或名次可从优到劣或从劣到优排列。比较标准可根据员工绩效的某一方面(如出勤率、事故率、优质品率等)确定,一般情况下是根据员工的总体工作绩效进行综合比较。排序法可分为简单排序法和交替排序法。①简单排序法是指管理者把本部门的所有员工从绩效最高者到绩效最低者(或从最好者到最差者)进行排序。②交替排序法则是指管理者对被评估员工的名单进行审查后,从中找出工作绩效最好的员工列为第一名,并将其名字从名单上画去;然后从剩下的名单中找出工作绩效最差的员工排为最后一名,也把其名字从名单中画去;随后,在剩下的员工中再找出一名工作绩效最好的员工将其排为第二名,找出一名最差的员工列为倒数第二名,以此类推,直到将所有的员工排序完。该方法的优点是简单易行,局限是一般用来考评人数不多,且从事相同工作的员工或同一部门的员工。

2. 配对比较法

配对比较法是管理者将每一位员工与工作群体中的所有其他员工进行一对一的比较,如果一位员工在与另外一位员工的比较中被认为是绩效更为优秀者,那么此人将得到1分,另一人为0分。在全部的配对比较都完成之后,管理者再统计每一位员工获得较好评价的次数(对所得分数进行加总),这便是员工的绩效评估分数,然后根据员工所获分数将员工进行排序,如表9.3所示。

表9.3　配对比较

员工姓名	A	B	C	D	E
A	—	1	1	1	1
B	0	—	1	1	1
C	0	0	—	1	1
D	0	0	0	—	1
E	0	0	0	0	—

配对比较法对于管理者来说是一项很花时间的绩效评价方法,并且随着组织变得越来越扁平化,控制幅度越来越大,这种方法会变得更加耗费时间。例如,一位手下只有10个员工的管理人员必须进行45($10 \times 9/2$)次比较。如果这一工作群体的人数上升到15人,则这位管理者所必须进行的比较次数就上升到了105($15 \times 14/2$)次。如果对n个员工进行评估,则需进行$n(n-1)/2$次比较。

3. 强制分布法

强制分布同样是采取排序的形式,只不过对员工绩效的排序是以群体的形式进行的。强制分配法是按照事物"两头小,中间大"的分布规律,把评估结果预定的百分比分配到各部门,然后各部门根据各自的规模和百分比确定各等级的人数的方法。强制分配法会迫使管理者根据分布规则的要求而不是根据员工个人的工作绩效来将他们进行归类。因此,此方法得出的结果是一个相对的概念。例如,即使一位管理人员手下的所有员工的绩效水平都高于平均水平,这位管理者也会被迫将某些员工的绩效评价为"无法让人接受"。

强制分布法要求定级者必须按一定比例将雇员分成不同的等级。这种方法既不能得知雇员之间的差别有多大,也不能在诊断工作问题时提供准确可靠的信息,但能克服近期效应和中心倾向偏差、过宽或过严偏差。这种方法比较简单,也相对公平,它适用于规模大、工种繁多的组织,不适用于只有三五个人的小团体。因此,该方法广泛地用于大组织的年终考评,如先进的评出、工资晋升等。

二、量表类考核法

1. 图评估尺度法

图评估尺度法(graphic rating scales)是最常用的一种绩效评估方法。此方法使用前必须确定两个因素:一为评估项目,即从哪些方面评估员工绩效;二为评定每一项目分为几个等级。在使用过程中,评估者每次只考虑一位员工,然后从中圈出一个与被评估员工有某一种特性的程度最为相符的分数即可。如表9.4所示是一家制造业公司所采用的图评价尺度等级的例子。在表中可以看到,在一张清单中所列举的每一项特性都要被根据一个5分(或其他的分数)评估尺度来进行等级评估。

表9.4 图评估尺度法举例

下列绩效要素对大多数职位都是非常重要的。请对这些绩效要素进行评估,并将相应的分数圈起来				
	评价尺度			
绩效维度	优秀	良好	中等	需要改进	不令人满意
知识	5	4	3	2	1
沟通能力	5	4	3	2	1
判断力	5	4	3	2	1
管理技能	5	4	3	2	1
质量绩效	5	4	3	2	1
团队合作	5	4	3	2	1
人际关系能力	5	4	3	2	1
主动性	5	4	3	2	1
创造性	5	4	3	2	1
解决问题能力	5	4	3	2	1

资料来源:偌伊,霍伦拜克,格哈特,等.人力资源管理:赢得竞争优势[M].3版.刘昕,译.北京:中国人民大学出版社,2001.

图评估尺度法的优点是:①考核内容全面,打分档次可以设置较多;②实用而且开发成本小。其缺点是:①被评估者的绩效评估分数受评估者的主观因素影响比较大,对评估项目诸如工作范围、工作数量、工作知识、可靠性及合作性等不能进行确切的定义;②这种方法没有考虑加权,每一被评估的项目对于员工绩效评估的总结果都具有同样的重要性;③这种方法得出的绩效评估结果不能指导行为,员工并不知道自己该如何改善自己的行为才能得到高分,也不利于绩效评估的反馈。这种方法比较适用于评估工作行为和结果都比较容易被了解的员工。

2. 混合标准尺度法

混合标准尺度法(mixed standard scales)是为了解决图评估尺度法的缺陷而创建的。其主要进行了如下改动:这种方法首先在对相关绩效维度进行界定之后,再分别对每一个维度内部代表好、中、差绩效的内容加以阐明,最后在实际评价表格的基础上将这些说明与其他维度中的各种绩效等级说明混合在一起。

混合标准尺度法最初是被作为特性导向尺度法开发出来的。但是,这种技术后来却被广泛用在以行为描述而不是以特性导向描述为基础的绩效评价工具之中,被作为一种减少绩效评价误差的手段。

三、事件行为类考核法

1. 关键事件法

关键事件法(critical incident approach)是管理者将每一位员工在工作中所表现出来的代表有效绩效与无效绩效的优良行为和不良行为的具体事例记录下来。这种方法要求在管理过程中,企业为每一个员工准备一本记事本,由管理人员或负责评估的人员将员工每日工作中的关键事件随时记录下来。所记录的事情既可以是好事,也可以是坏事,但必须是比较突出且与工作绩效相关的,记录时只需将具体事件和员工的行为记录下来即可。对事件和员工行为的评价由评估人员在对员工做绩效评估的时候做出。运用关键事件法对工厂助理管理人员进行工作绩效评价。

关键事件法通过对记录下来的关键事件的评估可向员工提供明确的反馈,让员工清楚地知道自己哪些方面做得好、哪些方面做得不好,有助于员工改进自己的工作行为。此外,在使用关键事件法时还可以通过重点强调那些能最好的支持组织战略的关键事件,而与组织的战略紧密联系起来。关键事件法存在的主要不足为:①许多管理者都拒绝每天或每周对其下属员工的行为进行记录;②由于每一个事件对于每一位员工来说都是特定的,所以要对不同员工进行比较通常也是很困难的。

2. 行为锚定等级评估法

行为锚定等级评估法(Behaviorally Anchored Rating Scale,BARS)是建立在关键事件法基础之上的。设计行为锚定等级评估法的目的主要是通过建立与不同绩效水平相联系的行为锚定来对绩效维度加以具体的界定。它为每个评估项目都设计一个评分量表,并使典型的行为描述与量表上的一定的等级评分标准相对应,以供评估者在评估员工的工作绩效时作为参考。典型的行为锚定等级评估量表包括7个或8个个人特征,被称作"维度"。每一个都被一个7分或9分的量表加以锚定。行为锚定等级评估量表没有使用数目或形容词,用反映不同绩效水平的具体工作行为的例子来锚定每个特征。如图9.2所示就是行为锚定等级评估法的一个应用实例。从图中可以看到,在同一个绩效维度中存在着一系列的行为事例,每一种行为事例分别表示这一维度中的一种特定绩效水平。

开发一项行为锚定等级评估量表的过程是相当复杂的,主要需经历以下几个步骤:1)搜集大量代表工作中优秀和无效绩效的关键事件;2)将这些关键事件划分为不同的绩效维度,确定评估员工工作绩效的重要维度,列出维度表并对每一维度进行定义;3)把那些被专家们认为能清楚地代表某一特定绩效水平的关键事件作为指导评估者评估员工工作绩效的行为事例的标准;4)为每一维度开发出一个评估量表,用这些行为作为"锚"来定义量表上的评分。管理者的任务就是根据每一个绩效维度来分别考察员工的绩效,然后以行为锚定为指导来确定在每一绩效维度中的哪些关键事例是与员工的情况最为相符的,这种评价就成为员工在这一绩效维度上的得分。

行为锚定等级评估法既存在优点,也存在缺点。其优点是:①它可以通过提供一种精确、完整的绩效维度定义来提高评估信度;②绩效评估的反馈有利于员工明确自己工作中存在的问题从而加以改进。其缺点是:①由于那些与行为锚定最为近似的行为是最容易被回忆起来的,所以它在信息回忆方面存在偏见;②管理者在使用过程中容易与特性评估法混淆。

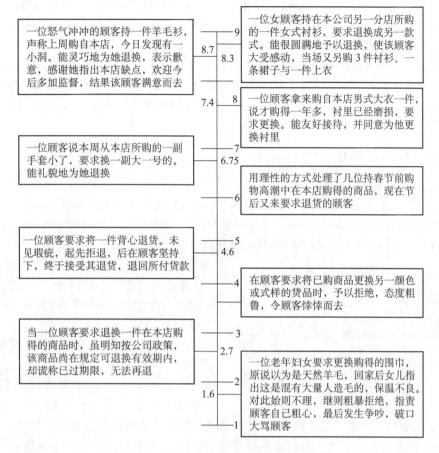

一位女顾客持在本公司另一分店所购的一件女式衬衫，要求退换成另一款式。能很圆满地予以退换，使该顾客大受感动，当场又另购3件衬衫、一条裙子与一件上衣

一位怒气冲冲的顾客持一件羊毛衫，声称上周购自本店，今日发现有一小洞。能灵巧地为她退换，表示歉意，感谢她指出本店缺点，欢迎今后多加监督，结果该顾客满意而去

9 · 8.7 8.3

一位顾客拿来购自本店男式大衣一件，说才购得一年多，衬里已经磨损，要求更换。能友好接待，并同意为他更换衬里

7.4 · 8

一位顾客说本周从本店所购的一副手套小了，要求换一副大一号的。能礼貌地为她退换

7 · 6.75

用理性的方式处理了几位持春节前购物高潮中在本店购得的商品，现在节后又来要求退货的顾客

6

一位顾客要求将一件背心退货。未见瑕疵，起先拒退，后在顾客坚持下，终于接受其退货，退回所付货款

5 · 4.6

在顾客要求将已购商品更换另一颜色或式样的货品时，予以拒绝，态度粗鲁，令顾客悻悻而去

4

当一位顾客要求退换一件在本店购得的商品时，虽明知按公司政策，该商品尚在规定可退换有效期内，却谎称已过期限，无法再退

3 · 2.7

一位老年妇女要求更换购得的围巾，原说以为是天然羊毛，回家后女儿指出这是混有大量人造毛的，保温不良。对此始则不理，继则粗暴拒绝，指责顾客自己粗心，最后发生争吵，破口大骂顾客

2 · 1.6 · 1

图 9.2　对待顾客投诉的处理态度与方式的考核

资料来源:陈维政,余凯成,程文文．人力资源开发与管理[M]．北京:高等教育出版社,2016.

3. 行为观察评估法

行为观察评估法(Behavioral Observation Scales,BOS)是在行为锚定等级评估法的基础上发展起来的一种变异形式,行为观察评估法也是从关键事件中发展而来的一种绩效评估方法。行为观察评估法与行为锚定等级评估法的不同点主要表现在两个方面:①行为观察评估法并不剔除那些不能代表有效绩效和无效绩效的大量非关键行为,相反,它采用了这些事件中的许多行为来更为具体地界定构成有效绩效(或会被认为是无效绩效)的所有必要行为;②行为观察评估法并不是要评估哪一种行为能最好地反映了员工的绩效,而是要求管理者对员工在评估期内表现出来的每一种行为的频率进行评估,然后再将所得的评估结果进行平均之后得出总体的绩效评估等级。通常情况下,行为观察评估法可能不是仅仅使用4种行为而是应用15种行为来界定在某一特定绩效维度上所划分出来的4种不同绩效水平。

行为观察评估法所使用的行为观察量表包含特定工作的成功绩效所要求的一系列合乎希望的行为。我们在开发行为观察量表时需要搜集关键事件并对其按维度分类。在使用行为观察量表时,评估者通过指出员工表现各种行为的频率来评定员工的工作绩效。一个5分制的行为观察量表被分为从"极少或从不是1"到"总是5"的5个分数段。评估者通过将员工在每一行为项目上的得分相加计算出员工绩效评估的总评分,高分意味着员工经常表现出合乎希望的行为。

行为观察评估法与行为锚定等级评估法和图评估尺度法相比,其优点主要表现为:①能够将高绩效者和低绩效者区分开来;②能够维持客观性;③便于向员工提供绩效评估反馈;④便于确定员工培训需求;⑤在管理者及其下属员工中容易被使用。行为观察评估法的主要缺点是由于它所需要的信息可能会超出大多数评估者所能加工或记忆的信息量,所以在实施的过程中对评估者的要求比较高。一套行为观察评估体系可能会涉及80或80种以上的行为,而评估者还必须记住每一位员工在6个月或12个月这样长的评估期间内所表现出的每一种行为的发生频率。对于一位员工的绩效评估来说,这种工作已经够繁琐的了,更何况评估者通常要对10个或10个以上的员工进行评估。

四、360°绩效考核法

1. 什么是360°绩效考核

360°绩效考核通常指360°反馈(360-degree feedback),又称多评估者评价(multi-rater assessment)或多角度反馈系统(Multi-Source Feedback,MSF)。它是由被评价者的上级、同事、下级或客户及被评价者本人担任评价者,从多个角度对被评价者进行全方位的评价如图9.3所示,通过反馈评价结果,达到改变被评价者行为,提高工作绩效,促进其职业发展的目的。360°绩效考核可以用来为组织的选拔、考核、发展、培训及组织变革服务。

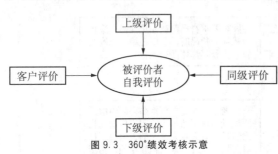

图9.3 360°绩效考核示意

这种方法扩大了评价者的范围和类型,从不同层次的人员中搜集评价信息,从多个视角对员工进行综合评价,然后由有关部门或外部专业人员根据有关人员对被评价者的评价,对比评价者的自我评价,向被评价者提供反馈,以帮助被评价者提高其能力水平和业绩。它与传统的自上而下评价的本质区别就是其信息来源具有多样性,从而保证了评价的准确性、客观性和全面性。

2. 360°绩效考核法的优点和缺点

(1)360°绩效考核的优点

360°绩效考核由其直接上级、下属、同事和顾客对个体进行多层次、多方面的评价,因此可以综合不同评价者意见,得出一个全面、公正的评价。它具有以下4个优点。

① 可以促进员工的个人发展。360°绩效考核中,评价不是最终目的,而是为促进被评价者的个人发展、提高绩效而采用的一种手段。在得出评价结果后,应该将其反馈给被评价者本人,使被评价者对自己的优势和不足有清楚的认识。通常在反馈评价结果时,设有专门的职业生涯规划和指导,这些咨询意见和建议一旦被评价者接受,就能改善其个人的职业生涯规划,从而促进员工的个人发展。

② 被评价者容易接受相同的评价结果。在传统的绩效评价方法中,只有上级对下级进行评价,员工有可能对得到的反馈信息持怀疑态度。在360°绩效考核法中,如果从上级、同事、下级和客户得到的是同样的信息,那么这个信息的可信度就比较高。例如,如果上级、同事、下级和客户都说某人的沟通能力有问题,他就更有可能接受这条反馈意见,因为它是来自不同渠道的信息。

③ 可以更好地适应当前组织发展的需要。公司中越来越多的工作是由团队而不是个人完成的,个体更多地服从领导小组的管理,而不是单个领导的管理,这样员工的工作表现就不应只由一名上级来评价,凡是有机会较好地了解员工的工作表现的领导都应参与员工的绩效考核。这种方

法与传统绩效考核的方法相比更可以表明公司对员工考核的重视。

④ 有利于形成积极的组织气氛。通过 360°反馈,员工间相互评价,可以在组织中建立相互帮助、共同发展的组织气氛,从而促进组织中的团队建设。同时,还能增强组织的竞争优势,有助于强化组织的核心价值观,通过加强双向沟通和信息交流,在员工间建立更为和谐的工作关系,这样既能增加员工的参与度,还能帮助领导发现问题,找到解决问题的办法,提高组织的竞争力和组织的工作绩效。

(2)360°绩效考核的缺点

作为一种人力资源开发与管理的方式,360°绩效考核确实有很多优点,但也存在着明显不足,主要可以归纳为以下 5 点。

① 评价结果信息失真的可能性仍然存在。有的企业在实施 360°绩效考核时,各类评价者主要由被评价者本人提名,这样做有欠公允。个别评价者的选取缺少广泛性、代表性,不排除被评价者有提名与自己关系好的人作为评价者的现象。因此,上级和下级评价者可由人力资源部提名,客户评价者可根据组织中客户信息库等资源甄选。员工少于 10 人的部门,其下级应全部参加评价;员工较多的部门,可随机抽取下级评价者。

② 定量的业绩考核不够。由于 360°绩效考核侧重于被评价者各方面的综合评价,定性评价比重较大,定量的业绩评价较少,所以在 360°绩效考核反馈中,可尝试与关键绩效指标评价结合起来,使评价更全面。

③ 对员工的整体评价变得困难。由于信息来源的多角度性,从不同渠道来的评价得分和信息有时差距较大。例如,对同一员工的沟通能力问题,上级评为优,下级评为中,而客户评为差,这就给对这个员工的整体评价带来了困扰。

④ 考核成本高。360°绩效考核法涉及的数据和信息比单渠道评价方法要多得多,这个优点本身就可能是个问题,因为搜集和处理数据的成本很高。同时,由于有大量的信息要汇总,这种方法有变成机械和追逐文字材料的趋势,即从两人的直接沟通演变成表格和印刷材料的沟通。

⑤ 容易造成组织内的紧张气氛。在实施 360°绩效考核过程中,如果运用不当,可能会在组织内造成紧张气氛,影响组织成员的工作士气,而且组织内的文化震荡、专断、组织成员忠诚的消失、监督失效、裙带关系等,都有可能造成 360°绩效考核法不能达到其最初的目的。

五、KPI 法

1. KPI 的内涵

KPI(Key Performance Indicators,关键绩效指标),不仅特指绩效考评指标体系中居于核心或中心地位,具有举足轻重作用的、能制约影响其他变量的考评指标,而且也代表绩效管理的实践活动中派生出来的一种新的管理模式和管理方法。

KPI 是指企业宏观战略目标决策经过层层分解产生的可操作性的战术目标,是宏观战略决策执行效果的监测指针。通常情况下,KPI 用来反映策略执行效果。

KPI 是衡量企业战略实施效果的关键指标。其目的是建立一种机制,将企业战略转化为内部过程和活动,以不断增强企业的核心竞争力和持续地取得高效益,使考核体系不仅成为激励约束手段,更成为战略实施工具。

2. KPI 体系建立方法流程

KPI 的提取,可用"十字对焦、职责修正"来概括。但在具体的操作过程中,要做到在各层面都从纵向战略目标分解、横向结合业务流程"十"字提取,也不是一件容易的事情。以下主要运用表格的方式说明 KPI 的提取流程,如图 9.4 所示。

（1）分解企业战略目标，分析并建立各子目标与主要业务流程的联系

企业的总体战略目标在通常情况下均可以分解为几项主要的支持性子目标，而这些支持性的更为具体的子目标本身需要企业的某些主要业务流程的支持才能在一定程度上达成。因此，在本环节中需要完成以下工作。

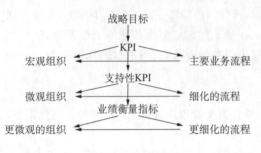

图 9.4　KPI 提取流程

① 企业高层确立公司的总体战略目标，可用鱼骨图方式，如图 9.5 所示。

② 由企业（中）高层将战略目标分解为主要的支持性子目标，可用鱼骨图方式（见图 9.6）。

③ 将企业的主要业务流程与支持性子目标之间建立关联。

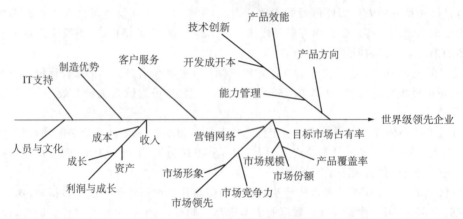

图 9.5　战略目标分解鱼骨图方式示例

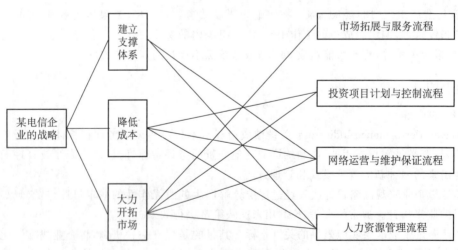

图 9.6　战略目标与流程分解示例

（2）确定各支持性业务流程目标

在确认对各战略子目标的支持性业务流程后，需要进一步确认各业务流程在支持战略子目标达成的前提下流程本身的总目标，并运用九宫图的方式进一步确认流程总目标在不同维度上的详细分解内容，如表 9.5 所示。

表 9.5　确认流程目标示例

流程总目标：	组织目标要求（客户满意度高）			
低成本快速满足客户对产品的质量和服务要求	产品性能指标合格品	服务质量满意率	工艺质量合格率	准时齐全发货率
	产品设计质量	工程服务质量	生产成本	产品交付质量
客户要求	质量	产品设计好	安装能力强	质量管理	发货准确
	价格低	引进成熟技术			
	服务好		提供安装服务		
	交货周期短			生产周期短	发货及时

（3）确认各业务流程与各职能部门的联系

本环节通过九宫图的方式建立流程与工作职能之间的关联，从而在更微观的部门层面建立流程、职能与指标之间的关联，为企业总体战略目标和部门绩效指标建立联系，如表 9.6 所示。

表 9.6　确认业务流程与职能部门联系示例

流程：新产品开发	各职能所承担的流程中的角色				
	市场部	销售部	财务部	研究部	开发部
新产品概念选择	市场论证	销售数据搜集	—	可行性研究	技术力量评估
产品概念测试	—	市场测试	—	—	技术测试
产品建议开发	—	—	费用预算	组织预研	—

（4）部门级 KPI 的提取

在本环节中，将从通过上述环节建立起来的流程重点、部门职责之间的联系中提取部门级的 KPI，如表 9.7 所示。

表 9.7　部门级 KPI 提取示例

		KPI 维度			指标
		测量主体	测量对象	测量结果	
绩效变量维度	时间	效率管理部	新产品（开发）	上市时间	新产品上市时间
	成本	投资部门	生产过程	成本降低	生产成本率
	质量	顾客管理部	产品与服务	满足程度	客户满意率
	数量	能力管理部	销售过程	收入总额	销售收入

（5）目标、流程、职能、职位目标的统一

根据部门 KPI、业务流程及确定的各职位职责，建立企业目标、流程、职能与职位的统一，如表 9.8 所示。

表 9.8　KPI 进一步分解到职位示例

流程：新产品开发流程		市场部部门职责		部门内职位职责			
				职位一		职位二	
流程步骤	指标	产出	指标	产出	指标	产出	指标
发现客户问题，确认客户需求	发现商业机会	市场分析与客户调研，制定市场策略	市场占有率	市场与客户研究成果	市场占有率增长率	制定出市场策略，指导市场运作	市场占有率增长率
			销售预测准确率		销售预测准确率		销售预测准确率
			市场开拓投入率降低率		客户接受成功率提高率		销售毛利率增长率
			公司市场领先周期		领先对手提前期		销售收入月度增长幅度

在 KPI 体系的建立过程中,尤其是在制定职位的关键业绩指标时,需要明确的是建立起 KPI 体系并不是我们工作目标的全部,更重要的是 KPI 的建立过程,各部门、各职位对其关键业绩指标通过沟通讨论,达成共识,运用绩效管理的思想和方法,来明确各部门和各个职位的关键贡献,并据此运用到确定各部门和各个人的工作目标之中。在实际工作中围绕 KPI 开展工作,不断进行阶段性的绩效改进,达到激励、引导目标实现和工作改进的目的,避免无效劳动。

六、平衡计分卡

1. 平衡计分卡的含义

平衡计分卡是通过财务、客户、内部流程及学习与发展 4 个方面的指标之间的相互驱动的因果关系展现组织的战略轨迹,实现绩效考核——绩效改进及战略实施——战略修正的战略目标的过程的。平衡计分卡表明了企业员工需要什么样的知识、技能和系统(学习与发展角度),才能创新和建立适当的战略优势和效率(内部流程角度),使公司能把特定的价值带给市场(客户角度),从而最终实现更高的股东价值(财务角度)。

传统的绩效评测往往仅限于评测财务指标。然而,财务指标是一些滞后的指标,只能说明过去的行动取得了哪些结果,至于驱动业务的一些关键因素有没有改善,朝着战略目标迈进了多少步仍然无从知晓。平衡计分卡的出现,完全改变了财务指标一统天下,绩效测评指标极端失衡的状况。平衡记分卡在传统的财务指标的基础上又引入了客户、内部流程和学习与发展这 3 个方面的指标,这些新指标衡量的正是企业良好业绩的驱动力。这 4 个指标合起来构成了内部与外部、结果与驱动因素、长期与短期、定性与定量等多种平衡,从而为企业的绩效评测管理提供了立体、前瞻的评测依据。

2. 平衡计分卡的设计程序

企业平衡计分卡的建立没有统一的模式,但可以通过一个系统化流程把公司的战略与其价值定位、具体目标及具体目标的衡量指标连接起来,从而建立起公司的平衡计分卡。

(1)目标的确立

当企业明确了使命、愿景和战略之后,管理层就由此制定企业的战略绩效目标。战略绩效目标通常就从财务、客户、内部流程、学习与发展 4 个角度展开。

确立平衡计分卡的目标有助于指导平衡计分卡目标和指标的建立,取得方案参与者的承诺,阐明平衡计分卡构筑之后的实施和管理流程框架。

(2)因果关系分析

平衡计分卡的一个关键目的是把企业的发展战略明确地表达出来。它代表着公司高级管理层针对如何达到公司目标所做的设想。这些设想确定了企业的重要目标及各角度中不同目标之间的联系。通过对多个重要因素进行因果关系的分析,管理层的设想就会逐步明确。"因果关系分析"是平衡计分卡提供的一个有力工具,它能帮助企业领导层确定最适合企业战略的具体目标。

(3)目标的衡量:确定业绩衡量指标

目标衡量是平衡计分卡管理系统的基础和关键,所有目标必须分解出具体的衡量指标。选择和设计对企业运营最为恰当、有效的衡量指标至关重要。指标是用来衡量和评估目标的绩效。"衡量或评估"代表了目标与指标的紧密关系。指标必须要能非常恰当地体现管理者对目标的具体期望。

① 目标的衡量原则。不同目标的衡量方法会存在很大的差异,有些目标的指标可以从公司已经存在的财务或其他信息系统中的指标库中选择,而有些目标的绩效指标则需要特别设计。SMART 原则和 20/80 原则是确定业绩衡量指标的基本原则。

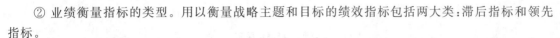

② 业绩衡量指标的类型。用以衡量战略主题和目标的绩效指标包括两大类：滞后指标和领先指标。

滞后指标是衡量和反映某一关键目标过去绩效的指标，如利润、销售额和市场份额等，它们都是结果指标，是由过去的行动所产生的可衡量的结果。

与滞后指标相对的是领先指标，又称绩效驱动指标，是对某一关键结果指标起驱动作用或有重大影响的指标。

要衡量一个战略化组织的绩效，必须同时考虑滞后指标和领先指标。很多情况表明，根据滞后指标贸然预测未来绩效，很可能会出错，而领先指标往往能更准确地预测未来绩效。

只有衡量结果而没有绩效驱动因素，无法说明怎样才能取得结果，这些结果指标还不能及时显示战略是否正在成功地实施；只有绩效驱动因素而没有衡量结果，虽然可能会实现短期操作上的改进，但却不能显示这些改进是否已被转化为业务的扩大，并最终转化为财务绩效的提高。平衡计分卡的4个视角都包含了领先指标和滞后指标，从而构建了一种能够同时衡量结果及结果的绩效驱动因素的方法。

（4）战略地图

战略地图是平衡计分卡的进一步发展。在平衡计分卡的思想上将组织战略在财务、客户、内部运营和学习与发展4个层面展开，在不同的层面确定组织战略达成所必备的关键驱动因素，我们往往称之为战略重点或者战略主题。在明确战略重点或主题的同时，建立各个重点或主题之间的必然联系，形成相互支撑关系，从而明确战略目标达成的因果关系，将其绘制成战略简图，我们称之为战略地图，如图9.7所示。

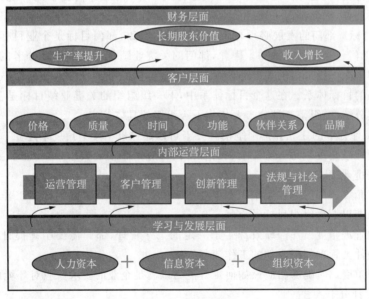

图 9.7　战略地图

（5）企业、部门和个人平衡计分卡的设计

一个组织一般由企业、部门和个人3个层面构成，由此形成了3个层次的平衡计分卡：企业平衡计分卡、部门平衡计分卡、个人平衡计分卡。

1）企业平衡计分卡

企业平衡计分卡如图9.8所示是企业面临环境及针对自身情况，从财务、客户、内部运营、学习与发展 4 个角度建立的。

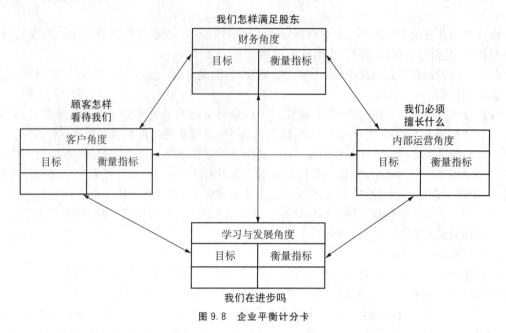

图 9.8　企业平衡计分卡

2）部门平衡计分卡

企业有多个部门,特定部门是企业管理或业务的一个单元,它们面临的环境、发展过程、结果产生的流程都不一样,因此部门平衡计分卡与企业平衡计分卡是两套不同的体系。

① 部门的目标。部门的发展必须与企业的发展相一致,部门目标是企业目标的分解,所以在发展和目标上,部门与企业是一致的。因此,部门的关键业绩是企业平衡计分卡的一部分,是企业关键业绩的分解。次一级部门的关键业绩又与上一级部门的平衡计分卡相联结,这样就建立了企业各级目标关联的目标体系。在这个目标体系中,下一级组织的关键业绩目标是上级组织平衡计分卡的一部分或分解,上级平衡计分卡要依靠下级组织的具体落实。

② 部门平衡计分卡的建立。部门平衡计分卡可以通过以下 4 个角度来建立。

- 部门关键业绩角度。每一阶段上级对各部门都有一个主要要求,这一主要要求指向的就是部门的关键业绩。
- 部门职能角度。部门存在于组织及其工流程中,部门需要明确本部门工作的固有要求,确立部门职能以期为组织目标做贡献。
- 部门绩效管理角度。部门绩效产生于一定的工作管理,部门需要明确提升绩效的条件,并以这些条件去管理部门内部的工作流程。
- 创新学习角度。明确部门应该如何提升能力以满足企业的要求并应对环境的变化。

3）个人平衡计分卡

个人平衡计分卡的设计方法与部门平衡计分卡是一样的,可以从以下 4 个角度来分析。

① 上级角度。根据岗位在部门中的定位、设置目的来确立该岗位的关键业绩目标和目标值。

② 岗位角度。该岗位的工作职责及对岗位胜任的要求。

③ 绩效角度。工作中知识技能的应用及自我管理水平对个人绩效的提升。

④ 创新学习。通过各种学习与培训提升员工自身能力,以应对变化的环境并持续创造价值。

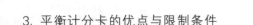

3. 平衡计分卡的优点与限制条件

（1）平衡计分卡的优点

① 以公司竞争战略为出发点。平衡计分卡有助于增强公司竞争力的内容，如顾客导向、质量提升、快速反应、团队合作等，对公司明确工作重点、全面提高管理水平与竞争优势意义重大。平衡计分卡是一个基于战略的绩效考核系统，并发展和强化了战略管理系统。

② 全面动态评估。相对于传统的绩效评估，平衡计分卡突破了财务指标作为唯一指标衡量工具的局限，做到了多个方面的平衡。平衡计分卡通过全面、动态地评估企业、部门、个人绩效，达到适当的运用资源，快速响应瞬息万变的市场，逐步实现战略发展和长远竞争优势的目的。

③ 有效防止次优化行为。平衡计分卡迫使管理人员把所有的重要指标放在一个系统考虑，使得为增强竞争力的诸多事项在同一管理流程中得以实现，并将注意力集中于由当前和未来绩效的关键指标构成的一个简短清单上，避免某一方面的改进以牺牲另一方面的效率为代价，甚至付出更高的成本，实现其有效优化工作行为的目的。

④ 提出具体的改进目标。平衡计分卡提出了企业、部门和个人的具体改进目标及其改进时限，避免一些取得高绩效的员工不再继续努力改进自身工作，因此是考核激励和控制系统的完美结合。

（2）平衡计分卡的限制条件

① 对信息系统的灵敏性要求高。信息系统在帮助管理人员实施平衡计分卡方面作用显著。当平衡计分卡体系中出现了未预期到的信号时，管理人员可以查询信息系统，找出问题的根源所在；但如果信息系统不够灵敏，它就会成为绩效评估的致命弱点。

② 对企业管理基础的要求较高。平衡计分卡建立在对企业经营战略的正确理解的基础之上，要求企业管理人员不但能明确企业的竞争优势与劣势，而且能清楚行业特点与竞争对手的战略，并立足长远提出对企业长期战略成功密切相关的绩效评估指标。同时，成功实施平衡计分卡，不仅需要各级管理者的理解和支持，还需要相当的配套措施，这一切都要求企业具备良好的管理基础。

七、目标管理法

1. 目标管理的概念

目标管理（Management By Objective，MBO）是以目标为导向，以人为中心，以成果为标准，使组织和个人取得最佳业绩的现代管理方法。目标管理也称"成果管理"，俗称责任制，是指在企业个体职工的积极参与下，自上而下地确定工作目标，并在工作中实行"自我控制"，自下而上地保证目标实现的一种管理办法。

2. 目标管理的实施流程

目标管理是一种通过科学地制定和分解目标、目标体系的建立、目标的执行及依据目标进行考核评价的管理方法。目标管理的实施流程主要包括以下步骤。

（1）目标的设定和分解

目标管理的第一步是定义企业的目标。目标的设定首先要通盘考虑企业现状和未来的发展，考虑可能的风险和存在的机遇。目标设定的前提条件是要充分考虑企业自身的发展状况（人、财、物等资源的利用情况），分析企业所面临的外部环境（包括竞争对手的情况），对环境的发展变化做出预测，并对企业可能达到的目标进行测算。

目标的设置和分解过程中一般都要经过由上到下、由下到上的反复沟通，具体的协调沟通包括以下工作内容：

① 预定目标。由于企业高层主管对企业的使命和长远战略比一般员工更为清晰,对客观环境中存在的机会和挑战、本企业的优势和劣势有更为清醒的认识和估计,因此一般可以先由高层主管设定一个暂时的、可以改变的目标预案,再同下级讨论;也可以由下级提出,上级批准。无论哪种方式,必须共同商量决定。

② 重新审议组织结构和职责分工。目标管理要求每一个分目标都有确定的责任主体。因此预定目标之后,需要重新审查现有组织结构,根据新的目标分解要求进行调整,明确目标责任者和协调关系。

③ 确立下级的目标。在明确组织的规划和目标后商定下级的分目标。在讨论中上级要尊重下级,平等待人,耐心倾听下级意见,帮助下级设立一致性和支持性的分目标。分目标要具体量化,便于考核;分清轻重缓急,以免顾此失彼;既要有挑战性,又要有实现可能。每个员工和部门的分目标要和其他的分目标协调一致,支持本单位和组织目标的实现。

④ 上级和下级就实现各项目标所需的条件及实现目标后的奖惩事宜达成协议。部分目标制定后,要授予下级相应的资源配置权力,实现权责利的统一。由下级写成书面协议(内含奖惩事宜),编制目标记录卡片,整个组织汇总所有资料后,绘制出目标图。

(2) 目标体系的建立

目标设定最终要根据企业发展战略的需要构建起目标管理的体系,按照企业的管理层次划分,目标体系一般包括3层:企业目标、部门目标及岗位(个人)目标。

目标体系的第一层是企业目标。企业目标是关键,它是决定企业市场地位的基础。对内,要设置技术、经营、财务、供应、生产等主要目标;对外,要设置税收、资产保值增值率、社会稳定等目标。企业目标之间应有相互关联作用,如经营目标要以生产能力为基础,不能任意超越能力地去抢市场;财务目标的实现以生产过程的成本控制为基础,产品质量好、返修率低就会促成好的企业效益;良好的供应目标可以为生产目标的实现提供可靠的保障,同时也为财务目标的完成打下基础。在对企业目标之间的关系透彻了解的前提下,还要做到对关键目标进行重点控制,如市场占有目标、产品创新目标、管理创新目标等,因为它们是企业发展的决定因素。

目标体系的第二层是部门目标,它既是对企业目标的分解、细化,也是实现企业目标的关键环节。应根据企业规模和产品特点,组建适合企业自身发展的组织结构,使得企业内各部门任务饱满、职责分明并保持相互间的联系渠道畅通。

处在目标体系最下层的是岗位目标,从企业领导到普通员工,所有岗位都必须围绕企业目标、部门目标建立岗位目标。当岗位目标与企业目标、部门目标发生冲突时,要坚持低层目标服从高层目标的原则,处理部门目标与企业目标的关系也要遵循这个原则。有时,企业为了保全整体利益,必须牺牲某些局部利益、修改下层目标,其目的就是为了实现企业的主要目标。按照系统论的观点,就是局部服从整体,个人服从组织,局部最优不代表整体最优。

(3) 目标的执行

为了保证目标的顺利实现,在目标执行过程中管理者还要做好协调与控制工作,随时了解目标实施情况,及时发现问题并协助解决;给予员工定期、可测量的反馈,让他们知道自己在工作上是否有需要调整的地方;必要时,也可以根据环境变化对目标进行一定的修正。积极的自我控制与有力的领导控制相结合是实现目标动态控制的关键。

(4) 目标的考核和评价

考核是检验目标管理法执行结果的重要环节,包括过程考核和最终考核。过程考核主要是发现执行过程的偏差,以便及时采取措施予以纠正;最终考核是对目标管理法执行结果的认定,主要工作是总结和奖惩。该阶段工作一般由组织领导人委托专人负责,领导人在关键阶段也可亲自检查,以保证考核结果的客观性和真实性。

（5）制定新的绩效目标

目标管理是一种开明和民主的管理方式，预定目标的实现并不意味着目标管理流程的结束，而是需要根据不断变化的内外部环境制定新的目标，开始新的目标管理。

3. 目标管理法的优缺点

（1）目标管理法的优点

与其他管理方法相比较，目标管理法的优点主要体现在以下5个方面。

① 促进沟通，改善企业内部的人际关系。通过实施目标管理法，增强了员工之间、企业领导之间的相互沟通，培育了员工的团队意识，可以减少相互猜疑。

② 确定企业努力目标，提高工作效率。目标一旦确定，就会成为部门和员工的努力方向。为了实现目标，大家必然会努力工作，想方设法促成目标，工作效率将会大大提高。

③ 消除部门的本位主义，扫除集权控制。目标管理法的实施，要求企业内各部门必须紧密围绕企业目标的实现来开展工作，而不是各自为是、追求部门利益的最大化。当部门目标与企业目标发生冲突时，部门必须无条件的服从企业目标的要求，有时甚至要牺牲部门的利益，因此加强了部门之间的合作，对本位主义是一个冲击。

④ 激发员工的潜能，提高员工士气。目标往往具有前瞻性，如果目标定的适当，尤其是员工参与目标的制定过程，将会极大调动员工的工作积极性，激发员工的潜能，提高员工的士气。

⑤ 使管理评估具体可行。传统的管理方式对于部门及员工的考核采用很难量化的主观考核方法，在这种考核方式下，员工的个人努力程度很难表现出来，也容易造成员工的不满和随意性。而目标管理法要求员工参与目标的制定和成果的设定，因此可以客观地对员工的工作能力用其预期达成目标和实际完成情况进行比较，以此评价员工的绩效，从而为管理评估提供了客观的评价依据。

（2）目标管理法的缺点

虽然目标管理具有上述优点，但其缺点也很明显，它不是解决企业所有问题的灵丹妙药。如果处理的不好，也会产生一些问题。从目标管理法的过程来看，其缺点主要表现在以下两个方面。

① 目标难以确定。从目标的形成过程来看，既需要企业领导的高瞻远瞩，也离不开上下级之间、部门之间、员工之间的充分沟通，因此该过程花费的时间较长。从工作质量来看，如果哪个环节目标的设定过于激进或保留，都会使目标管理的绩效大打折扣。并且有些部门的工作难以量化，如果目标的量化工作做得不好，会直接影响目标管理的效果。同时，企业内部本位主义很难彻底根除，这也会影响目标的制定。时间一长，目标管理很容易流于形式，使得目标管理缺乏应有的激励性。

② 目标及时调整变得困难。从目标体系来看，企业目标、部门目标和个人目标都是相互关联的，任何环节发生变化都会影响企业整体目标的实现，可谓牵一发而动全身。当环境发生变化，需要对目标进行调整时，可能会影响到整个目标体系。

 补充阅读资料

绩效面谈中应注意的事项

1. 试探性地面谈。上级可以提出意见，但最好不是指令性的。

2. 乐于倾听。下级对自己的工作最了解，对于自己能力和工作表现方面的不足也最清楚，所以最好让下级自己发表意见。而且下级自己提出的建议最能被自己接受和执行。下级在工作中可能会有一些意见和抱怨,最好能让下级表达出来,否则带着情绪很难完全投入工作。作为上级,绩效面谈本身创造了一个与下属沟通的机会,要善于利用这个机会听取下属的意见和想法。

3. 具体化。提出的建议尽量具体,最好能落到行为层次上。

4. 尊重下级。尽量对下级表现出理解和接受,不要轻易否定下级的人格和价值。建立在尊重基础上的谈话才会有效果。

5. 全面地反馈。不要只反馈好的,也不要只反馈不好的,要全面的告诉下属绩效考核结果。

6. 建设性地面谈。所谓建设性地面谈是指面谈结果有利于下属的绩效改进。提供解决问题的建议比批评和指责有效得多。

7. 不要过多地强调员工的缺点。过多地强调员工的缺点会导致员工的抵触情绪,使员工处于一种自我保护的状态,而不愿表达自己的观点。

八、目标与关键成果法

目标与关键成果(Objectives and Key Results,OKR)法是一套明确和跟踪目标及其完成情况的管理工具和方法,由英特尔公司发明。

1. 目标与关键成果法的实施流程

① 设定目标(从战略开始确定年度目标和季度目标)。德鲁克认为,无论是最高层的管理者,还是基层员工,各个层面的组织人员都必须有内容明确、方便操作的工作目标。这些目标应包括一些具体内容,如实现怎样的绩效、要求管理者做出怎样的贡献等。进行目标管理的首要问题是设定目标。

首先,必须定义企业的战略。要对企业各个层面的问题系统考虑,包括企业的现状、未来的发展状况以及整个行业的发展态势,还要考虑可能出现的风险和各种机遇。企业的主要目标必须能涵盖企业的主要领域,而且要清晰明确,并提供能对实际工作做定期检查的基础和平台,以及进一步改进的措施。

其次,进行战略目标分解。一般战略规划是3年,那每一年度的战略目标分解就是年度目标,即先做什么再做什么,最后是如何发展,从年度目标再细分到季度目标,从而将整个战略层层分解到具体实施。

② 明确每个目标的关键结果(从季度目标到关键结果的分解)。目标既要有年度关键结果,也要有季度关键结果。年度关键结果统领全年,但并非固定不变,而是可以及时调整,但调整要经过批准;季度关键结果则是一旦确定就不能改变的。在这里要切记可以调整的是关键结果,而不是目标。目标不能调整,措施和方法可以不断完善。同样关键结果也必须是管理者与员工直接充分沟通后达成的共识。

③ 推进执行(从关键结果到行动计划)。当有了关键结果(期望的结果)后,就要围绕这个具体的目标来分解任务了。所以,每项关键结果就会派生出一系列的任务,交给不同的员工负责。关键结果负责人就成了名副其实的项目经理,来组织协调大家。

④ 定期回顾。每个季度做回顾。到了季度末,员工需要给自己关键结果的完成情况和完成质量打分——这个打分过程只需花费几分钟时间,分数的范围是 $0\sim1$ 分,而最理想的得分是 $0.6\sim0.7$ 分。如果达到1分,说明目标定得太低;如果低于0.4分,则说明工作可能存在问题。

2. 目标与关键成果法的实施要点

① 目标与关键成果是沟通工具。团队中的每个人都要写目标与关键成果,所有这些目标与关键成果都会放在一个文档里。任何员工都可以看到每个人这个季度最重要的目标,以及团队这个季度的目标。

② 目标与关键成果是努力的方向和目标。

③ 目标与关键成果必须可量化（时间与数量）。例如，健身时设定锻炼目标，如果只是定义成"我们要努力提高身体素质"，肯定不是一个好的目标与关键成果，因为无法衡量，好的目标与关键成果是"今年的跑步时间较去年增加 1 倍"。

④ 目标必须一致：制定者和执行者目标一致、团队和个人的目标一致。首先，制定公司的目标与关键成果；其次，每个团队制定自己的目标与关键成果；第三，每个工程师或设计师写各自的目标与关键成果。这三步各自独立完成，然后对照协调这三者的目标与关键成果。目标与关键成果跟个人绩效没有关系，因为目标与关键成果系统的结果和每个人并不直接挂钩。

⑤ 目标要有挑战性。

⑥ 通过月度会议时时跟进。在月度会议上需要确定如何去达到目标。

⑦ 通过季度会议及时调整。每季度有一个目标与关键成果的回顾，调整的原则是目标不变，只允许调整关键成果。

3. 目标与关键成果法的优缺点

（1）优点

① 既考虑了 KPI 的优点，对关键结果进行考核，又弥补了 KPI 的不足，即以目标为导向，而非"预定的结果"为导向。

② 目标与关键结果自定原则，会更大地发挥员工积极性。

③ 加强管理者和员工日常就工作目标和标准的积极交流。

④ 不过度强调结果，而强调目标实现，让工作更加灵活，避免僵化，且更利于鼓励创新。

⑤ 薪酬激励与综合评估有关，目标与关键成果只起参考作用，更具科学性。

（2）缺点

① 需要有高度责任心和乐于贡献的员工。

② 需要更加勤勉的管理者。

本章小结

绩效考核通常也称业绩考评或"考绩"，是针对企业中每个职工所承担的工作，应用各种科学的定性和定量的方法，对职工行为的实际效果及其对企业的贡献或价值进行考核和评价。绩效管理是指通过持续开放的监控和沟通过程来开发团队和个体的潜能，从而实现组织目标所预期的利益和产出的管理思想与具有战略意义的、整合的管理流程及方法。绩效管理是理念和思想的统一，它应该贯穿于整个管理流程的所有环节，渗透进企业管理的各个方面。绩效管理流程包括：制订绩效计划、绩效实施过程管理、绩效考核、绩效反馈与面谈、绩效改进、绩效结果应用。常用的绩效考核办法有排序法、配对比较法、强制分布法、图评估尺度法、混合标准尺度法、关键事件法、行为锚定等级评估法、行为观察评估法、平衡计分卡、360°绩效考核法、KPI 法、目标管理法。

重点概念

绩效；绩效考核；绩效管理；关键绩效指标；排序法；配对比较法；强制分布法；图评估尺度法；关键事件法；行为锚定等级评估法；行为观察评估法；平衡计分卡；360°绩效考核法；目标管理法。

复习思考题

1. 影响绩效考核结果有效性的因素有哪些？

2. 说明绩效考核与绩效管理的关系。

3. 绩效管理的流程中各关键环节怎样操作？

4. 绩效考核的比较类方法有哪些？各自的优缺点是什么？

5. 举例说明量表类考核法。

6. 关键事件法的优缺点是什么？

7. 举例说明行为锚定等级评估法。

8. 说明360°绩效考核方法的实施流程？

9. 简要说明KPI指标体系建立方法的流程要点。

10. 简要说明平衡计分卡的设计程序的操作要点。

11. 说明目标管理法的实施流程。

 案例分析

绩效考评

A公司是一家大型商场,公司包括管理人员与员工共有500多人。由于大家齐心努力,公司销售额不断上升。到了年底,A公司又开始了一年一度的绩效考评,因为每年年底的绩效考评与奖金挂钩,大家都非常重视。人力资源部将考评表发放给各个部门的经理,部门经理在规定的时间内填完表格,再交回人力资源部。

老张是营业部的经理,他拿到人力资源部送来的考评表格,却不知该怎么办。表格主要包括了对员工工作业绩和工作态度的评价。其中,工作业绩一栏分为5档,每一档只有简短的评语,如超额完成工作任务、基本完成工作任务等。由于年初种种原因,老张并没有将员工的业绩目标清楚地确定下来,因此对业绩进行考评时,无法判断谁超额完成任务,谁没有完成任务。工作态度就更难填写了,由于平时没有搜集和记录员工的工作表现,到了年底,仅对近一两个月的事情有一点记忆。

由于人力资源部催得紧,老张只好在这些考评表上勾勾圈圈,再加一些轻描淡写的评语,交给人力资源部。想到这些绩效考评要与奖金挂钩,老张感到如此做有些不妥,他决定向人力资源部建议重新设计本部门营业人员的考评方法。老张在考虑,为营业人员设计考评方法应该注意哪些问题呢？

思考题

1. A公司绩效管理存在的哪些问题有待于改进和加强？

2. 选择营业人员的绩效考评方法时,应该注意哪些问题？

第十章
薪酬管理

学习目标

知识目标

- 了解薪酬的相关概念。
- 掌握薪酬的基本构成及内涵。
- 了解薪酬的功能。
- 掌握薪酬管理的基础理论。
- 掌握短期绩效奖励计划的类型。
- 掌握股票所有权计划。

能力目标

- 掌握薪酬管理的主要理论。
- 具备企业薪酬设计的技能。

引导案例　古井公司薪酬制度改革方案

　　古井公司正在全面推行薪酬制度改革,通过实行企业经营团队的薪酬与经营业绩牢牢挂钩,中层和一般管理人员的薪酬与经营业绩不再挂钩,基层管理人员的薪酬与所管辖单位的绩效部分挂钩的分配办法,来增强经营者及其合作者的风险意识,为企业培养一批具有专业管理技能、富于开拓创新精神的职业经理人队伍,协助企业构建专业化的管理团队。同时,激发中、基层管理人员和一般管理人员岗位成才、积极进取的精神,促进管理层面的全体人员提高整体素质,进而提高工作质量、经济运行质量和经济效益。

　　一、薪酬分配的"三个原则"

　　1. 坚持效率优先、兼顾公平的分配原则。

　　2. 坚持考核上岗、易岗易薪的原则。

　　3. 坚持靠竞争上岗位、凭业绩拿薪酬的原则。

　　二、薪酬分配"两个系列"

　　所谓"两个系列",是指管理系列和业务技术系列。管理系列是指公司现有的管理岗位,上至董事长,下至车间管理员;业务技术系列分为5个级别,即一级、二级、三级、四级和五级工作员。设立管理和技术两大系列,对公司人才而言是一个成长的阶梯,扩大人才成长的空间,可以改变公司在用人方面的"禁锢",拓展人才培养的渠道,有利于人才健康、有序的成长。只要有才,不管有没有"位子",都可以委以重任,从而从制度上避免了用人方面"论资排辈"现象的发生,真正实现"收入能多能少,岗位能上能下"的管理机制。

三、薪酬分配的"四个层次"

所谓"四个层次",第一,针对企业经营者及其合作者,实行年薪加奖惩的办法,将本人的年薪收入与公司的经营效益紧密挂钩,每月只发基本生活费,年终结算时视公司效益的好坏与经营业绩的优劣来决定经营者及其合作者的实际收入。第二,对中层管理人员和部室一般管理人员实行不与经营业绩挂钩的年薪制,即将其年薪除以12,每月支付90%的固定月薪,余下10%统一由各部室负责人根据每月的考核情况,采取与"红包"类似的形式进行二次分配,从而预防"二锅饭"现象的发生。第三,对基层管理人员实行风险年薪制,即从各岗位年薪额中扣除40%作为风险年薪,与本单位的各项经济技术指标挂钩,待年终考核后视情况发放。第四,对科室工人,统一实行岗位工资制,即按规定考核上岗后按月发放岗位工资,不与经营业绩挂钩。另外,凡是有突出贡献者,将给予特殊的奖励,实行年终特殊贡献奖。

四、薪酬分配:"收入有高有低、有升有降"

"收入有高有低、有升有降",是古井公司这次薪酬改革的一大亮点,这也符合市场经济的需要。只有通过收入的高低来激励各级员工不断努力,同时为人才的成长创造一个宽松环境和竞争氛围,才能保证人才的正常成长,从而从整体上推动古井公司前进。

资料来源:中国人力资源网,2006-05-05.

薪酬管理是人力资源管理的关键环节之一。一个运行良好、公平的薪酬系统不仅能对外产生强大的吸引力,而且可以极大地激励内部员工达成组织目标,创造高质量的绩效。古井公司的薪酬管理制度改革就是通过适应企业战略的需求来实现提高公司整体绩效的战略目的。在现代人力资源管理中,薪酬不仅具有一些简单和传统的功能,而且被赋予了很多全新的内涵,薪酬管理如何与组织发展和人力资源战略紧密结合在一起,成为组织战略实现的重要工具?本章将围绕这一问题进行薪酬管理的实质、功能、内容及管理过程中的薪酬方案设计与薪酬福利制度选择等方面的探讨。

第一节 薪酬管理概述

微课天地

一、薪酬的有关概念

1. 360°(整体)报酬体系

(1) 360°(整体)报酬的含义

在通常情况下,将一位员工因为为某一个组织工作而获得的所有各种他认为有价值的东西称为报酬(reward)。这种报酬的概念也就是所谓的360°报酬。它既包含实物概念,又包含心理上的收益。

薪酬(compensation),即360°报酬体系中的经济性报酬。它涵盖了员工由于为某一组织工作而获得的所有直接和间接的经济收入,其中包括薪资、奖金、津贴、养老金及从雇主那里获得的所有各种形式的经济收入及有形服务和福利。换言之,所谓薪酬就是指员工因为雇用关系的存在而从雇主那里获得的所有各种形式的经济收入及有形服务和福利。

(2) 报酬的分类

报酬的分类如图10.1所示。

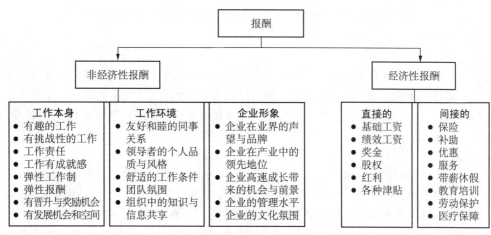

图 10.1　报酬的分类

2. 工资

工资是指人力资源个体被一定的用人单位雇用后,完成规定的工作任务而作为劳动付出所换取的、由用人单位支付的货币报酬。在一般情况下,工资构成薪酬的主体部分。

工资作为各种形式的劳动报酬的总称,其主要形式如下。

（1）计时工资

计时工资是按照劳动者的技术熟练程度、劳动繁重程度,以一定的工作时间长短来衡量而支付的工资。计时工资的数额由工资标准和工作时间规定。计时工资的标准一般体现在某个系列和等级的员工的工资级别上,如汽车制造厂的六级钳工、经贸公司的二级营销员。

（2）计件工资

计件工资是用人单位按照员工生产合格产品的数量或完成合格工作任务的数量（如推销的件数或销售额等）,以预先规定的计件单价为标准支付工资的形式。从一定意义上讲,它是计时工资的转换形式。

（3）奖金

奖金的性质是超额劳动的报酬,其类型多种多样。奖金是一种灵活、有效的常用工资形式,在人力资源薪酬管理方面有着非常大的使用价值,其激励作用有时能带来巨大的经济效益。

（4）津贴

津贴是员工工资的补充形式,是按岗位的具体条件、劳动的特殊内容（如出差等）及其他因素（如物价等）发放的。

工资是工薪劳动者的主要经济来源,员工自然对工资非常关注。因此,工资也就成为组织人力资源开发与管理的重要内容,并成为重要的激励手段。

3. 福利

福利是用人单位为改善与提高员工的生活水平,增加员工的生活便利度而免费给予员工的经济待遇。福利包括货币性和实物性两种形式。其具体内容可以分为居住待遇、修养娱乐待遇、生活设施待遇和其他关注性待遇 4 种类型。

福利在组织的薪酬管理中,也具有重要的作用。实际上,福利的内容广泛、性质多元且具有一定的强制性。首先,它是对员工生活方面的一种平均的、满足需要性的照顾;其次,它有着一定的社会保险和职业安全保护的强制性内容;再次,它在一些项目上实行差别性的发放,成为激励性薪酬的一个部分,并因为一些高福利的项目而成为吸引人才和留住人才的重要手段。

由于人的需求多样,所以组织在付给个人福利报酬时,可以实行灵活的福利计划,采取员工自愿选择项目的方式。

4. 人工成本

人工成本是用人单位在用人方面所有有关费用的总和。节约人工成本、提高经济效益是人力资源开发与管理工作的重要目标。人工成本包括三大方面的内容:①员工个人所得工资薪酬和福利等各项内容;②用人单位支付的社会保险费用、培训费用、住房开支等用于员工的各项开支;③从事人力资源开发与管理的各项工作成本,如人力资源部门工作成本、招募成本等。

5. 个人收入

个人收入是一个国家一年内工人所得到的全部收入,是包含了工资在内的各类收入的总和。个人收入的项目很多,其中一些项目对人力资源开发与管理有重大影响,如社会保险收入、股权收入。工资作为劳动者所获得的一种劳动报酬,一般是员工个人的主要经济收入。从管理的角度看,社会经济活动带来的劳动报酬,构成个人收入的主要部分。个人收入在国民经济中占据重要地位,对微观的人力资源开发与管理也有一定的影响。

二、薪酬的构成

薪酬可划分为基本薪酬、可变薪酬及间接薪酬(福利和服务)三大部分。

1. 基本薪酬

基本薪酬是指一个组织根据员工所承担或完成的工作本身或员工所具备的完成工作的技能或能力而向员工支付的稳定性报酬。大多数情况下,企业根据员工所承担的工作本身的重要性、难度或对企业的价值来确定员工的基本薪酬,即采取职位薪资制。此外,企业对于组织中的一些特殊人员或在整个公司采取根据员工所拥有的完成工作的技能或能力的高低作为确定基本薪酬的基础,即采用技能薪资制或能力薪资制。

2. 可变薪酬

可变薪酬是薪酬系统中与绩效直接挂钩的部分,有时也称浮动薪酬或奖金。可变薪酬的目的是在绩效和薪酬之间建立起一种直接的联系,而这种业绩既可以是员工个人的业绩,也可以是企业中某一业务单位、员工群体、团队,甚至整个公司的业绩。由于在绩效和薪酬之间建立起了这种直接的联系,所以可变薪酬对员工具有很强的激励性,对企业绩效目标的达成起着非常积极的作用。它有助于企业强化员工个人、员工群体,乃至公司全体员工的优秀绩效,从而达到节约成本、提高产量、改善质量及增加收益等多种目的。

在通常情况下,可以将可变薪酬分为短期和长期两种。短期可变薪酬或短期奖金一般都是建立在非常具体的绩效目标基础上的,而长期可变薪酬或长期奖金的目的则在于鼓励员工努力实现跨年度或多年度的绩效目标。事实上,许多企业的高层管理人员和一些核心专业技术人员所获得的企业股权,以及与企业长期目标(如投资收益、市场份额、净资产收益等)的实现挂钩的红利等,都属于长期可变薪酬的范畴。与短期奖金相比,长期奖金能将员工的薪酬与企业的长期目标实现联系在一起,并且能对一个企业的文化起到一种更为强大的支持作用。

3. 间接薪酬

间接薪酬主要是指员工福利与服务。员工福利与服务之所以称为间接薪酬,是因为它与上面所提到的基本薪酬和可变薪酬存在一个明显的不同点,即福利与服务不是以员工向企业供给的工作时间为单位来计算的薪酬组成部分。间接薪酬一般包括带薪非工作时间(如年休假、承担法院陪审任务而不能工作等)、员工个人及其家庭服务(如儿童看护、家庭理财咨询、工作期间的餐饮服务等)、健康及医疗保健、人寿保险及养老金等。一般情况下,间接薪酬的费用是由雇主全部支付的,但有时也要求员工承担其中的一部分。

作为一种不同于基本薪酬的薪酬支付手段,福利和服务这种薪酬支付方式有其独特的价值:首先,由于减少了以现金形式支付给员工的薪酬,所以企业能适当避税;其次,福利和服务为员工将来的退休生活和一些可能发生的不测事件提供了保障(有些间接薪酬被员工看成是"以后的钱");最后,福利和服务也是调整员工购买力的一种手段,使员工能以较低的成本购买自己所需的产品,如眼镜、健康保险、人寿保险等。因此,近些年来,福利和服务成本在国外许多企业中的上升速度是相当快的,许多企业采取了自助餐式的福利计划来帮助员工从福利和服务中获取更大的价值。

三、影响薪酬水平的因素

影响企业员工薪酬水平的因素可分为企业外部因素和企业内部因素两大类。

1. 企业外部因素

企业外部影响薪酬水平的因素,主要有市场劳动力供求状况、政府对宏观工资水平的决策及物价等。

(1)市场劳动力状况的影响

当市场上对企业产品的需求增加时,导致企业扩大生产规模,劳动力需求增加,此时企业为招到数量足够、质量合格的劳动力,将提高工资水平;当产品需求下降时,会使劳动力需求下降,在其他条件不变的情况下,企业将以降低工资的办法停止招聘新员工,甚至对原有员工进行裁减。当其他行业或本行业其他企业的薪酬水平上升时,会导致本行业、本企业劳动供给数量的减少,本企业为招聘到一定数量、质量的劳动力,将会提高薪酬水平;反之,将会降低本企业员工的薪酬水平。

由于劳动力在市场上的供求状况在不断变化,所以企业的薪酬水平也随之上下起伏。

(2)政府对企业薪酬水平调控决策的影响

在市场经济条件下,政府对企业薪酬水平的干预,主要表现为以培育、发展和完善劳动力市场为中心,用宏观经济政策调节劳动力供求关系引导市场,从而间接地影响企业薪酬水平;其次,政府用立法来规范企业的分配行为,从而直接影响企业的薪酬水平,如最低工资制度及其标准;另外,政府可以利用税收这一经济手段间接制约企业的薪酬水平。

(3)物价对企业薪酬水平的影响

物价水平,尤其是员工生活费用水平的变动,对员工薪酬水平具有重大影响。当名义工资保持不变或其上涨小于物价上涨幅度时,物价上涨将导致员工实际工资的下降。为了保证员工实际生活水平不受或少受物价影响,企业会采取必要措施给予补助。

(4)社会劳动生产率变化对企业薪酬水平的影响

社会劳动生产率的变化主要是工业和农业两大物质生产部门为社会提供的产品数量的变化。由于工业劳动生产率一般高于农业劳动生产率,而企业员工的薪酬却主要用于购买农副产品或其加工产品,这时会出现两种情况:一种是当农业劳动生产率的增长高于工业劳动生产率的增长时,可供应的农产品量增加,员工实际薪酬水平可有保证地提高;另一种是当农业劳动生产率的增长慢于工业劳动生产率的增长时,员工薪酬水平的增长要受一定程度的制约,否则,会引起物价上涨,实际薪酬水平下降。因此,企业在确定自身薪酬水平的变化时,应重视研究社会劳动生产率和农业劳动生产率的变化。

(5)行业薪酬水平的变化对企业薪酬水平的影响

行业薪酬水平的变化主要取决于行业产品的市场需求和行业劳动生产率两大因素。当产品需求上升时,薪酬水平可有所提高;当行业劳动生产率上升时,薪酬水平也可在企业收益上升的幅度之内按一定比例提高。至于行业内部的各企业之间薪酬水平的提高,则主要取决于自身劳动生产率和经济效益的提高。当市场价格平稳,企业处于合理竞争的条件下,行业内各企业薪酬的增长应以行业工资总水平为参照系,就自身劳动生产率与行业劳动生产率的比例而决定增长幅度。

2. 企业内部因素

企业内部因素对薪酬水平的影响,主要表现为员工之间劳动差别、分配形式和企业经济效益三大方面,具体如下。

(1) 劳动差别因素对薪酬水平的影响

① 岗职劳动差别因素。其主要表现为各职位、职务在工作繁简、难易,责任轻重,危险性及劳动环境等方面的差异。工作繁、难,责任大,环境艰苦的,薪酬应高些;反之,工资应低些。

② 个体劳动差别因素。个人劳动差别又细分为个人工作成绩、工作经验、文化程度、性别差异和身体状况等方面的差别。

(2) 分配形式对薪酬水平的影响

① 薪酬的分配形式应适应企业总体劳动特点和企业内各类人员的劳动特点。当企业薪酬的分配形式改变时,会使薪酬水平随之变化。从计时改为计件,会在一定时期导致薪酬水平上升;从无限计件改为有限计件,则又会导致薪酬水平的下降。

② 员工福利及各种优惠待遇水平,如企业为员工提供免费午餐、住宿、带薪休假旅游等,将会影响薪酬支付结构及水平。

(3) 企业经济效益对薪酬水平的影响

企业薪酬制度能够影响企业经济效益的诸因素,同时也是决定薪酬水平高低的重要因素。现代企业薪酬制度要求实现完整意义上的企业自主分配。下列因素将会影响到企业薪酬水平。

① 企业劳动生产率的变动。当其他因素不变时,企业劳动生产率提高,意味着员工在单位时间内创造财富的增加。这是企业薪酬水平提高的基础。

② 企业拥有人才的数量与质量。高素质的人才是企业提高经济效益的关键,是薪酬水平得以增长的重要因素。

③ 原材料价格的变化。作为物化劳动消耗计入产品成本的原材料,其价格上升或下降,在产品按市场平均价格销售的情况下,会直接影响薪酬(人工成本)的变化。

④ 产品的销售状况。销售是实现企业经济效益的关键环节。产品适销对路,质量上乘,供不应求,能加速企业资金周转,促进企业发展,为薪酬增长提供必要的资金来源。

⑤ 新产品的开发与试制。在市场经济条件下,企业除了要提高劳动生产率,提高产品质量,增加产品数量外,还要组织人力、财力,根据市场变化,及时开发、试制新产品,使企业经济效益在激烈的市场竞争中持续稳定提高。这是薪酬水平稳定提高的有力保证。

⑥ 企业在不同效益水平时期薪酬分配上"以丰补歉"的需要,是薪酬水平的一个重要影响因素。由于产品的市场需求及其他经济状况的起伏变化,企业经济效益也会随之上下波动。在效益好时,应适当控制薪酬水平的增幅,进行必要的储备,以保证在效益滑坡时,员工的薪酬仍能有所增加,从而保持员工的生产积极性。

⑦ 企业劳动管理水平对薪酬水平的影响。企业的经济效益不仅取决于生产经营状况,也取决于管理水平。企业劳动管理包括劳动组织、编制定员、劳动定额等内容,其目的就是要在生产计划一定的情况下,使活劳动的投入最小,或者使一定量的活劳动投入获得最大限度的产出。显然,劳动管理水平会对企业薪酬水平产生了重要影响。

四、薪酬的功能

薪酬既是组织对员工提供的收入,同时也是企业的一种成本支出,它代表了企业和员工之间

的一种利益交换关系。无论对于员工来说，还是对于企业来说，这种经济交换关系都是至关重要的。因此，对于薪酬的功能，需要从企业和员工两个方面来加以理解。

1. 企业方面的功能

（1）控制经营成本

由于企业所支付的薪酬水平会直接影响企业在劳动力市场上的竞争能力，所以企业保持一种相对较高的薪酬水平对于吸引和保留员工来说无疑是有利的。但是，较高的薪酬水平又会对企业产生成本上的压力，从而对企业在产品市场上的竞争产生不利影响。因此，一方面企业为了获得和保留企业经营过程中不可或缺的人力资源不得不付出一定的代价；另一方面，企业出于产品或服务市场上的竞争压力又不能不注意控制薪酬成本。事实上，尽管劳动力成本在不同行业和不同企业的经营成本中所占的比重不同，但是对于任何企业来说，薪酬成本都是一块不容忽视的成本支出。在通常情况下，薪酬总额在大多数企业的总成本中要占到40%～90%的比重。例如，薪酬成本在制造业的总成本中的比重很少会低于20%，而在服务业中薪酬总额占总成本的比重就更大，往往高达80%～90%。通过合理控制企业的薪酬成本，企业能将自己的总成本降低40%～60%。由此可见，薪酬成本的可控程度是相当高的，因此有效地控制薪酬成本支出对于大多数企业的经营管理来说都具有重大意义。

（2）改善经营绩效

一方面，人和人的状态是任何企业经营战略成功的基石，也是企业达成优良经营绩效的基本保障；另一方面，不谈薪酬，就无法谈及人和人的工作状态。如前所述，薪酬对于员工的工作行为、工作态度及工作业绩具有直接的影响，薪酬不仅决定了企业可以招募到的员工的数量和质量，决定了企业中的人力资源存量，同时，它还决定了现有员工受到激励的状况，影响到他们的工作效率、缺勤率、对组织的归属感及组织承诺度，从而直接影响到企业的生产能力和生产效率。薪酬实际上是企业向员工传递的一种特别强烈的信号，通过这种信号，企业可以让员工了解，什么样的行为、态度及业绩是受到鼓励的，是对企业有贡献的，从而引导员工的工作行为和工作态度及最终的绩效朝着企业期望的方向发展。相反，不合理和不公正的薪酬则会引导员工采取不符合企业利益的行为，从而导致企业经营目标难以达成。因此，如何通过充分利用薪酬这一利器来改善企业经营绩效，是企业薪酬管理的一个重大课题。

（3）塑造和强化企业文化

如上所述，薪酬会对员工的工作行为和态度产生很强的引导作用。因此，合理的和富有激励性的薪酬制度会有助于企业塑造良好的企业文化，或者是对已经存在的企业文化起到积极的强化作用。但是，如果企业的薪酬政策与企业文化或价值观之间存在冲突，则它会对企业文化和企业的价值观产生严重的消极影响，甚至导致原有的企业文化土崩瓦解。举例来说，如果组织推行的是以个体为单位的可变薪酬方案，则会在组织内部起到强化个人主义的作用，使个人崇尚独立，注重彼此间的相互竞争，结果是导致一种个人主义的文化；反之，如果薪酬的计算和发放主要以小组或团队为单位，则会强化员工们的合作精神和团队意识，使得整个组织更具有凝聚力，从而支持一种团队文化。事实上，许多公司的文化变革往往都伴随着薪酬制度和薪酬政策的改革，甚至是以薪酬制度和薪酬政策的变革为先导。这从一个侧面反映了薪酬对于企业文化的重要影响。

（4）支持企业变革

随着经济全球化的趋势愈演愈烈，变革已经成为企业经营过程中的一种常态。正所谓当今世界"唯一不变的是变化"。为了适应这种状况，企业一方面要重新设计战略、再造流程、重建组织结构；另一方面，它还需要变革文化、建设团队、更好地满足客户的需求，总之是使企业变得更加灵活，对市场和客户的反应更为迅速。然而，这一切都离不开薪酬，因为薪酬可以通过作用于员工个人、工作团队和企业整体来创造出与变革相适应的内部和外部氛围,从而有效推动企业变革。首先,企业的薪酬政策和薪酬制度与重大组织变革之间是存在内在联系的,据统计,在企业流程再造的努力中,50%～70%的计划都未能达到预期的目标,其中的一个重要原因就是再造后的流程和企业的薪酬体系之间缺乏一致性。其次,作为一种强有力的激励工具和沟通手段,薪酬如果能得到有效运用,则它能起到沟通和强化新的价值观和行为,支持对结果负责的精神的作用,同时还直接成为对新的绩效目标的达成提供报酬的重要工具。这样,薪酬就会有利于强化员工对于变革的接受性和认可程度,从这种意义上说来,薪酬更多的是对目前以及将来的一种投资,而并不仅仅是一种成本。

2. 员工方面的功能

（1）经济保障功能

薪酬是员工以自己的付出为企业创造价值而从企业获得的经济上的回报。对于大多数员工来说,薪酬是他们的主要收入来源,它对于劳动者及其家庭的生活所起到的保障作用是其他任何收入保障手段所无法替代的。当然,薪酬对于员工的保障并不仅仅体现在它要满足员工在吃、穿、用、住、行等方面的基本生存需要,还体现在它要满足员工在娱乐、教育、自我开发等方面的发展需要。总之,员工的薪酬水平对于员工及其家庭的生存状态和生活方式所产生的影响是非常大的。

（2）激励功能

员工对薪酬状况的感知可以影响员工的工作行为、工作态度及工作绩效,即产生激励作用。根据马斯洛的需求层次理论,员工对于薪酬的需要也是有层次的。从激励的角度来说,员工的较高层次薪酬需要得到满足的程度越高,则薪酬对员工的激励作用就越大;反之则很可能产生消极怠工、工作效率低下、人际关系紧张、缺勤率和离职率上升、组织凝聚力和员工对组织的忠诚度下降等多种不良后果。如果员工能获得比他人更高的薪酬,就会认为是对自己能力和所从事工作价值的肯定,从而达到激励员工的目的。

（3）社会信号功能

薪酬可以很好地反映一个人在社会流动中的市场价格和社会位置,也可以反映一个人在组织内部的价值和层次,从而成为识别员工个人价值和成功的一种信号。因此,员工对这种信号的关注实际上反映了员工对自身在社会及组织内部的价值的关注。从这方面来说,薪酬的社会信号功能是企业所不容忽视的。

此外,薪酬还具有对社会劳动力资源的再配置功能。市场薪酬信息时刻反映着劳动力的供求和流向等情况,并能自动调节薪酬的高低,使劳动力供求和流向也逐步趋向平衡。劳动力市场通过薪酬的调节,可以实现劳动力资源的优化配置。

最后,薪酬除了对于员工个人和企业具有重大意义之外,对于整个社会也具有独特的作用。事实上,在各国的国民生产总值中,大约有60%的部分是以薪酬的形式体现出来的,因此薪酬水平会直接影响国民经济的正常运行。同时,一国劳动者的总体薪酬水平还是该国总体社会和经济发展水平的一个重要指标。合理的薪酬可以满足人们的多种需要,不断提高人们的生活质量;一旦薪酬的分配不合理,它所提供的保障功能不足,则有可能会引发社会动荡,带来许多社会问题。

第二节　薪酬结构设计

一、薪酬设计的原则和必须考虑的因素

1. 薪酬设计的原则

企业设计薪酬时必须遵循一定的原则,包括战略导向、经济性、体现员工价值、激励作用、相对

公平和外部竞争性等。

（1）战略导向原则

战略导向原则强调企业设计薪酬时必须从企业战略的角度进行分析,制定的薪酬政策和制度必须体现企业发展战略的要求。企业的薪酬不仅仅是一种制度,更是一种机制,合理的薪酬制度驱动和鞭策那些有利于企业发展战略的因素的成长和提高,同时使那些不利于企业发展战略的因素得到有效的遏制、消退和淘汰。因此,企业设计薪酬时,必须从战略的角度分析哪些因素重要,哪些因素不重要,并通过一定的价值标准,给予这些因素一定的权重,同时确定它们的价值分配,即薪酬标准。

（2）经济性原则

薪酬设计的经济性原则强调企业设计薪酬时必须充分考虑企业自身发展的特点和支付能力。它包括两个方面的含义:从短期来看,企业的销售收入扣除各项非人工(人力资源)费用和成本后,要能支付起企业所有员工的薪酬;从长期来看,企业在支付所有员工的薪酬及补偿所用非人工费用和成本后,要有盈余,这样才能支撑企业追加和扩大投资,获得企业的可持续发展。

（3）体现员工价值原则

现代的人力资源管理必须解决企业的三大基本矛盾,即人力资源管理与企业发展战略之间的矛盾,企业发展与员工发展之间的矛盾及员工创造与员工待遇之间的矛盾。因此,企业在设计薪酬时,必须能充分体现员工的价值,要使员工的发展与企业的发展充分协调起来,保持员工创造与员工待遇(价值创造与价值分配)之间短期和长期的平衡。

（4）激励作用原则

在企业设计薪酬时,同样是 10 万元,不同的部门、不同的市场、不同的企业发展阶段支付给不同的员工,一种方式是发 4 万元的工资和 6 万元的奖金,另一种方式是发 6 万元的工资和 4 万元的奖金,激励效果完全是不一样的。激励作用原则就是强调企业在设计薪酬时必须充分考虑薪酬的激励作用,即薪酬的激励效果,这里涉及企业薪酬(人力资源投入)与激励效果(产出)之间的比例代数关系。企业在设计薪酬策略时要充分考虑各种因素,使薪酬的支付获得最大的激励效果。

（5）相对公平(内部一致性)原则

相对公平原则是斯密公平理论在薪酬设计中的运用,它强调企业在设计薪酬时要"一碗水端平"。相对公平原则包含几个方面。一是横向公平,即企业所有员工之间的薪酬标准、尺度应该是一致的。二是纵向公平,即企业设计薪酬时必须考虑到历史的延续性,一个员工过去的投入产出比和现在乃至将来都应该基本上是一致的,而且还应该是有所增长的。这里涉及一个工资刚性问题,即一个企业发给员工的工资水平在正常情况下只能看涨,不能看跌,否则会引起员工很大的不满。最后就是外部公平,即企业的薪酬设计与同行业的同类人才相比具有一致性。

（6）外部竞争性原则

外部竞争性原则强调企业在设计薪酬时必须考虑到同行业薪酬市场的薪酬水平和竞争对手的薪酬水平,保证企业的薪酬水平在市场上具有一定的竞争力,能充分地吸引和留住企业发展所需的战略、关键性人才。

2. 薪酬设计必须考虑的因素

企业设计薪酬时,在制定的薪酬策略的指导下,在遵循一定原则的基础上,必须对相应的影响企业薪酬设计的因素进行分析。这些因素包括战略与发展阶段、文化、市场和价值等。

（1）战略与发展阶段因素

企业在薪酬设计时必须充分考虑企业的发展战略,这与战略导向原则是一致的。企业设计薪酬还必须结合企业自身的发展阶段,不同的阶段对薪酬策略的要求是不一样的。例如,在创立期,企业的薪酬政策关注的易操作性和激励性,表现出非常个人化的随机性报酬,在薪酬评价上以主观为主,总裁拥有90%以上的决策权;处于高速成长期的企业,在制定薪酬政策时,必须考虑到薪酬的激励作用,这个时候设计的薪酬工资较高,奖金相对高,长期报酬比较高,福利水平也比较高。但如果企业处于平稳发展期或衰退期时,则制定的薪酬策略又不一样了。因此,企业设计薪酬政策必须充分考虑与企业的发展阶段相结合。

(2) 文化因素

文化因素主要是指企业工作所倡导的文化氛围。企业的工作文化一般有4种:功能型工作文化、流程型工作文化、时效型工作文化和网络型工作文化。

① 功能型工作文化的企业强调严密的自上而下的行政管理体系、清晰的责任制度、专业化分工等。这种工作文化的企业在设计薪酬时一般以职务工资制为主。

② 流程型工作文化的特点是以客户满意度为导向来确定价值链;基于团队和相互学习的工作关系,共同承担责任;围绕流程和供应链来设计部门等。现在很多企业的工作文化都开始向流程型进行转变。这种工作文化的企业在设计薪酬时主要以客户、市场导向为主,一般以职能工资制为主。

③ 时效型工作文化集中资源,抓住机会,迅速把产品和服务推向市场,强调高增长和进入新市场;项目驱动;权力取决于对资源的控制;跨部门团队,包括高水平的专家等。这种工作文化的企业在设计薪酬时主要考虑时效和速度因素,同时考虑工作质量因素,一般以绩效工资制为主。

④ 网络型工作文化没有严密的层级关系,承认个人的特殊贡献,强调战略合作伙伴;以合伙人方式分配权力,强调对公司总体目标的贡献;以“合同”方式形成工作网络。典型的公司有律师事务所、会计事务所、某些咨询公司等。这种工作文化的企业在设计薪酬时主要强调利益共享、风险共担。

(3) 市场因素

前文强调指出了薪酬设计的市场竞争原则,这里主要强调企业在设计薪酬时应该考虑哪些市场竞争因素。这些因素包括市场薪酬水平、市场人才供给与需求情况、竞争对手的薪酬政策与薪酬水平、企业所在市场的特点与竞争态势等。在充分调查和考虑以上因素后,企业可以制定出薪酬设计的市场薪酬线。

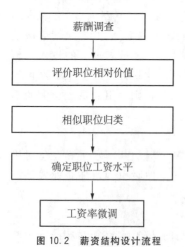

图 10.2 薪资结构设计流程

(4) 价值因素

价值因素是指企业必须支付薪酬的因素。现在企业中一般的付酬因素分为三大类,即岗位因素、知识能力因素和绩效因素。岗位因素主要评价每个岗位所承担责任的大小、在公司中价值的大小,它是确定岗位工资的基础;知识能力因素主要是评价企业中每个员工身上承载的知识和能力的大小,以及这些能力对企业发展战略的重要性,它是确定能力工资的基础;绩效因素主要是评价员工为企业工作,做出了多少业绩,以及这些业绩对企业发展的重要性,它是确定绩效工资的基础。

二、薪酬调查

与任何管理工作一样,薪酬管理也有一定的规则和程序,可以按照这种规则和程序进行薪资结构设计,如图 10.2 所示。

1. 薪酬调查的概念与种类

(1) 薪酬调查的概念

薪酬调查(compensation survey)是指企业通过搜集信息来判断其他企业所支付的薪酬状况的

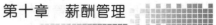

一个系统过程。这种调查能向实施调查的企业提供市场上的各种相关企业(包括自己的竞争对手)向员工支付的薪酬水平和薪酬结构等方面的信息。这样,实施调查的企业就可以根据调查结果来确定自己当前的薪酬水平相对于竞争对手在既定劳动力市场上的位置,从而根据自己的战略定位来调整自己的薪酬水平,甚至薪酬结构。

由于劳动力市场上信息不完善导致企业不可能在不承担成本和花费时间的情况下,就能掌握劳动力市场上的通行工资率水平,但是又因为无论是企业、员工还是潜在的员工,大家都倾向于认为根据市场水平来支付薪酬的做法是比较公正的。因此,即使承担一部分费用,企业往往也愿意自己进行或是参与一些付费的薪酬调查。

(2) 薪酬调查的种类

在发达国家,每年举办的各种薪酬调查可以用不计其数来形容。主持薪酬调查的主体有很多,如政府、行业和专业协会、咨询公司、企业家联合及企业自己等。而从调查方式上来看,薪酬调查又可以分为正式薪酬调查和非正式薪酬调查两种类型。

从调查的组织者来看,正式薪酬调查又分为商业性薪酬调查、专业性薪酬调查和政府薪酬调查。商业性薪酬调查一般是由咨询公司完成的,其中有的是应客户需要对某一行业进行调查,有的是咨询公司为获利而主动进行的调查。专业性薪酬调查是由专业协会针对薪酬状况所进行的调查。例如,美国管理协会的一项业务就是调查并提供各行业行政人员、管理人员及专业技术人员中的薪酬状况,美国行政管理学会每年都要对美国、加拿大和西印度群岛(许多地区不在薪酬调查范围之内)的约 130 个城市中的 13 种事物性职位、7 种信息处理职位和各种中层管理职位的薪酬状况进行调查。而政府薪酬调查,则是指由国家劳工、统计等部门进行的薪酬调查。例如,美国劳工统计局每年都要举行 3 类调查研究:①地区性的薪酬调查;②行业性的薪酬调查;③针对专业人员、管理人员、技术人员和办事员的薪酬状况所做的调查。

英国的一项研究表明,为了解其他企业类似职位的薪酬水平,在被调查的雇主中,约有 71% 的雇主会不同程度地依赖于与其他雇主进行的非正式交流来获取信息;有 55% 的雇主会通过就业机构来决定自己企业中部分职位的薪酬水平;23% 的雇主采用商业性或专业性调查方式,即委托美国管理协会(或英国调查机构)之类的机构来组织调查;只有 22% 的雇主会采用向其他雇主提交正式问卷的方式进行调查。

2. 薪酬调查的实施步骤

在通常情况下,薪酬调查的实施过程分为 3 个阶段:准备阶段、实施阶段和结果分析阶段。

(1) 准备阶段

准备阶段是指在具体设计薪酬调查问卷并实施调查之前所要做的工作,包括以下内容。

① 根据需要审查已有薪酬调查数据,确定调查的必要性及实施方式。

② 选择准备调查的职位及其层次。

③ 界定劳动力市场的范围,明确作为调查对象的目标企业及其数量。

④ 选择所要搜集的薪酬信息内容。

在通常情况下,薪酬调查所涉及的薪酬信息包括:①基本薪酬及其结构;②年度奖金和其他年度现金支付;③股票期权或影子股票计划等长期激励计划;④各种补充福利计划;⑤薪酬政策等。

(2) 实施阶段

实施阶段的内容包括:设计薪酬调查问卷并实施调查。在前几个步骤完成之后,调查者就可以开始设计调查问卷了。调查问卷的内容通常包括企业本身的一些信息,如企业规模、所在行业、销售额或销售收入等;各种薪酬构成方面的信息;职位范围方面的信息;任职者的一些信息及一些国际性的信息,等等。

从时间的角度来看,调查者最好是在与调查参与者初次接触之后的 2～4 周内将问卷邮寄给被调查者。作为一种常见的规则,如果调查的职位在 10 个左右,那么应当给被调查者提供 2～3 周的时间来回答问卷;如果调查的职位涉及 35 个左右,那么,要给被调查者留出 4～6 周的时间来回答问卷。如果调查的时间恰逢联系人休假或是其他假期比较集中的时间,还要留出更多的宽松时间。

设计薪酬调查问卷的一些技巧包括:确保问卷易读、易懂、易回答;将问题和每一页纸都标上页码;以有利于将来数据分析的方式来组织数据的搜集格式;为回答者留出充足的书写空间;每一个问题只提问一个信息;在问卷结尾留下一个开放式问题;在关键字句下加横线或加黑;提供调查者的联系方式,以便被调查者有问题的时候可以联系;如果调查将会再次重复进行,则可以请求被调查者对调查的内容和方式等提出意见和建议,以便下次调查时进一步改善。

在问卷设计完成之后,最好是先做一次内部测试,调查者可以将自己的数据试着填写一遍,或者请不参与调查的其他企业试着填写一遍,以发现需要改进的问题。最后,在实施调查的过程中,调查者还需要与被调查者保持联系,以确保有足够的问卷得到回收。

当然,在薪酬调查的过程中,调查者还可以采取问卷调查之外的其他方式来搜集信息,包括电话访谈,派出调查人员实地访谈(如美国劳工统计局每年都派出大量调查人员实施调查),以及集体访谈等。

(3) 结果分析阶段

最后一道工作程序就是分析数据。薪酬数据的分析方法一般包括:频度分析、趋中趋势分析、离散分析及回归分析等。

① 频度分析。频度分析就是将所得到的与每一职位相对应的所有薪酬调查数据从低到高排列,然后看落入每一薪酬范围之内的公司的数目。这是一种最简单,也是最直观的分析方法,一般会使用直方图来显示结果。

② 趋中趋势分析。趋中趋势分析又可以进一步细化为简单平均数、加权平均数、中值等几种数据分析方法。

③ 离散分析。在一般情况下,离散分析的方法有两种:标准差分析和四分位、百分位分析。利用标准差分析可以检验各种分布值与平均值之间的差距大小,但是这种分析方法在薪酬调查数据分析中并不常用。与它相比,四分位、百分位分析方法在薪酬调查分析中则是更为常见的衡量离散程度的分析方法,它们具有相对较强的说明能力。

④ 回归分析。可以利用回归分析来测试两个或多个变量之间的相关关系,然后利用可以得到的其中一个变量的值(如销售额)来预测另外一个变量的值(如销售经理的薪酬)。变量之间的相关系数越接近于 1.0,则变量之间的相关性就越强。

三、评价每个职位的相对价值

1. 职位评价的目的

职位评价(job evaluation)的目的在于判定一个职位的相对价值。它包括为确定一个职位相对于其他职位的价值所做的正式、系统的比较,并最终确定该职位的工资或薪水等级。职位评价的基本程序是对每一个职位所包含的内容(如职位所要求的努力程度、技术复杂程度和担负的责任)进行相互比较。

2. 报酬因素

职位评价包括在确定各职位内容的基础上对其进行相互比较,这就构成了报酬因素。例如,报酬因素包括技术、责任、努力程度和工作条件。确定报酬因素是职位评价中的关键步骤。

3. 职位评价的筹划与准备

职位评价主要是一个判定过程，主要步骤包括：确定计划的需要；与雇员进行合作；选定评价委员会，并由后者开展职位评价活动。评价委员会主要履行 3 种职能：①确定 10 或 15 个关键基准职位，并对这些职位进行评价，其他职位以此为基础确定其相对价值和在职位等级中的排列位置；②选择报酬因素；③实际评价每个职位的价值。

4. 职位评价方法

① 排序法。这种最简单的职位评价方法通常依据工作复杂程度等总体指标对每个职位的相对价值予以排序。

② 职位归类法。归类（或分级）法（classification or grading method）是一种简单易行、广泛使用的方法。它把所有的职位分为几组，如果每组包含的职位相似就称为类（classe）；如果每组包含的职位除了复杂度相似以外，其他方面都不同，就称为级（grade）。

③ 要素计点法。要素计点法（point method）是一种更复杂的量化职位评价技术。它要求确定：①多个报酬要素，每个要素要分为几个等级；②这些要素的等级都是工作的现实情况。因此，假设你的职位共包括 5 个等级，并假定给每个职位的每个等级确定不同的点值，那么，只要评价委员会确定职位报酬因素的等级，就可以把每个报酬要素的点值加总，从而得出每个职位的总点值。这个结果就是对每个职位进行量化分析得出的点值。

④ 要素比较法。要素比较法（factor comparison method）也是一种量化分析技术，它需要分析比其他方法更多的报酬因素。它实际上是对排序法的一种改进，需要多次选择报酬指标，并据此对职位多次排序，然后把每个职位的各序列分加权得出一个总序列分。

四、将类似职位归入同一工资等级

一旦通过职位评价确定了每个职位的相对价值，委员会就可以着手确定每个职位的工资率，但通常是先要将类似职位归入同一工资等级（pay grade）。一个工资等级包括操作复杂程度或重要性大致相同的几个职位。这样，企业就无须处理几百种工资率，可能只要关注 10～16 个工资等级就可以了。

五、利用工资曲线确定职位工资水平

工资曲线用图形表示每个职级中各职位目前的工资率同各职位的点值或序列等级之间的关系。工资曲线上，纵轴表示工资率，横轴表示根据职位点值确定的工资等级。工资曲线旨在表明：根据某种职位评价方法确定的职位价值及目前工资等级的平均工资率。

利用工资曲线确定职位工资水平包括以下几个步骤：1)确定每个工资等级中的平均工资，因为每个工资级别都包括多个职位；2)把每个工资级别的工资率标绘在工资曲线上，然后做这些点的一条回归线；3)确定职位的工资水平。

六、对工资率进行微调

1. 设计工资率系列

大多数雇主为每个工资等级制定工资率系列。例如，每个工资等级划分为 10 级，规定 10 级相应的工资率。另一种描绘每个工资等级中工资率的方法是工资结构。

2. 修正工资偏差率

一个职位的实际工资水平可能偏离工资曲线。同其他职位相比，该职位目前的工资过高或过低。对于工资水平过低的雇员来说，只需将其工资水平提高到至少为其所在工资等级的最低水平即可。对于工资水平过高的雇员通常有几种处理办法:冻结他们的工资水平,直至全体工资水平普遍提高;将部分或全部工资水平过高的雇员的级别提高或将其转移到别的职位,以同他们现行的工资水平相配;将他们的工资水平冻结6个月,在此期间提高或转移他们,如果做不到,只能把他们的工资降到所在等级的最高水平。

第三节　员工福利与服务

一、福利及其特点

员工福利是薪酬的间接组成部分,它是组织为满足劳动者的生活需要,在工资、奖金收入之外,向员工本人及其家属提供的货币、实物及一些服务形式。也就是说,福利的形式可以是金钱或实物,也可以是服务机会与特殊权利。在现代企业中,福利在整个薪酬中的比重已经越来越大,对企业的人工成本产生了十分重要的影响。

福利一般具有如下特点。

① 均等性。它是指履行了劳动义务的本企业员工,均有享受企业各种福利的平等权利,都能共同享受本单位分配的福利补贴和举办的各种福利事业。由于劳动能力、个人贡献及家庭人口等因素的不同,造成了员工之间在工资收入上的差距,差距过大会对员工的积极性和企业的凝聚力产生不利的影响。员工福利的均等性特征在一定程度上起着平衡劳动者收入差距的作用。不过,均等性是就企业一般性福利而言,对于一些高层次福利,许多企业也采取了差别对待的方式。例如,对企业高层管理人员和有突出贡献的员工,企业提供住宅、旅游、度假等高档福利待遇,作为激励的手段。

② 集体性。集体性即员工福利的主要形式是兴办集体福利事业,员工主要是通过集体消费或共同使用公共物品等方式分享福利。因此,集体性也是员工福利的一个重要特征。

③ 补充性。员工福利是对劳动者为企业提供劳动的一种物质补偿,也是员工工资收入的一种补充形式。因为实行按劳分配,难以避免各个劳动者由于劳动能力、供养人口等因素的差别所导致的个人消费品满足程度不平等和部分员工生活困难,员工福利可以在一定程度上缓解按劳分配带来的生活富裕程度的差别。

④ 全面性。现代企业内部福利制度的最大特点,在于对员工生活的全面照顾,即不但对员工本人,而且对员工工作范围以外的私生活,对员工家属、子女,都给予福利待遇。事实上,企业越是能对员工生活的所有方面施加实质性的影响,就越能获得员工对企业的归属感,并形成员工对企业的依附性,所以企业在福利项目设置上,在兼顾企业目标的情况下,应充分考虑员工生活方面的需求,提高员工的工作、生活质量。

二、福利的类型

从总体来看,福利可分为两大类,一类为法律政策明文规定的福利,另一类为组织根据实际情况和增强员工激励而提供的福利。其中,前者在不同组织间具有强相似性,后者则在不同组织间有差异,一定程度上反映了组织在福利管理上的创造性。下面是组织经常选用的主要福利项目。

1. 法定福利项目

大多数国家都有相关的法律来规定必须提供的福利项目。在我国,每一位员工的福利都受到国家法律法规的影响。我国法律规定的法定福利项目包括:养老保险、失业保险、医疗保险、工伤保险及生育保险。

①　医疗保险。这是公共福利中最为主要的一种福利，是国家、企业对员工在因病或因公负伤而暂时丧失劳动能力时，给予假期、收入补偿和提供医疗服务的一种社会保险制度。此处的疾病是指一般疾病，其发病原因与劳动无直接关系，因此它属于福利性质和救济性质的社会保险。

②　失业保险。这是指国家和企业对因非意愿、暂时丧失有报酬或有收益工作的员工，付给一定经济补偿，以保障其失业期间的基本生活，维持企业劳动力来源的社会保障的总称。失业保险的根本目的在于保障非自愿失业者的基本生活，促使其重新就业。为了使员工在失业时有一定的经济支持，企业应该按规定为每一位正式员工购买失业保险。

③　养老保险。这是指国家通过立法，使劳动者在因年老而丧失劳动能力时，可以获得物质帮助以保障晚年基本生活需要的保险。养老保险是社会保险体系的核心，它影响面大、社会性强，直接关系到社会的稳定和经济的发展，因而组织应该按规定为各位正式员工购买养老保险。

④　工伤保险。这是针对那些最容易发生工伤事故和职业病的工作人群的一种特殊社会保险。我国的工伤保险制度最初建立于 1950 年，最近一次关于工伤保险的规定是在 1996 年颁布的《企业职工工伤保险试行办法》，该办法于 1996 年 10 月 1 日起试行。新的工伤保险制度建立了基金体制，工伤保险费完全由企业负担，按照本企业职工工资总额的一定比例交纳，职工个人不交纳工伤保险费。

⑤　生育保险。这是在生育事件发生期间对生育责任承担者给予收入补偿、医疗服务和生育休假的社会保险。其具体内容包括：生育津贴，即在法定的生育休假期间对生育者的工资收入损失给予经济补偿；医疗护理，即承担与生育有关的医护费用；生育补助，如对生育对象及其家属的生育费用给予经济补助，如婴儿津贴等；生育休假，包括母育假（产假）、父育假和育儿假。

2. 企业福利

企业福利是指企业自主建立的，为满足员工的生活和工作需要，在工资收入之外，向员工本人及其家属提供的一系列福利项目，包括货币津贴、实物和服务等形式。企业福利计划比法定福利计划种类更多，也更加灵活，主要有以下 7 种形式。

①　补充养老金。补充养老金也称退休金，是指员工为企业工作了一定年限后，企业按规章制度及企业效益而提供给工的金钱。对企业来说，它已经成为人力资源战略的福利体系的一个重要组成部分，是延期支付的工资收入。它与各地的生活指数有关，并有最低限度，如果企业为员工购买了养老保险，则养老金可相应减少。

②　人寿保险。这是由雇主为雇员提供的保险福利项目，是市场经济国家比较常见的一种企业福利形式。企业一般会采取购买团体人寿保险的方式，由于参加的人多，相对于个人来说，可以以较低的价格购买到相同的保险产品。通常，团体方案适用于一个企业的所有员工，而不考虑他们的健康或身体状况如何。在多数情况下，雇主会支付全部的基本保险费。

③　辞退金。这是指企业由于种种原因辞退员工时，所支付给员工的一定数额的金钱。一般情况下，辞退金与员工在本企业的工龄有关，且在聘用合同中要明确规定。

④　住房津贴。这是指企业为了使员工有一个较好的居住环境而提供给员工的一项福利，主要包括：每月的住房公积金，企业购买或建房后免费或低价租给或卖给员工居住，为员工购买住房提供免息或低息贷款，全额或部分报销员工租房费用等。

⑤　交通费。这是指为员工上下班提供交通方便的福利，主要包括以下几种：企业派专车接送上下班，企业按规定为员工报销交通费，企业每月发放一定数额的交通补助费。

⑥　工作午餐。这是指企业为员工提供的免费或低价午餐；或者不直接提供工作午餐，但提供一定数额的工作午餐补助费。

⑦ 海外津贴。这是指一些跨国公司为了鼓励员工到海外去工作而提供的经济补偿。海外津贴受职务高低、派往国的类别、派往时间长短、家属是否陪同、工作期间回国机会的多少、愿意去该国的人数等因素的影响。

3. 有偿假期

有偿假期是指员工在有报酬的前提下,可不用上班的一种福利项目。其具体包括如下 7 种。

① 脱产培训。这种项目具有两重性,既是企业对人力资源投资的一种商业行为,又是一种福利,使员工受益。

② 病假。员工在出示医生证明或经上级同意后,可因病休息。

③ 事假。不同企业允许有差异,但通常包括婚假、妻子产假、搬迁假等。

④ 公休。这是指根据企业的规章制度,经有关管理人员同意,员工可在一段时间内不用上班的一种福利。不同企业间的公休可以有所不同,但一般规定员工每年有一周至一月的公休。

⑤ 节假日。这包括我国明文规定的节假日和一些企业自行规定的节假日。

⑥ 工作间休息。这是指员工在工作中间的休息,一般上下午各一次,每次 10 分钟至 30 分钟。

⑦ 旅游。这是指企业全额资助或部分资助的一种福利。企业可以根据自己的实际情况制定旅游时间与旅游地点,可以每年一次,也可以数年一次。

4. 生活福利

生活福利是指企业为员工生活提供的其他种类的福利项目,主要有如下 8 种。

① 法律顾问。企业可以聘用长期或短期法律顾问,为员工提供法律服务,甚至一些企业也为员工聘请律师。

② 心理咨询。企业为员工提供各种形式的心理咨询服务,以帮助减轻或避免因现代竞争日趋激烈而带来的心理问题。心理咨询常见的形式有设立心理咨询站,长期聘用心理顾问,请心理专家做心理健康讲座等。

③ 贷款担保。企业为员工个人贷款时出具担保书,使员工能顺利贷到款项。

④ 托儿所。企业在条件许可下,建立托儿所为员工解决托儿难问题。

⑤ 托老所。越来越多的企业开始设想和建立托老所使员工更安心地工作。

⑥ 内部优惠商品。某些生产日用品的企业,为了激励员工,常以成本价向员工出售一定数量的产品,或者专门购买一些员工所需商品,然后以折扣价或免费向员工提供。

⑦ 搬迁津贴。这是指企业为员工搬迁住所而提供一定数额的经济支持,不过津贴数额、能享受搬迁津贴的间隔期有所不同。

⑧ 子女教育费。现代员工越来越重视子女教育,为了使员工子女能接受良好教育,企业提供子女教育费成为一项吸引优秀人才的重要福利。这项福利因不同企业而有所不同。

三、福利的功能与影响因素

1. 福利的功能

一个组织之所以愿花较多钱来支持福利项目,其原因是福利对组织发展具有重要意义,具体如下。

① 传递企业的文化和价值观。现代企业越来越重视员工对企业的文化和价值观的认同,因为企业是否有一个积极的、得到员工普遍认同的文化氛围,将对企业的运营效率产生十分重要的影响,而福利恰恰是体现企业的管理特色、传递企业对员工的关怀、创造一个大家庭式的工作氛围和组织环境的重要手段。企业成功的经验也一再证明,那些能在市场上获得成功的企业,无一不重视企业文化的塑造,无一不强调以员工为中心来展开企业的管理,也无一不向员工提供形式多样、

富有吸引力的福利计划。

② 增强企业在劳动力市场上的竞争力,吸引和保留人才。一方面,福利是企业体现其管理特色的一种工具;另一方面,员工本身也存在着对福利的内在需求。因此,越来越多的求职者在进行工作选择时,将福利也作为十分重要的因素来考虑。从企业这方面来说,为增强自身在劳动力市场上的竞争能力,很多企业会在除了国家法定的一些福利项目之外,自主设立其他福利项目。这样一来,企业能向员工提供有吸引力的、切实有用的福利计划,就成为企业吸引人才和保留人才的重要因素。

③ 享受优惠税收政策,提高企业成本支出的有效性。福利相对于工资和奖金,还有十分重要的一个功能就是税收减免。因为企业提供给员工的各种保障计划、服务和实物等福利,完全可以用现金来替代,那么,把这些福利完全折算成现金计入工资中,将会使员工为这些福利支付一笔高额的所得税。但如果采取福利的形式,那么员工就能在得到这些报酬的同时,获得税收的减免,这也是福利在当前越来越受到欢迎的十分重要的原因。企业可以通过发放福利合理避税,而员工的总薪酬水平不受任何影响。这样一来,企业将一定的收入以福利的形式而不是以现金的形式提供给员工更具有成本方面的优势。

④ 激励和凝聚员工降低流动率。福利使员工产生由衷的工作满意感,从管理的双因素激励理论来看属于激励因素,因而会激发员工自觉为企业目标而奋斗的动力。同时,企业的过高流动率必然使企业发展受到一定的损失,而良好的福利会使许多可能流动的员工打消流动的念头。良好的福利体现了企业高层管理者以人为本的经营思想,是构筑强劲凝聚力的重要因素之一。

⑤ 更好地利用金钱。从表面上看,福利是花钱、是支出,但由于良好福利能吸引优秀员工、激励员工、提高员工士气等,所以福利这种花钱会产生更多的收益、回报,因而是一种有益的投资,它能提高资金的使用效果。

2. 福利的影响因素

影响福利的因素较多,但其中较重要的因素有以下 6 种。

① 高层管理者的经营理念。当高层管理者认为员工福利能省则省,则福利不会丰厚;反之,当高层管理者认为福利应该尽可能好,则福利就会好。

② 政府的政策法规。国家和地区针对福利有明文规定,组织员工应该享受哪些福利,并认为如果组织不按规定实施福利则视为犯法;但不同国家和地区的福利法规有差异。

③ 工资的控制。由于要交所得税,所以一般组织为控制工资在一定的范围内,而改用提供良好的福利来补偿员工的付出和为组织所创造的价值。

④ 医疗费的急剧增加。提供医疗福利来提高员工患病时的承受力,满足员工的安全需要,这在一定程度上促进员工的组织向心力。

⑤ 竞争性。现代信息传达的迅速性和广泛性,使一个组织的员工很快知道其他许多企业的福利状况,这使组织迫于福利竞争压力而设法提供与其他组织尤其是同类组织相近的福利,否则会影响员工积极性。

⑥ 工会的压力。工会是员工的代表,是员工利益的维护者,它经常为员工福利问题与企业资方谈判,资方迫于压力,也为了化解或防止劳资双方的冲突,而不得不提供某些福利。

四、福利的发展趋势

1. 员工弹性的福利化趋势

目前,弹性福利计划被越来越多的企业采用,补充福利受到越来越多企业的重视。弹性福利,或者说自助式福利、弹性福利计划,是指员工可以从企业所提供的列有各种福利项目的菜单中自由选择其所需要的福利,体现了福利的弹性化、动态化,而且强调员工的参与。

不同企业的弹性福利方案在结构和方式上的差距很大,但往往是由几种核心的福利形式及多种可选的、辅助的福利形式组成。其中核心的几种是固定的,相对来讲是针对所有员工的,但还有些弹性的、辅助性的部分,并不是所有员工都能享受的。

2. 福利与绩效结合的趋势

福利作为一种长期投资,管理上很难客观衡量其效果。在根据企业的经营策略制定福利政策的同时,必须使福利政策能促使员工去争取更好的业绩,让员工所享有的福利和工作业绩密切相连。为了鼓励团队合作精神,员工个人的奖金还与其所在的团队业绩挂钩。

在其他福利待遇方面,上海贝尔也是在兼顾公平的前提下,以员工所做出的业绩贡献为主,尽力拉大档次差距,目的就在于激励广大员工力争上游,从体制上杜绝福利平均主义的弊端。

3. 福利的专业化趋势

福利的专业化趋势是指很多人专门分出来做福利管理。现代的福利管理对专业化的要求越来越高,福利管理成本也呈上升趋势。现代的福利已经不是一些简单的事务性工作了,而是应该分析设立什么福利项目,项目投入之后,有效性到底如何。这需要大量定量的分析,需要计算投入产出比。

4. 福利的外包趋势

由于福利的设计和打理是一项专业性较强的工作,需要专业人才才能胜任。所以,为了省去设计和打理方面的麻烦,使企业能集中精力专注于核心业务,一些中小企业往往通过签订服务合同,将自己的福利计划完全外包给其他专业性公司来做,由他们负责企业福利制度的设计及员工福利的购买、发放和打理。专业公司的福利方案专业化程度往往很高,但缺点也很明显,作为"外脑"的专业公司对企业的了解程度一定不如企业自己的人力资源部门的人员深刻,对企业员工的需求了解也不是很清楚,所以要深入调查和沟通才可能设计出适合企业的福利制度。

五、福利的管理原则

在企业普遍重视员工福利待遇的今天,福利设施投资和福利性支出日益增加。从管理角度而言,为提高资源的使用效益,更好地为人力资源开发与管理目标服务,对于员工福利的管理应充分重视以下原则。

1. 合理和必要原则

在我国,企业一般都有为建立员工生活福利设施而提取或筹集的职工福利基金。职工福利基金的主要来源有国家提供的非生产性建设投资、企业按规定提取的福利基金、从管理费用开支的福利基金及福利设施自身运营收入。不言而喻,福利设施和服务的建立只能在规定的福利费用范围内来解决。因此,福利费用的管理也应力求以最小费用达到最大效果。为了达到最小费用,就必须废除没有实际效果的设施和制度,对福利设施的设立或废止应经常加以考虑。例如,随着社会潮流的变化,员工对娱乐活动的兴趣会变化。所以除了合理性外,还要考虑必要性问题,应当预先考虑员工的要求,采取与之一致的措施。如果在福利设置上单纯显示出恩赐思想,反而会引起员工的反感。

2. 统筹规划原则

福利设施和大型福利性活动常常需要大量资金,有的形式和内容一旦形成并为员工所接受,就难以简单地缩小和废除。所以,要考虑各种条件,建立长远发展的观点,有计划地组织活动和开发设施,特别要认真做好费用的预算和决算工作,做到量力而行和讲究效益。

要调整同社会保障、社会保险等其他社会福利活动的关系。企业福利与社会福利应有较明显

的界限。但是，企业作为福利保障设施而建立的医院、保育设施等随着社会保障事业的发展，可能会失去其存在的理由；反之，也可以在地区性社会保障事业发展缓慢的地方起到补充作用。企业要注意这种关系。

企业福利还应考虑同社区的关系。把本企业的福利保障设施向当地居民和其他公司企业的员工开放，是企业对社会承担的一部分责任。同时，企业也应积极利用现有社会福利设施资源，避免重复建设和资源浪费。

3. 公平的群众性原则

福利应以全体员工为对象，体现公平精神，不管是谁，只要符合条件，都可以"自由利用"或"当然发给"。如果缺乏这种公平性，就不能得到员工群众对福利的理解、信任和支持，就会影响其对企业的合作和忠诚。因此，在福利管理上也要吸收员工参与管理，体现群众性原则。

我国职工福利制度自建立以来起到了很好的作用，已成了广大职工生活中不可缺少的部分。但由于管理体制的原因，多年来也产生过投入不足、浪费严重、效益低等弊病。因而在管理上，企业一方面应注意与生产发展相适应，促进员工从个人生活利益的角度关心企业生产；另一方面，也应克服消费超前心理。

 **相关链接**

弹性福利计划

所谓弹性福利（flexible benefit），是指企业确定对每个员工福利的投入（通常用积分形式体现）的前提下，由员工在福利菜单中选择适合自己的福利，因此也叫菜单式福利。这样企业既控制了总体成本，又使得投入的每一分钱都效用最大化。弹性福利的出现，在很大程度上解决了企业成本管理和员工满意度之间的矛盾。

IRewards 是国内领先的弹性福利管理及员工忠诚度奖励平台。IRewards 弹性福利管理有别于传统固定福利，具有一定的灵活性，使员工更有自主权。企事业管理者在 IRewards 上进行公司福利商品（福利积点）的选购，并直接发放到员工账户中，员工在 IRewards 的福利商城中选择适合自己的福利商品，从而提升员工对公司的认可和忠诚度。

IRewards 提供的福利商城产品，不仅包含实物类产品，也包含服务类产品，集活动学习、健康生活、办公用品、居家用品、礼品、食品等于一体。例如，实物类产品有办公用品、桌面盆栽、办公室收纳用品等；服务类产品有健身卡、员工体检、舞蹈课程、旅游等。

对企业而言，使用 IRewards 平台有如下好处。

1. 企业整体的福利支出减少，但福利效用增强。

2. 低成本拥有自身专属的福利和奖励管理体系，提高企业福利管理的效率。

3. 提升企业对日常员工行为和绩效的激励。

4. 福利管理人性化，提升企业形象，激励员工、挽留和吸引人才。

对员工而言，使用 IRewards 平台有如下好处。

1. 满足员工对福利多样化和个性化的需求。

2. 员工在完成高绩效后，可随时获得企业的认可和奖励。

补充阅读资料

中国企业薪酬体系的八大问题

著名薪酬管理专家、中国人民大学人力资源开发与管理研究中心副主任刘昕博士曾给众多国有企业、民营企业、外资企业提供薪酬咨询服务。根据多年的薪酬管理咨询实践,他发现,中国企业薪酬体系存在八大突出问题。

1. 假岗位工资。企业的基本薪酬体系与岗位价值联系不大,工资体系更多与行政级别、资历挂钩。

2. 绩效薪酬演变为另外一种固定薪酬。绩效薪酬设计不合理,最后当固定工资发,人人有份。

3. 绩效考核体系指标设置不合理。不合理可能导致能力强、绩效好的人没得到奖金,绩效不好的人却拿了高额奖金。

4. 薪酬局部发力、总量失衡。例如,有的企业搞局部浮动工资,没有根据岗位价值控制该岗位的工资总量,结果有的低价值岗位的人,其加上浮动部分后的工资总额大大高于该岗位价值允许的最高工资。

5. 薪酬体系与战略、文化不匹配。例如,企业文化鼓励创新,实际却又只根据职位、资历发工资;又如,创新型企业应该允许犯错误,但企业实行的是犯错扣分制度,导致经常创新的人被罚,不创新不犯错的人却得到奖励。

6. 盲目的工资保密制度。薪酬体系应该是公开的,薪酬体系鼓励什么,反对什么,具有导向和沟通作用,所要保密的只是每个人的工资数据。

7. 把激励单纯等同于现金,忽视领导赏识、认可等非物质激励。

8. 有些企业,特别是国有企业,天天讲奉献、讲忠诚,不注重薪酬与外部市场接轨。

资料来源:牛津管理评论网,http://www.ICXO.com,2008-11-27.

本章小结

本章对人力资源薪酬的基本范畴进行了分析:薪酬是指用人单位以现金或等值品付出的报酬,具有一定的褒义色彩;工资是薪酬的主体部分;个人收入也对人力资源开发与管理有所影响。薪酬管理的基本理论有市场决定论、谈判论、公平论、激励论等。社会因素和组织内部因素影响人力资源薪酬。本章还对薪酬制度设计的步骤、方法进行了介绍。

重点概念

薪酬;工资;奖金;津贴;人工成本;边际收益;工资市场决定论;福利;人力资本理论;社会保险;公平;需求;薪资调查;弹性福利计划

复习思考题

1. 企业的薪酬系统通常由哪三大部分构成? 它们各自的作用是什么?
2. 薪酬有哪些主要功能?
3. 薪酬调查的主要步骤及实施要点是什么?
4. 员工福利主要包括哪些类型? 这些福利计划的作用分别是怎样的?
5. 弹性福利计划的特点是什么? 为什么弹性福利计划被企业更多地采用?

 **案例分析**

海尔集团的薪酬管理

海尔曾经是工业时代规模管理的忠实践行者,如今在互联网带来的冲击前,海尔是所有家电企业中转型最激进的一家,它正在推进的这场变革将颠覆其原有的全部组织结构。近来被业界高度关注的"海尔大裁员"的背后,正是海尔的这场小微运动。2013年初,海尔的小微模式从各地的工贸公司开始试水。如今,海尔全国42家工贸公司已经全部转型"商圈小微";小微模式开始在制造、设计、财务等海尔其他部门全面推进。随着海尔集团上述"激进"的管理改革与创新,势必要在薪酬管理体系上建立起一套与之匹配的模式。

一、薪酬战略

海尔的"商圈小微"旨在将公司打造为平台化的生态系统,成为可实现各方利益最大化的利益共同体。自主经营体强调员工和经营者同一立场和合作,奉行全员参与经营,员工不再是被动的执行者而是身处其中的主动的创业者,但这一模式潜藏着消极怠工的可能性风险。为消除该风险,海尔在薪酬战略的四大目标中选择侧重偏向雇员贡献方面,并以"三公原则"(即公平、公正、公开)作为指导思想。海尔的公平体现在对所有员工都实行统一的可量化考核标准;公正是指设立严格与工作成果挂钩的员工升迁制度,根据绩效高低将员工在优秀、合格、试用三个等级内进行动态转换;公开则指考核方式、考核结果和所得薪酬向所有员工的公开和透明。这一薪酬战略较好地解决了潜在的委托代理问题,并激励员工主动工作和构建利益共同体。

二、薪酬结构

海尔在推行自主经营体时,重金聘请IBM设计了宽带薪酬结构,即一种等级少、等级区间内浮动范围大的薪酬结构。研究表明,宽带薪酬等级少且富有弹性,能够较好地淡化等级观念,消除官僚作风,起到支持和维护扁平化组织结构的作用。

三、薪酬制度

在海尔的组织变革过程中,合适的薪酬制度应当起到激励和筛选的杠杆作用:一方面增强现有员工对自主经营体模式的认同;另一方面吸引适合自主经营体模式的员工,从而促成公司与员工的匹配,推动企业变革。对此,海尔推行了人单合一机制下的"超利分享酬",激励员工先为客户创造价值,在扣除企业常规利润和市场费用后,就可与企业共享剩下的超额利润。海尔基于为用户创造的价值把薪酬基数分为5类,依次为分享、提成、达标、保本和亏损。员工的绩效达到提成或者分享水平就可参与对所创造价值的分享,即员工在向市场"挣工资",而非等企业"发工资"。这种高度参与式的利润分享意味着客户价值的最大化就是员工收益的最大化,能够激发员工为客户创造价值的积极性,实现员工利益与企业利益的一致性。

海尔还采用了"创客薪酬"推动自主经营体的发展。在这一制度下,员工与公司先达成一致的目标,再落实到具体的年月日,根据达到的目标获取"四阶"薪酬,即创业阶段的生活费、分享阶段的拐点酬、跟投阶段的利润分享和风投配股阶段的股权红利。其中蕴含的激励层次也从"生存权利""利益分享"上升到了"事业成就"。员工实质上是创业者,可以利用公司的平台和资源进行自主经营,初创时得到扶持,壮大时共享收益。

思考题

1. 海尔的薪酬模式有何特点?与过去相比,有何不同?
2. 海尔现在的薪酬管理对其他企业有何借鉴?

第十一章
员工沟通与关系管理

学习目标

知识目标
- 理解员工沟通的基本理论。
- 了解企业中员工沟通的渠道、方式、效果。
- 掌握建立企业沟通渠道的方法、制度。
- 掌握《劳动法》、《劳动合同法》在企业中的使用及其基本条文。

能力目标
- 能够建立企业基本的沟通渠道,制定员工沟通制度。
- 处理基本的劳资关系问题,对于《劳动法》、《劳动合同法》在企业中的常见问题加以解释,并能编写常用的劳动合同。

引导案例　**销售主管的离职风波**

时间已经是六点半了,中贸有限公司人力资源部经理张文整理完最后一份文件准备下班。这时公司员工基本都走了,最后一个离开一直是张文的工作习惯。正当张文准备关掉办公区的电灯时却忽然发现,销售部主管王强还在办公区,"怎么还没回家?"虽然平时工作打交道不多,但张文知道,王强是公司的业务骨干,虽然只是业务主管,但承担分管部门的很多业务工作,是"不挂名"的经理。"我有点事想和您谈谈。"王强一副忧心忡忡的样子。职业习惯使得张文感到有些不寻常,于是他约王强一起到附近一家茶楼聊一聊。

"我想辞职。"刚一坐下王强就说出了让张文很吃惊的话。要知道,公司上下一致认为王强是非常有能力的员工,而且公司一直非常看重他的专业能力和从业经验。"让我们好好谈一谈为什么要离开吧。"两个人一边喝茶一边聊,渐渐地张文了解到了事情的整个过程。

中贸有限公司是一家国内著名的钢铁贸易公司。近几年一直稳坐行业老大,公司从业人员也一直是业内竞相追逐的人才。今年年初由于国内基础建设发展迅猛,公司预测到钢材价格会大涨,于是在年初购进了大量钢材。果然如公司所料,4月份钢材价格涨幅就超过了50%。但王强看到钢材价格上涨带动大量投资进入钢铁业,未来生产能力过剩必将导致价格下跌。于是在4月份就向分管副总陈明建议分批销售,但是由于市场行情一直看好,陈明没有采纳王强的建议,反而一再购进钢材等待下半年"金九银十"的大行情。王强看到自己的建议没有被采纳,在五六月份又多次找到陈明提出"尽快出货"的建议,但都没有被采纳。

到了7月份,由于国内国际多种因素导致钢材价格暴跌,公司存货亏损已达千万元以上。此时公司要求加大销售力度减少亏损。作为销售主管的王强一方面工作压力倍增,另一方面感到自己的建议不被重视才造成这种后果,工作积极性大减。此时,中贸有限公司的主要竞争对手上港公司找到王强,提出薪酬增加50%和部门经理的待遇,希望他能跳槽到上港公司,于是本文开头的一幕就出现了。

听完王强的话,张文陷入了沉思,究竟应该怎样挽留王强?这件事如何向总经理汇报?又该如何向陈总解释?公司目前竞争激烈,谁又会是下一个王强?

第一节　员工沟通

一、沟通的基本理论

1. 沟通的定义

美国著名学府普林斯顿大学对1万份人事档案进行分析,结果发现:"智慧"、"专业技术"和"经验"只占成功因素的25%,其余75%决定于良好的人际沟通。

哈佛大学就业指导小组1995年的调查结果显示,在500名被解职的男女中,因人际沟通不良而导致工作不称职者占82%。

沟通是指运用语言、文字或一些特定的非语言行为(指外表、脸部表情、肢体动作),顺利达成各种不同目的的活动。

沟通的过程如图11.1所示。

2. 沟通在人力资源管理上的重要性

沟通对公司、对个人,尤其是各级管理人员的工作都有重要的意义。现在管理学上有一种说法——管理就是沟通,任何问题都可以通过沟通解决或改善。作为管理者来说,什么能力最重要?很多管理学家和大公司的负责人不约而同地给出了一个相同的答案:沟通能力。

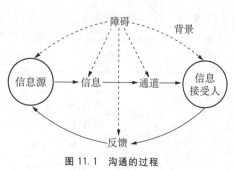

图 11.1　沟通的过程

对公司来说,有效沟通至少可以获得以下3种显著效果。

① 搜集到有益的建议和智慧。通过沟通,可以从其他人那里得到更多的信息,可以了解不同角度、不同层次的想法和建议,为自己思考问题和做出决策提供更多的参考和依据,为各级主管制定制度、措施、方法的正确性提供保证。可能员工的一个小小的建议,就能带来成本的大幅度降低或效益的提高。

② 发现和解决公司内部问题,改进和提升企业绩效。通过沟通,可以更充分地发现公司内部存在的问题和解决问题的方案,只有不断地发现问题和解决问题,公司的管理水平才会不断地提高,公司或部门的绩效才会不断提升。

③ 提升和改进公司内各部门的合作。通过沟通,可以促进各部门之间、上级和下级之间、员工之间的相互了解,只有充分的了解才能实现相互的理解,只有深刻的理解才能实现良好的协作。

沟通对各级主管工作的重要作用体现在以下4个方面。

① 得到他人或下属的支持和信赖。沟通的过程就是征求意见和建议的过程,是发挥员工参与公司管理的过程。通过沟通,可以使自己的决策和主张得到员工的广泛支持和信赖,可以提高执行的效率和成功的几率。

② 提高个人在公司或部门内外的影响力。沟通的过程就是相互影响的过程。通过沟通,使自己的思想和主张得到他人的广泛认同,自己的影响力必将得到提升。

③ 获得良好的工作氛围和健康的人际关系。通过沟通,可以化解矛盾,消除隔阂,增进相互的了解和理解,获得良好的工作氛围和和谐的人际关系。

④ 充分激励下属的积极性。沟通的一个重要方面就是倾听员工的心声,了解员工的看法和感受。这本身就是体现对员工的尊重,能充分表明管理者对员工的建议、态度和看法的重视。如果在决策中能采用或考虑到员工的建议,对员工更是一种很好的肯定和激励。

3. 沟通的类型

沟通的类型包括语言沟通和非语言沟通,如图 11.2 所示。

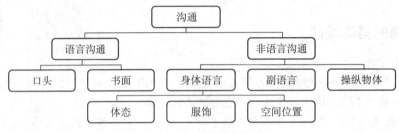

图 11.2 沟通的类型

任何一种沟通方式都有其优点和局限性,因此在选择沟通方式的时候要因地制宜,采取多种形式的沟通,以最大限度地发挥沟通的效果为原则。如表 11.1 所示列出了不同沟通方式的优缺点。

表 11.1 沟通方式的优缺点

沟通方式	举　例	优　点	缺　点
口头	交谈、讨论、电话、讲座	快速传递,快速反馈	信息失真严重
书面	报告、信件、文件、期刊	持久、有形,可以核实	效率低,缺乏反馈
非语言	体态、语调	内涵丰富,意义明确	传递距离有限
电子媒介	电视、电子邮件	信息容量大,成本低	单向传递

二、沟通的技巧

沟通不是简单地你说我听,而是一个信息交流、思想统一、增强认同感、加强凝聚力的过程。要想取得良好的效果,各级主管需在沟通过程中掌握一些原则和技巧。

① 要认识到下属或他人都有很多优点。作为主管,尊重和欣赏自己的员工,发现员工的优点并进行表扬,是提高员工积极性的一个重要方面。不断发现员工身上的优点,哪怕是一个很细小的举动,也要加以表扬,表扬永远比批评的激励效果更好。只要每个主管都能坚持这样去做,部门的工作效率和表现一定会越来越好。

② 沟通应是双向的。沟通不是一个人讲一个人听,你既要讲,更要听对方讲,大家都真诚地说出自己心中的想法,这样才能真正地发现问题及存在问题的原因,也才能为解决问题奠定基础。如果沟通过程中只有一方积极主动,而另一方消极应对,那么沟通是不会成功的。

③ 要注意积极倾听对方。光听是不够的,还要积极地去倾听,去听清、听懂进而理解对方的意思,才能为良好的沟通打下基础。

④ 维护对方的尊严。在沟通过程中,双方的地位应是平等的,主管要充分尊重员工,无论是讲话的语气、语调、行为等都要体现出对员工的尊重,才能获得良好的沟通效果。

⑤ 沟通方式灵活多变。沟通的形式不是固定的，没有哪一种形式是最好的，只有相对比较适合的，这就需要各级主管根据不同员工的特点、不同的沟通内容而不断调整。

⑥ 要真正地了解和理解对方，而不是把自己的观点强加给员工。每个人因自身定位、经历、环境的不同，对事情的看法也不可能完全一致。各级主管不要单从自身出发去考虑问题，要多从员工的角度出发考虑问题，多了解员工的看法和建议，从其讲话或行为的动机、出发点去考虑，才能真正地理解对方，得出的结论才能更符合实际，沟通才会进行得更加顺利和有效。

⑦ 有隔阂时要主动改善关系。在管理者与被管理者之间存在一些隔阂或误会是很正常的，这就更需要通过沟通来消除。作为主管，更应该从大局出发，表现出高姿态，主动找员工沟通以寻求改善关系。

三、沟通的两个重点：听、说

很多时候，一提起沟通，我们第一反应就是说什么，如何说服对方，其实沟通的基础是听，只有听清、听懂对方的话，才能理解对方的意思；只有充分地理解对方，才能获得对方的理解。事实上说话时，还会注意运用一些技巧，如当众表扬、背后批评，注意说话的语气和时机等，但在听别人讲话时，几乎没人注意讲究技巧。通常情况下，良好的倾听需注意以下 4 个原则。

① 尊重别人的讲话。你尊重别人的同时，并不会失去什么，反而会赢得尊重。你不尊重别人，当然也不能赢得别人的尊重。尊重别人的讲话需注意以下 3 个方面：保持目光的接触（要正对着讲话者，不时进行目光的交流）；不随意打断对方的谈话（在对方没讲完之前不要急于发表意见）；集中注意力听，不做不相关的事情（如玩弄笔或纸，频繁地做动作等）。

② 换位思考。不只是沟通过程中，在考虑任何涉及人的问题时，都要注意换位思考。倾听不只是听谈话的表面内容，还需要从更深层次上领会其内涵，从谈话者的角度去看待问题，考虑他所要表达的观点是什么，说话者需要的是什么，他想要解决什么问题或达到什么目标。必须换位思考，从对方的角度去考虑问题，才能真正理解别人说话的真正含义。

③ 激励。在倾听过程中，要运用积极的身体语言做出反馈，激发别人讲话的兴趣，尽量使其将真实的观点表达出来。丰富的面部表情、热情的态度、积极的响应都能表达对谈话者深层的欣赏和赞同，激发其讲话的兴趣，而不是机械式地点头或不理不睬。

④ 对别人的讲话不要急于下结论，尤其是否定性的结论。即使有不同意见，也要委婉地提出请对方思考。分歧较大时，可以暂时搁置，表示自己回去后再慎重考虑，同时请对方再考虑，努力达成共识，而不要将自身观点强加给员工。

我们每个人每天都在说，但由于表达不当而造成的隔阂和效率低下的情况无处不在，可见说明白自己的意思让他人理解并不是一件容易的事情。要说服别人并赢得理解需掌握以下 4 个原则。

① 对事不对人（谈行为不谈个性）。沟通中对员工的表扬或批评，一定要以事实为依据，尤其是批评时，只对错误的事实本身进行分析和探讨，不要定性或下结论。

② 多提建议，少些说教。对员工的工作，在沟通中发表自己的看法时，多以建议的形式出现，可能更易于被接受。

③ 注意顾及和理解对方的感受。沟通中要时刻注意顾及对方的感受，对方情绪比较激动时，首先表明对对方的理解，如"假如我遇到这种情况，我也会这么做/可能还不如你"，这样更容易引起对方的信赖，然后将谈话向正确的方向引导，从而避免带着情绪去沟通。

④ 抱着积极的态度去沟通，并对结果充满信心。要对员工充满信心，对沟通的结果充满信心，才能感染和影响员工，最终得到一个满意的结果。

四、沟通渠道的类型

1. 公司例会

公司每天的晨会、每周的例会,就公司在目标制定、计划制订、计划执行中的问题,进行坦诚的沟通交流,以协调关系、解决问题为目的,进行信息的上传下达。

2. 合理化建议

公司应当鼓励员工提出合理化建议,对公司的发展、管理等问题有自己的看法和观点,无论是大的问题还是小的细节,公司都应当进行搜集并进行准确的传递。

3. 员工大会

员工大会是全体员工的沟通会议,目的在于探讨一些意见、建议和问题。员工大会每年一次或在公司认为必要时召开,使员工的看法能被公司及时地了解。

4. 工作面谈

新员工转正、员工调薪、绩效考核过程、职业发展规划及员工调动等情况下,员工上级和人力资源管理部门都会与员工进行面谈,了解情况,听取意见。

5. 员工满意度调查

公司可以通过定期的不记名意见调查向员工征询对公司业务、管理等方面的意见,了解员工对组织环境的整体满意程度。

6. 其他工作讨论与会议

公司提倡团队工作模式,如 QC 小组等。管理者在制定目标的时候通过工作讨论和会议倾听团队的意见,共同分享技能、经验、心得。

7. 信息发布渠道

公司可以设信息发布专栏或电子通知,员工可以方便、快捷地了解公司业务发展动态、重要事件及通知。

8. 员工申诉通道

当员工认为个人的权益受到不应有的侵犯或对公司的经营管理措施有不同的意见,或者发现有违反公司各项规定的行为时,可以通过申诉通道进行投诉与检举。

9. 企业内刊或宣传册

企业内刊或宣传册应当及时关注公司的经营管理、员工的工作生活,集中了公司最有代表性的思想、观点,成为公司形象与信息发布的"窗口"。

第二节　员工关系管理

广义上讲,员工关系管理包括企业各级管理人员和人力资源职能管理人员,通过拟定和实施各项人力资源政策和管理行为,调节企业与员工、员工与员工之间的相互联系和影响,以实现组织目标。狭义上讲,主要指企业与员工之间的沟通管理,这种沟通更多采用柔性的、激励性的、非强制的手段,以提高员工满意度,支持企业目标实现,创造和谐的企业氛围。

一、员工关系管理的目标

员工关系管理的最高目标,应该是做到"让员工除了把所有精力放在工作上之外没有其他后顾之忧"。在这一目标之下,有很多具体工作可以展开,涉及员工的衣、食、住、行、娱乐等都可以有员工关系管理发挥的空间。员工关系管理是一种"无形服务",这种服务包括沟通、冲突处理、职业发展顾问等内容,并以"公平、信任"为基础。员工关系管理工作的重点主要是人际关系管理、劳动关系管理、沟通与交流管理、民主参与、企业文化和企业精神管理。

劳资双方的利益、目标和期望常常会出现分歧,产生冲突,其中主要的表现如罢工、旷工、怠工、抵制、辞职等。"员工离职"是员工辞职给用人方带来的成本,如寻找和培训顶替辞职员工的费用;"旷工、罢工"是员工停止工作给管理方带来的损失;"消极怠工"主要是由于在岗员工不服从、不配合用人方的工作安排而带来的管理成本的增加。如果没有成功的员工关系管理,这些问题都会带来企业效率的降低、成本的增加。

二、员工关系的全方位管理

员工关系管理无处不在,无时不在。员工关系管理是贯穿在人力资源管理的方方面面的,从员工入职的第一天起,员工关系管理的工作就开始了。员工关系管理不是孤立的员工职位晋升、降职、调动,纪律处分、离职均存在员工关系管理。员工关系不仅在8小时之内,也涉及8小时之外。员工关系管理不是一时的,而是长久的、细致的工作,需要时刻去建设、维护。处理员工关系的问题是一件创造性的工作,需要因地而异、因事而异、因人而异,最忌讳走形式。

员工关系管理有积极主动的一面,如奖励、员工关怀、文体活动;也有负面的、被动的一面,如员工投诉处理、纪律处罚、员工意见搜集等。员工关系的内容范围很广,大致可分为硬件和软件两个方面。硬件包括员工的工作环境、办公条件等,软件包括员工与企业的关系、与上司的关系、与同事的关系等。员工关系管理的各个要素之间、各种载体之间也是互相关联的,如公平一致对待与开放式沟通、公平一致与员工奖惩、开放式沟通与员工敬业度,都是相辅相成、密不可分的。

员工关系管理是管理者与全体员工的职责。一般由人力资源部门统筹安排员工关系活动,但员工关系的处理不是人力资源部一个部门的职责,而是整个管理层都要争取做好,而且是以直属主管为主,人力资源管理部门只是提供平台,起协助、咨询、参谋作用。增进员工关系也不只是管理者的职责,全体员工也有积极参与的责任,因为员工关系是强调双方的,所谓"一个巴掌拍不响"。

三、员工关系管理的载体

1. 开放式沟通

开放式沟通是指员工通过双向沟通,与公司不断地进行信息交流,从而参与制定决策。员工如果能广泛地参与到公司的业务之中,则其敬业度和忠诚度就会显著提高。

翰威特公司企业沟通工作领导者苏珊·康妮(Suzanne Konney)说:"我们建议您把所有的员工沟通工作看成是强化最佳雇主品牌和改善员工行为的大好时机。"此外,开放式的沟通途径也有可能成为最佳雇主的一个关键要素。CDW,一家位于美国伊利诺斯州的电脑分销商,其员工服务副总裁说,员工沟通小组与各部门副总裁举行月例会,探讨诸如盥洗室的清洗周期之类等任何经营程序问题。此外,公司首席执行官每月要同25名员工共进午餐,每位员工还会收到寄给总裁的5个粘贴了邮票的信封,以鼓励员工积极提供反馈意见。翰威特公司通过分析发现,最佳雇主的特征有:总裁投入大量的时间来解决人员问题,创造众多机会与员工进行沟通,不断传达经营目标及其进展情况;公司创立者、高层经理或其他领导者所进行的大量报告对企业文化产生了深远影响,许多领导者通过召开员工例会在高层经理与员工之间进行双向沟通;大部分高层经理每周向员工发送电子邮件。

在知识经济时代,自由开放的企业应当拥有一个开放的沟通系统,以促进员工间的关系,增强员工的参与意识,促进上下级之间的意见交流,促进工作任务更有效地传达。在企业内部建立起高效的信息沟通渠道,使每一位员工都能清楚的了解企业的经营状况,包括企业的业务发展、未来战略、规章制度等,这是从上至下的沟通。同时员工对企业发展的各项意见、建议也能通过这些渠道快速、无阻碍地传递到相关部门或人员那里,这是从下而上的沟通。当然,在信息传递过程中,要确保信息的有效反馈,这也是信息沟通的最终目的,否则沟通渠道就形同虚设,发挥不了其应有的作用。而这正是员工关系管理工作的重点之一。

2. 员工关怀

员工关怀通过文娱活动、员工慰问等活动,塑造一个良好的员工关系,从而形成一个友好、温暖、合作、相互关心、相互支持的人际氛围。员工关怀在管理中靠的是感情的力量,体现的是人与人之间的互相尊重、互相关心的良好人际关系。员工关怀从精神上激发和激励人们去努力克服工作中碰到的曲折和困难,从而激起他们自觉干好工作的热情。

惠普公司不但以其卓越的业绩跨入全球百家大公司的行列,更以其对人的重视、尊重与信任的企业精神闻名于世。惠普的创建人比尔·休利特说:"惠普的成功,靠的是'重视人'的宗旨。人是社会性动物,需要群体的温暖,中国人的公司更看重感情。一个关爱员工的企业必将使员工满意度上升。"根据梅奥教授的人际关系理论,员工士气、生产积极性主要取决于社会心理因素,取决于员工与管理人员及员工与员工之间是否有融洽的关系,而物质环境、物质刺激只有次要意义。

关爱员工的企业重视员工的身心健康,注意缓解员工的工作压力。企业可以在制度上做出一些规定,如带薪休假、医疗养老保险、失业保障等制度,为员工解除后顾之忧。丰田公司就设有自己的"全天候型"体育中心,里面有田径运动场、体育馆、橄榄球场、足球场、网球场等。丰田公司积极号召员工参加运动部和文教部,使员工在体育运动和爱好的世界中寻求自己的另一种快乐。这样既丰富了员工的生活,强健了他们的体魄,也培养了他们勇于奋斗的竞争精神,从而更好地的促进了生产。丰田公司还大力提倡社团活动,如车间娱乐部、女子部等,促进人与人的关系融洽。另外,整个丰田公司的活动也很多,综合运动大会、长距离接力赛、游泳大会等,每月总要举行某种活动。在这些活动中,总经理、董事等领导只要时间允许都要参加,一起联欢。所有这一切,在不知不觉中提高了员工的素质,增进了员工对公司及领导的感情。

3. 奖惩管理

奖惩管理是指公司对员工进行考核、评估,在此基础上对员工进行奖励与惩罚。有效、公平的考核奖惩制度,可以使员工心情舒畅,为员工发挥积极性和创造性提供极有利的环境条件。这一点在现代人力资源开发与管理上是非常重要的。

给员工一个客观、公正、及时的评价是进行奖励与惩罚的基础。因此,进行奖惩管理的基础是建立一个有效的考核体系。考核体系应该具有以下功能:准确地测评出每个员工的工作业绩和行为;明确识别一个员工的缺点和不足;能够有效地激励员工去发扬好的、纠正错的、改进差的;及时地给员工测评结果的反馈,让他们知道自己的问题所在,为员工今后的发展提供依据;有一个连续性的、跟踪性的记录,以便于员工今后的发展、晋升和调动。

(1) 员工晋升

员工晋升对于组织目标的实现有着直接的影响。管理者在员工晋升管理中应该注意以下几个问题:事先制定一个明确的晋升政策,规定晋升的程序和方法,并向相关的员工公布这些政策的内容;让所有符合资格的员工都作为晋升的候选对象,保证有公平竞争的机会;严格按照晋升的标准和程序并依据标准化的可信资料来筛选候选人;提高员工对于晋升决策的民主参与程度;做出决策之前,与有关的候选人进行充分的沟通,了解他们的职业发展规划和对晋升的态度;做出晋升决策后,与未获晋升的候选人及时进行沟通,向他们解释晋升的有关事项,争取他们的理解与合作,尽量减少决策可能带来的负面影响。

(2) 降职

为了尽量减少降职可能带来的负面影响,应该注意以下几个问题:降职决策的做出应遵循一套

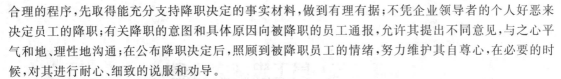

合理的程序,先取得能充分支持降职决定的事实材料,做到有理有据;不凭企业领导者的个人好恶来决定员工的降职;有关降职的意图和具体原因向被降职的员工通报,允许其提出不同意见,与之心平气和地、理性地沟通;在公布降职决定后,照顾到被降职员工的情绪,努力维护其自尊心,在必要的时候,对其进行耐心、细致的说服和劝导。

（3）解除员工劳动合同

企业辞退员工可能会产生多种负面影响——可能会伤害被辞退者的自尊,可能致使被辞退者失业,可能降低留任者对公司的信任与忠诚,可能影响企业的形象和声誉,从而间接影响企业目标的达成。为了尽量减少辞退带来的负面影响,应注意以下事项:做出辞退员工的决策之前,进行周密的考虑;保证辞退决策有充分的理由,分析辞退行为的可能后果,并提前准备必要的应对措施;允许被辞退者依法进行申诉,并按照法律的规定,由企业劳动争议调解委员会进行调解;与员工进行充分的沟通,对于哪些行为可能导致辞退应该与员工进行交流,向他们讲解辞退的缘由,取得他们的理解与支持。

（4）纪律处分

公正合理的纪律处分具有多种正面功能:可以使员工的行为与企业的规章制度保持一致,促进员工之间的相互配合,有利于提高企业的凝聚力,帮助企业更好地实现自己的目标;会使被处分的员工认识到自己的错误或缺点,更自觉地约束自己的行为,改进工作方法,提高工作效率;对工作表现不佳或违法乱纪的员工实行惩罚,在某种程度上是对遵纪守法、工作努力、认真负责的好员工的奖励。相反,如果企业中纪律松懈,对不良行为没有约束,就会挫伤好员工的工作积极性。

在对员工进行惩罚时,不仅要严格遵守国家的有关法规政策,而且要注意工作方法。纪律处分如果使用不当,会给员工和组织都造成有害的影响。纪律处分要做到公平,一个重要的前提条件是依照合理的处分决策程序。向员工说明规章制定的具体内容,使员工清楚地了解什么样的行为会受到惩罚以及惩罚的方式等。对员工表现的评价一定要以企业规章制度为参照标准。实施纪律处分时要注意以下几点:要克服实施纪律处分时的能力障碍和心理障碍;执行处分时要选择适当的时间和地点;执行纪律处分应该保持一致性,避免时宽时严;采用规范化的处分程序。

四、工会在员工关系管理中的积极作用

1. 工会是集体员工关系的主角

集体员工关系是工会为维持或提高员工劳动条件与管理方之间的互动关系。这是工会存在的主要目标,也是其重要工作之一。

2. 工会是企业员工关系管理的"第二部门"

所谓"第二部门"是相对于员工关系管理中的另一个主角——人力资源部来说的。相对于工会来说,人力资源部在员工关系管理工作中,承担了更多制度化、规范化的任务。例如,劳动争议处理,员工入职、离职面谈及手续办理,员工申诉、人事纠纷和意外事件的处理,等等。而在处理其他员工人际关系管理、沟通管理、员工情绪管理、企业文化建设等方面的事件时,工会可以发挥强大的作用。

① 搞好企业文化建设,营造良好氛围。企业文化是在长期生产经营活动中形成并经过全体员工认同,所追求的企业目标、企业价值观和信守行为准则。工会组织很容易利用其严密的组织网络、广泛的群众基础、独特的活动方式等优势,使自己在企业文化建设中占有十分重要的地位和作用。

② 利用员工培训、竞赛机制挖掘员工潜力,搭建展示舞台。工会举行的劳动竞赛能使更多的员工在互相学习中提高自身技能,同时营造良好的竞争氛围。

③ 与员工进行有效沟通,想员工之所想,做员工的知心人。工会在与员工沟通的工作中更加容易获得员工的信任。由工会牵头,为员工讨论、建议提供平台,是实际管理工作中的主要形式。每隔

一段时间同员工交流对企业各个方面的看法,也可以使员工了解企业各方面的行动依据与目标,同时使企业及时得到员工的反馈,增加相互了解,化解不必要的矛盾。

第三节 员工忠诚度管理

《忠诚的价值》一书的作者弗雷德里克·莱希赫尔德(Frederick Reichheld)曾总结说:"对企业来说,智力资本与知识越来越成为企业真正的资产,因此企业聘用什么人、如何提高员工的生产力、如何保持他们对企业的忠诚并与企业共创辉煌是企业成功的关键。"

一、员工忠诚度对企业的影响

员工对企业的忠诚度是反映企业人力资源管理水平的重要指标,也是关系到企业能否获得永续发展的大事。当前各种所有制企业都面临着员工忠诚度不高的问题,如员工频频跳槽,工作敷衍马虎,对企业漠不关心等,导致企业核心竞争力下降,严重影响了企业的生存和发展,因而员工忠诚度的问题日益受到专家学者和高管人员的高度重视。如何有效提高员工忠诚度,充分调动员工积极性、减少员工流失,成为越来越多高级管理者普遍关心的问题。高福霞、李志等学者认为,员工忠诚度对企业的影响主要表现在正反两个方面。

第一,员工的高忠诚度有利于企业的生存和发展。员工的高忠诚度意味着员工热爱企业,愿意在企业中积极努力工作,为企业的发展献计献策,因而在很大程度上会更加有力地促进企业的发展。具有高忠诚度的员工在面临外单位比本单位有更好的经济待遇时,仍然会选择继续坚持留在本单位工作,且工作中表现出较强的积极性和主动性。当企业有困难时,员工能积极救助,并且愿意与企业共渡难关,共创未来。员工的高忠诚度还可以为企业带来可观的回报,包括降低员工招聘、培训等方面的成本,提高劳动生产率,创造更多的利润。弗雷德里克曾指出忠诚是效率,是竞争力,是企业发展的基石,忠诚管理可以带来可观的回报。郑庚峰通过研究发现,员工忠诚度每提高5%,客户满意度能提高1.3%,进而企业的销售额能增长0.5%。他以明确的数字表明了员工忠诚给企业带来的效益。

第二,员工低忠诚度对企业的危害。首先,员工忠诚度低最直接的影响是导致企业人才流失,从而使企业人力资源管理成本增加,核心竞争力受到威胁。其次,员工忠诚度低会极大地损害企业的形象,影响顾客的忠诚度,造成顾客的流失;而且会导致企业的工作连续性受到严重影响,商业机密外泄;同时,人心不稳,无法形成稳定的企业文化,使企业缺乏凝聚力和战斗力等。最后,低忠诚度造成员工工作缺乏主动性,责任心差,甚至损公肥私,收受回扣。如果低忠诚度员工占据企业中的一些重要岗位,那将成为企业的一种隐患。

可见,企业中高忠诚度员工的数量和素质决定了企业的发展和未来。菲利浦公司高层管理人员就曾指出,员工的忠诚度是该企业最需要员工具备的品质。

二、驱动员工忠诚的因素

根据著名人力资源咨询公司华信惠悦(Watson Wyatt Worldwide)公司的研究,驱动员工忠诚的七大关键因素,一是信任高层领导层(14%),二是工作中有发展才能的机会(14%),三是工作安全感(11%),四是报酬的竞争力(11%),五是公司的产品和服务的质量(10%),六是相关工作的压力小(7%),七是公司经营活动中的诚实和正直(7%),八是其他(26%)。

著名企业家李·艾柯卡在接手克莱斯勒公司时,该公司内外交困,危在旦夕。在这种情况下,艾柯卡采取了如下做法:毅然决然地把自己的年薪降为象征性的1美元,打动员工的心;削减公司高级职员的年薪至原来的50%,获取他们的支持;将公司的真实情况如实地告诉工会领导人——

20美元一小时的工作没有了,只有17美元一小时的工作,干就可以生存,否则就宣告破产。由于艾柯卡率先垂范,做出了个人利益的根本性牺牲,使员工甘愿放弃每人1万美元的薪金,且迸发出巨大的精神力量。同时这一系列轰动性新闻,也赢得了社会的广泛同情和支持。艾柯卡与员工同甘共苦,渡过了难关。艾柯卡的惊人之举,终使濒临破产的克莱斯勒公司起死回生,提前7年还清了全部贷款,人们抢购该公司的股票,克莱斯勒公司的汽车源源不断地涌入世界市场。总结其成功的经验,可以说艾柯卡正是正确地运用了员工关系管理的原则,获得员工的认可和支持,培养出了共渡难关、走向胜利的企业精神,将企业的生死存亡与员工的切身利益密切相联,真正体现了员工关系管理的好处所在。

三、员工敬业度与满意度

根据翰威特公司的员工敬业度模式,员工对公司的敬业存在3个层次,首先是"说"的阶段,即在客户、同事、朋友面前积极评价公司;再进一步是"做"的阶段,就是通过实际行动强烈希望留在公司;最高一层是"努力"的阶段,对企业形成组织承诺并乐于付出额外的努力,致力于那些有助于经营成功的工作。组织承诺,即心理契约,是指员工期望自己能得到公司支付的报酬和愿意为此做出的贡献,实际上是员工自己对劳动合同关系的看法,特别是对公司给予他们的承诺的看法。员工是如何对心理契约做出反应呢?研究表明,心理契约的不满足将直接导致员工敬业度降低,对公司的信任减少,认同感和主人翁精神减弱,离职率增加。员工在一年内离职的主要原因就是他们的期望未被满足,而在公司两年的员工中,仍有55%表示公司违背了他们的心理契约。

美国奥辛顿工业公司的总裁曾提出一条"黄金法则":关爱你的客户,关爱你的员工,那么市场就会对你倍加关爱。"客户"是企业的外部客户,"员工"是企业的内部客户,只有兼顾内外,不顾此失彼,企业才能获得最终的成功。员工是企业利润的创造者,如果员工对企业满意度高,他们就会努力工作,为企业创造更多价值,以企业为家。员工对企业如果不满意,结果一是离职,一是继续留在企业但是已经失去了积极工作的意愿,这两种结果都是企业所不愿看到的。所以,一个追求成功的企业应当重视如何提高企业内部客户——员工的满意度。一个人的一生大部分阶段都在工作,而且这段时间是人已经成熟独立以后,真正实现自我生命意义的重要时期。这么长时间的生命投入,自然使员工对于企业有了一种期望,一种对企业评判的权力。从这方面说,企业也应当重视提高员工的满意度,使员工由满意逐渐变为敬业,自愿地努力工作。

亚洲最佳雇主中上榜的20家公司中,并没有什么大蓝筹企业,但这并不意味着最佳雇主与企业效益相互矛盾。恰恰相反,调研结果传递了一个重要信息:那些员工敬业度高的企业能比它们的竞争对手赚更多的钱。美国联邦快递集团10年来在亚洲市场上快速扩张,成为速递业巨擘。该集团亚太区总裁大卫·坎宁汉姆透露,他们有这样一句格言:"如果我们对员工好,员工就会对顾客好,那样我们的收益也会好。"尽管菲律宾经济不景气,排名第16位的快乐峰食品公司的利润却能逆市增长,并迅速扩张分店网络,居然与麦当劳形成旗鼓相当之势。该公司人事部负责人一语道破玄机:"快乐的员工能将快乐带给我们的客人。如果我们对员工不好,他们就不会善待那些来吃东西的客人。"确实,心情愉悦的员工能一个顶两个,为公司带来更好的收益。翰威特公司的研究指出,企业只要能将员工的敬业度激发到最高点,自然就有一群人为企业的经营拼命努力。敬业的员工愿意宣传自己的企业,愿意留下,更愿意付出额外的努力促使企业成功。

"只有满意的员工才是有生产力的员工"。因此,人力资源管理有3个目标:一是让员工满意,二是让客户满意,三是让股东满意。可见员工满意的重要性。哈佛大学的一项调查研究表明:员工满意度每提高3%,顾客满意度就提高5%。因此,提高员工满意度能达到顾客满意、企业满意、股东满意的最终目的。那么,如何才能提高员工满意度,进而增进敬业度呢?全面地大幅度加薪?增加员工培训机会？首先，维系和提高员工满意度绝不是从管理者个人的主观揣测出发，而是要把员工看成同外部客户一样的内部顾客，要用员工满意度调查来准确了解员工的需要，才谈得上客观的、有的放矢的员工激励。其次，提高员工满意度是一项系统工程，讲究环环相扣。员工的需求得到有效的满足，员工满意度才能得到一个层次的提升，员工满意度是一个不断改进的过程。提高员工满意度不是等到企业销售率、利润率跌到低谷，员工离职率达到高峰时才需要开展的工作，而是企业管理的日常任务之一。

第四节　员工帮助计划

员工帮助计划（Employee Assistance Program，EAP）是一项系统的、长期的福利与支持计划，是由组织为其成员设置的，通过专业人员对组织的诊断、建议和对组织成员及其家属提供的专业指导、培训和咨询，旨在帮助组织成员及其家属解决各种心理和行为问题，维护组织成员的心理健康，提高组织成员在组织中的工作绩效，改善组织的管理和形象，建立良好的组织人文环境。

一、EAP 产生的背景

随着全球化经济和科技的迅猛发展，社会竞争日趋激烈，人们生活和工作的节奏越来越快，所面临的压力也随之越来越大。过度、持续的压力会诱发严重的身心疾病，使员工对企业的忠诚度和满意度下降，进而降低企业的生产绩效，甚至阻碍社会经济的发展。据美国研究机构调查显示，每年因员工压力问题给公司造成的经济损失超过 500 家大公司税后利润的 5 倍，高达 3 050 亿美元。员工的职业压力与心理健康及对企业造成的影响受到社会广泛关注，压力、情绪和心理问题已成为 21 世纪企业管理需迫切解决的课题之一。

我国企业员工现阶段也存在着诸多的心理问题，正面临着比西方国家更大程度的压力。以下是近期权威机构所进行的调查。

① 2010 年易普斯公司进行了一项针对全国 14 000 多名职场人士压力状况的调查。数据显示，有 42% 的被调查者认为目前压力比较大，16% 认为压力极大或很大。根据调查，压力主要来自 3 个方面：工作负荷过重、职业生涯发展和人际关系。由此可见，压力已经成为当代职场人士普遍存在的问题。

② 来自中国企业家调查系统的分析报告指出，2005 年至 2010 年，超过八成的中国企业家认为自己承受很大或较大的压力，而其幸福感呈逐年下降的趋势。

③ 由 39 健康网独家发起的"2010 年中国网民心理健康状况调查"针对 40 万名网民的心理健康状况进行了调查。调查结果显示，高达 81.6% 的被调查者幸福感缺失，而幸福感缺失的最大根源就是工作和职场发展产生的压力。

目前，国内有很多企业管理者和员工处于亚健康状态，心理压力过大，精神焦虑、抑郁，身体和心理产生疾病，工作满意度下降，工作效率低下，缺勤离职率升高，这些都越来越影响着企业管理者及员工的工作，影响着企业的生产绩效。据研究人员初步估计，中国每年因员工工作压力问题给企业带来了上亿元人民币的损失。

EAP 作为全面、系统地解决企业员工压力和心理问题的有效途径，已经逐渐被企业和社会所接受和重视。EAP 的经济效益是十分显著的。美国有研究表明，EAP 可以给企业节约大量的运营成本，在 EAP 上每投入 1 美元，即可为企业节省 5～16 美元。EAP 在西方发达国家发展了近百年，已经被越来越多的企业引入并应用。而在我国，由于国情、文化思想观念、经济发展水平等方面

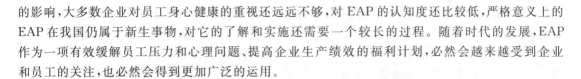

的影响,大多数企业对员工身心健康的重视还远远不够,对 EAP 的认知度还比较低,严格意义上的 EAP 在我国仍属于新生事物,对它的了解和实施还需要一个较长的过程。随着时代的发展,EAP 作为一项有效缓解员工压力和心理问题、提高企业生产绩效的福利计划,必然会越来越受到企业和员工的关注,也必然会得到更加广泛的运用。

二、EAP 在世界各地的发展现状

1. EAP 在美国的发展现状

EAP 源于 20 世纪初的美国。美国是 EAP 的发源地,也是目前世界上应用 EAP 最为广泛的国家。早期的 EAP 主要是解决员工因酗酒、吸毒和不良药物影响带来的心理障碍。经过近百年的发展历史,美国 EAP 的服务范围非常广泛,可以全方位地帮助员工解决个人问题。美国人很早就认识到了心理问题的重要性,乐于接受心理健康知识普及和心理咨询,所以十分有利于 EAP 在美国的快速发展。美国的 EAP 应用非常普及,据统计,目前有 1/4 以上的美国企业为员工提供常年的 EAP 服务,并且这个数字还在平稳的增长中。EAP 在美国企业、政府部门和军队等各个领域都得到了广泛的应用。在美国成立了很多 EAP 专业培训机构,大学还开设了 EAP 相关的专业专门招收学生来学习 EAP,培养出了越来越多的 EAP 专业服务人员。美国政府非常支持 EAP 服务,通过立法并设立专门的机构加强对 EAP 的监管,为 EAP 的发展提供了坚实有力的政策支持,促进了员工生活质量和工作绩效的提高,保障了社会的发展稳定。

2. EAP 在日本的发展现状

日本于 20 世纪 50 年代从美国引入 EAP,通信行业是日本最早引入 EAP 服务的行业。EAP 的引入为战后日本企业的崛起提供了重要的心理保障,对日本企业的发展起到了积极的促进作用。在日本,有一支经过专业培训的产业心理咨询师队伍从事着产业心理咨询工作,其服务的范围涵盖了工商企业、服务机构、警察、金融、政府部门、学校、医院等各个行业。产业心理咨询服务具有日本特色,是 EAP 在日本本土化发展的结果。EAP 在日本真正得到推广是在 2001 年前后,当时日本为了应付日益激烈的竞争,工作负荷大增,员工压力成倍增长,严重影响了员工的身心健康,也给企业带来了巨大的损失。在这个阶段日本企业创造了爱抚管理模式来运用 EAP 服务,它是在企业内部设立放松室、发泄室来帮助员工缓解紧张的情绪,或者制订增进员工健康的研修计划和方案,帮助员工改变不良的生活习惯和缓解身心健康方面的疾病,来提高身心健康水平。它还通过组织一系列的健康检查和健康咨询活动,为员工提供各种各样的健康服务。

3. EAP 在中国港台地区的发展现状

中国港台地区 EAP 的发展要领先于内地。1972 年台湾松下电器公司成立了“大姐姐组织”(Big Sister,BS),是台湾企业实行 EAP 的开始。在中国香港特别行政区,20 世纪 90 年代初,一些非营利机构以“社会工作”的形式开始 EAP 服务。港台 EAP 最早都是在民间的非营利性机构里出现的,它以非营利为目的,强调为员工提供无偿服务。在这些民间非营利机构的不懈努力下,EAP 在港台地区的企业中迅速地发展起来。

台湾的 EAP 项目大致分为 3 种:①企业设立 EAP 服务中心,由各部门主管共同参与,专业人员主办,非专业人员兼办,采用这种方式的企业有汉翔工业、统一企业等;②在管理部门设置专人专项负责,如台积电、中华汽车等;③EAP 服务业务隶属于人事部、公关部和工会等并由专业人员负责,采用这种方式的企业有台湾松下、中美和、中油等。

4. EAP 在中国内地的发展现状

2001 年 3 月由北京师范大学心理系博士张西超主持的中国内地第一个完整的本土 EAP 项目——联想客户服务部的 EAP 开始实施。该项目在 EAP 中国本土化的发展中具有极其重要的意义,它作为中国企业进行的第一次真正意义上的 EAP 实践,为以后 EAP 在中国的本土化发展开创了历史先河。

由于 EAP 在中国潜在的巨大市场,一些专门为企业和个人提供 EAP 的服务机构也开始应运而生。2001 年 10 月,我国内地第一家专门的 EAP 服务机构——易普斯企业咨询服务中心在北京成立,这标志着中国 EAP 服务的发展逐步迈进了本土化、专业化和商业化的道路。目前,中国 EAP 服务机构正在以每两天诞生一家的速度在发展。另外,EAP 的应用范围逐步扩大,已经从企业扩展到政府机构、军队等其他各个领域。

2004 年 7 月,上海市徐汇区区政府启动 EAP,这标志着 EAP 正式进入政府机构。同时作为定期相互交流、推动 EAP 发展的 EAP 年会制度也初步建立,从 2003 年 10 月在上海举行的首届中国 EAP 年会至今已经成功在我国举办了 9 届,使中国 EAP 发展的经验成果得到了很好的交流和总结,为 EAP 在中国的快速发展起到了重要的推动作用。

三、EAP 的作用

EAP 是促进员工身心健康和企业生产绩效的制胜法宝,企业通过应用 EAP 能起到"稳定军心"、"精神按摩"的功效,还能收到"财务外收益"。通过帮助员工缓解工作压力、增强自信心、增进个人身心健康、优化人际关系、消除不良嗜好等,使员工人力资源得以更充分的利用,从而使企业在降低缺勤率和离职率、节省新员工招聘培训成本、提高员工士气和满意度、提升企业文化建设和公众形象建设、提高生产效率等方面都获得巨大的"财务外收益"。

1. EAP 对员工的作用

① EAP 能促进员工身心健康。现代社会竞争日趋激烈,企业员工工作压力和心理问题日益增多,严重影响着员工的身心健康。EAP 通过对员工心理进行积极正确的引导和一系列的指导、培训和咨询等活动,能够缓解员工的工作压力,消除员工的心理负担,帮助员工增强心理调节能力和自信心,消除或缓解心理疾病,从而提高员工个人的身心健康。

② EAP 能帮助员工建立良好的人际关系。人际关系的持续紧张会激发员工间的冲突和矛盾,并影响员工的发展。EAP 可以通过加强与员工之间的沟通,来帮助员工发现改善人际关系的方法和手段,解决员工之间的冲突,为员工营造一个积极、健康、温馨、和谐的工作氛围和环境。此外,EAP 服务还在改善员工与企业管理者的关系、改善个人与客户的关系、帮助员工化解家庭关系的危机等方面起到了积极的作用。

③ EAP 能帮助员工获得职业生涯的发展。EAP 能根据员工的自身实际情况,为员工的职业生涯发展制定详细的规划,帮助员工明确奋斗目标,认识自身的条件特质和潜在优势,从而提升自身素质,获得更大的发展,有效地实现自我价值。

④ EAP 能帮助员工在遇到重大变故时渡过难关。EAP 能帮助员工在面临企业变革时积极调节自身压力,尽快完成心理转变,重新融入新的环境。EAP 还能通过心理咨询等方式,帮助遇到突发性灾难事件的员工尽快走出恐慌,开始新的生活。通过对员工实施的长期疏导和调控,可以使其获得一种强大的心理承受力,以应付随时随地出现的重大变故。

2. EAP 对企业的作用

① EAP 能帮助企业提高生产绩效。当员工出现压力和心理问题时,就会影响他们的工作积极性,导致工作效率低下,进而会严重影响企业的生产绩效。EAP 服务能通过为员工制订帮助计划,缓解员工的工作压力,减少或消除心理问题,改善工作情绪,提高工作积极性,从而提高企业的生产绩效。

② EAP 能帮助企业优化人力资源管理。过重的工作压力和心理问题,会降低员工的工作效

率,甚至导致缺勤率、离职率的不断上升,严重影响着企业的人力资源管理。EAP可以通过帮助员工解决压力和心理问题,使他们提高工作兴趣和积极性,坚守自己的工作岗位,降低缺勤率和离职率,从而优化企业人力资源管理。

③ EAP能帮助企业节省开支、降低成本。EAP的实施能降低员工的缺勤和离职率,为企业节省医疗费用、招聘费用和新员工的培训费用,从而降低人力资源管理成本,帮助企业节省开支,而且企业为EAP所支付的费用要远远低于招聘和培训新员工所支付的费用。

④ EAP能增强企业凝聚力。当企业内部的员工产生心理问题时,必然会影响其工作情绪,使周围的关系和氛围变得紧张,影响企业内部的团结。EAP能在解决员工压力和心理问题的同时,帮助员工改善人际关系,从而使企业内部气氛变得和谐、团结和融洽,增强企业内部的凝聚力和向心力。

⑤ EAP能提升企业文化。EAP的实施促进了企业的文化建设,建立了尊重关心员工的企业文化,培养了注重解决个人问题和发展的学习型文化;帮助企业更好地应对裁员、重组、兼并与收购以及其他变革和危机;改善管理风格、沟通关系。

3.EAP的适用范围

通常来说,EAP适用于任何类型、任何规模的企业,但在某些特殊行业或企业的特殊部门能发挥更大的作用,更能显现其价值。

① 服务行业或企业客户服务部门。对于从事此类工作的员工最重要的就是如何在为客户提供的直接服务中获得客户的满意。这就需要员工具有豁达的心胸和良好的耐心及控制力,并对自己的工作有一个清晰到位的认识和理解。企业可以通过实施EAP向他们提供释放压力的方法和途径,帮助他们有效地处理工作中出现的各种压力和问题,并加速其自我成长和发展。

② 航空、远洋等行业。由于这些行业的特殊性,要求员工具有过硬的心理素质。一方面,要求其具有良好的心态和正确释放压力的方法,正确处理与客人的关系;另一方面,要求其必须对自身的工作有清醒的认识,能够排解不安全感和正确处理危机情况下的各种突发事件。EAP可以通过培训和咨询等服务来缓解该类行业员工的压力,并增强他们的各种应对能力。

③ 对安全有特殊要求的行业。对于这类行业(如核电、化工业等)员工的任何动态都需要密切关注,因为他们工作中的任何差错都可能会给整个企业,甚至周围环境带来灾难。对员工心理健康的关注,还包括帮助他们解决家庭问题以消除后顾之忧等。这类行业已经成为最迫切需要应用EAP的行业。

EAP一般是作为一项系统、长期的项目实施的,但有时当企业处于某种特殊状况时,也需要短期的EAP来帮助其顺利渡过这些特殊阶段。这时EAP更能显现其作用和意义。

① 企业新创办时。企业新创办时往往在各方面都不稳定,这时候员工承担着很大的心理压力,主要表现为:就业压力下的惊慌未定;面对崭新、陌生的企业文化环境和人际关系所产生的不适应;对个人发展、未来前途和企业发展的恐惧和忧虑等。在这种情况下就需要通过EAP帮助员工调整心态和做好职业生涯规划,提高员工的适应性,实现企业的良性发展。

② 企业裁员时。裁员对被裁的员工、管理者和留任的员工都产生着巨大的影响。使被裁员工强烈地感到挫折、痛苦、沮丧、无助,自尊心严重受损,新环境难以适应等;使管理者在决策、执行、沟通、安抚等工作环节也面临着重重压力;留任的员工同样可能存在情绪低落、安全感及工作士气和积极性下降、组织认同感降低等情况。

EAP在企业裁员过程中可以发挥非常重要的积极作用,它能在裁员前期准备、具体实施、后期善后3个阶段利用多种手段对裁员中可能出现的心理危机进行及时、有效的预防和干预。在朗讯、西门子等公司的裁员过程中EAP就发挥了极其重要的作用。

③ 企业经历危机事件时。各种危机事件(如重大灾害、员工自杀等)都会给员工带来巨大的心理创伤,甚至会引发员工集体性的心理危机,给企业和社会造成重大的影响。EAP能通过提供心理帮助、跟踪服务和效果反馈等服务减少危机事件对员工所带来的不良影响,帮助员工清醒、客观地面对危机,并了解自己应该采取的态度和行动,力争将危机产生的负面影响降到最小。

第五节　员工离职管理

一、员工离职程序

1. 什么是员工离职

一般而言,员工离职是指员工和企业之间结束劳动关系,员工离开原公司的行为。员工离职是员工流动的一种重要方式,员工流动对企业人力资源的合理配置具有重要作用。所谓"流水不腐,户枢不蠹",正常的员工离职就像企业的新陈代谢,能够起到更新人才的作用,但过高的员工离职率会影响企业的持续发展。

根据美国劳动力市场的调查研究,在员工离职整体中,大约20%属于必然离职,这一部分所占的比例是稳定且较低的;而其他80%都属于可避免离职。如何能减少企业不希望的员工离职就是人力资源管理的任务和价值所在。离职员工也是企业的人力资源,要善于利用这笔资源。

2. 员工离职的类型

员工离职在性质上可以分为自愿离职和非自愿离职。自愿离职包括员工辞职和退休;非自愿离职包括辞退员工和集体性裁员。在离职各种类型中,退休是对符合法定退休条件的雇员的一种福利待遇,在正常环境下其数量和比例是可以预见的,它也有利于企业调整人员年龄结构。集体性裁员只发生在企业经营出现严重困难,只能通过裁员降低成本的情况,是一种非常见事件,一般在离职分析中不予考虑。企业辞退员工往往是对严重违反企业规定或无法达到工作岗位要求的员工的惩罚,这部分在离职整体中只占极小部分。

从上面的分析可以看出,企业真正需要关注的是对员工辞职的管理。辞职也可以分为两种情况:一种是企业认为不符合自身文化和岗位要求,在企业内部绩效评定中处于被列入淘汰行列的员工,企业往往通过较低的加薪、缓慢的升迁等制度或方式暗示员工主动辞职,从而规避支付员工经济赔偿金;另一种才是真正意义上的企业内部人才流失,即那些有利于企业运营和成长,属于企业留用范围中的那部分员工的离职。

3. 员工离职的原因

一般来说,员工离职的主要原因有3个。

① 外部因素:社会价值观、经济、法律、交通及人才市场竞争等因素。

② 组织内部因素:薪资福利没有竞争性,不满上司的领导风格,缺乏升迁发展机会,工作压力大,不受重视、无法发挥才能等。

③ 个人因素:家庭因素、性格特征、职业兴趣及个人成就动机因素。

4. 员工离职的利弊

① 益处。如竞争淘汰、退休和辞退等,虽然会在短期内形成离职重置成本,但从长期来看,能够促进企业优化人员年龄结构、知识结构和个性结构,从而推动企业长期的营业利润增长。因而,对不同性质的离职必须区别对待,采取合理的管理方法。

② 弊端。离职带来的人才流失对于企业的运营具有直接的负面影响。企业为了填补员工离职造成的岗位空缺,不得不重新发布招募广告,筛选候选人,录用安置新员工,安排对新员工上岗

前的培训。这些费用都构成离职重置成本。离职重置成本往往还包括：员工离职前三心二意的工作造成的生产率损失，离职发生到新员工上岗前岗位空缺造成的效率损失，为培训新员工及新员工与其他员工工作磨合造成的生产率损失，员工离职造成的组织知识结构不完整对生产率的影响，以及员工离职在其他员工中造成的人心动荡的效率损失，等等。人才流失会直接或间接地影响企业营业利润，造成企业营业利润下降。

二、员工离职面谈和裁员计划

为了避免员工离职对企业产生的负面影响，很多企业都会采取离职面谈的做法，一方面尽量挽留企业需要的重要人才；另一方面即使留不住员工，也要弄清楚员工离职的原因，以保证及时改正，避免更多的员工离职。

1. 员工离职面谈

（1）离职面谈的目的

① 建立完善、科学、专业的离职程序，如图 11.3 所示。

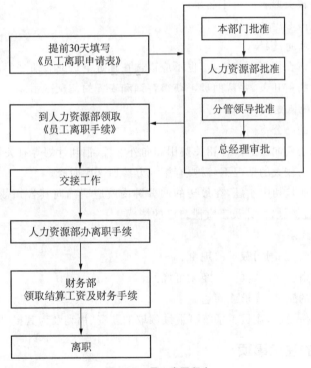

图 11.3　员工离职程序

② 找出员工离职的具体原因以更好地留住其他员工。

③ 通过顺利、完整的交接以获得良好的雇主员工关系。

④ 保证离职员工清楚他们的权利和义务。

（2）离职面谈的内容

① 征询员工离职的原因、留任的可能。

② 员工对企业、部门、主管、同事的看法及意见。

③ 员工对企业的建议。

④ 告知员工离职手续的时间、程序和注意事项。

⑤ 离职手续的材料说明、填写注意事项。

⑥ 公司对于离职人员的相关规定。

⑦ 了解员工的去向、未来合作的可能性、联系方式。

⑧ 填写相关记录。

2. 裁员计划

与员工主动离职不同，集体性裁员往往是容易产生冲突的，在员工没有心理准备的情况下，突如其来的裁员通知有可能造成双方的对立和矛盾激化，因此企业在开展裁员计划时要提前做好准备。

（1）裁员计划的内容

① 做出裁员的预先警告。

② 准备好裁员费用和福利计划。

③ 做好进行公开说明的准备。

④ 准备宣布未受裁员影响的员工名单。

⑤ 备有医疗急救中心电话号码。

（2）裁员面谈的时间选择

① 裁员面谈不应该在周五下午进行，也不应该选在临近下班或假期之前进行。

② 应选在工作周的前几天，并帮助员工获得咨询和安置的信息。

（3）裁员面谈的地点选择

① 通常选在员工的办公室内。

② 人力资源部代表要向员工解释相关费用和向外安置、福利计划等有关情况。

③ 在员工情绪波动较大的情况下，需要有第三方参加这次面谈。

④ 面谈应该简短而且切中主题，在最初的两分钟内就应明确向其告知裁员的结果，剩余的时间应用来向其说明安置措施，并让员工宣泄自己的情感。

（4）裁员面谈的方法

① 说明应直截了当，并阐明裁员的理由。

② 应说明裁员是由公司决定的，已经无可挽回。

③ 不要表露个人的感觉、要求或问题。

④ 提前打印好一份说明，让员工了解可继续领取的薪资、福利及为其提供的向外安置支持。

三、员工离职的注意事项

1. 重视辞职、离职事件

要想留住关键员工，最重要的一点就是避免他们辞职。要想做到这一点，首先要重视每一项辞职和离职事件，积极进行预防性的管理。也就是当一个员工跳槽的时候，最好马上与其进行离职面谈，一定要问出他离职的真正原因，而这些原因往往与公司管理有关、与公司老板的管理风格有关，同时也可能与公司的福利、激励制度不健全有关。这些信息有利于公司因势利导，不断改进自身、提升自身。

2. 迅速采取善后措施

通过离职面谈获知员工真正的离职原因之后，要采取的措施就是切实考察员工说出的离职原

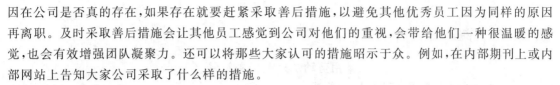

因在公司是否真的存在,如果存在就要赶紧采取善后措施,以避免其他优秀员工因为同样的原因再离职。及时采取善后措施会让其他员工感觉到公司对他们的重视,会带给他们一种很温暖的感觉,也会有效增强团队凝聚力。还可以将那些大家认可的措施昭示于众。例如,在内部期刊上或内部网站上告知大家公司采取了什么样的措施。

3. 股权激励

避免优秀员工离职还可以提供股权激励,但是要注意确保股权提供给 20% 的优秀员工,不能让 80% 的普通员工混于其间,因为都激励其实就是都不激励。这就是"鞭打快牛"现象。公司要奖励的主要是一部分"快牛",只有找准了"快牛",把他们激励好了,才会带动"慢牛"的进步。

避免优秀员工离职的关键是避免政策一视同仁、好坏不分,全奖励就等于没有奖励。

四、企业留人方法

1. 工作是快乐的——事业留人

比尔·盖茨说过:"如果把我们最优秀的 20 名员工拿走,我可以说微软将变成一家无足轻重的公司。"由此可见关键员工的重要作用,所以一家公司的大把投资,大批培训的时间、精力、费用都会首先投向那些关键员工,留住他们就等于留住了公司的核心竞争力。而用事业留人是留住关键员工的一种有效方法。对中青年人才要破格提拔、放手任用,给他们以充分展示自己的空间。他们要的往往不是金钱,而是一个能充分发挥想象力、创造力,能满足其荣誉感和成就感的空间。

根据赫茨伯格的双因素理论,钱是最留不住人的,工作的影响力、胜任力、成就感、自豪感,那种能自己做主的权力和内部沟通能参与意见的权力是真正能让员工产生满意感的因素,所以当企业想留人的时候,最关键的是用工作留人、用事业留人,让大家感觉到工作是快乐的。

2. 晋升留人

内部晋升也是留住人才的一种方法。内部晋升要注意挑选那些真正适合企业的人,也就是要保证人是对的,而不是保证技术是对的。这是晋升的一个关键。

3. 岗位轮换

岗位轮换就是在工作流程不受重大损失的前提下,员工每隔一个阶段从一种工作岗位换到另一种工作岗位,以给他们提供发展技术及较全面地观察和了解整个生产过程的机会。

岗位轮换分为纵向轮换和横向轮换,它可以通过为员工带来工作的新鲜感而达到良好的激励效果,但在岗位轮换过程中要注意轮换的频率及时间。

4. 工作扩大化

扩大工作范围是指使每个人除担负原来工作外,还担负同事的部分工作,试图使每个人所做的工作多样化,以此减少对单一工作的反感。

如果公司很成熟,没有职位可以轮换,还可以采取工作扩大化的方式来留住关键员工。可以让员工多管一些部门里的其他事,把他的职责加大,虽然工资、职位不变,但是会令一些年轻员工增强责任感和自信心。这种激励方式对老员工不管用,但是对年轻员工非常有效。

5. 工作丰富化

工作丰富化是增加工作纵深的一种方法,它允许员工对他们的工作施加更大的控制,他们被获准做一些通常由他们的主管人员完成的任务,尤其是计划和评价他们自身的工作。这种方法允许员工以更大的自主权、独立性和责任感去从事一项完整的工作,有助于降低员工的离职率。

补充阅读资料

常用劳动法规及相关解释

一、《劳动法合同法》与《劳动法》的关系

人们普遍关注的新颁布的《劳动合同法》(自2008年1月1日起施行)和《劳动法》(自1995年1月1日起施行)之间的关系可以这样理解。

1.《劳动法》是调整劳动关系以及与劳动关系密切相联系的其他关系的法律规范的总称。

2.《劳动合同法》是《劳动法》的重要组成部分,对其中的劳动合同和集体合同这一章进行了重新规定。

3.《劳动法》除了包括《劳动合同法》以外,还包括《就业促进法》、《劳动争议调解仲裁法》等。

4. 就两者的关系来看,《劳动法》和《劳动合同法》属于普通法和特别法的关系。一般而言,在法律的适用上面,特别法优于普通法:对于《劳动法》和《劳动合同法》都有规定的,适用《劳动合同法》的规定;《劳动合同法》没有规定而《劳动法》有规定的,则适用《劳动法》的规定。

二、《劳动合同法》

《劳动合同法》的主要变化如下。

1. 针对一些用人单位不订立书面劳动合同的问题完善了有关规定。

2. 无固定期限劳动合同的订立门槛大大降低。

3. 明确禁止收取抵押金、保证金等。

4. 增加了劳动合同的法定条款。

5. 试用期约定有了新变化。

6. 增加了劳动合同的法定条款,同时也取消了某些条款。

7. 违约金有新规定。

(一)《劳动合同法》中需要重点关注的条款

1. 用人单位不签订劳动合同的处理。

适用条款:第十条、第十四条、第八十二条。

2. 如何订立长期或无固定期限劳动合同。

适用条款:第十四条。

3. 劳动合同解除或终止经济补偿总体成本增加。

适用条款:第四十七条。

4. 对劳务派遣的规范与限制。

适用条款:第五十八条、第六十六条。

5. 10个需要关注的问题。

一是民办非企业职工有法可依。《劳动合同法》扩大了《劳动法》的适用范围,增加了民办非企业单位等组织及其劳动者。

二是违法不签合同单位须付双薪。根据规定,用人单位自用工之日起满1年仍未与劳动者订立书面劳动合同的,除在超过1个月不满1年期间向劳动者每月支付2倍工资外,还应视为双方已订立无固定期限劳动合同。

三是续订无固定合同,劳动者有权做主。根据规定,在连续工作满10年等3种法定情形下,劳动者提出订立无固定期限劳动合同的,用人单位应予签订。

四是一年期合同的试用期不得超过2个月。同时,同一用人单位与同一劳动者只能约定一次试用期。

五是违约金有上限。根据规定,违约金的数额不得超过用人单位提供的培训费用。除培训服务期和竞业限制可以约定劳动者违约金之外,其余任何名义的违约金都属于违法。

六是单位未依法交社保费,劳动者可随时解除劳动合同。

七是劳务派遣员工的劳动合同最短须签2年。在被派遣劳动者合法权益受到侵害时,用工单位与劳务派遣单位承担连带赔偿责任。

八是非全日制员工工资不能按月结算。其结算周期最长不得超过15日。

九是收取押金最高可罚2000元。根据规定,用人单位以担保等名义向劳动者收取财物的,由劳动行政部门责令限期退还劳动者本人,并以每人500元以上2000元以下标准处罚。

十是恶意欠薪将加付等额赔偿金。赔偿金的具体标准为应付金额50%以上100%以下。

(二)企业与员工在签订劳动合同时需要注意的相关条款

1. 自用工之日起1个月内,经用人单位书面通知后,劳动者不与用人单位订立书面劳动合同的,用人单位应当书面通知劳动者终止劳动关系,无须向劳动者支付经济补偿,但是应当依法向劳动者支付其实际工作时间的劳动报酬。

2. 除劳动者与用人单位协商一致的情形外,劳动者依照《劳动合同法》的规定,提出订立无固定期限劳动合同的,用人单位应当与其订立无固定期限劳动合同。对劳动合同的内容,双方应当按照合法、公平、平等自愿、协商一致、诚实信用的原则协商确定。

3. 用人单位自用工之日起超过1个月不满1年未与劳动者订立书面劳动合同的,应当依照《劳动合同法》的规定向劳动者每月支付2倍的工资(2倍工资的起算时间为用工之日起满1个月的次日,截止时间为补订书面劳动合同的前一日),并与劳动者补订书面劳动合同。

4. 劳动者在试用期的工资不得低于本单位相同岗位最低档工资的80%或不得低于劳动合同约定工资的80%,并不得低于用人单位所在地的最低工资标准。

5. 用人单位应当支付对劳动者进行专业技术培训的有凭证的培训费用、培训期间的差旅费用及因培训产生的用于该劳动者的其他直接费用。

6. 劳动合同期满,但是用人单位与劳动者依照约定的服务期尚未到期的,劳动合同应当续延至服务期满;双方另有约定的,从其约定。

7. 劳动者连续工作满10年的起始时间,应当自用人单位用工之日起计算,包括《劳动合同法》施行前的工作年限。

8. 用人单位与劳动者不得在《劳动合同法》规定的劳动合同终止情形之外约定其他的劳动合同终止条件。

(三)劳动合同解除时需注意的相关问题

1. 劳动合同的解除,可分为协商解除、法定解除和约定解除3种情况。

① 协商解除。这是指用人单位与劳动者在完全自愿的情况下,互相协商,在彼此达成一致意见的基础上提前终止劳动合同的效力。

② 法定解除。法定解除分为过失性辞退、无过失性辞退和劳动者解除3类。劳动者解除又分为劳动者单方解除和劳动者随时解除两类。

③ 约定解除。这是指双方在劳动合同中约定解除的条件,当条件符合时,合同解除。

2. 合同解除流程。

负责部门:人力资源部。

参与部门:用人部门、财务部。

1)工作交接:用人部门安排员工依照规定进行工作交接。

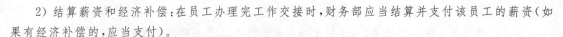

2)结算薪资和经济补偿:在员工办理完工作交接时,财务部应当结算并支付该员工的薪资(如果有经济补偿的,应当支付)。

3)劳动合同解除:办理完工作交接并结清薪资、补偿,劳动合同即时解除。

4)出具离职证明:在解除劳动合同时人力资源部出具解除劳动合同的证明,并在 15 日内为员工办理档案和社会保险关系转移手续。

5)备案:对解除的劳动合同的文本原稿及电子档案进行备案,至少保存两年备查。

本章小结

本章由员工沟通和员工关系管理两部分构成,这两部分是相辅相成、相互渗透的。对于任何一个企业员工来讲,工作的开展必然涉及相互的沟通。部门与部门之间工作交接、相互协调也需要选择正确、有效的沟通渠道和方式。作为企业管理者,必须将企业的沟通渠道建立成高效顺畅的神经网络,使得工作信息迅速、准确地传达到位,工作进展、员工状态、意见建议也必须及时反映到管理者层面。对于各级管理者来说,选择正确的沟通方式是开展工作的基本技能之一,必须学会在不同工作环境下使用相应的沟通技巧。

员工忠诚度和员工帮助计划是近年来新兴的课题,如何保持员工对企业的忠诚需要企业管理者进行科学、认真的规划。其中,EAP 和离职管理是比较重要的方法和环节。

对于《劳动法》、《劳动合同法》的使用,是目前企业处理员工关系比较敏感的问题。作为企业和员工三大契约关系中最重要的一种,如何能建立起双方满意的劳资关系是人力资源管理工作者的重要工作。在员工签约、解约的环节中,对于相应的法律、法规要熟练应用,保证员工的工作稳定性和合理的流动率,避免在签约或解约环节产生法律纠纷,影响企业正常业务的开展。

重点概念

沟通;沟通渠道;劳动合同法;EAP;离职管理

复习思考题

1. 在引导案例中,王强辞职的真正原因是什么? 张文应该怎样去处理?

2. 在企业工作中,有哪些环节涉及沟通? 正式的沟通渠道、沟通媒介有哪些?

3. 《劳动合同法》在企业应用过程中,经常出现的问题有哪些? 相应的解决策略有哪些?

4. 新员工与企业签订劳动合同时应注意哪些问题?

5. 企业在实施 EAP 时应注意哪些问题?

6. 如何进行员工离职管理?

 案例分析

中移动大规模裁撤劳务派遣员工

2014 年 6 月底,山东移动率先开始裁员。据山东移动省公司内部人士透露,全省 17 市裁员超过 6 000 余人,其中大部分为劳务派遣人员。

据移动人士透露,之所以大量裁撤劳务工,是因为人社部《劳务派遣暂行规定》要求:"用工单位使用被派遣劳动者数量,不得超过单位用工总量的 10%,超过这一比例的用工单位要在 2016 年 2 月底之前逐步降至 10% 以下。"而山东移动在此前业务扩张中招聘了大量劳务工,比例远远超标。

中国移动正在执行全国范围的人员调整方案。一份中国移动近期内部资料显示,该集团目前劳务派遣人员占比为 62％。为了落实相关规定,要求劳务派遣用工占比年底前要下降到 50％以下,2015 年底前下降到 10％以下。中国移动总用工数约 60 万人,也就是说,在 2015 年底之前,需要对近 30 万劳务工进行职位调整。

此外,与中国移动人力结构类似的中国电信、中国联通也有相应的裁员计划。

思考题

1. 劳务派遣人员与合同制员工的区别是什么?

2. 人社部《劳务派遣暂行规定》中对于企业使用劳务派遣人员的具体条款有哪些内容? 作为企业,应如何应对?

第三篇 工具篇

第十二章
人力资源管理工作流程

学习目标

知识目标

- 了解人力资源管理工作总体流程。
- 掌握员工招聘流程、员工培训流程。
- 掌握新员工入职流程、员工社保流程、员工离职流程。
- 掌握绩效考核流程、薪酬管理流程。

能力目标

能按照人力资源管理工作流程熟练开展工作。

一、人力资源管理工作总体流程(见图 12.1)

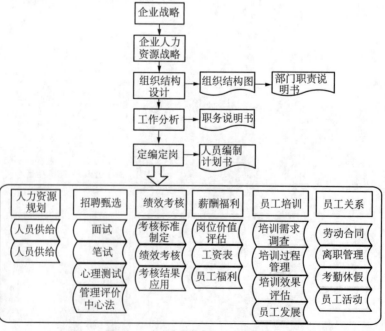

图 12.1 人力资源管理工作总体流程

流程说明：

① 人力资源管理工作的指导方针是由企业战略决定的，在开始人力资源管理工作之前，必须对企业的人力资源战略、组织结构、部门设置和岗位设置进行完善的设计和梳理。

② 人力资源管理工作的主要内容包括人力资源规划、员工招聘与甄选、绩效管理与考核、员工薪酬与福利、员工培训与发展及员工关系管理等。

二、人力资源规划流程（见图 12.2）

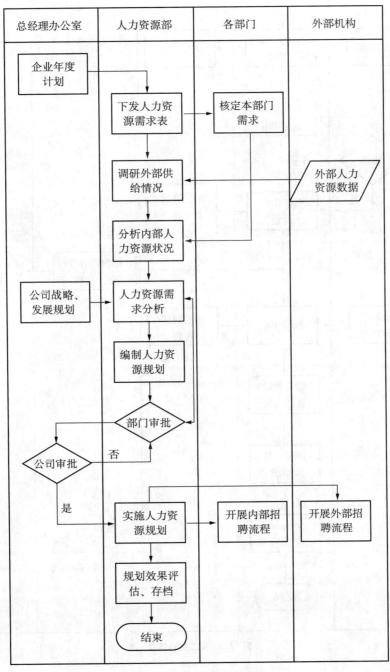

图 12.2　人力资源规划流程

三、员工招聘流程(见图 12.3)

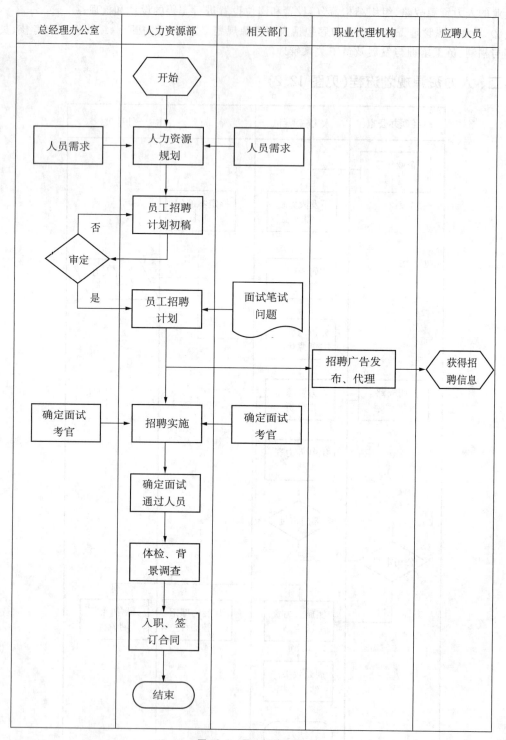

图 12.3　员工招聘流程

四、员工培训流程（见图 12.4）

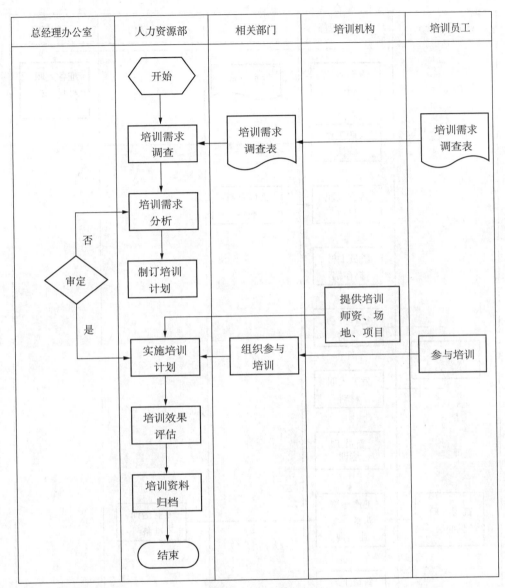

图 12.4 员工培训流程

五、新员工入职流程(见图 12.5)

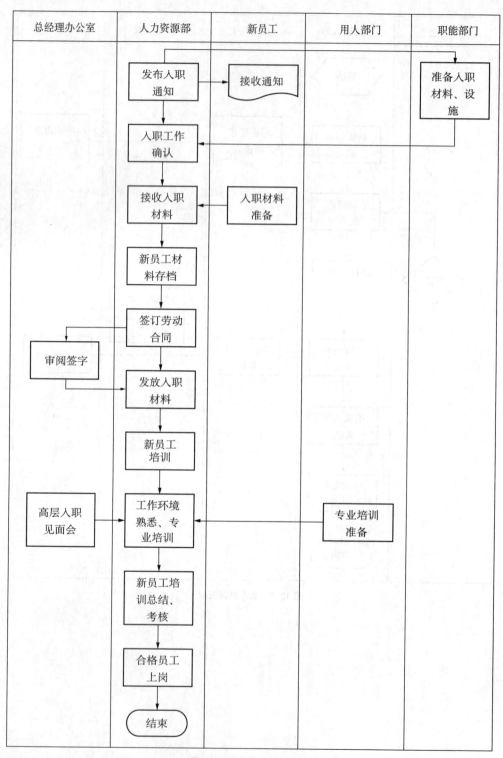

图 12.5　新员工入职流程

六、员工档案管理流程(见图 12.6)

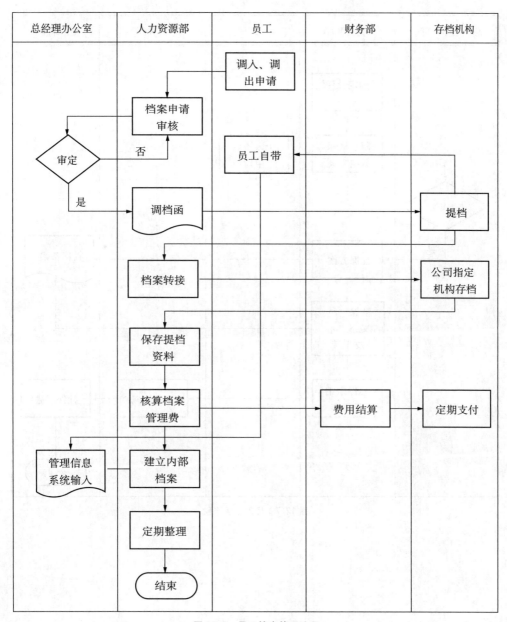

图 12.6　员工档案管理流程

七、员工社保流程(见图 12.7)

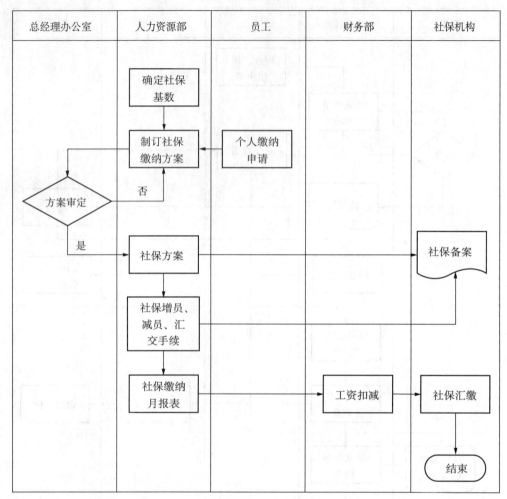

图 12.7　员工社保流程

八、绩效考核流程(见图 12.8)

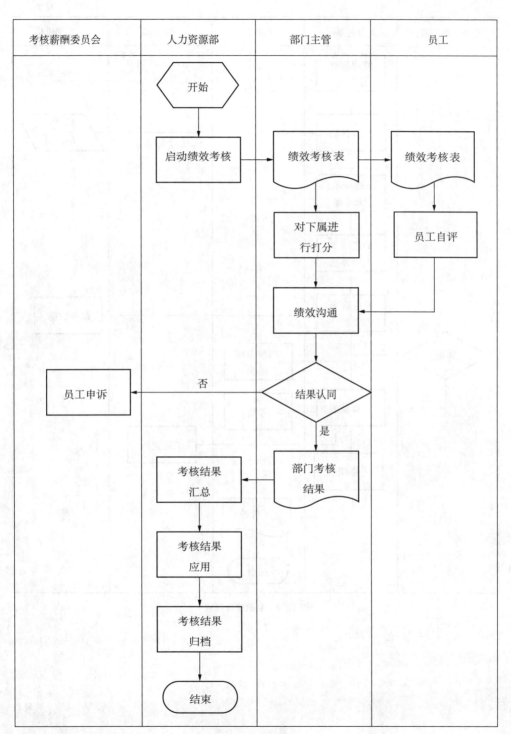

图 12.8 绩效考核流程

九、薪酬管理流程(见图 12.9)

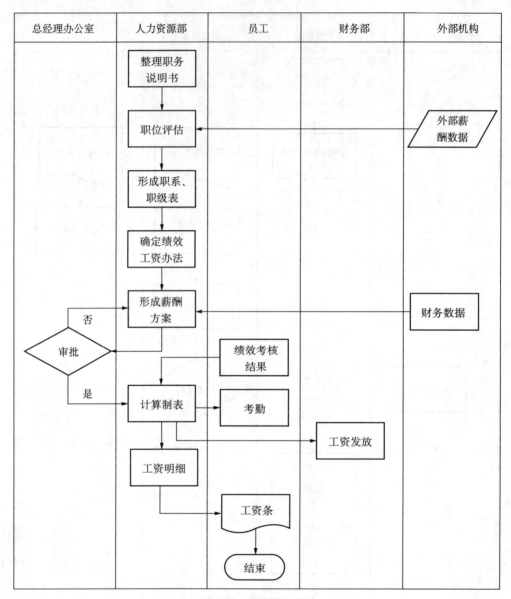

图 12.9 薪酬管理流程

十、员工离职流程(见图 12.10)

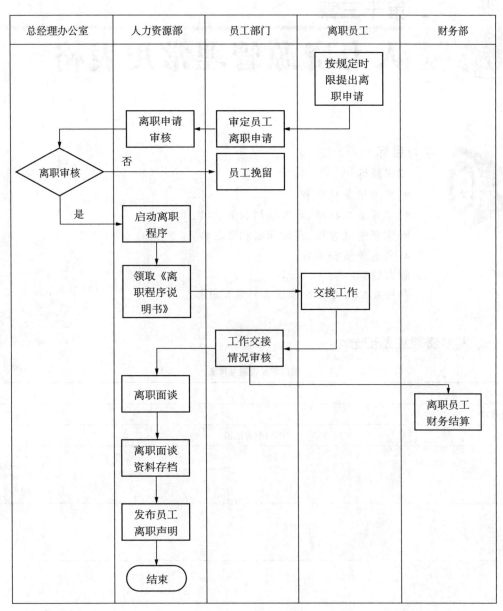

图 12.10 员工离职流程

第十三章

人力资源管理常用表格

学习目标

知识目标

- 熟悉职务说明书。
- 掌握员工招聘、员工培训相关表格。
- 掌握绩效考核、薪酬管理相关表格。
- 熟悉劳动合同书。

能力目标

熟练应用人力资源管理工作常用表格。

一、人力资源规划部分

部门职责说明书样表

部门名称：		
职责概述：		
部门职责范围		
1		
1.1		
1.2		
2		
2.1		
2.2		
3		
3.1		
3.2		
4 ⋮		
岗位设置		
岗位名称	编制人数	任职资格

职务说明书样表

职务名称		所属部门	
工作地点		职务编号	
职务概述			
岗位职责	一、 二、 三、 四、 ……		
学历要求			
工作经历			
上级主管			
工作关系			
工作设备			
工作环境			
备注			

二、员工招聘部分

面试评价表

姓名		性别		年龄		应征职位	
评价要素	评 价 等 级						
	1(差)	2(较差)	3(一般)	4(较好)	5(好)		
1. 仪容仪表							
2. 求职动机							
3. 语言表达能力							
4. 应变能力							
5. 人际能力							
6. 自我认识能力							
7. 性格特征							
8. 健康状况							
9. 相关专业知识							
10. 总体评价							
评价	□建议录用		□有条件录用		□建议不录用		
用人部门意见	签字：						
人力资源部意见	签字：						
总经理意见	签字：						
备注：							

面谈问题汇总表

姓名＿＿＿＿＿＿＿＿＿申请职位＿＿＿＿＿＿＿＿＿＿＿＿＿＿＿＿＿＿

1. 工作兴趣

你为什么想做这份工作？

你为什么认为你能胜任这方面的工作?

你对待遇有什么要求?

你怎么知道我们公司的?

2. 目前的工作状况

如果可能,你什么时候可以到我们公司上班?

你目前的工作单位是? 工作职务是?

3. 工作经历

目前或最后一个工作的职务(名称)是?

你的工作任务是什么?

在该公司工作期间你一直是从事同一种工作吗?(是或不是)如果不是,说明你从事过哪些不同的工作、时间多久及各自的主要任务。

你最初的薪水是多少? 现在的薪水是多少?

你为什么要辞去那份工作?

4. 教育背景

你认为你所受的哪些教育或培训将帮助你胜任你申请的工作?

对你受过的所有正规教育进行说明。

5. 工作以外的活动(业余活动)

工作以外你做些什么?

6. 个人问题

你愿意出差吗?

你最大限度的出差时间可以保证多少?

你能在夜间或周末加班吗?

7. 自我评估

你认为你最大的优点是什么?

你认为你最大的缺点是什么?

8. 其他

你认为你上一个工作的主要成绩是什么?

你对你上一个工作满意的地方在哪里? 还有对哪些地方不满?

你与你的上下级及同事的关系怎么样?

你对我们公司的印象怎样? 包括规模、特点、竞争地位等。

介绍一下你的家庭情况。

你更喜欢独自工作还是协作工作?

人事部年度招聘计划报批表

部门有关情况	录用部门	录用职位概况				考试方法和其他		
		职位名称	人数	专业	资格条件	考试方法	招考范围	招考对象
公司核定的编制数								
本年度缺编人数								
本年度计划减员数								
本年度拟录用人数								
备注								

年　月　日

三、员工培训部分

新员工培训计划表

受训人员	姓名				业务指导人员	姓名	
	学历		培训时间			部门	
	专长					职称	
项次	培训期间	培训天数	培训项目	培训部门	培训员	培训日程及内容	
1							
2							
3							
4							
5							
6							
制表审核：　　　　　　　经理签字：							
备注：							

新进职员教育表

第1部分　公司的概况
月　日　地点　　　　主讲
1. 企业的经营目标
2. 公司的经营理念与历史
3. 公司的组织结构
4. 各部门的工作内容
5. 公司产品的基本知识
6. 公司考核制度
7. 薪酬制度、津贴的说明
第2部分　商业基础礼仪
月　日　地点　　　　主讲
1. 上班穿着的重点
2. 上班、下班时的规则
3. 问候、措辞的基本礼节
4. 了解工作流程
5. 工作的态度
6. 客户拜访的规则
7. 打电话的方法
第3部分　工作守则
月　日　地点　　　　主讲
1. 主管工作安排方式
2. 工作的步骤、准备
3. 报告、联络、协商的重要性
4. 工具、机器的使用方法
5. 帮助他人、团队精神的重要性
6. 会议、会谈、谈判规则
7. 财务、预决算知识

年度培训计划表

序号	培训类别	培训名称	举办部门	培训人数	培训时间	培训内容	教师	教材	培训地点	备注

员工培训需求调查表

部门：_____ 填表日期：_____ 年_____ 月_____ 日

培训类别	培训内容	是否同意	参加人员			培训方式				
			自愿参加	指定人员参加	部门全体员工参加	课堂授课	在实践中演示	标杆	座谈提问	其他
公共教育	1. 公司发展史、组织结构、主要业务									
	2. 公司规章制度及福利待遇									
	3. 其他	请说明：								
培训类别	各部门员工根据各自的岗位特点提出需求	是否同意	参加人员			培训方式				
			自愿参加	指定人员参加	部门全体员工	课堂授课	在实践中演示	标杆	座谈提问	其他
业务知识	1. 计算机/信息技术知识									
	2. 电子商务方面									
	3. 商务谈判									
	4. 广告创意									
	5. 公文写作									
	6. 营销策划									
	7. 专业知识									
	8. 市场调查									
	9. 其他	请说明：								
其他知识	请说明									

填表说明：

1. 所列内容仅供参考,在同意的项目栏打"√",还可列出自己需要的内容。
2. 请根据所在部门员工的需求填写此表。
3. 篇幅有限,必要时可另附纸说明。

四、绩效考核部分

企业常用 KPI 如下。

1. 高层管理人员常用 KPI 指标
- ROI(投资报酬率):利润÷投资额
- EVA(经济附加价值):净利-加权平均资本成本率×(总资产-短期负债)

2. 人力资源部门常用 KPI 指标
- 报表时间
- 报表差错数
- 招聘时间/成本
- 试用期考核结果
- 薪资作业出错率
- 人工成本
- 培训时间
- 培训效果评估
- 员工流失率
- 人事制度数量
- 人事制度推出时间
- 内部制度不符合率
- 内部客户满意度
- 员工满意度
- 绩效表格按时回收率

3. 财务部门常用 KPI 指标
- 报表时间
- 报表差错数
- 现金流
- 资金成本
- 预算时间
- 预算监控
- 部门成本控制
- 上市时间
- 财务分析满意度
- 财务制度数量
- 内部制度不符合数
- 财务制度推出时间
- 内部客户满意度
- 固定资产盘点频率
- 上市成本

4. 营销部门常用 KPI 指标
- 销售额
- 合同额、完成额
- 销售量
- 特定产品/服务的销售额/数量
- 销售成本
- 货款回收率
- 毛利率
- 销售预测准确性
- 市场占有率
- 客户满意度
- 新增客户数
- 客户维持率
- 投诉率
- 评比排名
- 净利率

绩效考核面谈表

部门		职位		姓名	
考核日期	年　月　日		考核者		
问　题			结　论		
工作成功的方面					
工作中需要改善的地方					
是否需要接受一定的培训					
本人认为自己的工作在本部门和全公司中所处的状况					

（续表）

本人认为本部门和全公司工作最好、最差的员工	
对考核的意见	
希望从公司得到的帮助	
下一步的工作和绩效的改进方向	
面谈人签名	日期
备注：	

说明：

1. 绩效考核面谈表的目的是了解员工对绩效考核的反馈信息，并最终提高员工的业绩。

2. 绩效考核面谈应在考核结束后1周内由上级主管安排，并报人事部备案。

试用员工考核表

姓名		岗位名称		
部门		直属上级		
员工自评 （来公司后在遵守公司规章制度、工作适用程度、工作态度等方面的表现，今后的打算）	员工(签字)　　　　　　　　日期：　　年　　月　　日			
主管领导评语	主管(签字)　　　　　　　　日期：　　年　　月　　日			
试用期	行为得分	出勤得分	业绩得分	总分
得分	35分	15分	50分	
人力资源部意见				
总经理意见				

公司高层年度考核指标表

岗位		行政副总经理	所属部门	总经理办公室	直接上级	总经理	
关键绩效指标	1. 公司管理规章制度建设						
	2. 公司固定资产维护						
	3. 人力资源管理状况						
	4. 广告及媒体宣传效果						
	5. 公司办公场所卫生、安全状况						
	6. 员工满意度						
	7. 重要任务完成情况						

(续表)

管理能力指标	1. 费用控制	
	2. 下属行为管理	
	3. 关键人员流失率	
	4. 部门协调	
工作表现指标	1. 领导能力	
	2. 沟通能力	
	3. 判断和决策能力	
	4. 计划和执行能力	

五、薪酬管理部分

传统工资制度对比汇总表

		支付因素	特 点	优 点	缺 点	适用范围
传统型工资制度	技术等级工资制	能力	1. 技术水平决定工资等级 2. 以劳动质量区分劳动差别 3. 员工岗位调整不灵活	引导员工学习、钻研技术,提高个人技术水平,有利于学习型组织的形成	1. 工资与劳动绩效脱节 2. 只强调技术单个因素,过于片面	技术复杂程度高,工人劳动差别大,分工较粗,以及工资不固定的工种
	岗位等级工资制	岗位	1. 岗位等级决定工资等级和工资标准 2. 以岗定薪,岗变薪变 3. 上岗工作必须达到既定的要求	1. 合理调整劳动力流向 2. 同岗同薪,公平性强	1. 过于稳定,对员工缺乏刺激因素 2. 灵活性差,鼓励官本位思想 3. 易引起内部竞争,不利于合作	岗位生产特点比较明显,同一岗位内部又有技能要求差异的企业和工种
	职能等级工资制	能力	1. 个人技能和工作能力决定工资等级 2. 职务等级及与其相应的工资等级数目较少 3. 员工调整灵活,适应性强	1. 鼓励员工一专多能 2. 员工之间相互学习,提升个人能力,有利于学习型组织的建设 3. 有利于企业整体竞争力的增强	1. 员工能力的界定、测评难度大 2. 员工易忽视组织整体要求和目标 3. 仅考虑个人能力,忽视实际产出	营业职系、技术职系、事务职系和技术研究职系等工种

现代工资制度对比汇总表

		支付因素	特 点	优 点	缺 点	适用范围
现代工资制度	结构工资制	岗位	1. 体现出工资的不同功能 2. 综合工作本身和员工能力两方面因素 3. 以相互独立的工资单元的形式呈现	1. 反映劳动者贡献的大小,具有灵活的调节功能 2. 与劳动结构相对应 3. 分级管理,避免"一刀切"的弊端 4. 应用范围广泛	1. 制度设计困难,实施繁琐 2. 确定和保持各工资单元比重的合理性困难 3. 工资管理复杂	适用范围广泛,适用于国有企业、民营企业和合资企业等

（续表）

		支付因素	特 点	优 点	缺 点	适用范围
现代工资制度	岗位技能工资制	岗位能力	1. 岗位等级与技术等级分别决定岗位工资和技能工资 2. 岗位和技能分开管理 3. 随薪岗变	对岗不对人、注重个人技能的提升及员工之间的相互合作等	1. 评估标准以测量值为依据,未结合员工实际的贡献 2. 技能因素重复计算,欠缺公平 3. 管理过于刚性	适用于生产性企业和技术含量较高的企业,企业中的技术工、熟练工和普通工及管理人员、技术人员和行政人员等
	薪点工资制	岗位	1. 点数通过量化考核确定,与企业和部门的效益挂钩 2. 工资标准以薪点数表示,点值取决于经济效益 3. 岗变薪变	1. 工资与企业效益和员工个人劳动成果挂钩 2. 公正、客观地反映员工的劳动差异 3. 实现收入的工资化,便于管理	1. 岗位评价工作繁琐,操作复杂 2. 耗费大量的资金成本和时间成本	适用于经济发达地区的、规模较大、结构较为复杂的企业

新型工资制度对比汇总表

		支付因素	特 点	优 点	缺 点	适用范围
新型工资制度	提成工资制	绩效	1. 确定一个基本工资水平,剩余部分根据业绩按预先确定的比例提成 2. 多劳多得,多能多得	1. 员工业绩与企业目标紧密联系起来 2. 员工的工作目标明确 3. 极大地调动员工的工作积极性	1. 易导致不正当竞争 2. 对员工产生较大的压力 3. 权力下放,管理难度加大	从事业务或销售等可以直接量化考核绩效的员工
	谈判工资制	市场	1. 工资额的确定建立在双方自愿的基础上 2. 工资额的高低取决于劳务市场的供求状况和市场的经营状况 3. 企业与员工处于平等地位 4. 企业与员工对工资收入必须保密	1. 操作简单 2. 减少员工之间的攀比及矛盾 3. 灵活性强	企业与员工双方的主要目的是利益的分割,谈判结果与劳资双方的谈判能力、人际关系等有关,易出现同工不同酬的现象	高科技研究人员、高层管理人才、高级技术人员等在某一领域具有突出能力、企业十分紧缺的员工

餐饮行业职系、职等举例

职系		职等	岗 位
管理职系	高管岗位	1	总经理
		2	餐厅、客房总经理
	中层岗位	3	总经理助理、餐饮分部经理
		4	公关营销部经理、人力资源部经理、计财部经理
		5	工程部经理、房务部经理
	基层岗位	6	大堂副理、采购部主管、接待主管、宴会预订部主管、操作部主管
		7	洗涤经理、总账主管、审核主管
		8	楼层主管、综合班工程师、水电工程师、收入主管、成本控制主管、薪资福利主管、酒水部经理
		9	安全主管、厨房主管

职系		职等	岗　　位
专业技术职系	总部岗位	9	收入会计、总台接待员、前台收银员
		10	采购员、总出纳、电脑维护员、电梯维修工、成本会计
	部门岗位	11	收货领班、客房服务组长、计财部信贷员、客房部核算员、餐饮部核算员
		12	公关部核算员、计财部仓库员、安全部核算员
工勤职系		9	服务中心高级领班
		10	司机、服务中心文员
		11	迎宾员、商务中心文员
		12	餐厅服务员、礼宾、话务员、客房服务员、安全部安全员
		13	餐饮部仓管员、房务部仓管员、洗涤工、缝纫工
		14	炊事员、长夜清洁工、餐饮管事
		15	清洁员

六、员工关系部分

加拿大职业分类词典中各种职业兴趣类型的特点与相应的职业表

类型	类 型 特 征	相应的职业
1	愿意与事物打交道，喜欢接触工具、器具或数字，而不喜欢与人打交道	制图员、修理工、裁缝、木匠、建筑工、出纳员、记账员、会计、勘测、工程技术、机器制造等
2	愿意与人打交道，喜欢与人交往，对销售、采访、传递信息一类的活动感兴趣	记者、推销员、营业员、服务员、教师、行政管理人员、外交联络等
3	愿意与文字符号打交道，喜欢常规的、有规律的活动，习惯于在预先安排好的程序下工作，愿意干有规律的工作	邮件分类员、办公室职员、图书馆管理员、档案整理员、打字员、统计员等
4	愿意与大自然打交道，喜欢地理地质类的活动	地质勘探人员、钻井工、矿工等
5	愿意从事农业、生物、化学类工作，喜欢种养、化工方面的实验性活动	农业技术员、饲养员、水文员、化验员、制药工、菜农等
6	愿意从事社会福利类的工作，喜欢帮助别人解决困难	咨询人员、科技推广人员、教师、医生、护士等
7	愿意做组织和管理工作，喜欢掌管一些事情以发挥重要作用，希望受到众人尊敬和获得声望	组织领导管理者，如行政人员、企业管理干部、学校领导和辅导员等
8	愿意研究人的行为和心理，喜欢涉及人的主题，对人的行为举止和心理状态感兴趣	心理学、政治学、人类学、人事管理、思想政治教育研究工作以及教育、行为管理工作、社会科学工作者、作家等
9	愿意从事科学技术事业，喜欢通过逻辑推理、理论分析、独立思考或实验发现和解决问题的、推理的、测试的活动，善于理论分析，喜欢独立地解决问题	生物、化学、工程学、物理学、自然科学工作者，工程技术人员等
10	愿意从事有想象力和创造力的工作；喜欢创造新的式样和概念，大都喜欢独立的工作，对自己的学识和才能颇为自信；乐于解决抽象的问题，而且急于了解周围的世界	社会调查、经济分析、各类科学研究工作、化验、新产品开发，以及演员、画家、创作或设计人员等
11	愿意做操作机器的技术工作，喜欢通过一定的技术来进行活动，对运用一定技术、操作各种机械、制造新产品或完成其他任务感兴趣，喜欢使用工具，特别是大型的、马力强的先进机器，喜欢具体的东西	飞行员、驾驶员、机械制造等
12	愿意从事具体的工作，喜欢制作看得见、摸得着的产品并从中得到乐趣，希望很快看到自己的劳动成果，从完成的产品中得到满足	室内装饰、园林、美容、理发、手工制作、机械维修、厨师等

劳动合同书

甲方(用人单位)名称：＿＿＿＿＿＿＿＿＿＿＿＿＿＿

地址：＿＿＿＿＿＿＿＿＿＿＿＿＿＿

性质：＿＿＿＿＿＿＿＿＿＿＿＿＿＿

乙方(劳动者) 名称：＿＿＿＿＿＿＿＿＿＿＿＿＿＿

地址：＿＿＿＿＿＿＿＿＿＿＿＿＿＿

家庭住址：＿＿＿＿＿＿＿＿＿＿＿＿＿＿

身份证号码：＿＿＿＿＿＿＿＿＿＿＿＿＿＿

甲乙双方根据《中华人民共和国劳动法》和有关规定,经平等协商一致,订立本劳动合同。

一、劳动合同期限

1. 有固定期限。本合同自＿＿＿年＿＿＿月＿＿＿日至＿＿＿年＿＿＿月＿＿＿日止,期限为＿＿＿年。

2. 无固定期限。本合同自＿＿＿年＿＿＿月＿＿＿日起。

3. 以完成一定的工作(任务)为期限,自＿＿＿年＿＿＿月＿＿＿日至＿＿＿工作(任务)完成时即行终止。

4. 合同期限内,试用期自＿＿＿年＿＿＿月＿＿＿日至＿＿＿年＿＿＿月＿＿＿日止,期限为＿＿＿个月。

二、工作内容

1. 乙方同意甲方根据生产(工作)任务的需要,安排在＿＿＿＿＿＿＿部门承担＿＿＿＿＿＿＿工作任务(具体工作内容及要求双方可另签订岗位协议)。

2. 因工作需要并与乙方协商后,甲方可变更乙方工作岗位。

三、工作时间和休息休假

1. 甲方实行＿＿＿＿＿＿＿工作制,每日工作时间＿＿＿小时。每周工作时间＿＿＿小时,因生产(工作)需要加班加点的,按国家规定支付加班工资或补休。

2. 乙方在合同期内享受国家规定的各项休息、休假的权利。

四、劳动报酬和支付时间

1. 乙方试用期的工资标准为＿＿＿元/月。

2. 乙方试用期满后,甲方根据本单位的工资制度,确定乙方每月工资＿＿＿元。

3. 甲方按有关政策以货币形式每月＿＿＿日支付乙方工资。

4. 非因乙方原因造成甲方停工、停产、歇业,未超一个月的,甲方应按本合同约定的工资标准支付乙方工资;超过一个月,未安排乙方工作的,甲方应按不低于当地城市居民最低生活保障标准支付乙方停工生活费。

5. 甲方安排乙方每日 22 时至次日 6 时期间工作的,每个工作日应支付夜班补贴＿＿＿元。

6. 乙方依法享受年休假、探亲假、婚丧等假期期间,甲方按国家政策规定或约定的标准,支付乙方工资。

7. 甲方可依据政府公布的工资指导价位、工资增长指导线,经企业与工会(职代会)集体协商,确定工资分配办法,并向本单位劳动者公布。

五、社会保险和福利待遇

1. 甲方依照国家规定为乙方交纳养老、医疗、工伤、失业、生育 5 项社会保险费用;社会保险费用个人交纳部分,甲方从乙方工资中代扣代缴。

2. 甲方为乙方提供以下福利待遇。

① ＿＿＿＿＿＿＿＿＿＿＿＿＿＿＿＿＿＿＿＿＿＿＿＿＿＿＿＿＿＿＿＿＿＿＿＿

② ＿＿＿＿＿＿＿＿＿＿＿＿＿＿＿＿＿＿＿＿＿＿＿＿＿＿＿＿＿＿＿＿＿＿＿＿

③ ＿＿＿＿＿＿＿＿＿＿＿＿＿＿＿＿＿＿＿＿＿＿＿＿＿＿＿＿＿＿＿＿＿＿＿＿

六、劳动保护和劳动条件

1. 甲方应严格执行国家和地方有关劳动保护的法律、法规和规章,依法为乙方提供必要的劳动条件,建立健全生产工艺流程,制定操作规程、工作规范和劳动安全卫生制度及其标准,保障乙方的安全和健康。

2. 乙方应在工作中严格遵守安全操作规程。

3. 该项工作**存在/没有**职业病危害。对乙方从事或接触职业病危害的作业的,甲方应按国家有关规定组织上岗前和离岗时的职业健康检查,在合同期内应定期对乙方进行职业健康检查。

4. 乙方有权拒绝甲方的违章指挥,对甲方及其管理人员漠视乙方安全健康的行为,有权提出批评并向有关部门检举控告。

5. 甲方按照有关规定落实女职工特殊保护政策。

七、职业培训

1. 甲方根据本单位实际,有计划地对乙方进行职业道德、业务技术、安全生产的教育和培训。

2. 乙方应取得相应的职业资格证书,持证上岗。

八、劳动纪律

1. 甲方应将依法制定的劳动纪律和规章制度及时告知乙方,乙方应自觉遵守甲方依法制定的劳动纪律和规章制度,服从甲方管理。

2. 乙方违反劳动纪律,甲方可依据本单位规章制度,给予相应的行政处理、行政处分、经济处罚等,直至解除本合同。

九、劳动合同的终止、解除条件

1. 甲乙双方共同遵守《中华人民共和国劳动法》第二十三条至三十二条的规定。

2. 本合同依法订立后,不因承办人或法定代表人变动而解除。

3. 双方约定的其他劳动合同终止条件:_____

_____

十、违反劳动合同的责任

1. 解除劳动合同的经济补偿金按有关规定执行。

2. 甲乙双方一方违反合同时,应承担违约责任,依照法律、政策和本合同规定向对方支付赔偿金____元。

3. 其他违约责任:_____

_____

_____

十一、双方约定的其他事项

_____

_____

_____

十二、附则

1. 因履行本合同发生争议,依照国家规定处理。本合同未约定事宜,按劳动保障法律法规和相关规定执行。

2. 本合同一式二份,甲乙双方各执一份。约定事项违背国家规定或涂改、或者未经合法授权代签无效。

3. 乙方确定下列地址为劳动关系管理相关文件、文书送达地址。若以下地址发生变化,乙方应书面告知甲方。

地址1:_____

地址2:_____

(特别提示:以上条款内容甲乙双方在签署本合同前,均应事先仔细阅读,并详细了解本合同以及附件内容,双方签字后即行生效。)

甲方:(盖章)   乙方:(签名)

法定代表人或
(委托代理人):(签章)

_____年____月____日   _____年____月____日

合同鉴证

(   )鉴字第   号

经审查,本合同符合劳动法律、法规和有关规定,予以鉴证。

鉴证机关:(盖章)   鉴证人(签章):

_____年____月____日

员工辞职申请书

申请人	姓名		部门主管	
	部门		职务	
	辞职日期		入职日期	
辞职原因				
上级主管意见			签字_____	
人力资源部意见			签字_____	
总经理意见			签字_____	

员工辞职手续清单

部门		姓名		职位		编号	

已获准于____年____月____日离职,请依下列所载项目办理离职手续				

序号	应 办 事 项	经办单位	经办人盖章	扣款金额
1	经办工作交接(业务人员应列清单)	部门		
2	退回有关职工证件等	行政部		
3	住宿人员办理退宿			
4	交回制服、钥匙等			
5	交回个人领用的文化用具			
6	交回员工手册,办理退保退会,填写离职人员有关表格	人力资源部		
7	填写停薪单送财务部门			
8	填写人员变动登记表,取消工号、人员名册等			
9	审查上列事项	人力资源部		
10	有无欠账,有无财务未清事项	财务部		
11	发薪审核	会计主管		
备注	1. 上述事项必须完全办理清楚,方可离职 2. 财务科凭本单核发离职人员薪金后转回人事部门存查			

第十四章

人力资源管理信息系统

学习目标

知识目标

- 了解企业人力资源管理信息系统包含的基本内容。
- 了解目前我国企业人力资源管理信息系统的现状。
- 熟悉企业人力资源管理信息系统的常用软件。

能力目标

- 能够操作一般企业人力资源管理信息系统软件。
- 能够运用人力资源管理信息系统软件进行日常管理工作。

第一节 人力资源管理信息系统概述

通过人力资源管理信息化来促进人力资源管理工作的简便、高效,实现办公信息化等功能是现代人力资源管理工作的一大发展趋势。

一、实施人力资源管理信息化的作用

1. 提高人力资源部门的工作效率

员工的考勤、工资计算、职务调动及档案信息管理等事务要占用人力资源管理者的大量时间,手工操作不仅效率低,且容易出错。人力资源管理信息系统建立后,充分发挥了信息技术的优势,各类数据信息以电子信息的方式存储,不但节约空间,而且便于查找、对比、分析。用户可根据相应的授权进行远程访问、数据维护,充分发挥了数据资源共享的优势。因此,对人力资源部门而言,人事流程的无纸化审批,能提高效率、节省人员,使管理人员从日常事务中解脱出来,从而得以考虑更具战略意义的问题。

2. 规范业务流程

招聘、业绩评估、培训、员工职业计划、离职等工作都是流程性非常强的业务。人力资源管理信息化将业务流程在系统中实现,便于实现进程管理、结果管理,避免由于人为因素的干扰影响企业工作进度和公平、公正。目前,招聘管理、绩效管理、培训管理、职业生涯规划、人力资源成本评估、人力资源战略决策等几个模块都有比较成熟的管理实施流程。

同时,人力资源管理信息系统还可以形成各种人力资源信息分析报告,除了提供人事、薪资、社保福利等常用报表外,还可以提供各种符合企业个性化需要的自定义报表功能。这些功能基本可以通过人力资源管理信息系统的标准模块实现。

3. 满足决策支持需要

从现今发展上看,人力资源管理者已从传统的行政事务处理者向企业战略伙伴方向转变。根据企业战略进行人力资源规划,通过合理的招聘技术与测评技术为企业选择合适的人才,通过工作分析技术及相应的绩效考评体系来提升企业与个人绩效,让企业领导方便地了解员工的各种状况等,都已成为人力资源部门的职责。为满足企业管理层的决策需要,人力资源管理信息系统可以实现报表功能的自动化,由于避免了人员手工统计,所以大大降低了错误并提高了效率。同时,人力资源管理信息系统可以对各项指标进行监控,出现异常时及时报警,便于尽早采取纠正措施。

目前企业人力资源管理信息化主要包括如下内容。

① 招聘信息化:网上发布招聘信息,网上填写和投递简历,在线进行人才测评,通过视频系统进行面试和录用。

② 员工资料信息化:员工随时可查询到自己的相关信息,如工资条、培训记录、休假记录等,也可即时修改变化的信息,如联系电话、学历、婚姻状况、通讯地址等。

③ 管理数据信息化:管理者可通过人力资源管理信息系统即时查询下属的有关人事情况,如周工作总结与计划、绩效计划与考核结果、员工各类信息及相关统计等。

④ 日常办公信息化:员工通过登录人力资源管理信息系统,可了解到公司发布的各类信息,如会议通过、奖惩公告、文件制度等;实现邮件、短信、BBS、QQ等沟通功能;实现网上审核文件、网上报销。

⑤ 考核、培训信息化:网上绩效管理和网上培训日益成为人力资源信息化管理的重点,其特点是降低成本,减少手工操作,提高效率。

二、目前我国企业人力资源管理信息化的现状

1. 人力资源管理信息化缺乏管理者的支持与资金投入

很多企业管理者对人力资源管理及人力资源管理信息化的重视程度比较低,企业往往将人力资源视为一种不得已的成本开销,不注重其系统建设的长期性。

人力资源管理信息化在实施过程中需要投入大量资金。不论是自行开发还是购买软件产品,都是一项重大投资。一些企业,尤其是规模较小、效益较差的企业,很难将巨额资金用于投资人力资源管理信息化的建设。

2. 我国企业人力资源管理信息化的基础薄弱

许多企业人力资源管理的基础工作做得不够好,管理流程不明确,缺乏可依据的标准,信息遗失现象严重,信息存储层次不高,无法更宏观地利用人力资源数据。缺少必要、完整的信息汇总,是我国企业实现管理信息化最大的瓶颈。另外,在很多企业中,只是简单地将传统的行政人事部门改头换面成人力资源部门,企业的信息管理技术普及率很低。即使有的已普遍使用了计算机,但服务器性能、网络状况不是很完善,在实施过程中带来很多问题。

3. 企业对人力资源管理信息化的内容主要集中于事务处理

据有关机构的调查,虽然绝大部分企业对人力资源管理的电子化、网络化、智能化持肯定态度,然而却有超过70%的企业还没有引入人力资源管理信息系统。在已实施过人力资源管理信息系统的企业里,从管理信息系统的功能上看,目前企业使用最多的功能依次是人事信息管理(71%)、薪资(68.2%)、报表(62.2%)、考勤(59.5%)、招聘(56%)、福利(53.8%)等。据此分析,中国企业目前对功能需求最多的是事务处理层面的功能,其次是业务流程层面的功能。

4. 目前尚没有突出的人力资源管理软件

目前人力资源管理软件市场的最大问题莫过于标准不统一。例如,人力资源管理信息系统如何与政府的劳动人事管理系统相衔接的问题,报表的一致性问题等。标准的欠缺还导致人力资

管理信息系统与企业其他系统的衔接和整合不顺畅。有些供应商的目的仅在于出售产品,至于很多企业所关心的业务流程重组管理、售后服务和产品升级,它们既不会也无力去考虑。一些产品虽然在中国人事信息管理方面标准化程度较高,但其产品以传统的人事管理为中心,局限于人事管理的老观念,不能适应人力资源管理的需求。

5. 人力资源管理者本身的应用能力较低

我国企业人力资源管理信息化存在的一个突出问题是人力资源管理者的信息技术应用能力一般。根据相关机构对中国企业人力资源管理信息化现状调研的数据表明,在对中国境内一千多名企业人力资源管理经理信息技术应用能力的调查中,超过一半的被调查者信息技术应用能力一般(其中,未实施人力资源管理信息系统的企业应用能力更差),能力在"一般"和"基础"水平的占68%,即他们只是掌握了办公软件的操作能力和上网获取信息的能力。

第二节　人力资源管理信息系统的应用

一、企业各阶段信息化策略

1. 初创阶段的人力资源管理信息化策略

在企业创建的初期阶段,面临的生存压力较大,企业的成长和发展必须拥有运营上的弹性和对市场变化做出反应的敏感性,因此这一阶段在人力资源管理上的重点是吸引优秀人才并迅速开拓市场,以谋求在激烈的竞争中存活下来。创立阶段企业人力资源管理特征如表14.1所示。

表 14.1　创立阶段企业人力资源管理特征

项　目	特　征
生产经营	开拓市场,站稳脚跟,在竞争中生存
人力资源	人员较少,缺乏专业人力资源人员,人力资源工作由管理者兼职
组织结构	结构单一,不稳定,以业务为主
招聘	需要招聘能人、渠道、资源,没有科学标准和流程
员工职责	不清晰,多职责、多岗位
绩效管理	以业绩为主,重点看目前效果
薪酬激励	工资、奖金、实物激励
培训	资金限制,缺少培训
信息化管理	简单的信息记录、存档

基于以上这些特点,该阶段的企业是不可能建立起一套成熟、完整的人力资源管理体系的。与之相适应,该阶段的企业没有必要进行大规模的人力资源管理信息化建设,这时人力资源管理信息化的基本策略就是满足企业日常管理需要,完善职员管理、薪酬计算等基础工作,尽量做好数据整理和信息搜集,提升人力资源方面的工作效率,并为企业向下一个阶段迈进时的信息化做好基础准备。

2. 发展阶段的人力资源管理信息化策略

成长期的企业发展迅速,企业规模不断扩大,其企业发展战略的核心是如何使企业获得持续、快速、稳定的发展。这一阶段企业典型的特征是产品或服务市场扩大,生产和销售人员大量增加,员工数量越来越多,粗放型管理已经不再适应企业发展的需要。

随着企业经营的稳定,企业的规章开始建立起来,企业的组织机构也开始明确,企业进入规范化管理阶段。此阶段企业人力资源管理特征如表14.2所示。

表 14.2　发展阶段企业人力资源管理特征

项　目	特　征
生产经营	市场扩大,利润增加,出现管理问题
人力资源	人员迅速增加,管理难度增大,出现人事部门和专职人员,企业管理者放权,出现工作标准工作流程
组织结构	开始形成规范的组织结构,寻找战略定位,部门增加,出现部门之间的协调问题
招聘	开始招聘高级专业人才,有明确符合企业要求的标准
员工职责	工作职责相对固定,部门职责划分,工作细分
绩效管理	结合业绩和工作表现,出现规章制度,开始研究考核方法、建立考核制度
薪酬激励	根据员工业绩、职位、表现激励,重视激发员工积极性、创造性
培训	培训重要性显现,培训工作针对性增强,新员工培训工作量大
信息化管理	办公自动化开始实现

在这一阶段,企业人力资源管理信息化的核心应当是促进人力资源管理的规范化,提高人力资源管理效率。这时人力资源管理信息化的基本策略应当是:将企业的人力资源核心业务纳入信息系统,通过信息系统来实现这部分业务管理的规范化和自动化。通常来说,这部分核心业务包括:组织架构管理、职位体系管理、薪酬核算、招聘选拔、绩效管理、培训发展。

此外,成长阶段的企业在进行人力资源信息化建设时,还必须充分注意以下 3 点策略。

① 由于企业处于上升期,人力资源管理也处于成长期,管理的稳定性比较差,所以不适宜在信息系统中大规模地开展流程管理,而应当选择一些相对稳定的业务流程放入信息系统。

② 由于此阶段企业的资金和人力主要投入到企业的壮大和市场的扩张方面,所以在进行人力资源管理信息化建设时,需要特别强调系统的易用性,让每一个需要使用系统的人员通过简单的培训就能使用,并且愿意使用,从而大大提升人力资源管理效率。

③ 这一阶段,切忌盲目上马大型人力资源管理信息系统。因为大型人力资源管理信息系统的建设往往需要消耗大量人力、物力,一般企业很难承受。同时大型管理信息系统对企业管理规范化程度要求很高,如果管理不规范,强行使用大型系统,许多功能会用不上,同时繁琐的管理流程可能会对企业管理造成障碍,反而会降低企业工作效率。

3. 成熟阶段的人力资源管理信息化策略

成熟阶段是企业生命周期中最辉煌的时期,企业规模、销量、利润等经营指标都达到了最佳状态,企业发展的重点更多地转移到维持稳定运行和提高企业效益。企业有了一系列规范化的制度,日常的管理都由中层管理与基层管理人员完成,企业高层管理者则更多地思考战略性与全局性的问题。

这个阶段企业的人力资源管理更加规范、成熟,并且开始由事务性管理角色向战略合作伙伴转型。这一时期的人力资源管理核心是提升组织的灵活性,建立学习型组织,提供人力资源规划,建立人力资源储备,提供企业经营决策支持。这一时期的人力资源管理特征如表 14.3 所示。

表 14.3　成熟阶段企业人力资源管理特征

项　目	特　征
生产经营	企业规模、销量、利润稳定,战略管理的重要性日益凸显
人力资源	事务性管理角色向战略合作伙伴转型,关注流程管理,强调人力资源管理的整体性和系统性
组织结构	组织结构成熟,部门职能进一步细分,出现管理费用突出和组织运营效率低下的问题

（续表）

项　目	特　征
招聘	形成稳定的人员流动,具有符合企业特色的招聘流程和标准,开始关注于企业的人力资源成本分析
员工职责	开始建立能力素质指标体系,关注员工能力与职位的符合度,并根据员工的能力特点、培训及绩效情况制定员工职业生涯规划和关键职位后备人才计划
绩效管理	重视考核过程中的沟通,以改进绩效为考核目的,主管与员工以合作方式进行绩效管理工作
薪酬激励	在薪酬管理上,开始关注于薪酬体系结构的设计,适当增加长期性的报酬,提升企业薪酬水平竞争力,以稳定员工队伍和吸引高级人才的加入
培训	重视中、基层管理人员和普通员工的培训,培训定期开展,开始重视企业文化、理念的培训,培训开始起到提高员工满意度的作用
信息化管理	及时、准确地提供各种人力资源统计分析报表,作为企业高层管理者的战略决策支持,开始与 ERP 对接

　　从上面的分析可以看出,成熟阶段企业的人力资源管理已经相当成熟,已经建立起了一套完整的人力资源管理体系。因此,此阶段企业的人力资源管理信息化策略就是建立全面的战略人力资源管理信息系统。必要时企业可以引入人力资源管理咨询,对现有业务流程进行梳理和再造,运用现代化人力资源管理手段和方法,使人力资源管理信息系统真正成为人力资源管理工作必不可少的工具,实现人力资源管理信息化的良性发展。

　　此外,此阶段企业人力资源管理信息化建设的另一个目标是实现与 ERP 系统的融合,使企业内部的信息系统成为一个统一的平台,真正实现信息传递的畅通无阻,从而建立科学、有效的人力资源统计、分析与预测方法,为企业发展提供有力的人力资源信息支持。

　　4. 衰退阶段的人力资源管理信息化策略

　　随着企业继续发展,市场萎缩,运营机制老化,盈利能力下降,企业会不可避免地步入衰退阶段。此时的企业有两种前途:要么衰亡,要么转型。

　　处于衰退阶段的企业,由于已经经过了成熟阶段,人力资源管理信息化建设已经具备了相当的成果。所以,此时的人力资源管理信息化策略应当是充分应用已有的信息化建设成果,对人力资源现状进行及时分析,为企业实现转型提供迅速、有效的支持与保障。此时,企业不宜对信息化建设进行过多的投入,重点是提高信息化应用水平。

二、企业应用案例

　　1. 中国××集团人力资源管理信息系统

　　中国××集团人力资源管理信息系统(HRMS)是中国××集团企业资源计划(ERP)系统的重要组成部分。建立该系统的目的在于通过先进成熟的计算机、网络、数据库及通信技术,建立一个准确、及时、标准、高效、安全的全功能、多层次、科学化的人力资源管理系统,实现企业人力资源的优化和管理现代化。系统的开发建设以中国××集团人力资源的科学管理为目标,覆盖股份和存续的双重业务,体现自总部开始,直属单位、分(子)公司、二级单位,涵盖全体员工的 3 级人力资源业务管理模式。系统在充分利用已有的人事系统和其他已具有一定规模的应用系统中的数据资源的基础上建立人力资源管理基础数据库,并通过分级、分块管理和维护,达到信息共享、资源共享。

　　系统针对中国××行业的特色，归纳、总结了从功能定制、数据采集、数据传输，到数据挖掘、统计分析、决策支持的一整套系统的解决方案。针对大型国有企业向市场经济过渡、与国际接轨的综合需求，本系统进行统一的资源规划、灵活的功能设置，特别适应于改革前沿的各企事业单位的业务变革需求。针对各单位的信息系统建设实施，建立统一的数据仓库，实现信息资源的标准化，打破数据资源的条条分割，通过企业的ERP接口，实现与生产、经营、管理、服务信息的共享。实现自下而上的信息流采集与自上而下的控制信息管理机制。

　　中国××集团总部设在北京，通过网络体系，基层的人力资源数据将逐级上传至总部，并实现逐级的汇总分析，为各企事业单位的高层领导，提供准确、及时的基层信息源，能够以人为中心全面洞察企业的运营管理。各级领导可据此制订人才管理计划，根据人力资源的现状，调整战略部署，及时制定相应的决策。中国××集团人力资源管理信息系统所管理的员工数量达百万人，堪称世界上最大的人力资源系统。

　　中国××集团人力资源系统包含了人员基本信息、领导人员、专业技术人员、技能人才、经营管理人员、党群人员、机构管理、统计报表、综合查询、人事档案、薪酬管理、自助网站、信息网站、人力资源规划、绩效考核、能力管理、培训开发、劳动管理18个模块。

　　2.××钢铁集团人力资源管理信息系统

　　××人力资源管理信息系统是××钢铁集团企业信息化建设暨ERP建设过程中的一个重要业务子系统。通过建立××人力资源管理信息系统，全面提升××公司人力资源管理业务水平，从而实现从人力资源日常业务管理到人力资源规划的战略转变。

　　人力资源管理功能包括16个子系统、1个内部人力资源网站和面向公司其他管理信息系统进行数据通信的接口。具体的业务模块包括：机构管理、人事管理、统计报表、查询分析、薪酬管理、保险福利管理、党群管理、劳动合同管理、专业技术人员管理、职业技能鉴定管理、培训管理、领导人员管理、人力资源关键指标查询、员工自助服务、招聘管理、绩效管理、人力资源内部网站等。

　　人力资源管理信息系统项目的目标是根据企业人力资源管理业务的要求，采用信息资源规划技术，建立稳定的人力资源基础数据库，为人力资源集中、规范的管理提供辅助手段，同时对人力资源部分管理业务进行流程化管理。

　　新的人力资源管理信息系统建成后，总部人事部门与下级单位间将基于统一、规范的人力资源信息，进行各项管理活动，实现信息共享、资源共享，人力资源管理业务实现信息化，将提高人力资源管理工作效率。该系统具有如下功能。

　　① 充分利用网络的优势，获取及时、准确的人力资源管理信息系统的基础数据，以便上层领导实时把握企业的"命脉"，根据人力资源的实情，及时制定应对策略；通过系统对人力资源部分管理业务进行流程化管理；为各级领导提供浏览信息的平台；为职能部门浏览本单位的基本信息提供平台，分级浏览人事基本信息的各类报表，按权限查询打印基本信息和各种统计报表、名册、登记表。

　　② 灵活方便的信息查询分析系统，充分利用多种信息表现形式，为各级领导和管理人员的决策提供必要的信息支持。

　　③ 实现与公司其他4个信息管理系统（ERP、门禁系统、住房公积金管理系统、医疗保险系统）及市劳动合同管理系统的接口和数据通信。

　　④ 该系统涵盖7万多人的数据。

第三节 常用人力资源管理软件

一、软件界面

人力资源管理软件目前比较常见的登录形式为"用户名称"、"密码"形式,如图14.1所示。使用人员可以按照自己分配的用户名、密码进行系统登录,并完成相应权限的工作。登录后系统如图14.2所示。

图 14.1　登录对话框

图 14.2　系统

当前,很多企业的ERP系统中包含人力资源管理模块,其功能与传统的人力资源管理软件类似,操作相对简单。但大中型企业也常常使用单独的人力资源管理软件。

二、基本信息输入

对于人力资源管理工作者来说,人力资源管理软件使用的前提是基本信息的输入,包括两大部分:人员基本信息的输入,包括部门分类设置(见图14.3)、职务分类设置(见图14.4)、员工档案登记(见图14.5)等;工作基本信息的输入,包括工作流程、工作标准、员工考核信息、薪酬培训信息、员工发展信息等工作中常用信息。

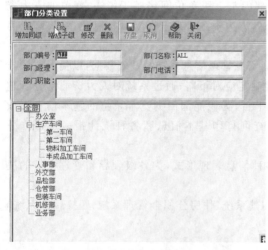

图 14.3　部门分类设置

图 14.4　职务分类设置

图 14.5　员工档案登记

三、软件的基本功能

人力资源管理软件的基本功能(见图 14.6)都是围绕人力资源规划、招聘、培训、考核、薪酬、员工关系六大基本职能展开的。各企业会根据自身特点进行一定的调整,但总体来说不会有太大差别。下面就具体的软件功能进行说明。

图 14.6　人力资源管理

1. 能力素质模型

能力素质模型是指员工担任某一特定的任务角色,所需要具备的能力素质的总和。能力素质模型因工作族群的不同而不同,但一般可分为领导力模型、管理岗位能力素质模型、营销岗位能力素质模型及专业技术岗位能力素质模型等。

能力素质模型是整个人力资源管理框架中的关键环节,它将企业战略与整个人力资源管理业务紧密连接,避免脱节。能力素质模型作为人力资源管理的一种有效的工具,广泛应用于人力资源管理的各个模块中,如员工招聘、员工培训、员工发展、绩效评估等,如图 14.7 所示。

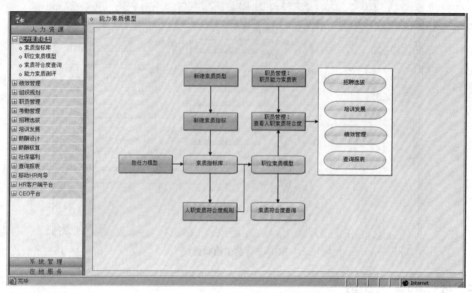

图 14.7　能力素质模型

2. 组织规划模块

组织规划是对企业的基本组织进行信息输入和整理,包括企业战略、人力资源规划、组织结构图、部门设计、职位体系等组织宏观内容。组织规划模块如图 14.8 所示。

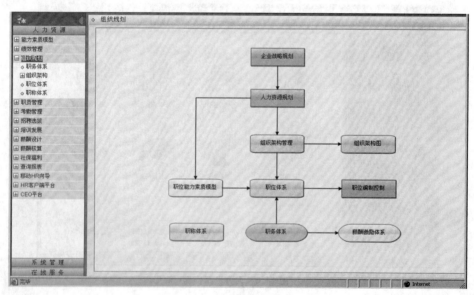

图 14.8　组织规划模块

3. 职员管理模块

职员管理模块包括人力资源管理各模块及员工入职离职管理、企业相关政策和部分企业流程设置工作,如图 14.9 所示。

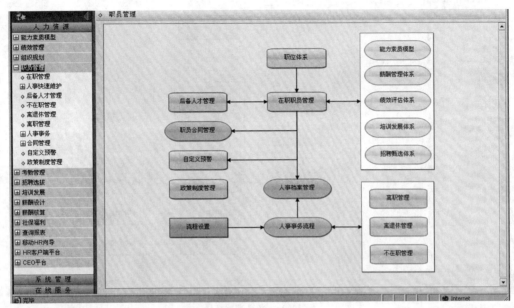

图 14.9　职员管理模块

4. 考勤管理模块

考勤管理模块用于员工上下班出勤统计，包括请假、外出、加班、年假、调休等工作记录，如图 14.10 所示。

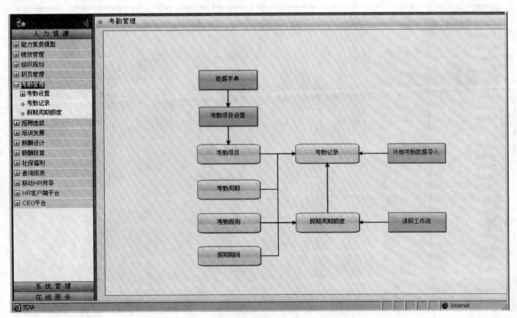

图 14.10　考勤管理模块

5. 招聘选拔模块

招聘选拔模块包括企业制订招聘计划、选择招聘渠道、设计招聘方法、进行新员工筛选和录用、进行招聘效果评估等工作，如图 14.11 所示。

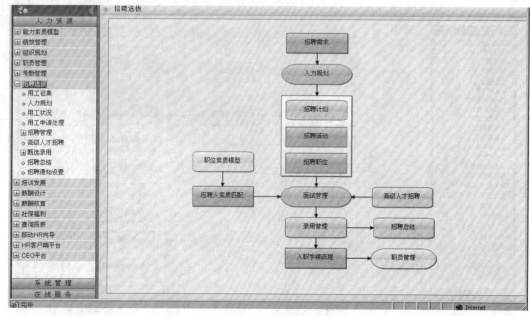

图 14.11　招聘选拔模块

6. 培训发展模块

培训发展模块包括员工培训需求分析、培训体系的建立、制订实施培训计划、培训过程管理及培训效果评估等工作,如图 14.12 所示。

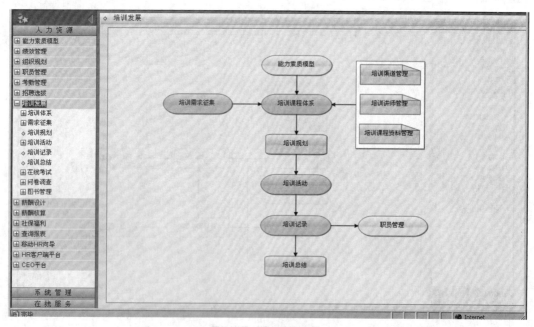

图 14.12　培训发展模块

7. 绩效管理模块

绩效管理模块包括组织目标分解、岗位 KPI 的确定、绩效管理制度的实施、绩效面谈、绩效结果应用等工作,如图 14.13 所示。

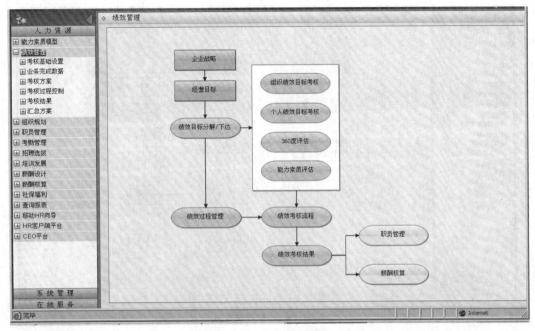

图 14.13　绩效管理模块

8. 薪酬设计模块

薪酬设计模块包括员工职系划分、岗位价值评估、企业薪酬制度制定、员工薪资表、员工定岗定薪制度制定等工作，如图 14.14 所示。

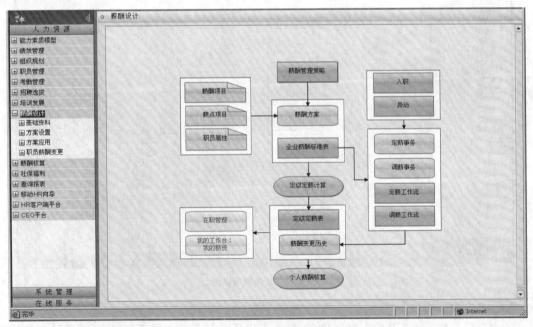

图 14.14　薪酬设计模块

9. 薪酬核算模块

薪酬核算模块包括个人薪资核算、发放，福利制度，社保扣除等工作，如图 14.15 所示。

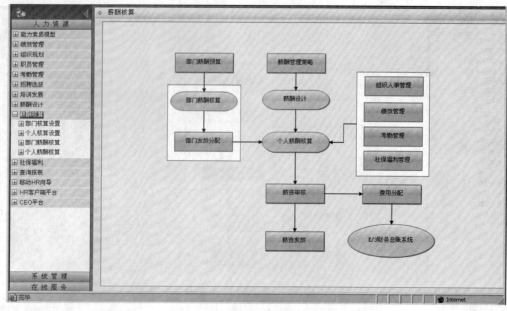

图 14.15　薪酬核算模块

10. 社保福利模块

社保福利模块包括企业员工社保方案制订、社保费用计算、社保缴纳等工作,如图 14.16 所示。

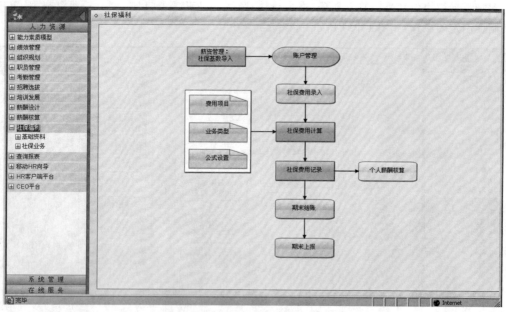

图 14.16　社保福利模块

11. 查询报表模块

人力资源管理工作涉及的报表比较多,各个工作环节都会产生相应的报表,应有针对性地进行汇总管理。查询报表模块一般情况应包括员工基本信息、部门信息、考核信息、培训记录、薪酬定级、福利社保信息、人才储备信息等,如图 14.17 所示。

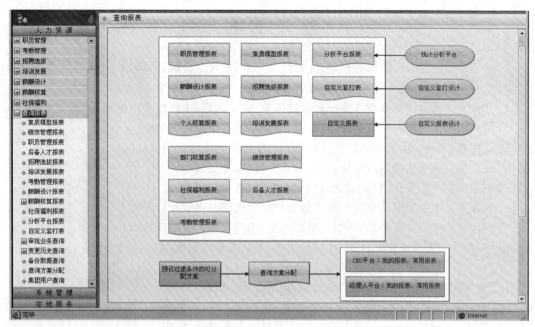

图 14.17 查询报表模块

12. CEO 平台模块

对于企业管理者来说,应该对企业人力资源现状有及时、全面的了解。在管理软件中应当适时设计部分功能,使管理者能及时了解企业现状和重要信息,包括企业部门有关人力资源方面的申请、报告等,如图 14.18 所示。

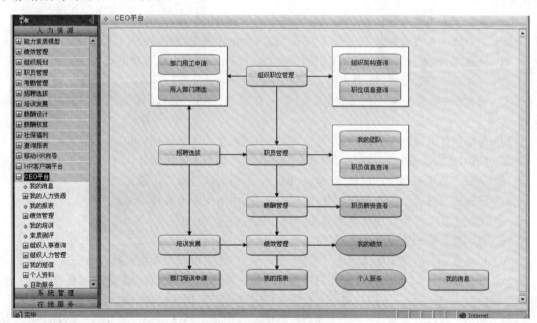

图 14.18 CEO 平台模块

参 考 文 献

[1] 秦志华．企业人力资源管理原理[M]．北京:清华大学出版社,2008.

[2] 乌尔里克,布罗克班克．人力资源管理价值新主张[M]．北京:商务印书馆,2008.

[3] 水藏玺．人力资源管理体系设计全程辅导[M]．北京:中国经济出版社,2008.

[4] 胡八一．人力资源规划实务[M]．北京:北京大学出版社,2008.

[5] 赵中利,李浩．人力资源管理[M]．青岛:中国海洋大学出版社,2007.

[6] 王吉鹏．企业文化热点分析[M]．北京:中国发展出版社,2006.

[7] 刘光明．企业文化[M]．北京:经济管理出版社,2000.

[8] 曹振杰．职业生涯设计与管理[M]．北京:人民邮电出版社,2006.

[9] 何国玉．人力资源管理案例集[M]．北京:中国人民大学出版社,2004.

[10] 彭剑锋．人力资源管理概论[M]．上海:复旦大学出版社,2006.

[11] 曹嘉晖,张建国．人力资源管理[M]．成都:西南财经大学出版社,2009.

[12] 葛玉辉．人力资源管理[M]．北京:清华大学出版社,2006.

[13] 陈维政,余凯成,程文文．人力资源管理[M]．北京:高等教育出版社,2004.

[14] 苏勇,罗殿军．管理沟通[M]．上海:复旦大学出版社,1999.

[15] 经理人培训项目编写组．培训游戏全案[M]．北京:机械工业出版社,2005.

[16] 黄维德,刘燕．人力资源管理实务[M]．上海:立信会计出版社,2002.

[17] 萧鸣政．人员测评理论与方法[M]．北京:中国劳动社会保障出版社,2004.

[18] 偌伊,霍伦拜克,格哈特,等．人力资源管理:赢得竞争优势[M].3版．刘昕,译．北京:中国人民大学出版社,2001.

[19] 张德．人力资源开发与管理[M]．北京:清华大学出版社,2001.

[20] 余凯成．人力资源开发与管理[M]．北京:企业管理出版社,1998.

[21] 毕意文,孙永玲．平衡计分卡中国战略实践[M]．北京:机械工业出版社,2003.

[22] 付亚和．绩效管理[M]．上海:复旦大学出版社,2003.

[23] 格林豪斯,卡拉南,戈德谢克．职业生涯管理[M]．王伟,译．北京:清华大学出版社,2006.

[24] 赵曙明．人力资源管理研究[M]．北京:中国人民大学出版社,2001.

[25] 姚裕群．人力资源开发与管理概论[M]．北京:高等教育出版社,2003.

[26] 徐斌．薪酬福利设计与管理[M]．北京:中国劳动社会保障出版社,2006.

[27] 孙海法．现代企业人力资源管理[M]．广州:中山大学出版社,2002.

[28] 文征．员工工作分析与薪酬管理[M]．北京:企业管理出版社,2006.

[29] 刘军胜．薪酬管理实务手册[M]．北京:机械工业出版社,2002.

[30] 祁舒慧．人力资源管理理论与实务[M]．北京:北京冶金工业出版社,2009.

[31] 马新建,时巨涛,孙虹,等．人力资源管理与开发[M]．北京:石油工业出版社,2003.

[32] 陈红儿,孙卫芳．跨国公司跨文化管理研究综述[J]．湖北经济学院学报,2007(04).

[33] 郑巧．东西一水间:跨文化管理中的碰撞与融合[J]．经济论坛,2008(15):82-83.

[34] 刘琛君．中国企业的跨文化管理问题探析[J]．商业时代,2010(15):97.

[35] 曹雪梅．浅谈中国企业跨文化管理的问题与对策[J]．经管空间,2010,12:72.

[36] 阿迎平,胡君．跨国企业文化管理问题探悉[J]．企业管理,2006(8).

[37] 侯建军. 文化差异与跨文化管理障碍分析[J]. 商场化,2006(4).

[38] HOFSTEDE G. Culture's Consequences[M]. Beverly Hills:Sage Publications,1980.

[39] 刘汉杰. 合资企业的跨文化冲突现象及解决对策[J]. 企业活力,2005(8).

[40] 陈凌. 中外合资企业的跨文化管理研究[D]. 北京:科技大学,2004.

[41] 张永安,高逸琼. 跨国企业的跨文化冲突[J]. 国际经贸,2006(27).

[42] 宫殿君. 21世纪人力资源管理的新特点[J]. 边疆经济与文化,2008(1):65.

[43] 龚晓蕾,李晟. 人力资源管理新趋势[J]. 商业文化(学术版),2008(2):58.

[44] 曾湘泉. 从十七大报告看国家与企业人力资源管理趋势[J]. 中国劳动,2008(1):35.

[45] 高扬. 知识经济时代人力资源管理的趋势研究[J]. 山西高等学校社会科学学报,2008(7):24.

[46] 张爱英,任维平,崔志章. 浅谈人力资源管理的趋势与创新[J]. 内蒙古科技与经济,2008(8):387.

[47] 李欣雨. 经济全球化与中国人力资源管理发展新趋势[J]. 中国商界,2009(2):226.

[48] 周运锦,曾秀萍. 中国本土企业人力资源管理模式:演进轨迹与发展趋势[J]. 赣南师范学院学报,2009(2):98.

[49] 许洋. 我国人力资源管理发展经历的阶段及未来发展趋势[J]. 中小企业管理与科技,2009(2):51.

[50] 袁岳. 人力资源管理的新趋势[J]. 商界(评论),2008(4):96.

[51] 杨宝春. ENI集团公司的职业生涯规划[J]. 中国人力资源开发,1999(9).

[52] 刘帆. 企业员工潜能开发机理分析[J]. 北京市计划劳动管理干部学院学报,2000(3).

[53] 李国璋,徐子杰. 企业中人力资本潜能释放分析[J]. 中国人力资源开发,2003(3).

[54] 段洪. 激活潜能:人力资源管理之根本[J]. 经济师,2002(5).

[55] 谢智波,李向东,赵华峰. 科技人力资源开发潜力综合评价[J]. 软科学,2004(4).